雅众
elegance

智性阅读
诗意创造

Heavier Than Heaven
A Biography of Kurt Cobain

重于天堂：科特·柯本传

[美] 查尔斯·R. 克罗斯 著　牛唯薇 译

中信出版集团 | 北京

图书在版编目（CIP）数据

重于天堂：科特·柯本传 /（美）查尔斯·R.克罗斯著；牛唯薇译. -- 北京：中信出版社，2024.7
书名原文：Heavier Than Heaven: A Biography of Kurt Cobain
ISBN 978-7-5217-6186-3

Ⅰ.①重… Ⅱ.①查…②牛… Ⅲ.①科特·柯本－传记 Ⅳ.①K837.125.76

中国国家版本馆 CIP 数据核字（2023）第 233949 号

HEAVIER THAN HEAVEN: A Biography of Kurt Cobain
by Charles R. Cross
Copyright © 2001 Charles R. Cross
Simplified Chinese translation copyright © 2024
by Shanghai Elegance Books Co., Ltd.
Published by arrangement with Charles R. Cross c/o Sarah Lazin Books
through Bardon-Chinese Media Agency
博达著作权代理有限公司
ALL RIGHTS RESERVED

重于天堂：科特·柯本传
著者：　　［美］查尔斯·R.克罗斯
译者：　　牛唯薇
出版发行：中信出版集团股份有限公司
　　　　（北京市朝阳区东三环北路 27 号嘉铭中心　邮编　100020）
承印者：　山东临沂新华印刷物流集团有限责任公司

开本：1194mm×889mm　1/32　印张：13　字数：326 千字
版次：2024 年 7 月第 1 版　　　　印次：2024 年 7 月第 1 次印刷
京权图字：01-2023-5876　　　　　书号：ISBN 978-7-5217-6186-3
定价：78.00 元

版权所有·侵权必究
如有印刷、装订问题，本公司负责调换。
服务热线：400-600-8099
投稿邮箱：author@citicpub.com

目 录

1
作者的话

4
序言 重于天堂
纽约州纽约市，1992 年 1 月 12 日

9
第一章 幼年时光
华盛顿州阿伯丁市，1967 年 2 月—1973 年 12 月

20
第二章 我恨妈妈，我恨爸爸
华盛顿州阿伯丁市，1974 年 1 月—1979 年 6 月

34
第三章 当月之星
华盛顿州蒙特萨诺市，1979 年 7 月—1982 年 3 月

45
第四章 草原带牌香肠男孩
华盛顿州阿伯丁市，1982 年 3 月—1983 年 3 月

64
第五章 本能的意志
华盛顿州阿伯丁市，1984 年 4 月—1986 年 9 月

84
第六章 不够爱他
华盛顿州阿伯丁市，1986 年 9 月—1987 年 3 月

92
第七章 裤裆里的索比·赛尔斯
华盛顿州雷蒙德市，1987 年 3 月

99
第八章 重返高中
华盛顿州奥林匹亚市，1987 年 4 月—1988 年 5 月

117
第九章 人类过多
华盛顿州奥林匹亚市，1988 年 5 月—1989 年 2 月

139
第十章 非法摇滚
华盛顿州奥林匹亚市，1989 年 2 月—1989 年 9 月

156
第十一章 糖果，小狗，爱
英国伦敦，1989 年 10 月—1990 年 5 月

170
第十二章 爱你太深
华盛顿州奥林匹亚市，1990 年 5 月—1990 年 12 月

186
第十三章 理查德·尼克松图书馆
华盛顿州奥林匹亚市，1990 年 11 月—1991 年 5 月

215
第十四章 烧烧美国国旗
华盛顿州奥林匹亚市，1991 年 5 月—1991 年 9 月

230
第十五章 每当我吞咽
华盛顿州西雅图市，1991 年 9 月—1991 年 10 月

245
第十六章 刷牙
华盛顿州西雅图市，1991 年 10 月—1992 年 1 月

262
第十七章 脑子里的小怪物
加利福尼亚州洛杉矶市，1992 年 1 月—1992 年 8 月

279
第十八章 玫瑰水 尿布味
加利福尼亚州洛杉矶市，1992 年 8 月—1992 年 9 月

296
第十九章 那场传奇的离婚
华盛顿州西雅图市，1992 年 9 月—1993 年 1 月

312
第二十章 心形棺材
华盛顿州西雅图市，1993 年 1 月—1993 年 8 月

328
第二十一章 微笑的理由
华盛顿州西雅图市，1993 年 8 月—1993 年 11 月

345
第二十二章 柯本病
华盛顿州西雅图市，1993 年 11 月—1994 年 3 月

363
第二十三章 就像哈姆雷特
华盛顿州西雅图市，1994 年 3 月

379
第二十四章 天使的头发
加利福尼亚州洛杉矶市—华盛顿州西雅图市，1994 年 3 月 30 日—4 月 6 日

396
尾声 莱昂纳德·科恩的来世
华盛顿州西雅图市，1994 年 4 月—1999 年 5 月

407
鸣谢

作者的话

在离我家不到 1 英里[1]的地方,有一处建筑,能像希区柯克的电影一样,坟墓般让我背脊发凉。这座灰色的单层建筑被高高的钢丝网围栏环绕,在一个满是三明治店和公寓的中产阶级社区,这般警戒显得不同寻常。围栏的后面是三间商店:一间发廊,一间州立农业保险公司办公室,一间"斯坦·贝克狩猎用品店"。正是在第三间商店里,1994 年 3 月 30 日,科特·柯本和一个朋友买下了一把雷明顿猎枪。商店老板后来告诉报社,他当时很疑惑为什么会有人买这种枪,因为当时并不是"狩猎季节"。

每回我开车经过斯坦·贝克的店,都觉得自己目击了一场极其悲惨的交通事故,从某种意义上说,我的确目击了。科特买下猎枪后发生的事件既让我感到深深不安,又让我满怀探索的欲望。我内心满怀与精神性有关的问题,想理解疯狂在艺术才华当中起到的作用,和药物滥用对一个人灵魂的摧毁。我迫切地想理解一个人内心和外在之间的鸿沟。这些问题对于任何一个经历过毒品成瘾、抑郁和自杀的家庭来说,都太过真实了。对于这些被黑暗笼罩的家庭(包括我家)来说,想要回答不能被回答的问题的欲望本身,就是一种阴魂不散的折磨。

这些谜团激发了本书的创作,但从某种意义上,它的种子在许

---

[1] 英里,英制长度计量单位,1 英里约等于 1.61 千米。——编者注。本书注释除特殊标明外,皆为译者所注。

多年前就已种下。我年轻时身处华盛顿州的一个小镇，每个月靠从哥伦比亚唱片卡带邮购俱乐部（Columbia Record and Tape Club）寄来的包裹，获取能让我从现实中逃离的摇滚救赎。从某种程度上，那些邮购的唱片激励我离开生长的乡下，最终成为西雅图的一名写手和杂志编辑。几年后，在华盛顿州的另一端，科特·柯本在同一家唱片邮购俱乐部有了类似的深刻觉醒，并把对音乐的兴趣变成了事业。我们的道路将在1989年交会，当时，我供职的杂志做了首个涅槃乐队的封面报道。

爱上涅槃乐队很简单，因为不论他们名气多大，多么传奇，他们看上去总像是处于劣势的一方，科特也是一样。他的艺术人生开始于一个双车移动房里，他在那里临摹诺曼·洛克威尔的插画，并由此发展出讲故事的天分，这种天分后来给他的音乐带来了特别的美感。作为一个摇滚明星，他永远显得格格不入，但是我很欣赏他把属于青少年的幽默感和属于老年人的顽固结合到一起的做派。我常在西雅图见到他——戴着那顶夸张的盖耳毡帽，你很难不注意到他——在这个少见真性情人物的圈子里，他着实是个有血有肉的人物。

在写这本书时，很多时候幽默是这场西西弗斯式的任务里唯一的一束光。《重于天堂》的写作，历经4年的调查，400场采访，阅读数不尽的、一柜子一柜子的文件，收听几百段音乐录音，度过许多不眠的夜晚，和往返于西雅图和阿伯丁之间算不完的公里数。这些调查带我从情感和身体的双重意义上去了很多地方，那些我曾觉得永远不会去的地方。我也曾兴高采烈，比如第一次听到《你知道你是对的》（You Know You're Right），这首从未发行的歌是我心目中科特最好的作品之一。然而，在每个让人欣喜的新发现里，都对应着让人难以承受的痛苦时刻，比如当我手握着科特的绝命书时，目睹它被存放在一个心形盒子里，旁边就是保存着他一束金发的纪念吊坠盒。

我写《重于天堂》的目的是不带评判地讲述他的人生——他的金发和绝命书的故事——以此纪念科特·柯本。这种尝试全靠科特的密友、家人和乐队队友们的慷慨协助才得以实现。我想采访的几乎所有人，最终都分享了他们的回忆，不多的例外是因为有几个人想写下自己版本的历史，在此我祝他们成功。科特的人生是一个复杂的谜团，所有由于他的自我隐藏产生的愈加复杂的东西，以及他和外界划清的界限，都是他毒品成瘾的产物，也是他毒品成瘾的温床。有时我想象自己是在研究一位间谍，一位技巧娴熟的双面特工，他熟练地掌握了一种艺术，那就是不让任何人知道其生活的全部细节。

我有个朋友是一个戒毒成功的前瘾君子，她曾描述过在她那样的家庭里被她称作"别说"的规矩。"我们在这样的家庭环境下长大，"她说，"我们被告知：'别问，别说，也别告诉别人。'这是种保守秘密的准则，而在这些秘密和谎言里埋藏着深深的羞耻，这种羞耻后来压倒了我。"这本书也献给所有有勇气说出真相，问出令人痛苦的问题，并从过去的阴霾中逃出生天的人。

查尔斯·R. 克罗斯
西雅图，华盛顿州
2001 年 4 月

序言　重于天堂

纽约州纽约市

1992年1月12日

"重于天堂"

——这是一个由英国演出主办方打出的标语,以描述涅槃乐队于1992年和泰德乐队[1]一起参加的巡演。这句标语既总结了涅槃乐队的"重型"音乐风格,又揶揄了泰德·多伊尔[2] 300磅[3]的体重。

在整整一代人爱上他那刻的6小时57分钟前,他第一次看见了天堂。值得注意的是,那是他的第一次死亡,也是他从此开始会面对的很多小型死亡中的第一个。对于那些为了他神魂颠倒的一代人来说,那是一种激昂有力而又无从选择的献身——从一开始你就知道,这种爱如同希腊悲剧,注定会让你心碎。

那是1992年1月12日,一个晴朗却寒冷的周日的早上。纽约市当天的最高气温将达到44华氏度[4],但在早上7点,欧姆尼旅馆的

---

[1] 泰德乐队(Tad),著名垃圾摇滚、另类金属乐队,1988年成立于西雅图,隶属"地下流行"(Sub Pop)唱片旗下。
[2] 泰德·多伊尔(Tad Doyle),泰德乐队主唱,体型较胖。
[3] 磅,英制质量单位,1磅约等于0.45公斤。——编者注
[4] 44华氏度,约7摄氏度。——编者注

一个小套间却寒冷彻骨。一扇窗户被打开，以散去烟味。曼哈顿的清晨没有一丝温暖。这个房间好似经历了暴风雨的袭击：像一场盲人杂物甩卖般，散落在地上的是一堆堆裙子、衬衫和鞋子。套间的双扇门旁堆着半打食物托盘，上面满是好几天客房服务送来的伙食残渣。吃了一半的卷饼和发臭的奶酪片堆在托盘的最上面，几只果蝇盘旋在蔫了的生菜上空。这并不是一个四星级宾馆房间往常的状况——这是有人不让客房保洁靠近房间的后果。他们把"请勿打扰"的标牌改写成："永远别来打扰！我们在滚床单！"

那天早上，房间里没有人做爱。睡在特大号床上的是26岁的科特妮·拉芙。她穿着一件维多利亚式的古典衬裙，她的金色长发像某个童话角色的长发丝般散在床单上。在她身边是床上深深的压痕，有人不久前曾躺在那里。如同一部黑色电影的开场镜头般，房间里曾有个死人。

"我早上7点钟醒的时候，他不在床上，"拉芙回忆道，"我从没像当时那么害怕过。"

从床上失踪的是24岁的科特·柯本。不到7小时前，科特和他的涅槃乐队作为音乐嘉宾在《周六夜现场》[1]节目上进行了表演。他们的表演结果成为摇滚史上的一个转折点：这是垃圾摇滚[2]乐队第一次在全国性电视直播节目上登场。在同个周末，涅槃乐队在大厂牌的首张专辑《别介意》（*Nevermind*）将迈克尔·杰克逊拉下了公告牌排行榜的冠军宝座，成为全美销量最高的专辑。当然了，这不是什么一夜成名——乐队成立已经4年了——但涅槃给音乐界带来的震惊和措手不及还是前无古人的。这支一年前还几乎不为人知

---

1 《周六夜现场》（*Saturday Night Live*），美国国民级深夜喜剧综艺节目，1975年在NBC电视台首播，至今屹立不倒。
2 垃圾摇滚（Grunge Rock），20世纪80年代末和90年代初在西雅图等地兴起的一种音乐风格。它将朋克摇滚、另类摇滚、重金属和车库摇滚的元素融合在一起，形成了一种独特的声音和风格。

的乐队以单曲《少年心气》（Smells Like Teen Spirit）席卷了各大榜单，《少年心气》也成为1991年最为人熟知的歌曲，它开头的吉他连复段象征着20世纪90年代摇滚的真正开端。

而且，在此之前乐坛从没有过像科特·柯本这样的摇滚明星。与其说是名人，不如说他更像是个"反明星"，他拒绝乘豪华轿车去NBC电视台，到哪儿都是一种二手店的气场。他在《周六夜现场》节目上穿着跟前两天一样的装扮：一双匡威网球鞋、膝盖上有破洞的牛仔裤、一件无名乐队的宣传T恤和罗杰斯先生风格[1]的开襟羊毛衫。当时他一个礼拜没洗头，却用草莓味酷爱牌混合饮料（Kool-Aid）染了头发，好让他的金发发结看上去像纠缠着干掉的血迹似的。在他之前，直播电视史上从未有表演者如此不顾形象、不讲卫生——至少看似如此。

科特是一个复杂又矛盾的厌世者，有时看似他不经意间促成的革命却有着精心打造的痕迹。他在很多采访里声称自己讨厌在音乐电视台（MTV）上曝光，同时又不断打电话给经纪人，抱怨电视台应该多放他的音乐录影带。他像得了强迫症一样——着魔似地计划着自己音乐上或事业上的每个方向，他多年前就在笔记本上写下点子，并最终将其落实。然而他苦苦追寻的成就终于得以实现时，他又不屑一顾，"懒得下床"。他控制欲极强，又满怀深深的自我厌恶。就连和他最密切的人也觉得自己根本不了解他——那个周日发生的事就是最好的证明。

在结束了《周六夜现场》的表演后，他拒绝参加节目嘉宾聚会，并解释"这不是他的风格"。科特给了一个电台记者长达2个小时的采访，第二天凌晨4点才完成。他繁忙的一天终于结束了，这一天从任何角度来看都是极为成功的：他是《周六夜现场》的领衔嘉

---

[1] 此处指美国著名儿童节目《罗杰斯先生的社区》（*Mister Rogers' Neighborhood*）主持人弗雷德·罗杰斯（Fred Rogers）的标志性装扮——羊毛开衫。

宾，专辑成为排行榜冠军，"怪人艾尔"扬科维奇[1]还征询他的同意，问能不能做一个恶搞版的《少年心气》。这些事件加在一起，标志着他短暂音乐生涯的最高峰，这是多数艺人求而不得的盛名，也是科特自己在青少年时代的梦想。

科特在华盛顿州西南部的一个小城长大，从小就没有错过一集《周六夜现场》。他还跟初中同学吹嘘自己有一天会成为大明星。10年后，他成了音乐界最负盛名的人物。仅仅在出了两张专辑后，他就被看作他那一代人中最杰出的音乐创作人。而仅仅两年前，他还在申请一个清理狗舍的工作，并遭到拒绝。

但在黎明前的时刻，科特找不到庆祝的理由和欲望。恰恰相反，外界的关注加剧了他的心神不安。他觉得自己得了病，深受被他称作"不间断的烧灼恶心胃痛"的折磨，压力恶化了这一切。名利和成功好像只让他感觉更糟。科特和他的未婚妻科特妮·拉芙是当时摇滚圈最具话题性的情侣，当然了，有时被谈论的话题是他们的毒品滥用。科特总相信外界对他才华的认可会治愈他早年背负的精神痛苦，成功却让这种想法有了讽刺意味，也让他的羞耻感与日俱增——他觉得自己的名气和不断恶化的毒瘾一齐日渐增长。

在宾馆房间，在那天早晨的开头几个小时，科特嗑了一小袋"中国白"海洛因。他把毒品放进注射器，打进了自己的胳膊。这不是第一回了，科特当时已经定期嗑海洛因长达几个月，在和拉芙恋爱的两个月中，拉芙也常跟他一起嗑药。但那一夜，在拉芙睡着的时候，科特鲁莽地——或故意地——嗑下了极为危险的剂量。吸毒过量让他的皮肤呈现一种水蓝色，他的呼吸中断，肌肉变得如电缆般僵硬。他滑下床，脸埋在一堆衣服里，看上去像一具被连环杀手随意抛弃的尸体。

---

[1] "怪人艾尔"扬科维奇（"Weird Al" Yankovic），美国著名搞笑音乐人，活跃于20世纪八九十年代，以恶搞著名艺人的音乐作品成名。

"当时不仅仅是他吸毒过量这么简单,"拉芙回忆道,"他完全可能死在那里。如果我没有7点钟起来的话……我不知道,可能我感觉到了不对劲。太可怕了。简直有病,疯了。"拉芙疯了似的努力让他苏醒——同样的经历日后会变成家常便饭:她把冷水浇在未婚夫身上,往他的腹腔神经丛捶打,好让空气进出他的肺部。第一遍动作没有起效,她又从头到尾重复了一遍,像一个执着救助心脏病突发患者的医务人员。最终,在努力了几分钟后,科特妮听到了一声喘息,科特又开始呼吸了。她继续唤醒他,把水洒到他脸上,移动他的四肢。几分钟后,他坐了起来,嘴里说着话,尽管还晕乎乎的,脸上却挂着镇定的坏笑,好像他很为刚才的壮举自豪。这是第一次让他濒临死亡的吸毒过量,刚好发生在他成为明星的那一天。

在同一天,科特在公众的视野中诞生,在他自身黑暗的私人领域中死去,并被爱的力量复活。这是个非凡的壮举,让人难以置信,简直不可能发生,正如他宏大的一生。一切要从他的出生地说起。

第一章 幼年时光

华盛顿州阿伯丁市
1967年2月—1973年12月

　　他先是大叫，如果这个法子不管用，他就大哭，好让人知道他想要什么。
　　——摘自科特的小姨对18个月大的科特·柯本的评论报告

　　1967年2月20日，科特·唐纳德·柯本在一家位于能俯瞰整个阿伯丁的山顶医院出生。他的父母住在附近的霍奎厄姆，但可以说，阿伯丁才是科特的出生地——他往后四分之三的人生都活动在距离该医院10英里之内的地带，他本人也将和那片土地紧密地连在一起。

　　在雨天的周一从格雷斯港社区医院向外望，你会看见一片未经雕琢的美景——树林、群山、河流和美丽盛景交织的大海。三座长满树的小山环绕着流入太平洋的三条河流的交界点。在这一切的中心，是格雷斯港县最大的城市阿伯丁，人口约1.9万人。紧邻阿伯丁的西部是面积稍小的霍奎厄姆，科特的父母唐和温迪住在那里的一间狭小的单层平房中。奇黑利斯河的南岸是科斯莫波利斯，他母亲的娘家弗雷登堡家族来自那里。不下雨时——在那个年降水量超过 80 英寸[1]的地区，这种时候很少见——你能看到通向蒙特萨诺的 9 英里地，科特的祖父利兰德·柯本在那里长大。那是个很小的天地，一切都连在一起，科特将最终成为阿伯丁最有名的产物。

从三层楼的医院往外看，你的视线会被西海岸繁忙程度排名第六的海湾主导。奇黑利斯河上漂着许多木材，多到能让人当成浮桥连通相距 2 英里的河流两岸。东面是阿伯丁的市中心，那里的商家常常抱怨运输木材的卡车不间断的噪声会吓跑顾客。这是座繁忙的都市，当地经济几乎完全依赖出售从环绕的群山砍伐的黄杉木。阿伯丁有三十七个不同的木材厂、木浆厂、瓦片场和锯木厂——它们产出的浓烟能盖过全城最高的七层楼房。山脚方向位于医院下方的，是瑞安制造厂[2]巨大的烟囱，也是全城最高的建筑，高达 150 英尺[3]，直冲云霄，并向云端不断吐出木料的残烟。

虽然阿伯丁曾经繁荣一时，但到了科特出生时，当地的经济却在慢慢衰退。格雷斯港县是华盛顿州为数不多的人口减少的县之一，因为失业的人都去了别的地方碰运气。木材产业也开始遭受海外竞争和过度砍伐的打击。当地景色早早显现出乱砍滥伐的迹象：城外可见一列列切口清晰的森林，如今变成了先人曾打算（正如当地历史书标题所说的）"砍个干干净净"的纪念碑。居高不下的失业率给当地居民带来了沉重代价，酗酒、家庭暴力和自杀日渐增多。1967 年，当地有 27 座酒馆，市中心随处可见被废弃的建筑，有些曾是在 20 世纪 50 年代末期关张的妓院。整个城市曾因为妓院臭名昭著，1952 年的《展望》(*Look*) 杂志称之为"美国与邪恶斗争之战的重要战场之一"。

1　英寸，英制长度计量单位，1 英寸约等于 2.54 厘米。——编者注
2　瑞安制造厂（Rayonier Mill），隶属全美连锁的瑞安集团，其总部位于佛罗里达，业务涵盖投资、地产、制造等。
3　英尺，英制长度计量单位，1 英尺约等于 30.48 厘米。——编者注

然而，与阿伯丁市中心的衰落相呼应的，是联系紧密的当地社区：邻里之间互帮互助，家长积极参与学校工作，各色移民群体十分重视家庭关系。教堂的数量比酒馆多，像很多20世纪60年代中期的美国小城一样，骑自行车的孩子们可以在邻近街区自由玩耍。随着科特的成长，整个城市都会变成他的后院。

像很多头生子一样，科特的父母和一大家子对他的诞生欣喜不已。在他母亲这边，他有六个姨妈、两个舅舅；在他父亲这边，他有两个叔叔。对两边的家庭来说，他都是孙辈的第一个人。科特有个大家庭，他母亲去印刷出生通知时，印了50份都不够发给家中全部亲属。2月23日的《阿伯丁日报》的出生新闻一栏，有一行字为世界记录了科特的诞生："唐纳德·柯本先生和太太于2月20日，在霍奎厄姆市阿伯丁街2830½号的社区医院，诞下一子。"

科特出生时体重7磅7.5盎司[1]，毛发和肤色都是深色的。不到5个月，他的胎发变成了金色，肤色也转浅了。他父亲一家有法国和爱尔兰血统——1875年，他们的祖先从爱尔兰泰伦郡的斯基唐兰移民入美——科特也继承了父亲家这边的方下巴。他母亲家姓弗雷登堡——是德国、爱尔兰和英国混血——科特从这里继承了红润的脸颊和金发。不过到那为止，科特最动人的面目特征还是他极特别的碧蓝双眼，就连医院护士都对它们的美啧啧称赞。

那会儿是20世纪60年代，越战正如火如荼，但除开偶尔的战事报道，阿伯丁更像是50年代的美国。科特出生当天的《阿伯丁日报》上，美军在广义市获胜的报道、对当地木材开发的报道、杰西潘尼[2]的华盛顿州生日庆典大酬宾——"法兰绒衬衫一件两块四毛八"——的广告，一齐出现在版面上。《灵欲春宵》在那天下午

1　7磅7.5盎司，约合3.39公斤。——编者注
2　杰西潘尼（JCPenney），美国最大的连锁百货商店之一。

获得了13项奥斯卡奖提名,但阿伯丁当地的汽车影院放的却是《海上玉屏风》(*Girls on the Beach*)。

科特的父亲唐当时21岁,在霍奎厄姆的一家雪佛兰加油站当技工。唐英俊而健美,但他的平头和巴迪·霍利[1]式的眼镜还是让他有种书呆子气。科特的母亲温迪当时19岁,相比之下,她是个典型的美人,穿戴打扮都有点像玛西亚·布雷迪[2]。他们结识于高中,当时温迪有个外号"微风"。前一年的6月,就在她高中毕业的几个星期后,温迪怀孕了。唐向他父亲借了轿车,找了个借口,好让两人在没有父母同意的情况下旅行去爱达荷州结婚。

科特出生之际,这对年轻的夫妇住在霍奎厄姆一间民房后院的小屋里。唐在加油站工作到很晚,温迪负责照看孩子。科特睡在一个白色的编织筐摇篮中,连着一个亮黄色的把手。尽管手头吃紧,科特出生的几周后,他们还是攒够了钱离开小屋,搬到了位于阿伯丁街2830号的一间稍大的房子里。"当时的房租,"唐回忆道,"只比之前每个月多5美元,但在那个时候,5美元可是不少钱。"

这个小家庭麻烦的预兆始于财务状况。尽管唐在1968年年初被升为雪佛兰加油站的"领班",他的年薪却仅有6000美元。他们的大多数邻里好友都在木材行业工作,此工作十分耗费体力——有份研究将该职业形容为"比打仗还致命",但是干这个工资高。柯本一家只能精打细算过日子,但到了科特这里,父母还是保证他穿着体面,甚至给他照艺术照。在这个时期的一组照片里,科特穿着白衬衫、黑领带、灰西服,看上去像个小公爵[3]——他还是有点儿婴儿肥,胖乎乎的,脸颊饱满。在另一组照片里,他穿着配套的蓝色

---

[1] 巴迪·霍利(Buddy Holly, 1936—1959),美国著名摇滚歌手、词曲创作者和吉他手,是20世纪50年代早期摇滚乐的先驱之一。
[2] 玛西亚·布雷迪是美国电视剧《布雷迪一家》(*The Brady Bunch*, 1969—1974)中的角色,外貌姣好,性格自命不凡。
[3] 1936年电影《小公爵》(*Little Lord Fauntleroy*)中的小主角。

背心和西服上衣,戴着一顶比起他这个一岁半小男孩,更适合菲利普·马洛[1]戴的帽子。

1968年5月,在科特15个月大时,温迪14岁的妹妹玛丽为她的家庭经济课写了一篇关于小外甥的作文。"他主要被母亲照看,"玛丽写道,"(她)抱他,在他表现好时夸奖他,参与他的很多活动,处处表现母爱。他对父亲的反应是这样的:一见到父亲他就笑。他还很喜欢爸爸抱着他。他先是大叫,如果这个法子不管用,他就大哭,好让人知道他想要什么。"根据玛丽的记录,他最喜欢的游戏是躲猫猫;8个月时,他长了第一颗牙;他最早会说的单词包括:可可、妈妈、爹爹、球、吐司、拜拜、嗨、宝贝、我、爱、热狗和猫咪。

玛丽还列举到,他最喜欢的玩具包括口琴、鼓、篮球、小汽车、小卡车、积木、压线板、玩具电视和电话。关于科特的日常起居,她写道:"被赶到床上睡觉时,他会大哭。他对家人太感兴趣了,片刻也不想离开他们。"他的小姨总结道:"他是个快乐的、总是笑着的小宝贝。他个性发展如此,全因为他得到的关注和爱。"

温迪是个细心的母亲。她阅读幼教书籍,买学习记忆卡片,还在她兄弟姐妹的帮助下确保科特被照顾周到。两家人都喜欢科特,他在他们的关心下茁壮成长。"我根本不知道怎么用言语去形容科特给我们家带来的欢乐和生命力,"玛丽回忆道,"他可真是个活泼的小人儿。那种个人魅力从幼儿时期就有了。他有趣,又开朗。"科特太聪明了,在他一岁半的时候,连小姨都不知道怎么把婴儿床放低,他自己倒是轻而易举地搞定了。温迪迷恋于儿子的搞怪天性,租了一台超8(Super 8)摄像机,给他录了影——这笔开销是她家很难承担得起的。在一段影片中,这个快乐、欢笑着的小男孩正在切自己的2岁生日蛋糕,看上去是父母宇宙的中心。

---

[1] 菲利普·马洛(Philip Marlowe),美国作家雷蒙德·钱德勒笔下的虚构侦探,活跃期为20世纪三四十年代。

在他人生第二个圣诞节时,科特就已经显现出对音乐的兴趣。弗雷登堡一家称得上是音乐世家——温迪的哥哥查克曾在一支叫"流浪者"的乐队;玛丽会弹吉他;舅公德伯特是一名职业爱尔兰男高音,还在电影《爵士之王》[1]中出场过。柯本一家去科斯莫波利斯时,科特被家里人的即兴合奏深深吸引了。他的姨妈舅舅们录下了他唱的披头士乐队的《嘿,裘德》(Hey Jude)、阿尔洛·格斯里(Arlo Guthrie)的《摩托之歌》(Motorcycle Song)和《门基乐队》电视秀的主题曲。科特从幼年开始就喜欢自编歌词。他4岁时,有次和玛丽从公园游玩回家,他坐在钢琴前,创作了一首粗糙的歌,内容关于他们的冒险。"我们去了公园,吃了糖果。"歌词写道。"我惊呆了,"玛丽回忆道,"我当时就该拿录音机录下来——那可能是他写的第一首歌。"

在科特2岁时,他编了一个想象中的朋友,管他叫波达。对于他对虚幻朋友的执迷,他父母后来忧心忡忡。所以当科特的一个叔叔要去越南打仗时,他们告诉科特波达也被征走了。但科特没有完全买账。到他3岁时,有一回他在摆弄小姨的录音机,当时机器被设定到"回声"模式。科特听着回声,问道:"是你在跟我说话吗?波达?波达?"

1969年9月,科特2岁半,唐和温迪在阿伯丁第一街东1210号买了他们的第一个房子。房子两层楼,有1000平方英尺[2],带后院和车库。他们在买房上花了7950美元。这座建于1923年的居所位于一个有时被戏称为"重刑犯公寓"的社区。柯本家房子的北面是维斯卡河,经常发洪水;东南面是一座树木丛生的绝壁,当地人称其为"'挂念我牌'山"——20世纪初,这座绝壁曾被用来给"挂念我牌"雪茄打广告。

---

1 《爵士之王》(*The King of Jazz*),1930年的美国电影。
2 平方英尺,英制面积单位,1平方英尺约等于929.0304平方厘米。——编者注

他们的房子是一个中产阶级社区的居所,但科特后来将邻居们形容为"假装自己是中产的白垃圾"。房子的一楼是客厅、饭厅、厨房以及温迪和唐的卧室。二楼有三个房间:一个小游戏间,两间卧室,其中一间是科特的。第二间为科特的妹妹准备——那个月,温迪发现自己又怀孕了。

科特3岁时,妹妹金伯利出生了。从婴儿时期她就和哥哥长得极像,同样有着迷人的蓝眼睛和淡金色头发。金伯利从医院被接回家时,科特坚持要把她抱进房子里。"他太爱她了,"他父亲回忆道,"从一开始他俩就很要好。"3岁的年龄差距刚刚好,因为照看妹妹变成了科特成天谈论的话题。这也标志着伴随科特一生的一项个人特质的开始——他对他人的需求和痛苦十分敏感,有时甚至过度敏感。

抚养两个孩子改变了柯本家的生活,他们有限的休闲时间也被家人的到访和唐对校内体育活动的兴趣占据。唐冬天在篮球联盟打球,夏天在棒球队打球,他们大多数社交活动都是去比赛或者参加赛后活动。通过体育,柯本一家与罗德·荷尔林和德雷思·荷尔林结识,并成为好友。"他们是很顾家的人,经常跟孩子们一起做这做那。"罗德·荷尔林回忆道。与大多数经历过20世纪60年代的美国家庭相比,他们家非常老派:那个时候他们的社交圈子里没有人抽大麻,唐和温迪连酒都很少喝。

一个夏日晚上,荷尔林一家在柯本家打牌。唐走进客厅宣布:"我抓到了一只老鼠。"由于低海拔和水源充足,老鼠在阿伯丁很常见。唐把屠刀固定在扫帚柄上,做了一个粗糙的长矛。5岁的科特被吸引了,他跟着爸爸去了车库,那只老鼠正在垃圾桶里。唐叫科特往后站,但对于一个好奇的小孩来说简直不可能,他不断往前蹭,直到抓住父亲的裤腿。按计划,罗德·荷尔林负责打开垃圾桶盖,然后唐会立即用长矛刺中老鼠。荷尔林开了盖子,唐掷出长矛,但没击中老鼠,长矛也卡进了地板。唐试图把扫帚拔出来却徒劳无功之际,那只老鼠——平静而困惑地——顺着扫帚柄往上爬,迅速蹿到唐的肩膀,然后跳到地面,越过科特的脚面跑出了车库。一切都在瞬间发生,但唐脸上的表情和科特瞪大的眼睛让所有人都大笑不止。他们为此笑了几个小时,这事也变成了一则家庭内部笑话:"嘿,你还记得那回唐试图拿长矛刺老鼠吗?"所有人当中,科特笑得最欢,但几乎什么事都能让他这个 5 岁小孩发笑。他笑得很灿烂,像被挠痒痒一样,咯咯笑个不停。

1972 年 9 月,科特开始去罗伯特·格雷小学的附属幼儿园上学,幼儿园距离他家往北三个街区。第一天是温迪送他去上学的,但是从那以后他就自己走路去上学。靠近第一街的社区也变成了他的活动地带。作为一个早熟、好奇、成天带着史努比狗午餐盒的小孩,他让老师们印象深刻。在他那年的报告单上,老师写道:"特别好的学生。"他并不害羞。当一只幼熊被带到孩子们面前做展示讲解活动时,科特是为数不多的几个去跟熊照相的小孩之一。

他当时最擅长的科目是艺术。在他 5 岁的时候,他就明显展露出超然的艺术技能:他画的画儿特别逼真。托尼·赫奇曼与科特在幼儿园相识,当时就被他的才能镇住了:"他什么都会画。有一次我们看了一组狼人的照片,他照着画了一张,跟照片一模一样。"那年科特画了一系列形象,包括电影《黑湖妖谭》中的人鱼,米老鼠和布鲁托。每逢过节或过生日时,他的家人都会给他买画具,他的房间也开始变得像一个画室。

科特的奶奶艾瑞斯·柯本很鼓励他搞艺术。她喜爱收集诺曼·洛克威尔[1]的纪念品——很多画着《周六夜报》插图的富兰克林造币

---

[1] 诺曼·洛克威尔(Norman Rockwell),20 世纪美国著名作家、插画家,其作品以写实为主。

厂的纪念碟子。她本人也用绣花针临摹了很多洛克威尔的插图——后者最著名的作品《免于困乏的自由》(*Freedom from Want*)描述了典型的美式感恩节晚餐,这幅画被挂在她位于蒙特萨诺的双宽拖车房的墙上。艾瑞斯甚至说服科特跟她一起做手工:用牙签在新摘的蘑菇上雕刻洛克威尔插画的复刻品。待到超大蘑菇风干时,牙签的刮痕会残留下来,好似粗糙的解闷手工。

艾瑞斯的丈夫利兰德·柯本,也就是科特的爷爷,就不怎么有艺术细胞了——他曾经开压路机,因此听力受损——但他会教科特做木工。利兰德是个粗鲁、脾气坏的角色,当孙子给他展示自己画的米老鼠时(科特热爱迪士尼角色),利兰德指责他是描着画的。"我没有。"科特说。"你绝对是描的。"利兰德回答道。利兰德给了科特崭新的纸笔,叫他证明给自己看。"拿着,现在就给我再画一张,让我看看是怎么完成的。"6岁的科特坐下来,没有任何参照地画了一张近乎完美的唐老鸭像,还画了一张高飞。他咧嘴笑着抬起头,很满意地向爷爷炫耀他是怎么画出自己心爱的鸭子。

他的创造力日益向音乐方向拓展。尽管从没受过专业钢琴训练,他仅凭泛听就能在琴键上敲出一段简易旋律。"从他还是个小孩子时,"他妹妹金回忆道,"他就能坐在钢琴前弹出他从收音机上听到的音乐。他很有艺术才能,可以随心所欲地把所想的东西落实到纸面上、音乐中。"为了鼓励他,唐和温迪买了一套米老鼠架子鼓,科特每天放学后都兴冲冲地打个不停。尽管他很喜欢自己的塑料架子鼓,但他更喜欢查克舅舅的真架子鼓,因为他能打出更大的声音。他还喜欢不停地摆弄玛丽小姨的吉他,尽管吉他重到让他的膝盖弯曲。他一边漫不经心地弹吉他,一边写歌。那年他买了人生中的第一张唱片,特里·杰克斯的甜腻单曲《阳光下的四季》(*Seasons in the Sun*)。

他还喜欢发掘姨妈和舅舅的专辑收藏。有一回,6岁的他拜访玛丽小姨时,他在小姨的唱片收藏里东翻西找,想寻出披头士乐队的专辑——他们是他的最爱之一。科特突然大叫起来，惊慌地冲向玛丽阿姨。他拿着披头士乐队专辑《昨天和今天》(*Yesterday and Today*)，该专辑有着臭名昭著的"屠夫封面"——乐队成员身上盖着一片片生肉的设计。"那让我意识到他小小年纪就很敏感。"玛丽回忆道。

他对父母之间日益增长的矛盾也很敏感。科特人生的最早几年，家里还没有多少争吵，但父母间似乎也没有多少爱。像很多年纪轻轻就结婚的夫妇一样，唐和温迪被生活琐事搅得晕头转向。孩子成了他们生活的重心，在生小孩之前生发的少许浪漫情愫也很难重燃。经济压力让唐筋疲力尽，温迪则焦头烂额地照看两个孩子。他们的争吵渐渐多起来，并开始在孩子面前大吼大叫。"你根本不知道我工作有多辛苦。"唐冲温迪尖叫道，温迪也用类似的话反击丈夫。

尽管如此，科特的童年早期还是充满快乐。夏天全家人会到华盛顿州海岸，去弗雷登堡家在洪击沙滩的小木屋度假。冬天，他们会去滑雪橇。阿伯丁很少下雪，一家人常常开车往东走，经过伐木小镇波特，深入山丘中，直到毛顶山。他们的滑雪之旅一贯如此：先停好车，拖出给唐和温迪用的平底雪橇、给金用的"银碟"雪橇和给科特用的"灵活飞鸟"雪橇，一家人准备好滑雪下山。科特会抓住雪橇，做好准备工作，像运动员起跳一样迅速俯身滑下山。滑到底时，他会冲父母招手，以示自己安全抵达。家人们随之一一滑下山，再一起走回山上。他们会花好几个小时重复这个流程，直到天黑或科特累得实在不行时才停止。他们往车的方向走时，科特会让家人保证下周末还来玩。日后，科特回忆到，这些经历是他童年最美好的时光。

科特6岁时，一家人去市中心的照相馆照了圣诞家庭合影。照片里，温迪坐在镜头中央，射灯在她脑后打出光晕。她坐在巨大的木制高背椅上，身穿一条粉白条纹、带褶边袖口的维多利亚式裙子。她还戴着黑色短颈链，略带草莓色的及肩金发整齐地从中间散开，没有一丝乱发。她姿态完美，手腕搭过椅子扶手，看起来像个皇后。

3岁的金坐在母亲的腿上。她穿着白色长裙和黑色漆皮鞋，像一个缩小版的母亲。她正面看着镜头，表露出一副随时要哭出来的小孩模样。

唐站在椅子后面，人虽在镜头前，却一副心不在焉的样子。他的肩膀微微下弯，笑容中带着些茫然。他身穿4英寸领口的淡紫色长袖衬衫和灰色的背心——是那种斯蒂夫·马丁和丹·艾克罗伊德[1]在《周六夜现场》节目表演小品《傻兄傻弟》时穿的衣服。他目光涣散，好像想知道自己为什么会在本该打球的时候被拽到照相馆。

科特站在最左边，父亲的前面，离椅子一两英尺的距离。他身穿双色带条纹的蓝裤子、配套的背心和一件消防车红的衬衫，衬衫有点儿大，袖子能半盖住手。作为家里货真价实的艺人，他不仅笑着，而且是开怀大笑。他看起来尤其开心——就是一个周六跟家人度过快乐时光的小男孩。

这一家人长得尤其漂亮，这样的外表也象征着一个典型的美国家庭——干净的头发，白色的牙齿，熨得服服帖帖的衣服，衣服极为入时，像从20世纪70年代希尔斯商场的购物清单里拿出来的一样。然而凑近看，就连摄影师都能感觉出不对劲的地方：很明显，这是一张家庭合影，却不是一张夫妇合影。唐和温迪没有身体接触，在照片里看不出他们有爱意；他们就好像根本不在同一张照片里一样。科特站在唐前面，金坐在温迪的腿上，你可以拿一把剪刀从中间剪开照片——以及这一家子。你可以把他们分成两个家庭，各带一个大人、一个小孩，一边男、一边女——一边是维多利亚式的裙子的母女，一边是穿宽领衬衫的父子。

---

[1] 斯蒂夫·马丁（Steve Martin）和丹·艾克罗伊德（Dan Aykroyd）都是美国著名喜剧演员，两人在20世纪70年代曾在《周六夜现场》搭档表演小品，《傻兄傻弟》（*Wild and Crazy Guys*）就是他们的代表作之一。

第二章 我恨妈妈，我恨爸爸

华盛顿州阿伯丁市

1974年1月—1979年6月

> 我恨妈妈，我恨爸爸。
>
> ——摘自科特写在卧室墙上的诗

1974年，当唐决定换工作进入木材行业时，家庭的重压有增无减。唐体型不大，对砍倒200英尺高的树木也没什么兴趣，所以他在"迈尔兄弟"公司找了份文职，他知道木材行业比在加油站打工挣得多。然而不幸的是，他的第一份工作是最初级的，时薪仅4.1美元，比当技工时挣得还少。他周末在磨坊清点库存来挣额外收入，还经常把科特带去上工。"我工作时，他就在院子里一圈圈地骑小自行车。"唐回忆道。科特后来取笑他父亲的工作，说跟父亲一起上工是种折磨，但当时他很高兴能参与其中。虽然他成年后总是否认，但来自父亲的肯定和关注对科特十分重要，他对此想要更多，而非相反。他后来承认，早年他在家庭中还是拥有很多快乐回忆。"我的童年很美好，"他在1992年告诉《旋转》(*Spin*)杂志，但又加了一句，"直到我9岁。"

唐和温迪经常得借钱付账单，这也变成了他们争吵的主要由头之一。利兰德和艾瑞斯总在厨房里放一张20美元钞票——他们开玩笑道，那20美元总是来来回回，因为每个月他们都得借钱给儿子买食品杂货，唐还钱没多久就又得找他们借。"他东奔西走，付完账单后就来我们这里，"利兰德回忆道，"他先还我们20美元，然后说：'妈的，我这周挣得不少，盈余35到40美分[1]。'"利兰德从没喜欢过温迪，因为他觉得她总是装作一副自己"比柯本家上档次"的样子，他还记得，年轻的柯本一家会去布恩街的"蓝灯塔"免下车餐厅，把零钱花在汉堡上。虽然唐和他开筑路机的岳父查尔斯·弗雷登堡相处得很好，利兰德和温迪却从没看对过眼。

当利兰德帮忙给他们在第一街的房子重新装修时，公媳之间的矛盾达到了顶峰。他给唐和温迪在客厅修了一座仅供观赏用的壁炉，给厨房换了新灶台，但在此过程中，他和温迪的争吵愈演愈烈。利兰德最终叫儿子管管温迪，别让她继续烦他，否则他就走人，让装修半途而废。"这是我第一回听见唐跟她回嘴，"利兰德回忆道，"她总是叽叽歪歪，说这说那，最终他说'把嘴给我闭紧，否则他就带着工具走人了'，她才终于闭嘴了一回。"

就像他自己的父亲一样，唐对儿女很严格。温迪曾经抱怨，丈夫总是期待孩子们永远听话——这是不可能的要求——还要求科特表现得像"小大人"。有时，就像所有孩子一样，科特会让大人头疼。当时他所有捣蛋的行径都不严重——比如在墙上写字、摔门或者欺负妹妹等等。这些行为常常会招致打屁股的惩罚，但唐更通常的体罚——几乎每天都做的——是拿两根手指戳科特的太阳穴或胸口。这种体罚不是很疼，但精神上的伤害很大——它让科特恐惧更重的体罚即将到来，也是巩固唐统治地位的方式。科特开始逃往自己房间的衣柜。常人会恐惧那种封闭、与外界隔绝的空间，科特却把它当成避难所。

---

[1] 美分，美元中最小的使用单位，100美分等于1美元。——编者注

除了体罚，科特要躲避的东西还有不少：父母两人都会嘲讽讥笑他。科特还不懂事，对父母的话深信不疑时，唐和温迪警告他，如果表现不好，尤其如果他和妹妹打架的话，圣诞节他就只能得到一袋子煤块当礼物。两人还搞恶作剧，真在他的圣诞长袜里放煤块。"那只是个玩笑，"唐回忆道，"我们每年都这么干。他还是会收到礼物——我们从没有不给他礼物。"然而，科特没觉得这有多幽默。他曾提到，有一年父母许诺会给他《警界双雄》[1]里的玩具枪,但从未兑现。相反，他坚称他只收到了一袋子包得好好的煤块。科特的说法言过其实，但在他内心的想象中，他已经开始给这个家庭做自己的解读了。

金和科特偶尔处得来，有时他们还会一起玩耍。虽然金从来都没有科特身上的艺术天分，而且家人更关注科特的事实总让她感受到敌意，她却渐渐开发出了模仿各种声音的技能，尤其擅长模仿米老鼠和唐老鸭，这些表演每次都能逗乐科特。她的声音技能还让温迪有了新的幻想。"我妈妈有个梦想，"金声称，"科特和我可以去迪士尼乐园工作，他负责画画，我负责配音。"

1975 年的 3 月对于 8 岁的科特来说充满了欢乐：他第一次去了迪士尼乐园，人生中第一回坐飞机。利兰德在 1974 年退休，当年，他和艾瑞斯在亚利桑那州过冬。唐和温迪开车带科特去西雅图，把他放上飞机，利兰德在尤马市接下他，再一同去南加州。在行程满满当当的两天里，他们去了迪士尼乐园、纳氏草莓乐园和环球影城。科特着迷似的坚持玩了迪士尼乐园的"加勒比海盗"过山车三回。在纳氏草莓乐园，他大着胆子坐上了巨大的过山车，但从过山车上下来时，他的脸像鬼一样地发白。利兰德说："玩够了？"他的脸恢复了血色，并又去坐了一次过山车。在环球影城玩的时候，在大白

---

[1]《警界双雄》(*Starsky and Hutch*)，美国动作电视剧，在 1975—1979 年间于 ABC 电视台播出。

鲨面前，科特从火车上探出了身子，逼得保安朝他的爷爷奶奶吼道："你们最好把那个金发小男孩拉回来，否则他的头就要被咬掉了。"科特不听命令，用相机在距离几英寸之外拍下了大白鲨的嘴。那天晚些时候，他们行驶在高速公路上，科特终于在后座上睡着了，幸亏如此，他的爷爷奶奶才能偷偷地开车经过魔法山，他要是醒着肯定吵着要去。

在所有亲戚中，科特和奶奶艾瑞斯最亲。他们对艺术有共同的兴趣，有时候，对悲伤也彼此有共鸣。"他们深爱彼此，"金回忆道，"我想他本能地知道她经历过的痛苦。"艾瑞斯和利兰德都出身艰苦，两人都饱经贫穷，他们的父亲都是死在工作岗位上。艾瑞斯的父亲死于瑞安纸浆厂的毒烟；利兰德的爸爸是县警，死于枪支走火。利兰德的父亲死时，他才15岁。他后来参加海军陆战队，被发往瓜达康纳尔岛[1]，但在揍了一位军官之后，他被判去医院做精神鉴定。被部队除名后，他娶了艾瑞斯，但受困于酗酒和躁怒，尤其是他们的第三个儿子迈克尔出生后显现出先天智力障碍的症状并在6岁时死于医院后，利兰德的问题愈发严重。"周五晚上他领了工资就去喝酒，然后醉着回家，"唐回忆道，"他常常打我妈妈，也打我。他打过我奶奶，也打过奶奶的男友。但当时很多人都这样。"到了科特成长的时候，利兰德收敛了不少，他最厉害的武器变成了脏话。

利兰德和艾瑞斯没空时，弗雷登堡家的兄弟姐妹会帮着带孩子——科特的三个姨妈相隔的距离不到四个街区。唐的弟弟加里有时也会带孩子，还导致科特第一次进医院。"我把他右胳膊弄伤了，"加里回忆道，"我仰卧在地上，他坐到了我脚上，我把他往上空踢。"科特是个非常好动的孩子，成天跑来跑去，亲戚们都很吃惊他居然没多伤几次手脚。

---

[1] 瓜达康纳尔岛（Guadalcanal），西南太平洋岛国所罗门群岛中最大的岛屿。

科特的胳膊后来痊愈了，伤情没有妨碍他从事运动。从他会走路起，唐就开始鼓励他打棒球，给了他小男孩所能用的全套的球、球棒和棒球手套。幼年的科特更喜欢用球棒当打击乐器，但最终参与到体育活动中，先是在当地社区，后来发展到有组织的运动中。7岁时，他参加了人生第一个少年棒球联盟的球队。他爸爸就是教练。"他并不是队里最出色的球员，但也不坏。"加里·柯本回忆道，"我觉得他打心眼里不是很想打球。他后来照做了，全因为他爸爸。"

棒球是科特寻求唐认可的一个例子。"科特小时候跟爸爸相处很好，"金回忆道，"但科特完全没有变成爸爸期许的那个样子。"

唐和温迪遇到了同样的矛盾——他们理想中的孩子和实际中的孩子有出入。由于两人童年都有没被满足的需要，科特的诞生激起了他们所有的个人期许。唐想要一种他和利兰德之间不曾有过的父子关系，他觉得一起参加体育运动会建立那种联系。科特虽然喜欢运动，尤其是父亲不在身边时，但他本能地把这项活动与父爱联系在一起，这种联系也伴随了他一生。他对此的反应是去参与其中，但同时又带着反骨。

科特二年级时，父母和老师一致认为，他无穷无尽的精力可能有医学上的缘由。他们咨询了科特的儿科医生，后者建议他们把二号红色食用色素从他的三餐中去除。他们照办后，并没什么起色，父母又开始限制科特的糖分摄入。最终，医生给科特开了利他林[1]，科特服用了三个月。"他的精力过度旺盛，"金回忆道，"他上蹿下跳，尤其在摄入糖分之后。"

其他亲戚认为科特可能患有注意缺陷多动障碍（ADHD）。玛丽记得拜访柯本一家时，发现科特满社区跑，一边敲行进鼓（marching drum）一边扯着嗓子大喊大叫。玛丽进门问姐姐："他到

---

[1] 利他林（Ritalin），盐酸哌醋甲酯，一种中枢兴奋药，用于治疗注意力不集中和多动症。

底在干什么?""我不知道。"温迪答道,"我不知道怎么才能让他停止——什么法子都试过了。"当时,温迪只觉得科特是用这种方式消耗男孩子过度旺盛的精力。

就算是在1974年,给科特开利他林也是个有争议的决定,有些科学家坚称这样做会引发巴甫洛夫式的条件反射,进而增加服用者未来成瘾行为的概率;也有些人认为,如果不尽早治疗小孩的多动症问题,他们以后有可能会用非法药物进行自我治疗。对于科特的诊治结果以及这种短期治疗到底是帮了他还是害了他,柯本一家上下各有看法,但从科特自身来看,他后来告诉科特妮·拉芙,那些药的影响很大。拉芙小时候也被开过利他林,两个人经常就这个话题聊起来。"如果你小时候服下这种药物,让你有了这样的感受,长大后你怎么可能不嗑药?"拉芙问道,"小时候一吃下那种药你就身心愉悦——那种记忆摆脱得了吗?"

1976年2月,就在科特过完9岁生日的一个礼拜后,温迪告诉唐她想离婚。她在一个工作日的晚上宣布了自己的决定,旋即跑进了自己的卡玛洛车,留下唐跟孩子们解释发生了什么——唐并不擅长这个。尽管在1974年后半年时,唐和温迪的婚姻矛盾就愈演愈烈,但她的决定还是让唐和全家上下措手不及。唐本能地否定现实,变得内向,这种处理方式在多年后也体现在了他儿子遇到危机时的举动上。温迪性格一向强硬,有时也容易大发雷霆,但唐还是震惊于她居然想让家庭单元瓦解。她主要抱怨他对体育活动过于沉迷——他是裁判,也是教练,除此之外还给几支不同的球队效力。"在我心里,我不信她会想跟我离婚,"唐回忆道,"那个时候离婚还不常见,我也不想离。她却只想脱身。"

3月1号,唐搬了出去,在霍奎厄姆租了个房间。他满心以为等温迪气消了他们就可以重归于好,所以他是按周付房租的。对唐来说，家庭是他身份中的一大部分，父亲的角色也让他有种人生中第一次被需要的感觉。"离婚这个主意伤他很深。"唐最好的朋友斯坦·塔格斯回忆道。他俩的分手很复杂，因为温迪家很中意唐，尤其是她姐姐詹尼斯和姐夫克拉克，他们住在柯本家附近。温迪的有些兄弟姐妹则默默地想知道不靠唐，她怎么在经济上支撑下去。

3月29日，唐收到法院传票和一份《解除婚姻关系申请书》。紧接着的是一系列法律文件；唐常常故意不回应，以期温迪会回心转意。7月9日，由于不回应温迪的诉状，他被视作未履行法律义务。当天，一份正式的判决书下达，把房子判给了温迪，但唐得到了房屋价值的6500美元，到房子被卖出、温迪再婚或金长到18岁时即可兑现。根据判决，唐得到了载重半吨的1965年福特皮卡；温迪则得到了那辆1968年款的卡玛洛。

温迪得到了孩子们的监护权，唐被判每个月支付150美元的赡养费，外加医疗和牙医费用，并且获得了"合理探视"的权利。这种做法在70年代的小城法庭很常见，探视权的细节未做说明，具体操作也没有正式的规定。唐搬进了父母在蒙特萨诺的拖车房里。就连离婚手续办完后，他还依旧盼望着温迪回心转意。

温迪毫无留恋。她一旦决定结束一段感情，就不会回头，她跟唐算是完了。她很快开始和弗兰克·弗拉尼克约会，后者是个英俊的码头工人，挣的钱是唐的两倍。弗拉尼克也易发怒施暴，温迪则十分中意他把这份恶意针对给唐。有一回，唐的新驾照被误寄到温迪家，他打开信封，把唐的照片抹上大便，然后封好信，转寄给了唐。这不仅是场离婚——更是场战争，充满了愤恨、恶意和血债血偿般的报复。

对科特来说，这是场精神上的致命打击——在他一生中没有任何其他事件能像这样对他人格的形塑产生影响。像很多孩子一样，他把父母离婚的创伤内化。父母先前瞒着他彼此之间争端的严重程度，所以他根本不理解两人为什么分手。"他觉得是他的错，对此很自责，"玛丽观察道，"科特受到的心理创伤很大，他眼看着曾经信赖的所有东西——他的安稳、家庭和生活起居——在他面前被撕碎。"科特没有向外界表达自己的痛苦和悲伤，而是将其内化。那年6月，科特在卧室的墙上写道："我恨妈妈，我恨爸爸。爸爸恨妈妈，妈妈恨爸爸。这一切都很可悲。"

这个男孩曾如此依赖家人，以至觉都舍不得睡，玛丽7年前在家庭经济课的作文中写道，因为"他不想离开他们"。如今，尽管不是他的错，他却被抛下了。艾瑞斯·柯本曾把1976年形容为"科特的炼狱之年"。

科特的身体健康也受到了损害。玛丽记得，科特当时进了医院。她记得母亲说过，这是因为他当时吃得不够。"我记得科特10岁时因为营养不良进了医院。"她说。科特告诉朋友，他当时必须得喝钡剂[1]，给胃部拍X光片。有可能的是，当时被看作营养不良的症状，可能是他后来饱受其折磨的胃病的初次显现。他母亲在20岁出头，科特出生后没多久时，也得过胃病，所以科特第一次有胃痛时，家人认为这跟温迪早年的不适症状一样。在父母离婚之际，科特还发展出不受控制的眼部痉挛。家人认为这是压力引起的，可能也的确如此。

父母离婚时，他还是个即将进入青春期的男孩，所有内在的变化都在继续。快要上四年级时，他开始对女孩有性萌动，并在意自己的社会地位。那年7月，因为所属的棒球队以十四胜一败的战绩在阿伯丁木材联赛中拿了冠军，他的照片登上了《阿伯丁日报》。那个夏天，另一件值得一提的事是他领养了常在社区里游荡的黑色小猫。那是他的第一个宠物，他将其命名为泡芙。

1　钡剂（barium），一种白色的奶昔状液体，患者喝下后在X线照射下可显示消化道有无病变。

父母离婚手续办完的三个月后,科特表示想和父亲生活。他搬进了拖车房,和唐、利兰德及艾瑞斯一起住。但在当年初秋,这对父子在街对面租了自己的单宽拖车房。科特在每周末拜访温迪、金和泡芙。

和父亲住满足了科特的部分情感需求——作为独子,他再度成为关注的中心。唐对离婚感到自责,所以在物质上加倍补偿。他给科特买了辆雅马哈耐力-80型迷你越野自行车,自行车随即在社区引起很多注意。丽萨·洛克住在几个街区之外,那年夏天,她和科特初识:"他是个安静、讨人喜欢的小孩。脸上总挂着微笑。他有点害羞。社区一带有片可供他骑迷你自行车的场地,我经常骑车跟他一起玩。"

洛克对9岁的科特观察后做出的"安静"评价,也是许多人形容成年后的他时所用的词语。他可以沉默地坐着不动很久,也不跟人寒暄。科特和丽萨的生日在同一天,两人10岁生日时,他们在丽萨家办了派对。科特很高兴能参与进来,但对于他人的注意却有点儿犹豫和不自在。4岁的时候,他天不怕地不怕;到了10岁时,他却出人意料地怕生。父母离婚后,他变得内敛,总是等着别人首先行动。

父母离婚之后,随着青春期的到来,科特的父亲在他的成长中占据了更重要的角色。每当放学之后,科特会待在爷爷奶奶家,不过一等唐下班回家,父子两人就会一同度过当天剩下的时间,唐想一起做什么,科特都乐意去做,就算那意味着搞运动。棒球赛后,柯本父子偶尔会在当地的酒铺吃晚饭。两人很珍惜彼此之间的感情,但两人也都难以控制地为家庭的破碎感伤——就像是遭遇了截肢一样,尽管他们勉力撑过了一天,却很难不去想念那条残肢断臂。他们对彼此的爱在那一年比此前和此后都更强烈,但父子二人都孤独无比。因为害怕失去爸爸,科特叫唐许诺他不会再婚。唐向科特保证,说两人会永远在一起。

1976年的冬天，科特转学去了位于蒙特萨诺的"灯塔"小学。蒙塔萨诺的学校规模比阿伯丁的小，转学后的几周之内，科特在新学校找到了曾经失去的人气，他的无畏似乎也回来了。尽管从外表看来他是自信的，但他还是保存一份对自身境遇的苦涩。"你能感觉到他仍然被父母离婚的现实折磨。"同班同学达林·尼瑟瑞回忆道。

1977年的秋天，科特开始上五年级，当时他已经是"蒙特"（当地人对本地的叫法）的一号人物——小小的学校里，每个学生都知道他，大多数人很喜欢他。"他是个好看的小孩，"约翰·菲尔茨回忆道，"他聪明，而且什么都不缺。"金发蓝眼的科特成为女孩中的热门关注对象。"不夸张地说，他是当时最受欢迎的小孩之一，"罗尼·托拉观察道，"当时有个由15个小孩组成的小团体，他们经常一起行动，科特是那个团体中的重要人物。他真的很可爱，有着金发和蓝色的大眼睛，鼻子上有雀斑。"

科特外在的吸引力中藏着一份对于身份认同的挣扎，这在1977年10月达到顶峰，当时，唐开始和女人约会。科特不喜欢唐的第一个约会对象，所以唐甩了她。10岁是个容易自恋的年纪，科特并不能理解为什么父亲渴望成年人的陪伴，为什么唐不满足于父子两人在一起。那年深秋，唐遇见了一个叫珍妮·维斯比的女人，她离婚后带着两个孩子：一个是敏迪，比科特小1岁；一个是詹姆斯，比科特小5岁。从一开始，两人的浪漫时光就是家庭集体活动，他们第一次约会是带着所有孩子去西尔维亚湖远足。科特对珍妮和珍妮的孩子很友好，唐因此觉得找到合适对象了。他和珍妮随即结婚。

科特一开始喜欢珍妮——她给了他所缺少的女性关注——但他对新继母的好印象随即被内心的挣扎去除了：如果他在意她，就是背叛了生母和他那个"真正"的家的爱。正如父亲一样，科特也一直怀着希望，以为离婚只是暂时的挫折，但他的希望最终落空了。

他父亲的再婚,以及变得拥挤的拖车房,打碎了他的执念。唐不善言辞,他的成长背景也注定了他很难表达内心的想法。"你跟我说过你不会再婚的。"科特对唐抱怨道。"呃,是这样的,科特,情况变了。"父亲回应道。

珍妮曾试图跟他沟通,但没能成功。"一开始他对大家都很有爱。"珍妮回忆道。后来,科特总是提及唐之前不会再婚的承诺,并在情感上不断退缩。唐和珍妮试过以科特为家庭关注中心,以补偿科特——他可以第一个打开礼物,家务也可以少做——但这些微小的牺牲却加剧了他的情感退缩。他只把继弟继妹当作偶尔的玩伴,但他也戏弄他们,对敏迪的龅牙毫不留情,残酷地在她面前取笑她的说话声音。

一家人搬到他们位于蒙特萨诺南舰队街413号的新居时,情况暂时有了好转。科特有了自己的房间,装饰以圆形窗子,好让房间像一艘轮船。1979年1月,搬家没多久,珍妮生了个孩子,命名为钱德·柯本。这下家里有了两个弟弟妹妹,一个继母和一个婴儿,他们都在竞争着科特曾经独享的关注。

科特在蒙特的公园、小巷和运动场行动自由。蒙特太小,连交通工具都不用就可以来往这些地方;棒球场离家四个街区远,学校就在一条街上,所有朋友都住在步行就能到的地方。与阿伯丁相比,蒙特更像是桑顿·怀尔德[1]戏剧中的地方,一个简单化、友好化的美国。每个周三都是柯本一家的娱乐之夜。他们的活动包括飞行棋、大富翁等桌游,科特对娱乐之夜总是很兴奋。

家庭手头吃紧,柯本家家庭旅行大多只局限于野外宿营,但一家人准备出发时,科特总是第一个跳进车里。在唐和温迪就带孩子

---

[1] 桑顿·怀尔德(Thornton Wilder),美国著名戏剧作家、小说家,曾三度获得普利策奖。

度假能不能抵消赡养费大吵大闹之前，他的妹妹金也和他们一起出游。那次争吵之后，金见父亲和哥哥的机会就更少了。科特依旧在周末去母亲那里住，但那绝非温馨的家庭重聚，更像是揭开离婚伤疤的时间。温迪和唐之间很少好好说话，所以每次回阿伯丁，科特都要目睹父母为探视时间表大吵大闹。有个周末，又一件悲伤的事发生在他身上：他深爱的猫泡芙跑掉了，再也没能被找到。

像所有小孩一样，科特依赖于有规律的生活安排，所以他喜欢家庭娱乐之夜这样的规律。但就连这点安慰也让他感到矛盾：他渴望亲近，却害怕太过亲近结果却在之后被抛弃。他长到了青春期的一个关键时期——大多数少年会开始把自己和父母区别开来，以寻求自己的身份。但科特还是感怀于原生家庭的破碎，所以逃离变得既有必要，又让他揪心。对自身矛盾而挣扎的情感，他的处理方式是在情感上与唐和温迪撇清关系。他告诉自己和朋友们，他恨父母，用这种刻薄话，他得以证明自己的疏远是正当的。但就在下午跟朋友一起玩时谈及父母是多么恶心之后，他又反过来参与家庭娱乐之夜，还是家里唯一一个不想让这种家庭聚会终止的人。

过节永远是个麻烦。1978年的感恩节和圣诞节，科特必须得在六七户人家间东奔西跑。如果说他对珍妮的感情混合了依恋、嫉妒和背叛感，他对温迪男友弗兰克·弗拉尼克的感情就是纯粹的愤怒了。温迪也开始酗酒，醉酒让她变得更尖酸。有天晚上，弗拉尼克打伤了温迪的胳膊——金当时在家目睹了这场事件——温迪因此进了医院。待到伤好后，她拒绝起诉弗拉尼克。她哥哥查克威胁了弗拉尼克，但是谁都没办法改变温迪对弗拉尼克的死心塌地。当时，很多人认为温迪跟弗拉尼克在一起是为了他提供的经济支持。离婚后，她开始在阿伯丁一家叫皮尔斯百货的商场当店员，但的确是弗拉尼克码头工人的工资负担了家里的奢侈消费，比如有线电视。在和弗拉尼克在一起之前，温迪经常欠下各种费用，连电都要被掐掉了。

科特那年 11 岁，又瘦又小，但在面对弗拉尼克时，他觉得自己前所未有地软弱无力。他无法保护妈妈，目睹这些争吵带来的压力让他觉得母亲和自己的生命会有危险。他可怜母亲，也恨她把自己弄到这种可怜的境地。小的时候，父母曾是他的神——现在他们是陨落的偶像，是不可信任的假神。

这些内心矛盾开始在科特的行为上体现出来。他跟大人顶嘴，拒绝给家里做事，尽管身材瘦小，他开始欺负一个男孩，欺负得如此之狠，以至于男孩连课都不敢去上。老师和家长出面解决，每个人都想知道为什么曾经那么乖巧的男孩会变得如此讨人厌。在无计可施之际，唐和珍妮终于把科特带去做心理咨询。他们曾尝试做家庭治疗，但唐和温迪总是没法同时出现。心理医生在几次咨询中跟科特谈话。他的结论是科特需要一个单独指定的家庭。"我们被告知，如果他要跟我们在一起，我们就得获取合法监护权，好让他知道我们接纳他为家里的一员。"珍妮回忆道，"不幸的是，越吵这个事，唐和温迪之间的问题就越多。"

唐和温迪那时已经离婚好几年了，但对于彼此的愤怒未曾停止，反而通过他们的孩子而加剧。对温迪来说，那是个艰难的春天——她父亲查尔斯·弗雷登堡在 61 岁生日的十天后死于心脏病突发。温迪的母亲佩吉本来就爱隐居，温迪担心这样一来她母亲就更与外界隔绝了。佩吉的古怪行径可能来源于恐怖的童年经历：她 10 岁时，父亲詹姆斯·欧文在全家人面前刺中了自己的腹部，但他未能自杀成功，而后便被送进了华盛顿精神病院——就是女演员弗兰西丝·法尔莫[1]后来接受电击疗法的医院。两个月后，他趁医院职工不注意，又撕开了刀刺的伤口，最终因这道伤口而死去。像很多家庭悲剧一

---

[1] 弗兰西丝·法尔莫（Frances Farmer），美国女演员，电视节目主持人。20 世纪 40 年代因精神分裂症多次进出精神病院。

样，科特外曾祖父的精神病极少被提及。

但就连弗雷登堡家的悲剧也没能把唐和温迪连在一起，共同感怀悲痛。他们关于科特的讨论，就像他们所有的对话一样，以吵架收场。温迪最终签了一份文件，上面写道："唐纳德·利兰德·柯本将单独负责该小孩的照料、经济支持和各项费用。"1979年6月18日，在唐和温迪离婚三周年的三周前，唐获得了科特的监护权。

第三章　当月之星

华盛顿州蒙特萨诺市

1979 年 7 月—1982 年 3 月

> 他最喜欢的食物是比萨,最喜欢的饮料是可乐。他的口头禅是"打扰我一下"(Excuse you)。
>
> ——摘自《少年报》的人物报道

1979 年 9 月,科特开始在蒙特萨诺初中上七年级。这是他一个重要的里程碑,学校也在他的生活中占据了更重要的位置。他从五年级开始上音乐课,到了七年级,他在学校乐队里负责打鼓,这是一项他在朋友面前表示谦虚却暗地欢喜的成就。他当时学习和练习的大部分内容是行进乐和小型组合鼓,为了《路易,路易》(Louie, Louie)和《龙舌兰》(Tequila)等歌曲学习小鼓和贝斯鼓。这支蒙特当地的乐队很少做行进表演——他们大多为集会和篮球赛表演——但是他们所有的活动科特都雷打不动地参加。

据他的乐队指导蒂姆·尼尔森回忆,科特是个"普通、平凡无奇的音乐科学生。他并不出色,也不差劲"。科特在一场集会表演小鼓的照片被收录进了蒙特萨诺当年的"森林"年鉴。他顶着娃娃头,看起来有点像布拉德·皮特年轻的时候。他的衣服偏学院风——那种典型装束包括一条哈什牌喇叭牛仔裤、一件艾索德牌条纹橄榄球衫和一双耐克运动鞋。他的打扮和所有 12 岁的孩子一样，尽管他比同龄人稍微矮小一点。

作为学校受欢迎的代表人物，他登上了 1979 年 10 月 26 日版的学校油印学生报《少年报》。这篇题为《当月之星》的文章写道：

> 科特是本校一名七年级学生。他金发蓝眼，觉得学校还行。科特最喜欢的课是乐队表演课，最喜欢的老师是海普先生。他最喜欢的食物是比萨，最喜欢的饮料是可乐。他的口头禅是"打扰我一下"。他最喜欢的歌是 E.L.O. 乐队[1]的《别让我失望》(Don't Bring Me Down)，最喜欢的摇滚乐队是肉卷乐队[2]。他最喜欢的电视节目是《出租车》，最喜欢的演员是伯特·雷诺兹[3]。

那句"打扰我一下"是科特恶搞斯蒂夫·马丁的"打扰你一下"。这也是他一贯讽刺、揶揄的幽默感，通常包括颠倒短语语序或问荒唐的假设性问题——就像青少年版的安迪·鲁尼[4]。他的代表性的笑话包括在篝火晚会上大喊："你怎么能弄出这么多烟来毁掉这场绝好的篝火呢？"作为一个小男孩，他在青春期男孩群体中立身的方式是用玩笑来摆脱争端，以智商上的优越感贬低任何找他麻烦的人。

科特没完没了地看电视。这也是他与唐和珍妮之间一直以来的争端。他们俩想限制他看电视的时间，但他会乞求着、尖叫着想多

---

[1] E.L.O.乐队，全称为电光乐队（Electric Light Orchestra），英国前卫流行、交响摇滚乐队，1970 年成立于伯明翰。至今仍活跃在舞台上。

[2] 肉卷乐队（Meatloaf），美国硬摇滚歌手"肉卷"在 1971 年成立的乐队。

[3] 伯特·雷诺兹（Burt Reynolds），美国男演员、导演、制片人，前美式足球运动员。1936 年出生，代表作《激流四勇士》(Deliverance)。

[4] 安迪·鲁尼（Andy Rooney），美国著名节目主持人，以主持 CBS 电视台招牌节目《60 分钟》著称。讽刺的是，安迪曾批评过青少年们对科特之死产生的难过之情，引发了一些争议。

看一会儿。当不能如愿时,他就去住在一个街区外的好朋友罗德·马尔什家看电视。尽管《周六夜现场》的播出时间在他本该睡觉的时间之后,但他每周都不会落下,之后周一到了学校,他就会模仿节目上最精彩的几个小品。他还会顽皮地模仿拉特卡——安迪·考夫曼[1]在《出租车》节目上的角色。

前一年的夏天,科特退出了少年棒球联盟,但冬天来临之际,他又参加了学校的摔跤队,这让他父亲很满意。唐每场比赛都会到场,还不断督促科特的进展。队内教练叫菅野健一(罗马音译),是蒙特当地的一名艺术课老师,科特进队除了摔跤之外,一大原因是为了跟菅野相处。在菅野身上,科特找到了能激发自己创造力的男性榜样,他也变成了菅野最喜欢的学生。那年万圣节,科特画的一幅画登上了《少年报》的封面:画上,蒙特萨诺的吉祥物斗牛犬在狗屋里吃空了一袋万圣节糖果。带着柯本家的独特风格,他在糖果堆里藏了一罐啤酒。在当年的一张圣诞贺卡上,科特用钢笔画的方式画了一个本想钓鱼却让鱼钩钩住了自己背部的小男孩——品质不亚于贺曼贺卡。妮基·克拉克回忆道,科特的艺术作品"一向很棒。菅野从不需要帮他,他似乎是个尖子生"。就算不在艺术课上时,据克拉克回忆,科特也不放下手里的笔,"他每节课上都画着小画儿。"

他经常信手画汽车、卡车和吉他,但也开始画粗糙的色情画。"有一次他给我看一张自己画的草图,"同班同学比尔·布尔加特说,"是一张女性阴部的写实画。我问他'那是什么?',他大笑起来。"当时,除了在书里和伙伴们传阅的成人杂志里,科特还没近距离看过女人的阴部。他还擅长画撒旦,每节课他都在笔记本上画这个角色。

---

[1] 安迪·考夫曼(Andy Kaufman),美国喜剧史上影响至深的喜剧演员,曾为《周六夜现场》驻场演员,其表演风格对金·凯瑞等人影响至深。

罗尼·托拉是科特上七年级时的女朋友，但这场纯洁的初恋只是像过家家一样。为了表示两人的关系，他送给她一张自己的艺术作品。"当时学校里有那种问题重重或者不合群的小孩，但他不是其中之一，"她说，"他身上唯一不同的地方就是比大多数小孩安静一点。他不是不擅交际，只是安静。"

在家，他却一点儿也不安静。他常大声叫嚷，以表示对唐或珍妮不公做法的不满。带孩子的再婚家庭大多不得安生，但柯本家的问题尤其严重，公不公平、偏不偏心的问题始终笼罩在一家人头顶上。科特的抱怨通常引发唐和珍妮的争吵，或让生父生母之间的怨恨升级，两人通常就探视权和赡养费的问题争吵。唐抱怨道，如果他的赡养费支票晚到一天，温迪就会让金打电话催他。

到了七年级的尾声，学校护士打来电话，称科特的身体离脊柱侧屈——或叫作脊柱弯曲——不远了。唐和珍妮带科特去看医生，经过一番详细检查后，医生诊断道，科特并没有这种病——他比大多数同等体型的孩子胳膊更长，因此导致了这种测量上的偏差。然而这个诊断并没有让温迪安心。经过一番具有柯本家特色的沟通——就像拙劣的小孩电话游戏一样——她也听说了科特有脊柱侧屈。她震惊于唐居然没有警觉科特的体型不正常。科特决定听信母亲的诊断，并在很多年后声称自己"在初中有轻微的脊柱侧屈"。尽管断言和事实相反，科特却用这个作为例子来证明他的父亲没有好好尽责。

像很多父母离婚的小孩一样，科特擅长在父母间挑拨关系。1980年，温迪在蒙特的县长办公室工作，科特经常在放学后去找她，向她报告唐或珍妮又怎么折磨自己了。在蒙特的生活越发不如意之际，科特希望温迪能带他回去。但当时，他母亲自己和弗兰克·弗拉尼克也是问题重重。她告诉金，她害怕科特如果目睹了她家是多么不正常，就会变成同性恋。很多年后，科特向温迪和金提起这个话题时，母亲告诉他："科特，你不了解当时的情况。（要是带你回去了）你最终会去少管所或进监狱的。"

科特一再对温迪提起的怨怒，是珍妮的孩子在家更受宠。珍妮的前夫给敏迪和詹姆斯礼物时，科特感到嫉妒。科特把任何对自己的管教都归因为自己不是珍妮的亲生孩子。他告诉朋友们，他恨珍妮，说她做饭很烂，还限制自己喝碳酸饮料。他坚称，珍妮"隔着三个房间都能听见百事可乐罐打开的声音"，午餐，她只允许他"在每个三明治里放两片卡尔·布迪格牌火腿，只能吃两块'祖母'牌曲奇饼"。

利兰德·柯本曾教训唐,他也觉得他们在对待科特上有偏见。"桌子上有水果时，敏迪或詹姆斯直接拿起来吃就没问题。如果科特跟他们一样做，唐尼就狠狠训他。"利兰德怀疑唐害怕珍妮会像温迪一样地离开他，所以总和珍妮及她的孩子站在一边。唐也承认，比起珍妮的孩子，他对科特更严苛，但他辩称，这是因为科特的性格，并不是他偏心。然而，唐的确害怕如果科特太惹麻烦，珍妮就会离开他。"我害怕情况会发展到'不是他走就是她走'这一步，而我不想失去她。"

科特年龄稍长后，与亲妹妹和继弟继妹的关系缓和多了。他很喜欢继弟钱德，因为他喜欢小宝宝。他打过敏迪，但在不上学时，他会整天跟她一起玩。然而，科特的学校同学提及他家人时——几个哥们儿说敏迪很可爱——如果他们管敏迪叫"你妹妹"，他会很快纠正他们。他跟朋友说，敏迪"不是我妹妹——是我爸爸新老婆的女儿"。他这么说起，仿佛敏迪是自己被迫忍受的折磨。

他跟詹姆斯的关系更好，可能是因为后者从来没有抢自己的风头。当科特棒球队的球童痛打詹姆斯时，科特介入，威胁球童。他们还对电影有共同的兴趣。夏天的时候，一家人会开车去看双屏幕免下车电影。唐和珍妮各开一辆车，把载着孩子的那辆停在分级后青少年可看的电影前,然后去看另一个屏幕上成人向的电影。科特教詹姆斯,如果不想总是硬着头皮看唐·诺茨的喜剧片,他们可以去厕所看更成人向的电影——好比《重金属》(*Heavy Metal*),科特很爱这部片子——他们可以在场外看。科特喜欢跟年幼的继弟复述自己看过的电影。他前一年看过《第三类接触》,能背下电影里的所有对白。"他曾经在晚饭时摆弄土豆泥,把它们弄成那部电影里山脉的形状。"詹姆斯回忆道。

1981 年,科特 14 岁时,开始用父母的超 8 摄像机自行拍摄一些短电影。他最初的作品中,有一部模仿了奥逊·威尔斯[1]的《世界大战》。片中,外星人——由科特用陶土制成——登陆在科特的后院。他把这部外星人电影给詹姆斯看,成功地说服弟弟,他们的房子真的被入侵了。他在 1982 年拍的另一部片子展示了他内心更黑暗的一面:他将其命名为《科特的血腥自杀》,在此片中,詹姆斯拿着摄像机拍摄,科特在镜头前表演,假装用掰成两半的易拉罐边缘割腕。这部电影加了特效和假血浆,科特还用一种极为戏剧化的方式演出了自己临死的场景,风格显然借鉴了他看过的无声电影。

这部阴森森的电影显然给了父母更担心他的理由,他们一早就看出了科特内心深处的黑暗面。"他肯定有问题,"珍妮确信,"他的思考方式从一开始就有问题,很偏激。"他可以平静地叙述能让大多数小男孩噩梦连连的事件:谋杀、强奸、自杀。他并不是史上第一个提起自我屠杀的少年,但他拿这些东西开玩笑的漫不经心的方式,让他的朋友觉得古怪。有一天,他和约翰·菲尔茨从学校步行回家,菲尔茨告诉科特,他应该成为一个艺术家,但科特漠不关心地说他另有计划。"我会成为一个巨星,然后自我了结,在光荣的烈焰中消逝。"

---

1 奥逊·威尔斯(Orson Welles),美国著名导演,代表作《公民凯恩》(1941 年)。

他说。"科特,那是我听过最蠢的事——别说这种话。"菲尔茨答道。但科特语气坚定:"不,我想挣大钱,出名,然后像吉米·亨德里克斯[1]一样自杀。"两个男孩当时都不知道亨德里克斯并非死于自杀。科特在蒙特的朋友中,菲尔茨并不是唯一一个说起这种故事的人——起码六个熟人提到了类似内容的对话,科特的最终回答都很黑暗。

科特14岁就能冷漠地谈论自杀,这点并没有让家人惊奇。两年前,科特的叔公,利兰德最年长的哥哥,66岁的布勒·柯本,用一把点三八口径的短管转轮手枪射中自己的腹部和头部。利兰德发现了尸体。当时有种说法,布勒马上要因性骚扰被起诉。布勒并不像科特其他的叔公一样和家里人关系亲近,但科特没完没了地和朋友们说这件事。他会轻松地开玩笑,说他叔公"因为吉姆·莫里森[2]的死自杀了"。尽管莫里森的死亡时间是十多年前。

被科特当作玩笑的事对利兰德却是致命打击。布勒自杀的一年前,1978年,利兰德的弟弟厄内斯特死于脑出血。厄内斯特享年57岁,虽然他的死没有被官方定性为自杀,但他生前就被警告过,如果继续酗酒下去,死亡是迟早的事。他不听劝告,最终摔下楼梯,被脑动脉瘤结束了生命。

影响了科特的死亡事件还不止这些。科特八年级时,蒙特萨诺当地的一个男孩在一所小学门外上吊自尽。科特认识这个男孩,他是比尔·布尔加特的兄弟。科特、布尔加特和罗德·马尔什在上学路上发现了吊在树上的尸体,他们盯着尸体看了半小时,直到学校领导把他们打发走。"那是我一生中见过的最诡异的东西。"马尔什回忆道。从科特自己的家史,到这次事件,自杀不再是一个不能提

---

[1] 吉米·亨德里克斯(Jimi Hendrix),美国摇滚吉他大师、歌手,被包括《滚石》杂志在内的各大媒体榜单评为史上最伟大的摇滚吉他手。1942年生于西雅图,1970年9月17日在伦敦的宾馆房间内死于醉酒后噎住喉咙的呕吐物,并非自杀。死时年仅27岁。
[2] 吉姆·莫里森(Jim Morrison),美国殿堂级乐队"大门"(The Doors)的主唱。1943年生于佛罗里达州的墨尔本市。1971年7月3日在巴黎死于心脏衰竭,死时年仅27岁。

起的概念和词语。就像酗酒、贫困或吸毒一样,它仅仅是科特周围环境的一部分。科特告诉马尔什他自己有"自杀基因"。

科特对毒品的尝试始于八年级时的抽大麻和服用LSD(致幻剂)。他先开始在派对上抽大麻,然后和朋友一起抽,最终,他每天都自己抽。到了九年级,他已经离不开大麻了。在蒙特,大麻既便宜又遍地都是——大多数是私人在家种植的——它能帮科特忘掉自己的家庭生活。抽大麻从仅限于社交场合的活动,变成了他主动选择的自我麻醉方式。

他开始尝试毒品的时候,也开始经常逃课。他和朋友们一起逃课时,一伙人会买大麻,或者偷哪家父母酒柜里的酒。不过,科特很快开始单独逃课,或者在第一节课后就离开学校。他开始与朋友见面更少,他疏远着一切,除了自己的愤怒。特雷弗·布里格斯在1980年新年前夜,撞见科特在蒙特的公园独自一人吹着口哨荡秋千。特雷弗邀请科特到他父母家玩,两人一边抽大麻一边看迪克·克拉克的电视节目。那一年最终结束于两人因抽了过多的家种大麻导致的呕吐。

早在几年前还很适合上学的闲适小城如今变成了科特的囚笼。在与朋友的对话中,他开始像狠批父母一样狠批蒙特。他刚刚看完哈珀·李的《杀死一只知更鸟》就宣称,这本书描述的完全就是蒙特。1981年年初,一个不一样的科特开始出现,或者精确一点说,是"不出现",因为后一种情况更多:他越来越多地独处。在舰队街的家中,他搬进了地下室里新装修的卧室。科特告诉朋友们,他觉得这次转变是一次放逐。在他地下室的房间里,科特把时间花在蒙特戈梅利·沃德牌弹球机——那是他某年的圣诞礼物,以及唐和珍妮送的音箱和一堆唱片上。他的唱片收藏包括埃尔顿·约翰(Elton

John）、大疯克铁路乐队[1]和波士顿乐队[2]。科特当年最喜欢的专辑是旅途乐队[3]的《进化》(*Evolution*)。

他与唐和珍妮的矛盾达到了崩溃边缘。他们所有想让他回归家庭的尝试都失败了。他开始抵制家庭娱乐之夜，内心的被抛弃感让他在行动上抛弃了家庭。"我们让他帮忙做杂事，都是些典型的小事，但他不愿做。"唐回忆道，"我们开始用零用钱贿赂他，如果他不做家事，我们就从奖励中扣除。但他什么都不愿做。最终发展到了他欠我们钱。他会行为暴力，摔门，旋风似的跑下楼梯。"他的朋友似乎也变少了。"我注意到他的一些朋友辍学了，"珍妮说，"他在家的时间多了不少，但就连在家他也不跟我们待在一起。他好像变得内向了许多。他又安静又阴沉。"罗德·马尔什回忆到，那年科特杀了邻居家的一只猫。在这场青少年虐待事件中——这恰恰与他成年后形成鲜明对比——他把还活着的猫困在了父母家的烟囱里，在猫死后把家里熏得臭不可闻时，他大笑起来。

1981年9月，科特开始在蒙特萨诺上高一。那年秋天，为了融入集体，他应征了学校足球队。尽管身形瘦小，他还是通过了首轮筛选，从这可以看出蒙特萨诺的学校规模小到什么程度。他训练了两个星期就退出了，还抱怨强度太大。那年他还加入了田径队。他负责掷铁饼——考虑到他的体型，这可真了不起——他还负责200米短跑。从任何角度看，错过了很多训练的他，都不可能是场上最好的运动员，但他的速度在众人中还算快的。他眯眼看着太阳的照片登在了运动队当年的年鉴上。

---

[1] 大疯克铁路乐队（Great Funk Railroad），美国著名布鲁斯摇滚乐队，1969年成立于密歇根州，活跃于20世纪70年代。
[2] 波士顿乐队（Boston），美国著名硬摇滚乐队，1976年成立于波士顿。其专辑总销量超过7500万张。
[3] 旅途乐队（Journey），美国著名摇滚乐队，1973年成立于旧金山。该乐队商业上战果显赫，有8张白金唱片，2张金唱片，2支单曲曾登顶《公告牌》排行榜冠军。全球专辑销量超过7500万张。

那年 2 月，机缘巧合之下，舅舅查克告诉科特，他可以选一辆自行车或一把电吉他作为 14 岁的生日礼物。作为一个在笔记本里画摇滚明星的少年，科特的选择不言而喻。科特已经弄坏了唐的夏威夷吉他。他把吉他拆开，好学习内部原理是什么。查克送他的吉他也没好到哪里去：那是把便宜的二手日本吉他。它经常出故障，但对于科特来说，它简直像空气一样重要。因为不知道怎么上琴弦，他打电话给玛丽小姨，问她上弦的顺序是不是按字母顺序来的。一旦上好弦，他立即不停地弹它，还把吉他带去学校炫耀。"每个人都就吉他的事情向他问东问西，"特里夫·布里格斯回忆道，"我在街上见他拿着吉他，他告诉我：'别叫我弹什么曲子，吉他坏了。'"那并不重要——比起一个乐器，它更像是一个身份。

体育运动也是他的身份之一，他继续练习摔跤，从一年级新生开始往上爬，直到进入摔跤代表队。蒙特萨诺斗牛犬队以十二胜三败的战绩获得了当年的联赛冠军，虽然科特的贡献不大。他开始翘掉更多训练和比赛，在代表队，他的体型是个很大的劣势。他两年前在少年队的态度是，摔跤是发泄暴力的有趣途径；而到了代表队，相比之下事态就严肃了，训练中，他也经常被其他男孩压倒在地。到了赛季末尾，科特在代表队合影中穿着及膝条纹袜——在高大队友的映衬下，他更像个陪练，不像是队内一员。

在代表队比赛的摔跤垫上，科特和父亲进行了一场人生中最大的战役。冠军争霸赛的当天，据科特描述，为了给唐释放一个信号，他参加了比赛。科特后来向迈克尔·阿兹拉德[1]描述道："我一等比赛哨声吹响就直直地盯着坐在露天看台上的（唐的）脸，然后立即故意按兵不动，我抱紧胳膊，让那家伙把我压倒在地。"科特声称，他一连四次被压倒在地，唐一脸恶心地走出了赛场。唐·柯本坚称

---

[1] 迈克尔·阿兹拉德（Michael Azerrad），美国作家、音乐记者、编辑、音乐人。著有传记《关于一个孩子：涅槃的故事》。

这个故事是编的；科特的同学也不记得有这回事，并称如果有人故意输掉比赛，肯定会被队友鄙夷甚至痛打。但利兰德·柯本记得唐赛后告诉自己："那个小混蛋就那么躺在那里。反击都不反击一下。"

科特很擅长夸大其词地编故事，从而讲述出一种情感真相，而非现实。这件事最可能的情形是，科特当时的对手实力高过自己太多，所以他决定不去反击，这也足以激怒完美主义的父亲。但科特版本的这个故事和他描述的父亲脸上的表情，都证明父子的关系在父母离婚的六年后已经恶化许多。他们曾经形影不离，唐给科特买迷你自行车的那天，他是科特最爱的人。在蒙特萨诺高中的同一条街上，有一家父子俩经常去的餐馆——就他们两人，作为一个整体，一个家庭，安静地共进晚餐，共享孤独。儿子是一个只想和爸爸共度余生的小男孩，而父亲是一个只想得到永不消逝的爱的父亲。但六年后，父子两人被锁在一场意志的摔跤赛中，就像所有伟大的悲剧一般，两个人谁都不想输。科特极其想要一个父亲，而唐则渴望被儿子需要，但两人谁都不愿意承认。

这是一出莎士比亚式的悲剧。不管科特离那个摔跤垫有多远，他都会一直直视父亲，或者更准确地说，由于他和父亲的关系此时在他眼中已经算结束了，他都会一直直视父亲的鬼魂。在他摔跤赛场上首败近十年后，科特在一首名为《为仆人服务》（Serve the Servants）的歌中写下了苦涩的歌词，这是他在与其一生之敌旷日持久的搏斗中，给出的又一记重击："我努力想拥有一个父亲，但结果我只得到了一个爹。（I tried hard to have a father, but instead, I had a dad.）"

第四章 草原带牌香肠男孩

华盛顿州阿伯丁市

1982年3月—1983年3月

> 别留情,切狠一点,往上面留点胳膊肘上的油。
>
> ——摘自卡通《隆重介绍草原带牌香肠男孩吉米》

1982年3月,在科特自己的坚持下,他离开了父亲和继母在舰队街413号的家。在接下来几年,科特会在格雷斯港的隐喻意义上的荒原间游荡。虽然他曾分别在其中两个地方驻足长达一年,但在接下来的4年间,他在10个不同的房子里和10家人一起住过,其中没有一个能给他家的感觉。

他的第一站是自己熟悉的地盘——他爷爷奶奶在蒙特萨诺郊外的拖车房。在那里,他每天早上乘巴士去蒙特,好能在同一所学校和班级上学,但就连同班同学都知道这种转变着实不易。在他爷爷奶奶家,亲爱的艾瑞斯会十分理解地聆听他的苦衷,他偶尔也会和利兰德亲近,但大多数时间还是一个人待着。这是他向一种更大、更深远的孤独迈出的又一步。

有一天,他帮爷爷为艾瑞斯的生日建造一个玩具屋。科特负责有条不紊地把微型雪松瓦片钉上玩具屋的屋顶。科特还用剩下的松木做了一套粗陋的棋子套装。他先在木头上画出棋子的形状,再费劲地用一把刀把它们削出形状。做到一半时，爷爷向科特展示了如何使用锯子，然后把工具给科特，在门边看着他做。科特会时不时抬头寻求爷爷的认同，而利兰德告诉他："科特，你做得很棒。"

但利兰德的言语并不总是这么温和，科特也发现自己和利兰德陷入了他和唐经历过的父子关系中。利兰德总是武断地下定论批评科特。利兰德这么做也有理由，因为科特有时的确烦人。从青少年时期一开始，科特就不断测试各种不同的长辈的耐性，而这些长辈没有一个能管住他，他最终把长辈们的耐性磨没了。他的家人一致把他形容为一个固执、倔强、不听管教的小孩。暴躁易怒是他性格中的重要成分，懒惰也一样——就连他的妹妹金也用送报的收入补贴过家用。"科特当时很懒，"叔叔吉姆·柯本回忆道，"这究竟是因为他是个典型的少年还是因为他很抑郁，没人知道。"

1982 年的夏天，科特离开蒙特萨诺去跟南阿伯丁的叔叔吉姆一起住。他叔叔很吃惊家人会放心交给他这个重任。"我很吃惊他们允许他跟我住在一起，"吉姆·柯本回忆道，"我当时抽大麻，对他的需求视若无睹，因为我自己都不干正事。"至少，由于他缺乏经验，吉姆不会严厉地管教人。他比哥哥唐小两岁，但要新潮不少，手里收藏了不少唱片："我有一套不错的立体声音箱，和很多感恩而死[1]、齐柏林飞艇[2]、披头士之类乐队的唱片。我常把歌放得震天响。"在和吉姆一起住的几个月里，科特最大的乐趣就是重新组装了一个功放。

后来，吉姆和妻子生了一个女婴，因为地方不够用，他很快叫科特离开。在那之后，科特又搬去和温迪的兄弟姐妹住。"科特在

---

[1] 感恩而死乐队（Grateful Dead），美国著名迷幻摇滚乐队，1965 年成立于加州，和披头士乐队、沙滩男孩乐队等处于同一时期。该乐队影响深远，1994 年入驻摇滚名人堂。
[2] 齐柏林飞艇乐队（Led Zeppelin），英国殿堂级摇滚乐队，1965 年成立于伦敦。是史上最成功的摇滚乐队之一，其全球专辑销量超过 3 亿张。1995 年入驻摇滚名人堂。

亲戚中间像皮球一样被踢来踢去。"吉姆回忆道。他是那种典型的"自带家门钥匙"的孩子。比起父母，他和叔叔婶婶们相处得更好，但和权威之间的问题一直伴随着他。他的叔叔婶婶们没有那么严格，但更轻松的家庭环境又缺少一种井然有序的家庭归属感。他的亲戚们有自己的问题和挣扎——无论是空间上还是感情上，科特都没有容身之地，他很清楚这点。

科特和舅舅查克同住了几个月，在此期间，他开始上吉他课。查克当时和一个叫沃伦·梅森的伙伴组了一支乐队，后者是全县最热门的吉他手。每当他们在查克家排练时——排练中少不了大麻和一瓶杰克·丹尼酒——科特会在角落看着沃伦，仿佛一个饿着肚子的男人盯着一个肉丸三明治。有一天，查克问沃伦能不能教这孩子吉他，科特在音乐上的正式训练便开始了。

按科特自己的叙述，他上了一两堂课，就弄懂了所有需要掌握的东西。但沃伦记得，课其实上了几个月。科特是个认真的学生，他会花很多时间来尝试学以致用。沃伦第一个需要解决的问题就是科特的吉他——那把吉他适合拿去学校炫耀，却不适合弹奏。沃伦给科特找了把 125 美元的依班娜（Ibanez）吉他。课程收费 5 美元 1 小时。沃伦问科特他会问所有年轻学生的问题："你想学哪些歌?""《天堂阶梯》(Stairway to Heaven)[1]。"这是科特的回答。科特已经知道怎么粗糙地弹奏《路易,路易》了。他们练习了《天堂阶梯》，然后开始练习 AC/DC 乐队[2]的《重回黑暗》(Back in Black)。当科特糟糕的学习成绩让舅舅考虑下午的吉他课是不是太分心时，课程结束了。

科特继续在蒙特上学，直到高二的第二个月，他转学去了阿伯丁的维泽万科斯高中。他的父母就是从那所高中毕业的，但除了家

---

[1] 齐柏林飞艇乐队的代表作。
[2] AC/DC 乐队，澳大利亚著名摇滚乐队，成立于 1973 年。

族校友渊源和离母亲家近这两点——学校离母亲家仅10个街区——他在那里是个局外人。维泽万科斯高中始建于1906年，占地跨越3个城市街区，有五座单独的建筑，科特的班上有300个学生——规模是蒙特高中的3倍大。在阿伯丁，科特发现学校学生分4个派系——大麻爱好者、体育生、预科生和书呆子——他哪样都不是。"阿伯丁的小团体很多。"瑞克·米勒观察到。他也是个从蒙特转学来维泽万科斯高中的男孩。"我们俩谁都不认识，尽管跟西雅图比起来，阿伯丁只能算乡下，但比起蒙特它还是先进不少。我们根本不知道怎么融入集体。"在第二个学年转学对很多适应性强的青少年来说都很困难，对于科特来说更是种折磨。

他在蒙特时很受欢迎——因为穿艾佐德衬衫，他被看成预科生；因为他参加运动，他又被看成体育生——在阿伯丁他就是个局外人了。他和在蒙特的朋友保持着联系，尽管每周末他都和老友见面，但孤独感还是与日俱增。他的运动水平在这所更大的学校并不够用，所以他放弃了体育运动。再加上他对破碎家庭和游荡生活的自我怀疑，他对世界的回避还在继续。后来，科特不断地提起在阿伯丁被人揍的故事，比如在学校里一直被红脖子高中生虐待。然而，他在维泽万科斯的同班同学却不记得任何这样的事件——他把自身情感上的孤立感夸大为了虚构的被虐待事件。

他在学业上至少有个安慰：维泽万科斯高中有个出色的艺术项目，在艺术班里，科特继续拔尖。他的老师鲍勃·亨特认为他是个极出色的学生："他画工好，且有极佳的想象力。"自己就是画家兼音乐人的亨特，允许学生们一边听收音机一边创作艺术，并且鼓励他们创新。对科特来说，他是个很理想的老师，正如之前的菅野先生一样，他是科特青少年时期为数不多敬重的成年榜样之一。

在维泽万科斯高中的第一年，科特选了商业美术和美术基础作为第五、第六节课。这两节时间在午饭后、时长各50分钟的课,保证了他每天唯一确定的在校时间。他的技艺让亨特欣赏不已,有时候还会震住班上的同学。有一次讽刺漫画作业上,科特画了迈克尔·杰克逊:一只手戴着手套举在空中,另一只手抓着裆部。在另一节课上,任务是展示一个正在发展过程中的物体:科特描画了一个正在变成胚胎的精子。他的绘画技艺堪称典范,但吸引到同班同学注意的,却是他扭曲的想象力。"那个精子镇住了大家所有人,"同班同学特蕾莎·范·坎普回忆道,"他的思维方式完全不一样。大家开始谈论他,都想知道:'他究竟在想什么?'"亨特告诉科特,那幅迈克尔·杰克逊的画儿不适合在学校的墙上展出,于是他转而画了一张耿直的里根肖像画,里根的脸如葡萄干般充满褶子。

科特原本就对画画儿狂热,如今得到了亨特的鼓励,他开始想象自己是个艺术家。他的信手涂鸦也变成了受教育过程的一部分。他对卡通画很在行,因为这个,他开始学习讲故事的艺术。这一时期他经常画的一系列卡通讲述了"草原带牌香肠男孩吉米"的探险,这个的名字来源于一款肉类食品。这些故事描述了吉米痛苦的童年——好似戴着面纱的科特——他被迫忍受严厉的父母。其中一套全彩连环画,并不隐晦地讲述了科特与父亲之间的矛盾故事。在第一幅画儿中,父亲的角色教训吉米:"这油太脏了,我能在里头闻到汽油味。给我一把9毫米的扳手,你这个小蠢货。你要想继续待在这里,就得遵守我的规矩,它们就跟我的唇须一样严肃:诚实、忠诚、奉献、荣誉、英勇、严格的纪律、上帝和国家,这些才是让美国成为世界第一的品质。"还有一幅漫画展示了一个大吼大叫的母亲:"你儿子是我生的,你女儿是我堕的。家长会在七点,陶艺课在两点半,接着要做俄式牛柳丝,三点半得把狗带去看兽医,然后得洗衣服,对,对,嗯,宝贝儿,我后庭很舒服,嗯,我爱你。"

卡通里的母亲是否暗指珍妮或温迪,我们不得而知,但是转学去维泽万科斯也导致他搬回去和在第一街东1210号的母亲一起住。这像是科特一个永久的家，因为他在楼上的房间还没被人动过，房间仿佛是个神社，以纪念那个核心家庭的早期生活。他时不时在那里过周末，继续用乐队海报装饰墙壁，有些海报是他亲手画的。当然了，他房间里最重要的东西要数他的命根子——吉他。温迪的房子比他这些年待过的其他地方空荡一点，所以他可以不分心地练琴。但他的家庭关系只是略微改善了一些。他妈妈终于摆脱了弗兰克·弗拉尼克，然而科特和她仍然有矛盾。

比起科特六年前离开时，温迪已经是一个不一样的母亲了。她当时35岁，和比自己年轻的男人约会，她正在经历一般来说是刚离婚的男人会经历的中年危机。她酗酒，还是阿伯丁各个酒馆的常客——这也是科特没有在离开唐之后立即回到她身边的原因。那年，她开始和22岁的迈克·梅达克间歇性约会。两人在一起的头几个月，温迪没有向迈克提及自己有孩子的事。她大多数时间待在他那里，直到恋爱几个月后他才见到她的孩子。"她当时跟单身女人没两样，"他回忆道，"当时并不是我们得等到周五看孩子的人来了（才能出去）那种情况——我们俩在一起时，她就跟没孩子一样。"和温迪约会与跟22岁的小姑娘约会没有差别。"我们通常去距离最近的一家酒馆或舞厅，然后狂欢。"温迪向迈克抱怨过弗拉尼克如何打伤她的胳膊、她如何经济吃紧以及唐如何不闻不问。她和迈克讲的科特故事不多，其中一个是5岁的科特勃起着走进客厅，出现在唐和他的一帮朋友面前。唐很尴尬，把儿子抱了出去。这件事变成了家庭经典趣事，温迪至今说起来还会被逗笑。

身为一个和35岁女人约会的22岁小伙子，梅达克主要是出于生理需要才维持这段关系的，对他来说温迪是一个有魅力的年长女人，如果想找一段不用给承诺的关系，她显然是个绝佳选择。就连15岁的科特都感觉到了这一点，他的结论下得很快。科特和朋友们讨论过他妈妈的恋爱对象,他的言语很尖刻,尽管没有提及他看到母亲与只比自己大7岁的人恋爱时感到的内心矛盾。"他说他恨他妈妈,说他觉得她是个荡妇,"约翰·菲尔茨回忆道,"他不认同她的生活方式。他一点也不喜欢她,总说着要逃离那里。如果她在家,科特就一定会离开房子,因为她总冲他大吼大叫。"

温迪的兄弟姐妹记得他们很担心她的酗酒问题,但由于他们家有着不把话放到台面上说的交流风格,他们很少谈论这个话题。

母亲的魅力显然让科特感到尴尬。他所有朋友都暗恋她,温迪还习惯穿着比基尼在后院晒日光浴,朋友们经常从围栏的缝隙往里偷看。朋友们在他家过夜时,他们会开玩笑说如果地方不够,他们很乐意和温迪一起睡。谁开这个玩笑科特就会用拳头揍谁,他因此揍过很多人。这些男孩被温迪吸引,还有一个原因:她偶尔会买酒给他们喝。"科特的妈妈给我们买了几回酒,"迈克·巴特莱特回忆道,"前提是我们只在家里喝。"有一回,温迪花钱给他们买了酒,还让他们看平克·弗洛伊德乐队(Pink Floyd)的《迷墙》(*The Wall*)的录像带。"有一次我们几个人在科特家过夜,"特雷弗·布里格斯说,"我们说服他妈妈给我们买一瓶龙舌兰酒。我们喝醉了出去散步。回来的时候,他妈妈在沙发上跟一个男人亲热。"科特喝醉了,15岁的他冲母亲的小情夫大喊大叫:"停手吧,伙计!别痴心妄想了,回家去!"话虽是玩笑,但是他对一个传统家庭的渴望却不是玩笑。

那年圣诞,科特最想要欧英格伯英格乐队[1]的专辑《无所畏惧》(*Nothing to Fear*)。在弗雷登堡家的圣诞聚会上,他姨妈给他照了一张手拿着这张专辑的照片。他当时仍是短发,一副小男孩

---

[1] 欧英格伯英格乐队(Oingo Boingo),美国新浪潮乐队,1972年成立于洛杉矶。其主创丹尼·艾夫曼(Danny Elfman)后来成为导演蒂姆·波顿的长期合作配乐师。

气的样子，看上去比15岁小不少。玛丽小姨送了他邦佐狗乐队[1]的专辑《蝌蚪》（Tadpole），其中包含了那首新奇的歌《在印度猎取老虎》（Hunting Tigers Out in Indiah）。那是科特那个冬天最喜欢的歌，他还学了怎么在吉他上弹出来。圣诞节前，他拜访了搬去西雅图的玛丽，此行的目的是去寻访唱片店。科特心愿单上的其中一张专辑是他热爱的电视节目《魔法龙帕夫》的原声集。他寻找的另一张专辑是小姨从没听说过的：快速马车乐队[2]的《高度不保真》（Hi Infidelity）。

那年2月，他长到16岁，通过了驾照考试。但那个春天最重大的事件可比他的临时驾照重要多了——那是他青少年时期不断提及的一个里程碑，尽管他成年后不再提起。1983年3月29日，科特前去西雅图中心体育馆看了萨米·哈格尔和四分之一闪光乐队[3]的演出，这也是他人生中看的第一场演唱会。身为西雅图收音电台KISW的狂热粉丝——晚上时该台的信号更清晰——科特喜欢哈格尔的"狗屁摇滚"[4]风格，也喜欢四分之一闪光乐队的热门单曲《使我心变硬》（Harden My Heart）。他是和达林·尼瑟里一同去的，后者的姐姐开车送他们去看演出。"这件事意义重大，因为那是我们俩人生中看的第一场演唱会，"尼瑟里说，"我们想法子搞了半打施密特酒，科特和我坐在汽车后座，开心极了。我记得我们刚到演出场地时，是站在看台靠后的位置，在四分之一闪光乐队演完后，工作人员在那里布置灯光。我们被眼前的一切震惊了：灯光特效和制作等等。

1　邦佐狗乐队（Bonzo Dog Band），英国先锋、喜剧流行乐队，1962年成立于伦敦。其风格多元，包括爵士、迷幻流行等。
2　快速马车乐队（REO Speedwagon），美国流行摇滚乐队，1966年成立于伊利诺伊州。20世纪80年代较为走红，专辑《嘿，不忠》于1980年发行，销量超过1000万张。
3　萨米·哈格尔（Sammy Hagar），美国歌手，曾经当过拳击手，20世纪60年代末开始活跃。四分之一闪光乐队（Quarterflash），美国流行摇滚乐队，活跃于20世纪80年代。
4　"狗屁摇滚"（butt rock），调侃语，起源于20世纪90年代摇滚电台惯用的宣传语"百分百的摇滚"（Nothing but rock），被以谐音梗打趣为"百分百的狗屁摇滚"（Nothing butt rock），后来通指烂俗、格调不高的长发金属乐队和流行摇滚乐队。

然后一个威士忌酒瓶从看台最高处砸到我们跟前。我们差点吓得屁滚尿流。于是我们挤出了那里，在上方看台找了个位置看萨米表演。我买了件 T 恤，科特也买了。"科特后来纠正这段历史，坚称朋克乐队"黑旗"[1]的演出才是他人生中看的第一场演出。但维泽万科斯高中的所有同学都记得，16 岁的科特第二天来到学校，穿着一件超大号的萨米·哈格尔 T 恤，像一个从圣地回来的朝圣者一般高谈阔论。

1983 年的学年结束之际，科特发现了朋克摇滚，萨米·哈格尔 T 恤也被塞进了最底层的抽屉里，再没被拿出来过。那年夏天，他看了讨厌鬼乐队（Melvins）的演出，那次经历改变了他的一生。他在日记里写道：

> 1983 年的夏天，我记得自己在华盛顿州蒙特萨诺市的平价超市晃荡，那个长得有点像空气补给乐队[2]成员的短发小店员给了我一张传单，上面写道："'他们'音乐节，明晚在此平价超市后面的停车场举行。免费摇滚现场。"蒙特这个小城很少有这种现场摇滚演出，这里总共只有几千个伐木工和他们百依百顺的老婆。我和几个抽大麻的朋友坐着厢式货车去了现场。在那里，那个长得像空气补给乐队成员的小店员操着一把莱斯·保罗吉他，吉他上贴着一张酷牌香烟的杂志广告图片。他们演奏音乐的速度超乎我的想象，释放的能量比我收藏的铁娘子乐队[3]专辑还强。

---

1 黑旗乐队（Black Flag），美国著名朋克摇滚乐队，1976 年成立于加州，风格粗粝，现场凶悍。在朋克圈里地位颇高，常被看作"真朋克"的象征，因此被科特挂在嘴边。
2 空气补给乐队（Air Supply），澳大利亚著名流行摇滚二人组，1975 年成立于墨尔本，20 世纪 80 年代初在美国很受欢迎。
3 铁娘子乐队（Iron Maiden），英国著名重金属乐队，1975 年成立于伦敦。从 20 世纪 80 年代开始，该乐队在金属圈屹立不倒，专辑总销量超过 1000 万张。

这正是我一直在寻找的。啊，朋克摇滚。其他抽大麻的朋友感觉无聊，一直大喊道："表演些威豹乐队[1]的歌！"天呐，那一刻我真恨那帮傻子。我来到这片名为超市停车场的应许之地，找到了自己真正的人生目的。

他在那句"这正是我一直在寻找的"下面画了两道线。

这是科特的顿悟时刻——他小小的世界在这一刻忽然变大了，那个"长得像空气补给乐队成员的小店员"名叫罗杰·巴兹·奥斯本，他是科特在蒙特萨诺高中的学长，为人冷冰冰的。演出结束后，科特夸赞了巴兹，这充分满足了巴兹的虚荣心。很快，巴兹就充当起导师来。他给了科特一些朋克摇滚唱片，一本关于性手枪乐队[2]的书，还有卷了边的《克里姆》(Creem)杂志。尽管日记里写得很夸张，科特在音乐口味上的转变却没有那么大——他仍于那年夏天在塔科马圆顶体育馆看了犹大圣徒乐队[3]的演出。就像阿伯丁的其他小孩一样，他既听朋克也听很多重金属，尽管他不在巴兹面前提起，而如今，他更偏爱朋克 T 恤。

讨厌鬼乐队成立于一年前，他们的队名半戏谑地取自平价超市的另一名员工。巴兹自称自己是听着冲撞乐队[4]最初两张专辑自学的吉他。1983 年，讨厌鬼乐队还没有什么歌迷可言——在格雷斯港，他们经常被死忠金属乐迷嘲弄、起哄。然而，一小群欣赏他们的男孩会聚集在他们位于阿伯丁西第二街 609 号（鼓手戴尔·克罗弗家）后面的排练场地。这一小撮粉丝被称为"克林贡们"（Cling-Ons），

---

[1] 威豹乐队（Def Leppard），英国著名流行金属乐队，1977 年成立于谢菲尔德，风格较偏流行，劲歌金曲众多。
[2] 性手枪乐队（Sex Pistols），英国朋克摇滚乐队，1975 年成立于伦敦。1979 年，其贝斯手席德在杀死女友南希后被捕，后死于海洛因吸食过量。
[3] 犹大圣徒乐队（Judas Priest），英国著名重金属乐队，1969 年成立。
[4] 冲撞乐队（The Clash），英国著名朋克摇滚乐队，1976 年成立于伦敦，其风格包括雷鬼、新浪潮、实验，2003 年入驻摇滚名人堂。

这个外号是巴兹取的，既指他们《星际迷航》风格的书呆子气，也指他们紧密关注他说的任何一句话。巴兹是白人，却顶着爆炸头，比起空气补给乐队的成员，他更像理查德·西蒙斯[1]。

巴兹给"克林贡们"提建议，给他们提供录音带，就像蒙特萨诺的苏格拉底：一位把自己对万事万物的观点散播给追随者的活动家。他可以决定谁能进排练场地，谁被禁止入内，还给所有接受的人起外号。格雷格·霍坎森成了"可卡森"，杰西·里德（他与科特是维泽万科斯高中的同班同学，两人很快成了好友）成了"黑·里德"，这个昵称的灵感来自黑旗乐队，尽管正如这个圈子里的所有人一样，他是白种人。科特却从来没有被叫得长的外号。这个时期，他的朋友经常就叫他"柯本"。他没有外号，并非因为他的地位特殊。事实恰恰相反——他没有外号，因为大家都觉得他只是个不值得被注意的小不点儿。

和科特一样，讨厌鬼乐队同样从蒙特（巴兹和他父母住在那里）搬到了阿伯丁（克罗弗的排练地点）。讨厌鬼乐队的贝斯手是马特·卢金，他也来自蒙特，科特以前就在摔跤队和少年棒球联盟跟他结识，两人很快变成了朋友。科特每次去蒙特，比起见父亲，他更热衷于和巴兹或卢金见面。

那年夏天，科特去蒙特的原因并不是因为他对朋克摇滚的热爱，而是因为一个姑娘。安德丽娅·范斯是科特好友达林·尼瑟里的妹妹，有天下午，她在蒙特帮人带孩子时，科特出人意料地出现了。"他很可爱，"她回忆道，"有着湛蓝的眼睛和迷人的微笑，还有一头漂亮而柔软的头发，留到了中等长度。他的话不多，说话的时候也轻声细语的。"他们一起看了《脱险家族》(*The Brady Bunch*)，科特还和孩子们玩了袜子布偶游戏。第二天下午，他再次准时出现，范

---

[1] 理查德·西蒙斯（Richard Simmons），美国健身教练、喜剧演员，白人，发型为爆炸头。

斯奖励了他一个吻。他连续一周每天都去，但两人的亲热止步于搂脖子接吻。"他很贴心，并且很尊重我。"范斯回忆道，"我不觉得他是那种用下半身思考的男生。"

但平静的表面之下，他的荷尔蒙疯狂涌动。就在那个夏天，科特有了后来被他称为"初次性经验"的经历，对象是一个智力发育障碍的女孩。根据他的日记记录，他是抑郁到危及生命，有自杀计划时，才去追的她。"那个月刚好集中体现着母亲对我的虐待，"他写道，"我发现大麻已经无法帮我从现实的烦恼中逃离，而且我还很喜欢做叛逆的事，比如偷酒喝、砸商店的窗户……我决定，在下个月内，我不会坐在屋顶上想着往下跳，我要真的杀了自己。我不能连上床的滋味都不知道，就离开这个世界。"

他唯一的选择就是这个"半智障的女孩"。有一天，特雷弗·布里格斯、约翰·菲尔茨和科特跟着她到她家，偷了她父亲的酒。这种事他们干过很多次，但这回，在朋友离去后，科特留了下来。他坐在女孩大腿上，摸她的胸。她走到卧室里，在他面前脱光了衣服，但他发现被自己和眼前的女孩同时恶心到了。"我试着做点什么，但不知道怎么做，"他写道，"我被她身上的异味和汗臭味恶心得不行，所以我离开了。"尽管科特半途收手，羞耻还是伴随他一生。他恨自己占她便宜，也恨自己没一鼓作气和她发生性关系，对于一个 16 岁的小处男来说，后一种显然更严重。女孩的父亲后来向学校抗议，说他女儿被性侵了，科特的名字作为犯罪嫌疑人被提起。他在日记里写道，他靠一点儿狗屎运才躲过了法律的惩罚："他们带来一本学校年鉴，打算叫她把我指认出来，但是她没能办到，因为拍年鉴照片时我没到场。"他宣称他被带到了蒙特萨诺警察局审问，但是没能被定罪，因为女孩已经超过 18 岁，而且在法律界定上"不算智障"。

回到阿伯丁后，在维泽万科斯高中第三年，他开始和 15 岁的杰姬·哈加拉谈恋爱。她住在他家两个街区之外,他算好时间,好让两人能一起步行上学。由于数学成绩严重拖后腿,他被强制参加高一数学课,在那里,他们相识了。尽管班上的大多数孩子都觉得后进生科特很奇怪,但杰姬喜欢他的笑容。有天放学后,他给她看自己画的一幅画儿,画上是一个在荒岛上的摇滚明星。那个摇滚明星拿着一把莱斯·保罗吉他,马歇尔牌功放的电源插在棕榈树上。对16岁的科特来说,这幅画儿就是他心中的天堂。

杰姬说她喜欢这幅画。两天后,他带着礼物去见她。他把那张画儿又画了一遍,不过这回画儿成了海报大小,用喷枪收尾。"这是给你的。"他看着地板说。"给我的?"她问。"我想要跟你约会。"他解释道。当杰姬告诉科特她已经有男朋友时,他只有一点点放弃的打算。他们继续一起放学步行回家,有时手牵着手,有天下午,在她家门前,他揽过她,送上一吻。"我觉得他很可爱。"她说。

在他关键的高三这年,他的形象开始从被大家一致认同的"可爱"转变为一些维泽万科斯高中同学嘴里的"可怕"。他把头发留长,很少洗头。他的艾佐德衬衫和橄榄球套衫不见了,取而代之的是印着朋克乐队名的自制T恤。其中他经常穿的一件上面写着"有组织的疑惑",这是他幻想中自己第一支乐队的标语。就外套来说,他经常穿一件风衣——他整年都穿着风衣,不管外面是瓢泼大雨还是90华氏度[1]高温。那年秋天,他夏天时在蒙特交的女朋友安德丽娅·范斯在一个派对上偶遇科特,完全没认出他来。"他穿着一件黑色风衣,高帮网球鞋,头发染成了深红色。"她回忆道,"看起来完全变了个人。"

他的朋友圈子也从蒙特的伙伴们变成了阿伯丁的哥们儿,但是两个圈子的主要活动都是以各种方式酗酒。在没法偷父母的酒喝时,他们就让阿伯丁大量的流浪汉中的一个帮他们买酒。科特、杰西·里

---

[1] 90华氏度,约32摄氏度。

德、格雷格·霍坎森、艾瑞克·史林格和斯蒂夫·史林格,他们和一个被他们称为"胖仔"的独特人物有了惯常交易,后者是一个没救了的酒鬼,他和智障儿子鲍比住在破败的莫尔克旅馆。只要他们肯付钱,肯帮忙带他去商店,他就会给他们买酒。这场交易在实施中费时费力,有点儿像巴斯特·基顿[1]的电影桥段,有时候会花上他们一整天。"首先,"杰西·里德说,"我们得把一个购物车推到莫尔克旅馆。然后我们得上楼把他叫醒。他通常穿着邋遢的内衣,那里奇臭无比,苍蝇乱飞,恶心极了。我们还得帮他穿上旅行长裤。接下来我们得帮他下楼梯,他重达500磅,人太胖,没力气一路走到卖酒的店,所以我们把他放进购物车里推着走。如果我们想喝啤酒,把他推到副食店就好,谢天谢地,副食店没那么远。报酬方面,我们只用给他买1夸脱[2]最便宜的麦芽酒。"

胖仔和鲍比是一对十分奇异的组合,在不知不觉中,他们变成了科特故事创作的早期原型之一。他写了关于他们的短篇故事,以及关于他们冒险经历的幻想歌曲,还在日记里画了他们的肖像。他用铅笔画的胖仔很像约翰·肯尼迪·图勒[3]作品《笨蛋联盟》中的反英雄角色伊格内修斯·J.莱利。科特最爱模仿鲍比刺耳的嗓音,常常引得朋友们哄堂大笑。他和肥仔及鲍比并非没有感情,对于他们绝望的境遇,科特抱有某种程度上的共情。那年圣诞,科特在友好商店[4]给肥仔买了一个烤面包机和一张约翰·丹佛的专辑。肥仔用肥大粗糙的双手紧握礼物,不敢相信地问道:"这些是给我的?"他开始哭泣。接下来几年,肥仔告诉阿伯丁的每个人:科特·柯本是一

---

[1] 巴斯特·基顿(Buster Keaton),美国著名演员、喜剧人、电影导演、编剧。他的喜剧电影以精彩的肢体语言和冒险段落著称。

[2] 夸脱,容量单位,1夸脱约等于946毫升。

[3] 约翰·肯尼迪·图勒(John Kennedy Toole),美国作家,曾获普利策文学奖。其在世时作品得不到认可,31岁因长年抑郁选择自杀。

[4] 友好商店(Goodwill),美国连锁二手物品店,货源主要来自当地居民捐赠。

个多么棒的小伙儿。这是一个小小的例子，反映了即便在科特心情凝重时，也总会有温情浮现。

有了肥仔帮忙稳定供应酒精，科特在那年春天继续酗酒，与母亲的矛盾也随即恶化。科特抽大麻或嗑迷幻药时（这已成为常态），两人的争吵变得更为糟糕。格雷格·霍坎森回忆到，他和杰西·里德一起去科特家时，听到温迪冲科特大吼大叫了1个小时，科特嗑LSD嗑嗨了，对她的吼叫毫无反应。"温迪待他很差，"霍坎森说，"他恨她。"一找到逃脱的机会，三人便溜出房门，去爬"挂念我牌"山上面的水塔。杰西和霍坎森爬到了塔顶，但科特爬到半路在梯子上停了下来。"他太害怕了。"霍坎森回忆道。科特从来没能成功爬到塔顶。

特雷弗·布里格斯记得，有天晚上在柯本家，科特和温迪的争吵持续了整晚。"我想她有点儿醉酒，她上楼进了他的房间，想和我们一起寻欢作乐。他因为这个生她的气。她说：'科特，如果你再嘴贱，我就在你朋友面前说你跟我说过的那些话。'他大声吼道：'你在说什么？'她最终离开了。于是我问他，她指的是什么话。他说：'是这样的，我曾向她评论道，一个男孩蛋蛋上长毛，并不代表他是个成年人，或者很成熟。'"就这个事——睾丸上长毛——是科特尴尬的一个重点。他的阴毛比大多数同龄人长得晚，所以他发了狂似的每天检查睾丸，眼看着朋友们都长毛了。"那儿的毛"（他对阴毛的称呼）是科特日记中经常提到的话题。"那儿的毛还没长够，"他写道，"逝去的时光。逐渐积累的理想。还没长起来。我们那儿的毛长得太晚。"体育课上，他在浴室单间里更衣，而不去众目睽睽之下的男孩更衣室。他16岁时，阴毛终于到来，尽管颜色很浅，也没有其他男孩的那么明显。

科特17岁时，温迪开始和帕特·奥康纳交往。奥康纳和温迪一样大，是一个年收入52000美元的码头工人。他的工资被列入了公共记录，因为在和温迪交往后不久，帕特就被卷入了华盛顿州第一批分居赡养费官司之一中。原告是他前女友,她告他说服她辞掉了当地核电厂的工作,然后为了温迪把她甩了。案子很恼人,一直持续了两年。在法庭文件中,帕特把自己的资产列举出来,分别是一间小房子、几千美元存款和带有三把枪的枪架——有趣的是,那三把枪即将在科特的事业中扮演一定的角色。帕特的前女友赢了官司,被判得 2500 美元现金、一辆车和由帕特承担的律师费。

那年冬天,帕特搬进了温迪家。温迪的两个孩子都不喜欢他,科特渐渐开始恨他。正如他的生父和弗拉尼克一样,科特把帕特当成了他很多歌曲和卡通画中的嘲弄对象。几乎从第一天起,帕特和温迪就争吵不断,其程度之严重,比起来,唐和温迪的争吵算轻的了。

其中一场争端为科特的音乐神话提供了一块基石。一场大战之后,温迪外出寻找帕特,并找到了他。据金说,"像以往一样,他出了轨,还喝醉酒"。温迪带着满腔怒气飞奔回家,嘴里念叨着她如何想杀了帕特。惊慌之下,她让金用一个大塑料袋收来帕特的枪。帕特回家后,温迪宣称要杀了他。科特版本的故事是这样的:温迪尝试射击帕特,但不知道怎么给枪上子弹。但他妹妹不记得最终的这个转折。帕特离开后,温迪和金拖着一袋子枪从家走了两个街区,到了维西卡河岸。在岸边把枪拿出来时,温迪不断对自己重复:"必须得丢掉这些枪,要不然我迟早会杀了他。"于是,她把枪都丢进了河里。

帕特和温迪在第二天早上和好了,科特问金枪被丢在哪里。13 岁的妹妹指出了地点,科特和两个朋友随即捞出了那些步枪。科特后来讲这个故事时,提到自己把这些枪拿去换来了自己的第一把吉他,尽管实际上,他 14 岁时就已经有了第一把吉他。科特从来不会让事实毁掉一个绘声绘色的好故事。作为一个讲故事能手,他实在无法抗拒编造用继父的枪换来自己第一把吉他这种故事。这个故事充分展示了他想被看待成怎样的艺术家——一个把红脖子的武器换成朋克摇滚利器的人物。事实上,他的确典当了那些枪,但他用得到的钱买的是一个豪华版芬达吉他音箱。

"河中枪"事件只是温迪和帕特的诸多争端之一。科特回避或者避免成为争吵主题的技巧——因为帕特十分喜欢就应该如何管教她的问题儿子对温迪大放厥词——是迅速从家的正门闪回自己的房间。这种方式在大多数青少年里都很常见,他进进出出十分迅速。当他因为一些在家不得不做的事必须出现时——比如用电话或者在厨房里找吃的——他尽量计算好这些短距离移动的时间,好回避帕特。他的房间变成了自己的圣殿,几年后,他在日记里描述到,回家的经历是对情感和体力的双重冲击:

> 每当我回到家,那种似曾相识的回忆就让我背脊发凉,完完全全的抑郁、仇恨和耿耿于怀的感觉,一度会持续好几个月,陈旧的比基牌笔记本上,画的都是弹吉他的摇滚大汉和怪物之类的,封面上写着"给你的百威啤酒"或者"嗑嗨",上面还有大麻水烟管的复杂涂鸦,有关那个快乐的网球少女的改编过的色情笑话。环顾四周,可以看见边角磨损破洞的铁娘子乐队海报,墙上的钉子上现今依然挂着印有拖拉机的帽子。由于玩了五年的啤酒游戏"弹分币",桌子上留着被磕出来的印子。地毯满是口嚼烟草和口痰的污迹,我环顾四周,看着这些鬼东西,以及那个最能让我想起自己没用的青春的东西,每回我一进卧室,就用手指拂过天花板,感受上面因吸大麻和烟草留下的黏糊糊的残留物。

1984年的春天,他和家里大人的矛盾达到了顶点。他厌恶温迪面对男人时的软弱,正如他厌恶父亲想再婚的欲望。他更恨帕特,因为那家伙总是以指出科特的缺点为目的说三道四。家里的两个男人还在如何对待女人上有分歧。"帕特喜欢玩弄女人,"金说,"科特不会。科特很尊重女性,尽管他没有很多女友。他总是在寻找真爱。"帕特有关"男人得表现得爷们儿点,得有爷们儿的样子"的长篇大论永无休止。因为总是达不到帕特的标准,科特被帕特说成"死基佬"。1984年4月的一个周日,帕特的嘲弄尤其过分:"你怎么从没带女孩子回家?"他问科特,"我在你这个年纪的时候,跟我上床的妞前仆后继。"

由于帕特这番大男子主义评论的刺激,科特去了一个派对。在那里他撞见了杰姬·哈加拉。她和一个女友想离开时,科特建议她们转而去他家,可能他觉得这是向帕特证明自己的一个好机会,但他没吵醒家中的成年人,悄悄把她们带上楼。杰姬的女友醉得厉害,很快在科特卧室外游戏间的一张单人床上睡去了。女友不省人事,走不了路,科特便对杰姬说:"你可以在我这儿凑合一晚。"

科特翘首以盼的时刻突然来临。他想摆脱自己少年的性幻想阴影已久,也想向高中同学诚实地宣布自己不再是处男(事实上,像大多数这个年纪的男孩一样,他之前在这个问题上扯了好几年的谎)。在他成长的环境里,男女之间除了偶尔在背上拍一下就鲜有其他身体接触,因此他对肌肤之亲如饥似渴。杰姬对此也乐意之至。尽管只有15岁,她已经经验丰富,在科特卧室过夜的那晚,她男朋友正好在监狱里。进了科特的房间,她知道即将发生什么。据杰姬的回忆,那一刻他们望着彼此,情欲溢满整个房间,两人身体内的荷尔蒙疯狂涌动。

科特熄了灯,两人脱掉衣服,兴奋地上床拥抱彼此。那是科特第一回搂抱一个全裸的女性,正如青春期的他在同一张床上手淫时的幻想,他梦想那一刻已经太久。杰姬开始吻他。就在两人唇齿交缠的一刻,门被猛地打开,科特的母亲走了进来。

无论怎么异想天开,温迪都不会乐于见到自己儿子和一个裸女同床共枕。她也不高兴在走廊里看见另一个醉得不省人事的女孩。"滚出去！"她大吼道。她上楼是因为想给科特看外面的闪电——这对年轻人浑然不知外面的狂风暴雨——结果发现儿子在和一个女孩上床。温迪一边下楼一边大吼："滚出我家！"帕特则一声不吭，他心知说什么都会让温迪更加愤怒。听到这阵骚动，科特的妹妹金也从隔壁房间跑了进来。她看到科特和杰姬给一个不省人事的女孩穿鞋。"这是怎么回事？"金问。"我们这就走。"科特告诉妹妹。他和杰姬把那个女孩拖下楼梯，一起走出门外，走进那年最大的暴风雨之一中。

科特和两个同伴走在第一街上——新鲜的空气把醉酒的女孩唤醒了——雨开始下起来。虽然这像一个恶兆，但预示着在太阳升起之前，科特会失去处男之身。他的身子在发抖，他的荷尔蒙混合着愤怒、羞耻和恐惧，疯狂涌动。带着勃起的阴茎在杰姬面前穿衣服简直尴尬极了。正如他和那个智障女孩的性接触一样，情欲和羞耻同时拉扯着他，绝望地彼此交织，又让他困惑。

他们去了杰姬的朋友家，但他们前脚踏进门，杰姬刚出狱的男友后脚就进来了。杰姬警告过科特她男友酷爱暴力，为了避免冲突，科特假装自己是另一个女孩的约会对象。哈加拉和男友离去后，科特和那个女孩共度春宵。据她后来告诉杰姬，那并不是一次多么美妙的性爱，但这的确是场性交，科特在乎的就是这个。他终于进了那扇门，那扇告别处男之身的门，他也终于不用就自己的性经验说谎了。

次日早上，科特提早出了门，沐浴在晨曦的微光中在阿伯丁四处行走。暴风雨过去了，鸟鸣阵阵，世间的一切都更加充满生机。他四处游荡了几个小时，回想着发生的一切，等待着学校上课时间的开始，望着日出，想知道接下来的生活会往哪个方向走。

第五章 本能的意志

华盛顿州阿伯丁市

1984年4月—1986年9月

> 本能的意志,让我惊奇。
> ——《波莉》(Polly)的歌词,1990年

那个周一的清晨,科特走在阿伯丁的街上,闻着手指上性爱的余味。对于一个对气味着迷的人来说,那是种醉人的体验。为了重温性爱初体验,他只需要把手指在私处蹭蹭,再去闻时,便还能闻到她的味道。在他脑海里已然忘了他的初次性体验几乎是场灾难,相反,在他的记忆里,他把这次经历当成一场胜利。事实究竟如何并不重要——不管那场性爱质量是好是坏,他都不再是处子之身了。作为一个打心眼里的浪漫主义者,他还以为这次性爱初体验是他和这个女孩以后很多次美好体验的开始。他觉得这是他成年性经验的开始,是他能指望得上的慰藉,就像啤酒或大麻一般,来帮他逃避现实。在去维泽万科斯高中的路上,他在一个院子里偷了一朵花。杰姬看见科特羞怯地手拿一朵红玫瑰走向高中外面的吸烟房——她以为玫瑰是给她的,但科特把它送给了那个和他上床的女孩,然而女孩并不为所动。科特并没能理解杰姬才是喜欢他的那个人。至于那个女孩,对比之下,仅仅是为自己的不小心感到尴尬而已,见到

玫瑰，她就更尴尬了。这是堂痛苦的人生课，对于像科特这样敏感的人来说，成年人之间性爱的复杂性，更进一步地使他对爱的需求变得迷惑混乱。

放学之后，迫在眉睫的烦恼还有不少，第一个就是得找到住的地方。巴兹开车带他取了他的东西。正如科特猜测的一样，这次和母亲的矛盾与以往不同，他们到了科特家，发现她仍在狂怒中。"他妈妈从头到脚都慌了神，说他就是个烂透了的废物。"奥斯本回忆道，"他只能一直说着：'好吧，妈妈。好吧。'"她把话说得很明白，自己不想再留他在家住了。他拿了自己心爱的吉他和音箱，把衣服放进一堆赫夫蒂牌垃圾袋里，这时，科特开始了自己对这个家最后一次情感上和身体上的逃离。他以前逃离过，父母离婚后不久，离家出走就成了一种习惯，但大多数时候都是他自己的主意。这回他感到无能为力，对于如何照顾自己有着深深的恐惧。他当时17岁，上高三，大多数科目都不及格。他从来没有工作过，也没钱，所有东西都在赫夫蒂牌垃圾袋里。他很肯定自己一定要走，但不知该走去哪儿。

如果父母离婚是他命中的第一次背叛，父亲的再婚是第二次，那么第三次被抛弃则和前两次一样重大。温迪选择放弃科特。她向自己的姐妹们抱怨"她已经不知道该对科特怎么做了"。他们之间的战争导致温迪和帕特的矛盾升温，彼时她打算与他结婚，就算只从经济的角度出发，她也承担不起可能失去那段关系的后果。科特的想法可能是对的，他的双亲之一再次在他和新伴侣之间选了新伴侣。那种被边缘化的感觉会一直伴随他，加上他早些年的情感创伤，这种被扫地出门的体验会一次次在他身上重现，他永远没法摆脱这种精神创伤。这种痛苦会一直停留在内心，将他的余生笼罩在对匮乏的恐惧中。钱永远不够，关注永远不够，或者——最重要的是——爱也永远不够，因为他知道一切会消失得多么快。

7年后,他就这段时期的经历写了一首名为《有些事挡住去路》(Something in the Way)的歌。晦涩的歌词并未解释标题中的"有些事"的含义,但不容置疑的是,他自己才是那个挡在途中的事物。这首歌暗示歌者住在桥下。在被要求阐明动机时,科特总会讲述自己被扫地出门、从学校辍学和住在青年街桥下的故事。这段经历会成为他自身文化史的一块试金石,他自身神话书写运动中的有力桥段,也是关于科特个人历史的一部分,在任何一段式生平简介中都会被讲述的故事:那个孩子如此不被待见,沦落到住在桥下。那是个有力而黑暗的画面,当涅槃乐队成名之后,杂志上登载出照片,展现青年街桥恶臭而脏乱的桥下场景时——那里看起来像是给洞穴巨人而不是孩子住的地方——引发的共鸣就更深刻了。那座桥离他母亲家只有两个街区的距离,按科特的说法,没有一丝爱能跨越这段距离。

"住在桥下"的故事,和之前的"河中枪"故事一样,都是科特杜撰的。"他从来就没在桥下住过。"克里斯特·诺弗斯里克说,他那一年在学校认识了科特,"他在那里待过,但那片泥泞的、周围潮起潮落的河岸是没法住人的。那是他编的故事。"她妹妹也证实了这个观点:"他从来就没在桥下住过。那地方是社区里的孩子经常去抽大麻的集散地,不过如此。"而且,就算科特真的曾在阿伯丁任何一座桥下过一夜,当地人认为,最有可能的是第六街桥,此桥体积要大不少,长达半英里地,横跨一条小运河,并深受阿伯丁的流浪汉喜爱。这种情况的可能性也不大,因为科特可是个世界级的抱怨狂,没有多少抱怨狂能在室外熬过阿伯丁几乎天天下雨的春天。不过这个"住在桥下"的故事也有着自己的重要意义,因为科特无数次重点讲述了这个故事。在某种程度上,他一定是自己都相信自己编的故事了。

他这段时期真正的落脚处比他自己杜撰的故事还要辛酸。他的颠沛流离始于戴尔·克罗弗家的门廊里,他睡在那儿的一个冰箱硬纸盒子里,像小猫般蜷缩起来。在那儿待不下去时,他的机灵和足智多谋发挥了作用:阿伯丁有很多老式公寓楼,走廊带有集中供暖,他当时的大多数夜晚都是在那些地方度过的。他等到很晚才溜进去,找一片宽阔的走廊,把头顶的廊灯拧灭,打开铺盖卷睡觉。他还确保在公寓楼居民起床之前就起身走人。那种生活可以被他几年后写的一首歌的一句歌词完美总结:"本能的意志,让我惊奇。"他本能的求生技巧让他很受用,而他的意志非常坚强。

当这些法子都不奏效时,科特便和一个叫保罗·怀特的孩子步行上山去格雷斯港社区医院。他们睡在那里的等待室。科特是两人中胆子比较大的一个,或者说,是更饥不择食的一个,他会厚着脸皮去医院食堂排队,报出瞎编的病房号来领吃的。"等待室有台电视机,我们就在那里整天看电视,"怀特回忆道,"人们总以为我们是等候的病人家属,病人可能病了,可能快死了,因为这个原因,他们从来不会来多问什么。"这才是《有些事挡住去路》这首歌背后真正的故事,可能也是科特一生中最大的讽刺——他回到了自己生命开始的地方,回到了那个可以鸟瞰海港的医院,自己17年前出生的地方。他就那样睡在等待室里,像个逃犯,从食堂骗饭吃,假装是经历丧亲之痛的病人家属,然而他唯一真正的病症是他内心感受到的孤独。

在大街上生活了大概4个月后,科特终于回去和父亲住在了一起。这不是个容易的决定,考虑和自己的父母之一再次同住只能说明他别无选择。唐和珍妮听说科特无家可归,他们发现他睡在离温迪家一巷之隔的车库里的旧沙发上。"他当时生所有人的气,他想让所有人都以为没人要他,当然这也是事实。"珍妮回忆道。

回到蒙特萨诺后,科特搬回了舰队街房子地下室的房间。他和父亲之间的权力斗争进一步升级——远离唐的那段时间好像只是让他变得更固执。所有人都知道科特在那里待不长——他们双方都过了需要对方的时候了。是吉他让科特可以忍耐生活,他一练吉他就是几个小时。他的亲朋好友都开始注意到他吉他技术的长进。"任何歌曲他只听一遍就会弹,不管是空气补给乐队还是约翰·库格·梅伦坎普[1]的歌。"他的继弟詹姆斯回忆道。一家人租下了《摇滚万万岁》[2]的录像带,科特和詹姆斯一连看了五遍——很快,他就开始重复电影里的对话,弹奏片中乐队的歌。

科特回到唐和珍妮的身边后,家族里又发生了一起自杀事件。利兰德唯一在世的兄弟肯尼斯·柯本无法走出丧妻之痛,用一把点二二口径手枪射穿了自己的额头。这个打击几乎让利兰德无法承受:父亲、儿子迈克尔和三个哥哥的死亡的连锁反应让一向易怒的他充满了悲伤。如果把厄内斯特的死算作酒精自杀,利兰德的三个兄弟全都死于自尽,其中两个是饮弹自尽。

科特和这些伯公叔公并不亲密,但家中已然笼罩着悲痛。这个家族似乎上上下下都被诅咒了。他的继母努力帮科特找到了修剪草坪的工作,在蒙特,那是除伐木外唯一能找到的工作。科特修剪了几处草坪,但很快就感觉无聊。他也看了一两次招聘启事,但蒙特萨诺没有多少工作机会。全县最大的经济实体——萨特索普核电站——在修建完工前就已破产。当地失业率高达15%,是全州平均失业率的两倍高。事情到了这一步,唐终于宣布,如果科特不去上学,也不去工作,他就得去参军。第二天,唐请来一个海军招聘官来和儿子谈话。

---

[1] 约翰·库格·梅伦坎普(John Cougar Mellencamp),美国乡村摇滚乐手,1951年生于印第安纳州。曾13次获格莱美奖提名。
[2] 《摇滚万万岁》(*This is Spinal Tap*),著名摇滚主题的喜剧电影。1984年发行。伪纪录片(mockumentary)领域的教科书,在喜剧史和摇滚史上皆是现象级作品。该片讲述了虚构乐队腰椎穿刺乐队(Spinal Tap)的巡演经历,很多著名乐队观后都表示对片中情节深有共鸣。

招聘官并没有面对一个强壮、任性的科特——长大后的科特或许会揪着海军招聘官的领子把他扔出门外——他面对的是一个悲伤、破碎的男孩。出乎所有人的意料,科特听完了招聘官的宣讲。当晚结束之际,他父亲欣喜地听到科特说他会考虑这个选项。对科特来说,军队听起来跟地狱一样,但这个地狱至少有个不一样的邮政编码。正如科特告诉杰西·里德的话:"至少海军会给你一日三餐和一个住处。"对一个在大街上和医院等待室住过的男孩来说,有稳定的落脚处和三餐,还不用受父母管教,显然很吸引他。但当唐试图说服他让招聘官次日晚上再来家里时,科特说还是算了吧。

无依无靠的他在宗教中找到了慰藉。他和杰西在1984年变得形影不离,继而发展到两人一起去教堂。杰西的父母艾瑟尔和戴夫·里德是重生基督徒,一家人定时去位于蒙特和阿伯丁之间的中央公园浸会教堂。科特开始定期去周日的教堂礼拜,甚至还出现在周三晚上的基督徒青年团体里。那年10月,他在教堂受洗,尽管没有一个家庭成员出席。杰西甚至记得科特经历了一次重生式的皈依:"一天晚上,我们走过奇黑利斯桥,他停了下来,说自己接受耶稣基督进入他的生命。他叫上帝'走进他的生命里'。我记得他清晰地谈论这次觉醒,以及每个人都提到过的,接受基督时的平静。"在接下来的几周里,科特展现出一个狂热的福音派重生基督徒的形象。他开始斥责杰西抽大麻的行径,说他不顾圣经教诲,是个不合格的基督徒。科特的宗教皈依伴随着他戒酒戒毒的时期:他总是先放纵吸毒酗酒一阵,然后戒除,周而复始。那个月,他在给玛丽小姨的一封信里提到了自己对大麻的观点:

> 我刚在MTV台看完《大麻狂潮》(*Reefer Madness*)……片子是30年代拍的,在里面,人们只要沾上一点大麻这种恶魔般的毒品,就会变得恍恍惚惚,互相残杀,出轨,

开车轧过无辜的受害者。他们害得那个像"海狸"[1]的少年被控谋杀罪。哇,真是太开眼了。这片子当然夸张得厉害。但是我接受其背后的意图。大麻不是个好东西。就我个人经历来说,我深知这一点,因为抽完后不到一会儿我就变得跟一片发霉的奶酪一样昏昏沉沉。我想这是横亘在我和妈妈之间的大问题。

然而,就在他寄出这封信和遵循这种宗教生活后不久,科特就像对待一条穿不上了的裤子一样丢弃了宗教。他当时对宗教如饥似渴,但那只是一个出自恐惧的暂时性时刻。当恐惧平息后,科特又开始抽起大麻来。他接着去了中央公园浸会教堂3个月,但据杰西回忆,他说的话"渐渐变得反上帝。在那之后他变得极度反上帝"。

杰西的父母和科特感情好了起来,随着他成为家里的常客,他们提议让科特搬来跟他们住。他们住在北河,一片距离阿伯丁城外14英里的乡下地方。当时,两个男孩似乎给了对方自己一直以来得不到的东西。里德一家讨论了科特搬来北河的可能性,温迪、唐和珍妮都同意这件事。"戴夫·里德找到我们,"珍妮回忆道,"说他觉得他可以为科特做点什么。他们家是宗教家庭,戴夫认为在别人无计可施的情况下,自己可以管教他。""我们很爱科特,"艾瑟尔·里德解释道,"他真是个好孩子,就是暂时迷失了方向。"当年9月,科特再次收拾行李——这回他好歹有个露营包——搬到了北河。

里德一家住在一间占地4000平方英尺的房子里,男孩子们可以在巨大的楼梯上上上下下地跑。房子最棒的地方就是位置偏远,他们把电吉他弹得震天响都没问题。他们常在那里整天弹吉他。尽

---

[1] "海狸"(Beaver),1957年电视剧《小小世界》中的小主人公。

管戴夫·里德是基督徒青年团的顾问——他很像《辛普森一家》[1]里的奈德·弗兰德，短发、留唇须——但他不是个古板的人。戴夫·里德玩摇滚玩了20年，还在科特的舅舅查克的流浪者乐队待过，所以科特一家原本就认识他。里德家的房子里堆满了音箱、吉他和专辑。里德一家也没有唐那么严格：他们准许科特和巴兹及卢金一起去西雅图，看朋克大团黑旗乐队的演出。《火箭》杂志称这场演出是1984年第二好看的演出，但在科特看来，比这场演出更棒的只有讨厌鬼乐队在停车场的表演。在他日后的每一个采访里，他都声称那场演出是他人生中看的第一个摇滚现场。

科特和克里斯特·诺弗斯里克第一次切磋音乐也是在里德家。诺弗斯里克比科特大两岁，但他在格雷斯港出奇地显眼：高达6英尺7英寸的他活像年轻版的亚伯拉罕·林肯。克里斯特有克罗地亚血统，出身于一个离婚家庭，比起科特的失控家庭来说毫不逊色（克里斯特在阿伯丁被称作"克里斯"；1992年，他把自己的名字改回了出生时的克罗地亚原名）。

科特此前就在高中在讨厌鬼乐队的排练场地见过克里斯特，但是他们也曾相遇在两个人都不愿再提起的地方——中央公园浸会教堂。克里斯特也常去教堂，但就连像里德先生这样的长辈都知道他去那里仅仅是"为了泡妞"。有天下午，杰西邀请克里斯特去他家，三人切磋了音乐。克里斯特当时负责弹吉他，杰西和科特也是，他们还会照常模仿吉米·佩吉（Jimmy Page），所以整个过程听起来像《反斗智多星》(*Wayne's World*)里的场景一样。克里斯特和杰西交换了吉他一段时间，左撇子科特一直弹自己的吉他。他们也的确以三吉他组合演奏了几首科特的原创歌曲。

科特搬进里德家后，曾几次试图返回维泽万科斯高中上学。他

---

[1] 《辛普森一家》(*The Simpsons*)是从1989年播出至今的一档美国成人动画情景喜剧，通过幽默讽刺的方式描绘了辛普森一家人的生活和日常冒险。

已经落下了不少课程，无法和班上其他同学一起毕业是难以避免的。科特告诉朋友，他也许会假装是智障，好进特殊班上课。杰西还会因为他的糟糕成绩嘲笑他"脑子慢"。他在学校唯一上心的就是艺术课，只有艺术课他才会觉得不吃力。他带着自己的一个班级作业参加了1985年的地区高中艺术展，他的作品还被收进了教育厅长的永久收藏里。亨特先生告诉科特，如果他肯努力，他有可能会拿到进艺术学校的奖学金。奖学金和上大学都要求科特至少从维泽万科斯高中毕业，这对当时的科特来说希望渺茫，除非他留级一年（日后他曾谎称自己拿到了好几个奖学金项目的邀约）。科特最终还是辍学了，但在那之前，他参加了阿伯丁继续教育高中的课程。课程内容和维泽万科斯高中的差不多，但是没有正式课：学生和老师一对一学习。迈克·普瓦特拉斯辅导了科特将近一周，但是入学课程还没上完，科特就放弃了。两个星期后，科特从这所为辍学生准备的学校辍学了。

科特完全辍学后，戴夫·里德在格雷兰的灯夫饭店给他找了份工作。工作时薪4.25美元，内容包括洗碗、备菜、替班做饭和打杂。冬天通常是饭店的淡季，这对科特来说再好不过。

通过戴夫·里德以及查克舅舅和玛丽小姨的影响，科特第一次开始想象他在音乐圈能有立足的希望。戴夫和查克早年为流浪者乐队录制过一张单曲唱片——《紫花生》，单曲B面是另一首歌《杂技车》[1]——这张唱片是里德家的珍藏。科特和杰西经常听这张唱片，用他们的吉他模仿其中的音乐。科特自己也孜孜不倦地写歌——他有好几个笔记本的内页写满了歌词。其中有些标题为《木屋里的瓦特灯》《武士的破坏》，还有一首关于里德先生的歌《钻石戴夫》。

---

1 《紫花生》是流浪者乐队在1963年发行的单曲唱片，B面歌曲不是《杂技车》，而是一首叫《中国风笛手》（Chinese Bagpiper）的歌。《杂技车》是乐队1964年发行的单曲唱片《辗转反侧》（Tossin And Turnin）的B面歌曲，此处可能为作者记忆错误。

科特甚至写了一首取笑一位阿伯丁同学自杀的歌。男孩的名字叫博，歌名叫《致博》，曲风是西部乡村风。

流浪者乐队的一名前成员后来去了国会山唱片公司（Capitol Records）当推广人员。科特一知道这个机会，马上紧紧抓住不放。他并不知道推广人员不负责星探工作，求着戴夫把这人介绍给他。"他总想和他见面，因为他以为这会助他的事业一飞冲天。"杰西回忆道。这就是科特·柯本的发展初期，一个职业音乐人，他不断要求的关系介绍——虽然并未达成——证明了17岁的他已开始想象在音乐上有所建树。假如科特在讨厌鬼乐队的排练场承认自己对大厂牌的野心，他会被当成异端看待。他把野心埋在心里，但暗地从未放弃寻找向上爬升的机会。

和里德一家的生活几乎重建了一个他在父母离婚后就失去的家庭。里德一家一起吃晚饭，一起去教堂，孩子们的音乐才能也被鼓励。一家上下的真情和爱唾手可得，科特也被包括在内。1985年2月，在科特18岁生日时，里德一家给他办了一场生日庆典。玛丽小姨送他两本书：齐柏林飞艇乐队的传记书《众神之锤》（*Hammer of Gods*），以及诺曼·诺克威尔的插画集。在一封给小姨的感谢便条上，科特是这么描述自己的生日派对的："所有教堂青年团的孩子们都来了，给我和杰西送了蛋糕，我们玩了傻乎乎的游戏，罗伊德牧师唱了几首歌（他跟罗杰斯先生长得一模一样）。不过，被别人在乎的感觉真好。"

然而，尽管有了教堂青年团、罗伊德牧师和里德一家的关怀，科特在精神上还是无法逃脱被原生家庭抛弃的感觉。"他对自己太苛刻了。"戴夫·里德观察道。尽管科特和母亲很少联系，但戴夫·里德每月都向温迪汇报科特的情况。1984年8月，温迪嫁给了帕特·奥康纳。来年春天，她怀孕了。怀孕期间，科特去拜访了一次，当温迪看见他是多么迷失时，她忍不住哭了起来。科特跪了下来，抱住母亲，说自己没事。

他的确没事，至少在那一刻如此，但是危机很快再次袭来。1985年3月，科特在打工洗盘子时划破了手指，处于惊慌的他辞掉了工作。"他的伤口必须得缝线，"杰西回忆道，"他告诉我，要是手指废了弹不了吉他，他就杀了自己。"没了工作，伤了的手指又让他没法练琴，科特干脆在里德家冬眠起来。他说服杰西逃课，跟他一起整天喝酒吸毒。"他越来越避世，"艾瑟尔·里德回忆道，"我们试图把科特拉出来，但没能成功。过了一阵子，我们意识到我们没在帮他；我们只不过是提供了一个能让他避世更深的居所。"

科特的自我孤立在4月达到极点，有天下午他忘了带钥匙，于是踢开窗户进了里德家。对于里德一家，那是压死骆驼的最后一根稻草，他们告诉科特，他必须得另找地方住。那年4月的格雷斯港一直下雨，大多数他这个年纪的孩子都在考虑去舞会或是准备毕业的事，而科特则再度开始寻找庇护所。

回到大街上后，科特又开始无休无止地在朋友们的车库或走廊里凑合着睡觉。出于绝望的他终于转向政府援助，开始领取每月40美元的食品券。通过当地失业办公室，他在当地基督青年会找到了一份工作，5月1日开始上班。工作是兼职，并受当地"青年工作"基金管辖，但据他描述，这份短期工是他做过的最喜欢的工作。说得好听点，他的工作是清洁工，不过在其他职员请病假时，他会临时充当救生员或活动指导。科特喜欢这份工作，尤其喜欢跟孩子打交道。尽管他游泳技术一般，他还是喜欢当临时救生员。凯文·史林格住在离基督青年会一个街区之隔的地方，他目睹过科特教五六岁的孩子们玩儿童棒球——整个过程中，科特的脸上都挂着大大的微笑。他能在和孩子一起的工作上找到生活其他领域中缺乏的自尊：

他擅长和他们相处,而且他们也不会评判他的生活。

他还有一份兼职,尽管他不怎么提。那份工作是在维泽万科斯高中当清洁工。每天晚上,他会穿上一套棕色的连体衣,在他辍学的学校把拖把推过走廊。他开始工作时,学年很快就要开始,他的同龄人准备大学申请和他的境遇形成了鲜明对比,让他觉得前所未有的自卑。他干了两个月就辞职了。

科特一离开里德一家,杰西就步入后尘。两人在杰西祖父母在阿伯丁的房子里待了一阵子。然后,在1985年6月1日,他们搬进了位于北密歇根街404号的一间公寓。从任何标准来看,这间月租100美元的单室公寓房——墙被刷成粉色,由此得名"粉色公寓"——都是个狗窝,但好歹是他们的狗窝。公寓有着简陋的家具,他们辅之以草坪装饰品、大轮子三轮车和从邻居家偷来的后院摇摇椅。科特把一扇朝向街道的大落地窗当成公用画架,他用肥皂在玻璃上写上"666"和"撒旦最牛"。用套索吊着的充气娃娃身上布满了剃须凝胶。刀锋牌剃须凝胶在公寓间里随处可见;有人在当地社区免费发放凝胶的赠品小样,科特和杰西发现他们可以吸食凝胶罐里的气溶胶过瘾。有天晚上,他们嗑了一些迷幻药,一名格雷斯港县警敲开房门,叫他们把充气娃娃挪走。幸运的是,警官并没有走进他们的公寓;要是进去了,他就会发现水池里堆积成山的、三个星期没洗的盘子,无数个偷来的草坪家具,抹ках满墙都是的刀锋牌剃须凝胶和他们最近一次恶作剧的战利品——他们从墓地里的墓碑上偷来十字架,用油漆在上面画上圆点花样。

1985年的夏天,那并不是科特唯一一次在法律底线边缘玩火。科特、杰西和他们的伙伴们会像狼人一般等待夜幕降临,然后出发去当地社区搞破坏,要么偷草坪家具,要么用喷漆在建筑物上涂鸦。尽管科特后来坚称他的涂鸦作品传递的是政治信息("上帝是同性恋""堕胎堕掉基督",他列举到),但事实上,他的大部分涂鸦都没什么意义。他在船只上的涂鸦惹怒了一个邻居——他用红色字母在船体上涂上了"船消"（Boat Ack）；在船体的另一面，他涂写道："有船人士滚出去"。有天晚上，他在基督青年会建筑的外墙上涂鸦。有趣的是作为现世报应的最佳范例，第二天他就被指派做工，擦去这片涂鸦。

1985年7月23日晚上，迈克尔·本斯侦探在市场街巡逻——就在离阿伯丁警察局一个街区之隔的地方——他在一个小巷发现三个男人和一个金发男孩。本斯的车一靠近，男人们就逃走了，但是金发男孩愣在那里茫然无措，本斯见他丢下一支涂鸦笔。他背后的墙上是一段他涂鸦的先知般的声明："根本没有什么哇恰马卡利特牌子糖果。"从字体角度上来看，这涂鸦无疑是艺术品，字母的大小写随意排列，每个字母T都比其他字母大四倍。

突然，男孩迅速开逃，跑了两个街区后被巡逻车追上。被抓后，他被戴上手铐。他自称姓名是"科特·唐纳德·柯本"，表现得很礼貌。在警察局，他写下一份声明并签上名，内容如下：

> 今晚，我在海一银行和图书馆之间的小巷里和其他三个人交谈，我在海一银行的外墙上涂鸦了。我不知道为什么这么做，但我的确做了。我在墙上写道："根本没有什么哇恰马卡利特牌子糖果。"现在我知道这个行为有多蠢，我为自己所作所为感到抱歉。警车开进巷子时我看见了警探，我丢下了之前用的红色涂鸦笔。

他按了手印，照了大头照，随即被释放。但是他被要求几星期后出席法庭听证会。他收到了一张180美元的罚单和30天的缓期徒刑，并被警告不要再惹麻烦。

对于18岁的科特来说，不惹麻烦说来容易做来难。一天晚上，杰西去工作时,"克林贡们"过来跟他一起切磋吉他。一个邻居是个留唇须的大块头,他狠狠砸墙,叫他们安静点。这件事经常被当作典型被科特提起,他日后说这个邻居揍了他好几小时,以证明自己是怎么被阿伯丁乡巴佬一再虐待。"事情不是那样的,"斯蒂夫·史林格回忆道,"那家伙过来叫他安静点,科特想耍滑头抖机灵,那家伙揍了他几拳,叫他'闭上臭嘴'。"杰西那晚不在场,但在和科特相处的时间里只记得一次打架事件:"他通常忙着逗大家发笑。我也一直在旁保护他。"杰西和科特一样矮小,但是他练过举重,肌肉发达。在粉色公寓同居时,杰西为了科特什么都能做,科特也利用了这一点。有一天,科特宣布他们要留莫霍克头[1],他们大摇大摆地走到史林格家,抄起理发剪子,杰西很快有了个莫霍克头。轮到科特剃头时,他说这是个愚蠢的主意。"有一回,科特说如果他能在我额头上写东西,我就能在他额头上写,"杰西回忆道,"他用永久性墨水在我额头上写了'666',然后一溜烟跑了。我永远是那个被大家拿来做实验的笨蛋。如果有什么新药或者新饮料,他们总让我先试水。"科特对最好哥们儿的折磨有其黑暗的一面。尽管与科特一起做了许多蠢事,杰西还是在那个春天成功毕业。一天夜里,杰西在汉堡王工作时,科特把照片从杰西的年鉴本上撕下来,贴到墙上,在上面用红笔打叉。与其说是厌恶杰西,倒不如说这件事反映了科特的自我厌恶。可能是出于面对杰西的愤怒时的羞愧,科特把杰西赶出了公寓。尽管杰西才是那个交了公寓押金的人。很快,杰西便和祖母同住,科特一个人住。杰西原本就计划加入海军,而科特感受到了此事对他的威胁。同样的行为模式会不断在他的生活中重现:与其失去一个自己在乎的人,他宁可通过制造一些可笑的冲突先退出关系,以便减轻那种在他看来不可避免的被抛弃感。

---

[1] 朋克青年的典型造型,头发剃光,只留中间一道"鸡冠"。

住在粉色公寓时,科特继续写歌,尽管内容大多数是在他身边人物和事件基础上稍微加工后的故事,但很多歌充满幽默感。那年夏天,他写了一首关于品牌肉罐头的歌叫《世棒》,还有一首歌叫《85级毕业生》,内容主要攻击了杰西和他自己从中辍学的班级。歌中写道:"我们都一样,都是大便上的苍蝇。"尽管他的歌通常讲述一个与世隔绝的小世界,但早在那时,科特便有宏图壮志:"我要做一张比U2乐队[1]或R.E.M乐队[2]的作品还伟大的唱片。"他向斯蒂夫·史林格吹嘘道。科特喜欢这两支乐队,此外,他还孜孜不倦地谈论碎片乐队[3]有多棒,当然了,在巴兹面前,因为害怕破坏了朋克们的规矩,他从来不提这些偏流行的心头好。他把能找到的粉丝杂志和音乐杂志都读了个遍,在阿伯丁,这些杂志没有很多;他还写了想象出来的长篇采访,采访对象是自己,采访人来自并不存在的出版物。科特和斯蒂夫谈过自己办粉丝杂志的事,甚至真的出了一期样刊。当斯蒂夫发现科特给他从没听过的唱片写正面评论时,他放弃了这个项目。科特还提过要成立自己的唱片厂牌,有天夜里,他和斯蒂夫录下了一个名叫斯科蒂·克拉迪的朋友做的口头独白。就像他当时的很多点子一样,此事无疾而终。

他当时没钱搞粉丝杂志和唱片厂牌,就连付房租都很困难。杰西离开的两个月后,科特被房东驱逐。房东在科特不在家时来到公寓,用箱子装了科特为数不多的家当,其中包括他偷来的十字架和大轮子,把它们直接扔在了街上。

---

[1] U2乐队,爱尔兰著名摇滚乐队,1976年成立于都柏林,20世纪80年代作品偏后朋克风格,90年代后则转变为另类摇滚曲风。全球专辑销量超过1亿7千万张,曾22次获得格莱美奖。

[2] R.E.M.乐队,美国著名另类摇滚乐队,1980年成立于佐治亚州,在另类摇滚圈影响颇深,2007年入驻摇滚名人堂,2011年解散。

[3] 碎片乐队(The Smithereens),美国另类摇滚乐队,1980年成立于新泽西。

科特在两年内第三次面临无家可归的处境。他再次开始考虑参加海军的事。特雷弗·布里格斯此时已经报名参军，他鼓励科特利用好海军的"哥们儿规矩"，好让他们两人能被分配到同一个新兵训练营。彼时格雷斯港的失业率继续攀升，对于一个18岁的辍学生来说，工作选择很有限。科特去了位于州街的海军招聘办公室，花了3个小时在那里完成ASVAB职业能力倾向测试。他通过了测试，海军也愿意要他。后来科特声称他的成绩是测试史上最高的，但这种说法不太可信，因为测试内容包括数学。在最后一刻，正如科特之前的做派一样，他在入伍之前放弃了。

大多数夜晚，科特会睡在格雷格·霍坎森母亲破破烂烂的沃尔沃轿车后座，他戏称此车为"阴户"（vulva）[1]。到了10月来临之际，天气转凉，在汽车后座的夜晚十分难熬。科特很快在史林格家找到一个施惠人，在科特的游说轰炸之下，那人同意让他进家借住。

拉蒙特·史林格是维泽万科斯高中的英文老师，和戴夫·里德一样，他来自一个宗教家庭。尽管多年前他就离开了摩门教会，用他自己的说法，拉蒙特还是尝试去做一个"业余大好人"。史林格家和里德家有很多相似之处：史林格一家一起吃晚饭，一起度过家庭时光，父母也很鼓励儿子们搞音乐。科特像家人一般被他们接纳，被指派和史林格家的儿子们一起轮流做家务，他乐意为之，毫无抱怨，对于参与进来心怀感激。史林格家的房间不太够用——他们自己家就有6个孩子——所以科特睡在客厅的沙发上，白天就把睡袋存放在沙发后面。1985年的感恩节和圣诞节早晨，科特都是和史林格一家度过的。拉蒙特给科特买了一条科特十分需要的李维斯牛仔裤。圣诞那天晚些时候，科特拜访了温迪家——温迪刚刚生下了科特同母异父的妹妹布雷妮。新生儿让奥康纳一家更加温馨，然而没

---

[1] 与沃尔沃（Volvo）仅两个字母之差。

人提起让科特搬回家住的事。

1985年12月,科特开始排练和贝斯手戴尔·克罗弗以及鼓手格雷格·霍坎森合写的歌曲。他把这个组合命名为"粪便物"(Fecal Matter),那也是他人生中第一支真正的乐队。他说服克罗弗跟他一起去玛丽小姨家录制其中的一些歌曲。"他来到我这儿,"玛丽回忆道,"拿着一本巨大的笔记本,里面写满了歌词。我向他展示了怎么调整器材,怎么用开盘式(reel-to-reel)录音磁带录歌,他就开始录了。"科特先自己录了人声部分,然后在人声之上和克罗弗一起录了吉他、贝斯和架子鼓音轨。玛丽有点儿忌讳《自杀武士》(Suicide Samurai)的歌词,但是把它当作典型的青少年做派,没有放在心上。两个男孩还录了《屠杀斑比》(Bambi Slaughter)(讲述了一个男孩当掉了父母的结婚戒指)、《巴菲怀孕了》(Buffy's Pregnant)[1]、《镇静剂》(Downer)、《复合效应》(Laminated Effect)、《打屁股》(Spank Thru)以及《登特志之声》(Sound of Dentage)。回到阿伯丁后,科特用史林格家的录音机复制了几卷录音带。录音带真真切切地在手,证明了他是有才华的——那是他第一次从音乐中找到自尊的实体证据。尽管如此,没等演出一场,粪便物乐队就解散了。

尽管外部情况不容乐观,科特的内在艺术生命却疯狂生长。他继续用超8摄像机拍电影。在这个时期的其中一部无声短片中,科特穿着一件KISW电台印有"西雅图最佳摇滚"的T恤,戴着面罩型墨镜,试图模仿让-保罗·贝尔蒙多在电影《筋疲力尽》[2]中的形象。在另一部片子里,他戴着T先生[3]的面具,假装在吸看起来像一大堆可卡因的东西,道具是面粉和吸尘器。无一例外的是,就像

---

1 巴菲是电视节目《合家欢》里的人物。
2 《筋疲力尽》(Breathless),法国电影,1960年发行,是法国新浪潮电影的代表作之一。
3 T先生(Mr.T),美国演员,前职业摔跤手,1952年生于芝加哥。

科特所有的作品一样,这些短片既别出心裁,又令人不安。那年春天,他试图做用涂鸦装饰滑板的生意。他做到了满城发广告的地步,但只有一个少年雇了他,叫他在滑板上画一个爆炸的头。科特非常开心地画了——他很擅长画这种主题——但那位顾客没有付钱,生意也就失败了。

1986年5月18日,科特再一次被阿伯丁警察局关照。那天中午12点半,警察接到报警,前往西市场街618号一座废弃的大楼。在那里,约翰·格林警官发现科特在屋顶上到处爬,看上去醉醺醺的。格林记得科特是个"友善的孩子,就是有点儿怕人"。科特被控非法侵入和作为未成年人非法摄取酒精。警察发现他还背着恶意损害他人财产的不良记录(他没有付上次因为胡乱涂鸦被抓的罚款),以及先前在西雅图因为非法喝酒被抓,加上他付不起保释金,他们把他送进了监狱。他所在的牢房跟黑帮老电影里的差不多:铁栏杆、水泥地、不通风。在他的口供中,科特声称自己由于"身体问题"有"背痛",还自称"19岁,135磅,5英尺9英寸,棕发,蓝眼"。他同时夸大了自己的身高和体重。

科特用了唯一一次打电话的机会致电拉蒙特·史林格,求他保释自己出来。拉蒙特决定,他对科特·柯本的管教到此为止,科特得自己想办法脱离困境。拉蒙特第二天的确去看了科特,尽管有违自己的宗教信仰,他还给科特捎了一盒香烟。由于交不出保释金,科特在牢里蹲了8天。

几年后,科特把那次经历打造成了一件个人传奇,以显示自己的机智和适应能力。他声称自己在狱中为狱友们画色情画,好让他们做打飞机之用。他的手绘色情画是如此受欢迎,按他的说法,他拿画儿换香烟,很快就集齐狱中的所有香烟。按他的故事,彼时他成了牢里"一手遮天"的"老大"。他只敢跟不认识他的人讲这个杜撰的故事——他在阿伯丁的朋友们都记得,他被自己多年来在监狱电影里看到的情形吓得不轻,在看守所的时候,从头到尾对其他犯人没讲一个字。

在史林格家的日子很快就要到头了。他在那里待了一年,等到19岁——脱离法定监护的年纪——他既不是史林格家的亲戚,也不是合法养子。他还跟艾瑞克·史林格开始有争执,后者认为科特不知好歹,早该滚出去了。有个周末,史林格一家去度假,没带上科特,回来的时候,他们发现科特胁迫家里的两条狗在艾瑞克的床上拉了屎。但就连这事也不是最后一根稻草。事情还要说到1986年8月的一个晚上,艾瑞克和科特因为一个托迪诺牌迷你比萨大打出手。从任何记录上来看,这都是科特经历过的最严重的打架事件,他试图拿一根窄棍揍艾瑞克。"我第二天见到艾瑞克,"凯文·史林格回忆道,"他一只眼睛肿了,我再看科特,他两只眼睛都肿了。"科特当晚离开了史林格家,一边照料自己肿胀的脸,一边退守讨厌鬼乐队的排练室。第二天,他付给斯蒂夫10美元,好让他拿卡车把自己剩下的物什运到克罗弗家。他的生活可以被总结为一个让人再熟悉不过的循环:亲密、冲突、放逐,最后是孤身一人。

当时唯一的幸事就是克里斯特·诺弗斯里克似乎很有兴趣和他组乐队。科特只把他粪便物乐队的带子给了几个人,克里斯特就是其中之一。"他拿给我一卷录音小样,上面有《打屁股》这首歌,"克里斯特回忆道,"我觉得那首歌很棒。"克里斯特的女友谢丽·迪里从高中起就是科特的好友,他们两人便准许他在两人的房子后面留宿,科特得以睡在克里斯特的大众小货车里。"我总是保证他的毯子够用,不至于冻死。"谢丽说。每次科特拜访谢丽的工作地麦当劳,她都会给他免费食物。

1986年9月初的一个下午,阿伯丁林地图书馆管理员希拉里·瑞琪罗德在家听见敲门声。她透过猫眼一看,瞧见一个高大的红眼男孩和科特。她认得科特:他经常在图书馆里度过下午,要么读书,要么睡觉。在家门口看到这俩小混混儿——尤其在这个入室偷窃和抢劫十分常见的城市——她开门时感到一阵警觉。当科特把手伸进自己的大衣时,她的警觉更深了。但他掏出来的是一只断了一个翅膀的小鸽子。"它受伤了,飞不起来。"科特说。瑞琪罗德一时愣住了。"您照顾鸟,对吧?"科特问道,声音里几乎透着些不耐烦。她的确照顾鸟,还主管阿伯丁的一个野生鸟类救助组织,但通常有鸟受伤时,人们只会打电话给她。没人就这么直接出现在她家门口,尤其是两个看起来像嗑多了药的少年。

科特告诉她,鸽子是他在青年街桥下发现的,他们发现鸽子后,马上步行 15 分钟到了她家。他们从来没有解释是怎么知道她经常照顾鸟的。然而,两人一心一意地看着她开始对鸽子进行护理。他们走进房子里时,看见了瑞琪罗德丈夫的吉他,科特马上评论道:"这是把莱斯·保罗吉他。虽然是复制品,但是是很早期的复制品。"他提出要买下吉他,但是瑞琪罗德说吉他不卖。有那么一瞬间她以为两人可能会偷这把吉他。

然而,他们唯一挂记的是这只小鸽子的安危。到了厨房里,两人看着瑞琪罗德缓缓地抬起鸽子翅膀,好确认伤得有多重。"它受伤了,对吧?"科特问道。瑞琪罗德的厨房里养了两只夜鹰,它们是夜鹰中为数不多被圈养的两只。她告诉他们,这两只鸟曾作为杂志故事主角,上过《阿伯丁每日世界报》的封面。

"我有个乐队。"科特回复道,仿佛这应该是世人皆知的事实,"但我永远都上不了《阿伯丁每日世界报》的封面。这两只鸟比我牛多了。"

第六章　不够爱他

华盛顿州阿伯丁市

1986年9月—1987年3月

> 我以往显然不够爱他,但我现在爱了。
>
> ——摘自1987年的日记

1986年9月1日,温迪给了科特200美元——这足够付押金和第一个月的房租——科特由此搬进了他的第一个"房子"里,起码这是对这间位于阿伯丁第二街东1000½号的居所的法定描述,但这么说还是太好听。说实话,这间陋室在大多数城市像样的建筑法规里都会被认定为不宜居住。屋顶正在腐烂,前廊上的木板倒在地上,房子里没有冰箱或炉子。整个房子被奇怪地分成五个小房间:两个客厅、两个卧室和一个单独的浴室。它坐落在另一个房子后面,这也解释了地址为什么这么奇怪。

尽管如此,房子离他母亲家只有两个街区——这对一个19岁的孩子来说再好不过,他还没完全走出温迪的精神控制。过去几年里,他们的关系有所改善。科特离家后,两人在情感上更亲密了;科特依然非常需要温迪的认同和关注,即便他极力掩盖着这种弱点。她偶尔会给他带来吃的,他也常去她家洗衣服、用电话,或者把冰箱洗劫一空,当然前提是他继父不在附近。陋室靠近救世军基地,并坐落在一家杂货店后面。由于屋子里没有冰箱,科特把啤酒保存在一个冰盒里,放在后廊,直到邻居家小孩偷走了啤酒。

科特选了讨厌鬼乐队的马特·卢金当室友。科特一直想加入讨厌鬼乐队,和卢金同住是他能做的最接近于此的事。科特对陋室的最大贡献就是在客厅里放了一个装满乌龟的浴缸,还在地板上凿了个洞,好让乌龟的排泄物流到地板下面。卢金好歹用自己的建筑技巧改建了墙。另一个福利是,卢金当时 21 岁,已经可以合法买酒。利用肥仔买酒很快就成了遥远的回忆。

陋室既是派对场地,也是乐队排练场地。因为卢金是室友,巴兹·奥斯本和戴尔·克罗弗经常来拜访,而且因为客厅里堆满了乐队器材,几个人时不时地即兴切磋音乐。一群讨厌鬼乐队的"克林贡们"也在陋室里住下。在第二街东 $1000\frac{1}{2}$ 号的宁静时光是科特人生中交际最多的日子,虽然他们几个人主要是靠酗酒联络感情。科特跟邻居们也关系不错,或者至少跟邻居家的孩子们关系不错——这帮孩子家里的大人都酗酒,但这并未阻止科特继续给他们啤酒。还有个邻居,是外号叫"林纳德·斯金纳德乐队[1]嬉皮士"的老人,他每天都去陋室,一边听科特手上的林纳德·斯金纳德乐队《金曲精选》,一边跟着打鼓。

为了交房租,科特在波利尼西亚公寓式度假村找了份修理工的工作,距离海岸市不远。他通常乘公交跨过 25 英里去海岸度假村工作。这工作很轻松,主要任务是修东西,但有着 66 个房间的度假村没什么要修的。当度假村空出女侍者职位时,科特推荐了克里斯特的女友谢丽。"他常在公交车上睡觉,"她回忆道,"他根本算不上个修理工。他主要忙着在汽车旅馆的房间里睡觉,或者等客人走后去他们的房间里洗劫冰箱。"除了每小时 4 美元的底薪外,这

---

[1] 林纳德·斯金纳德乐队(Lynyrd Skynyrd),美国著名南方摇滚乐队,1964 年成立于佛罗里达,2007 年入驻摇滚名人堂。

份工作还有个福利,就是他只用穿棕色的工作衬衫,不用穿制服。

他向朋友们吹嘘这份工作有多容易——说自己就是在磨洋工,以及他如何溜进房间看电视打发时间,但是他没有告诉任何人自己必须得偶尔打扫客房。科特·柯本的管家技能如此之差,简直是殿堂级的糟糕,而他必须得当清洁工。每天早上宿醉着乘巴士去度假村的路上,科特都会梦见一个不用刷厕所和铺床的未来。

当时,他的确想过组一支乐队。这个念头在他脑中盘旋已久,他花了数不清的时间想法子将其落到实处。巴兹就组了乐队——如果巴兹能想到法子,他肯定也能。1987年,他多次作为巡演助理跟讨厌鬼乐队去奥林匹亚做演出。奥林匹亚是距离阿伯丁往东1个小时车程的大学城,在那里,他目睹了一小拨朋克摇滚的死忠粉丝。等到他和乐队成功抵达西雅图时,尽管他必须得搬运器材、熬夜工作,他还是尝到了大世界的滋味。当讨厌鬼乐队的巡演助理不是什么光鲜的工作:没报酬,也没骨肉皮[1]睡,巴兹还是出了名的把所有人当仆人看待的家伙。但这份折磨科特很乐意承受,因为他可以如饥似渴地向巴兹学习。科特的自尊心很强,尤其在吉他弹奏上,当他搬运巴兹的功放时,他想象两人的角色转换。他一找到机会就练习吉他,而知晓自己技术有所长进是他获得自信的为数不多的途径之一。在奥林匹亚的格斯克俱乐部结束的最后一场秀上,当巴兹和戴尔叫他上台一起演出时,他的希望得以满足。尽管只有20个人看了演出——海报上的乐队名字写成了棕色毛巾(Brown Towel),但乐队名本该是棕色奶牛(Brown Cow)——那个晚上标志着他在付钱买票的观众面前的处女秀。然而,当晚他没有表演吉他,而是在巴兹和戴尔的疯狂弹奏中朗诵诗歌。

他在粉色公寓养成的很多自毁习惯在陋室时代延续了下来。崔西·马兰德在这个时期认识了科特,说他当时嗑下不少迷幻药,"有

---

[1] 骨肉皮(groupie),指与摇滚乐队成员发生性关系或恋爱关系的女歌迷。

时候一周嗑五次"。有趣的是，他嗑药剂量增加至少有一部分原因是源自工会运动；当时在阿伯丁，杂货店在罢工，想去买酒意味着要么开车去奥林匹亚，要么就得跨越罢工警戒线。科特通常的选择是嗑迷幻药代替。当他真去买酒时，通常会选择"动物啤酒"，这个名字来源于施密特牌啤酒罐身上印的野生动物图片。当他兜里稍有钱时，会买滚石牌（Rolling Rock）啤酒，据他跟朋友透露，原因是"这名字看上去像把'摇滚'（rock'n'roll）倒过来写"。

在陋室里度过的那年是科特滥用毒品时间最长、程度最重的日子。先前，他的习惯是先狠命地连续嗑药，然后再暂时戒掉，但住到陋室之后，他一股脑儿地嗑了个爽，毫无节制。"他总是往死里嗑药，"斯蒂夫·史林格回忆道，"比任何人都多嗑那么一点，然后药劲刚过去一点就继续嗑。"当他没钱买大麻、迷幻剂或啤酒时，他就嗑喷雾罐里的气溶胶。"他特别热衷于嗑药。毒品、迷幻剂，什么都试过。"诺弗斯里克观察道，"他大白天就能嗑得晕乎乎的，简直一团糟。"

他继续谈论自杀和英年早逝的话题。莱恩·艾格纳住的地方离科特那儿一个街区远，他记得他刚认识科特的时候，科特每天都会谈论死亡。有一次莱恩问科特："你30岁时打算做什么？""我不担心30岁时会发生什么，"科特答道，语气平常得像是在谈论一个坏掉的火花塞，"因为我压根活不到30岁。你知道在30岁之后生活会变成什么样，我才不要那样。"这样的想法对莱恩太陌生，彼时他还是个年轻人，眼中的世界充满了可能性。那一刻他无话可说。莱恩能感觉出科特内心的折磨。"他活像自杀的实体。他看起来像自杀，走路起来像自杀，还总是谈论自杀。"

春天快结束时，科特辞掉了度假村的工作。实在需要钱的时候，他偶尔会和莱恩一起当地毯安装工。地毯公司的主管们喜欢科特，莱恩告诉他，那里有个全职工作的机会。但科特在面对这个机会时退缩了，因为对他而言，正经工作的想法是令人厌恶的，而且他害怕割地毯的双刃刀伤到他弹吉他的手。"这双手对我来说太重要了，"科特说道，"稍有不慎，我的吉他演奏事业就完了。"他说，如果他割到手导致不能弹琴，跟被判死刑没两样。

科特这次用"事业"来定义自己的音乐表演，这点显示出他生活中唯一的乐观角落。无休止的练习开始有了回报。他以惊人的速度写歌，粗暴潦草地在笔记本上写歌词。他学得如此之快，从他看到的音乐节目和听过的唱片中吸收了大量精华，你几乎可以看到在他的大脑里，一个计划正被拼凑出来。他并没有集中心思去组建一支乐队，因为当时没有固定成员；相反，沉浸在自己蓬勃创作中的科特，同时编排了三四种人员组合方式。在陋室里练习的第一批组合之一包括吉他手科特、贝斯手克里斯特，以及当地鼓手鲍勃·麦克法登。在另一个组合里，科特是鼓手，克里斯特是吉他手，斯蒂夫·"瞬间"·纽曼负责贝斯。就像科特后来所说的那样，将其称之为组合是夸大其词：他们只是科特脑中的幻想，他像别人玩幻想棒球队一样把几名队友排列组合。眼见着讨厌鬼乐队一晚上演出能挣60美元，科特和克里斯特组了一支名为"出卖"（Sellouts）的乐队，他们只排练克里登斯清水复兴乐队[1]的歌，因为他们深知这些歌在阿伯丁的小酒馆里会受欢迎。在科特口中，这几支"乐队"好像有多漫长的职业生涯似的，实际上，大多数时候他们只排练过而已。只有一个叫作"硬啄木鸟"（Stiff Woodies）的组合曾正式公开演出，那是在一场高中生啤酒聚会上的表演，所有人都无视了他们。

虽然这些即兴演奏和聚会让科特很忙，但到了1987年年初时，他已经不满足于待在阿伯丁。他的朋友们观察到，在他们只拿音乐当周五晚上的消遣方式时，科特就连周六早上都在练吉他连复段和

---

[1] 克里登斯清水复兴乐队（Creedence Clearwater Revival），美国著名乡村摇滚乐队，1967年成立于加州。专辑全球销量超过2600万张。

写歌。他只缺一个能发挥他创造力的载体,但情况很快改观。他和克里斯特开始和当地社区一个叫艾伦·布尔克哈德的鼓手一起组乐队,虽然没有名字。克里斯特弹贝斯,布尔克哈德打鼓,科特担任吉他和主唱。这就是涅槃乐队的雏形,也是科特首次尝试做一个乐队领头人。1986年年初的几个月,他们几乎每晚排练,一直到科特觉得当晚练够为止。排练结束后,三个人便开车去肯德基。"科特喜欢吃肯德基的小鸡块,"布尔克哈德回忆道,"有一回,科特带上电工胶带,在得来速(Drive-Thru)的扬声器上弄了个逆十字绑带。我们在小货车里看着肯德基员工不得不出来把胶带撕下来,笑得前仰后合。"

初春时,巴兹宣布他要搬去加州,讨厌鬼乐队也要解散。那是阿伯丁乐队史上的一个重要时刻,科特肯定把巴兹看成了众人中的背叛者犹大。"事情是这样的,"卢金回忆道,"我被抛弃了。乐队据说是要解散,其实是想把我踢出去。巴兹当时说:'哦,不,我不玩乐队了。我要搬到加州去。'但等他们搬完家后一个月,他们又以讨厌鬼乐队的名义演出了。那滋味不好受,因为巴兹之前就是这么让我踢走我们的前鼓手的。"

室友被讨厌鬼乐队扫地出门会成为科特人生中的一个里程碑,标志着他自身的成长:在这场风波中,每个人都站队了,而科特则第一次鼓起勇气站到巴兹的对立面。"那一天,在艺术上和情感上,科特都远离了讨厌鬼乐队。"莱恩回忆道。科特已经知道自己深受流行乐影响的音乐永远达不到巴兹的预期。尽管他后来还是不断表示自己对讨厌鬼乐队的爱,但他开始不把巴兹当偶像看了。如果他要找到自己的声音,这一步必须跨出去,尽管过程很痛苦,但这给了他创造力上的自由和艺术上的空间。

科特和卢金也开始渐渐看对方不爽——科特不喜欢卢金的几个朋友。他做了一个堪比电视剧《我爱露西》中情节的举动,拿封口胶带在陋室中心画了三八线,告诉卢金和他的朋友们必须得待在他们那边。当卢金的一个哥们儿抱怨他不过三八线没法去厕所时,科特回答道:"那你就去后院上吧,因为厕所在我这边。"卢金搬了出去。科特独身一人住了一阵子,直到一个奥林匹亚的朋友迪伦·卡尔森搬进来。迪伦留着脏乱的棕色长发长须,看上去有点儿像沙滩男孩乐队成员布莱恩·威尔森落魄时的样子,但是嘴里说的话却充满了对宗教、种族和政治的大胆见解。迪伦人虽古怪,但他聪明、有才华,还很友好——这些品质科特都很欣赏。他们在"棕色奶牛"乐队那场演出上结识,成了朋友。

迪伦搬到了阿伯丁,和科特一起干装地毯的工作。这个工作有个诱人之处。"我们老板是个大酒鬼,"迪伦回忆道,"我们早上去工作,他通常在办公室的地板上醉酒不醒。有一次,他倒在门前,我们没法开门进去扶他起来。"工作没干下去,但迪伦和科特的友谊维持了下来。有了自己的乐队、一个新死党和几首好歌,科特是带着积极的心情迎接1987年和自己的20岁的。不久,令人吃惊的是,就连他的性生活也丰富了起来,崔西·马兰德成了他的女友。

他们因为啮齿动物发展出感情——科特和崔西都有宠物老鼠。他两年前在西雅图的一个朋克俱乐部外面第一次遇见她——那也是他因为喝酒被捕过的地方。他和巴兹在车里喝酒,崔西经过打招呼,科特狂喜不已,没能注意到驶来的警车。他们第二年又遇见了对方,1987年年初正式确立了关系。"我跟他调情了很长时间,"崔西说,"我想他没敢相信居然会有女孩喜欢他。"

对于20岁的科特来说,崔西是个理想女友,她也是标志着科特长大成人的重大里程碑。她比他大一岁,去看过几百场朋克摇滚演出,很懂音乐,这点带给科特很大的性吸引力。她一头黑发,身材丰满,眼睛棕得发亮,正如他的蓝眼一般,是个很脚踏实地的朴素美女。她跟谁都能成为朋友,在这方面,或者在所有方面,她和他都截然不同。他很快被她吸引住,尽管一开始觉得自己根本配不上她。在两人恋爱早期,他内心的伤和周而复始的自我退避就显示了出来。他们开始上床没多久,有一次事毕,她看着他的裸体评论道:"天呐,你可真瘦。"尽管说者无心,但崔西的话深深刺痛了科特。科特的反应是穿上衣服一阵风似的出了门。不过他后来还是回来了。

崔西决定要给他足够的爱,以驱散他的恐惧;她得足够爱他,好让他能有爱自己的能力。但是对科特来说,这是片危险的领域,每个角落都有让他自我怀疑和恐惧的借口。

那年春天,比起崔西,他唯一更爱的就是自己的宠物老鼠凯蒂。他把这只公老鼠从小养起,头几个星期用一个眼药水瓶子喂它。这只老鼠通常待在笼子里,但在特殊场合,科特会把它放出来满房子跑,因为一点点老鼠屎不会影响本来就脏乱不已的地毯。一天,凯蒂在卧室里到处跑,科特在天花板上发现一只蜘蛛,他命令凯蒂抓住它。"我说:'看到那个混蛋了没,凯蒂?抓住它,杀了它,抓住它,杀了它。'"科特在日记中写道。但凯蒂没能逮住那只蜘蛛,当科特拿着一罐布鲁特牌除臭喷雾归来,想杀死蜘蛛时,他听见一声令人心碎的叫声,往下一看:

> 我的左脚……踩在了宠物老鼠的头上。它边跳边尖叫,身上流着血。我尖叫着"对不起"大概三十遍。接着,我用几件脏内衣把他包着拿起来,放进一个袋子里,找来一根窄木棍,把它带到外面重击它的侧面,然后在袋子上狂踩。我能感觉到它的骨头和内脏被弄烂了。我花了两分钟时间结束了它的痛苦,紧接着,那天晚上轮到我必须承受无尽的痛苦。我回到卧室,盯着血迹和那只蜘蛛。我冲它尖叫大骂,我本想杀了它,但最终放过了它。蜘蛛爬过我的脸,而我一夜无眠。

第七章　裤裆里的索比·赛尔斯

华盛顿州雷蒙德市
1987 年 3 月

> 我的裤裆里有个索比·赛尔斯。
> ——科特对第一场涅槃乐队演出的 15 名观众说

科特作为乐队领头的职业生涯差点在开始前就结束了。1987 年 3 月的一个雨夜，乐队几个人终于开着装满器材的厢式货车出了阿伯丁，前往他们的第一场演出。乐队还没有名字，尽管科特已经花了很长时间考虑该叫什么名字，备选名有"便便盒""设计师毒品""胡须牌饼干""脊柱分裂""内脏炸弹""鸡蛋青蛙""呕吐拉稀""呕吐蠕虫""鱼食""蝙蝠巨蜥"和"无嫩傻瓜"（故意拼错了），等等。但一直到 1987 年 3 月，他都没做好决定。

他们去的地方叫雷蒙德，距离阿伯丁南部 1 小时车程之远，但整个城市比阿伯丁还阿伯丁。雷蒙德实实在在是个满是伐木工和乡巴佬的地方，几乎所有当地工作都是和伐木相关的。选雷蒙德来进行乐队首秀就好比在卡茨基尔山脉[1]做百老汇开场演出——这是一次机会，好在一群显然没眼光也不成熟的观众面前试水。

---

[1] 位于纽约西南部，地处偏远区域。

善于交际的莱恩·艾格纳暂时担当他们的经纪人,演出是他主办的。他反复游说科特去公开场合表演,当科特不置可否时,莱恩在未经允许的情况下策划了一场派对上的演出。他借了一辆运地毯的小货车,载上他们的器材,把科特、克里斯特、布尔克哈德、谢丽和崔西也装上车,几个人只能坐在一卷卷地毯上。一路上,科特不停地抱怨他的乐队——尽管除了在陋室之外,乐队没有在任何地方演出过——应该有比这个演出档次更高的机会,因为这次演出没报酬。"我们要在雷蒙德表演,"他说起这个小城的名字,好像一句脏话一样,"在别人家开演。他们甚至不知道广播是什么东西,肯定会讨厌我们的。""科特的理论是,"莱恩说,"要么观众会讨厌他们,这个他们能接受;或者观众会喜欢他们,这个他们感觉也无妨。两种情况他都有心理准备。"这是科特在整个职业生涯中惯用的方式:通过淡化成功,嚷嚷着最坏的情况,以此保护自己免受真正的失败。如果他所害怕的糟糕事件不是一场完全的灾难,那么他就可以宣告胜利,仿佛自己打败了命运。然而,这一次,他的悲观预言将被证明是正确的。

演出场地位于纳斯鲍姆街17号,在距离雷蒙德城外7英里的地方,开过一段碎石路,就能在一片田地中间看到房子。他们抵达时已经是晚上9点半。看到一帮没见过的年轻观众,科特立即害怕起来。"当我看到乐队成员的反应时,"当晚在派对现场的维尔·斯蒂文斯回忆道,"我说:'糟糕。'他们跟我们常一起混的人完全不一样。"当科特扫视人群,发现少男少女们穿着齐柏林飞艇乐队的T恤,留着鲻鱼头时,他也是这么想的。对比之下,克里斯特光着脚,科特穿着一件《芒斯特一家》[1]的T恤,戴着有尖齿的金属铆钉手镯,活像直接从1978年的伦敦国王街拿过来的一样。

---

[1] 《芒斯特一家》(*The Munsters*),美国情景喜剧,1964年首播,讲述一个怪物家庭的趣事。

他们走进房子里，看到墙上的"欧内斯特"海报装饰，金属乐队（Metallica）的专辑宣传海报和一张威豹乐队的最新专辑海报。钉在房梁上的，是几个偷来的街牌，包括一个"69英里"的高速路指示牌。狭小的客厅一角，固定着一套塔马牌架子鼓、一个马歇尔牌功放，厨房外摆着一个啤酒桶。

乐队几人花了一阵子时间准备器材，当时，初来乍到的几个人并没有向主人们问好。"他一个字也没说，"金·梅登是这么形容科特的，"他留着有点儿油腻的、遮住了脸的头发。"科特的淡漠至少与克里斯特不同。克里斯特直奔厕所开始尿尿，全然不顾已经有个女孩在那里。克里斯特打开医药柜，发现一小管万圣节用的假血，便把假血涂在自己光着的胸膛上，用一些胶带贴住乳头，然后开始在处方药里迅速翻找。他离开厕所，看也没看啤酒桶，便直奔冰箱。在那里，他发现了米切罗勃牌淡啤酒，便大叫道："嘿，这里有上好的啤酒！"当时科特已经开始演奏，克里斯特不得不跑过去拿自己的贝斯，因为涅槃乐队的处女秀已经开始了。

他们用《镇静剂》一歌开场，那是科特最先写的几首歌之一。歌中有着柯本经典的哀悼，惋惜人类存在的可笑之处。"发动额叶切除术/挽救一些小家庭"，科特唱道。阴暗的歌词完全没被雷蒙德的观众听清，他们只能听见厚重的吉他和贝斯连复段。科特加快速度演完这首歌，紧接着又演了几首，表现出奇地专业。在他们第一场公开演出上，所有的元素便都在那里了，几年后征服世界的涅槃乐队所有元素都在：腔调、态度、狂暴、稍稍失衡的节奏、旋律性极强的吉他和弦和保证能让人摇摆身体的、引人入胜的贝斯段落，以及，最重要的，恍惚似在梦中的科特。彼时他还没有成为一个完全成熟的表演者，派对上的观众不记得他曾抬起头，或者拨开遮住脸的头发。但是所有原始而又重要的精髓都已经在那里了。就算只因为激烈的风格，他也值得一看。

观众并没有意识到状况，他们就像所有派对上聚在一起的青少年一样——只顾着喝酒和社交。目前为止演出中最值得注意的事就是第一首歌结束时，观众没有鼓掌。克里斯特似乎是唯一一个兴奋不已的人，他称："从我这儿看演出挺好的。"他这么说也许是为了挽救科特摇摇欲坠的自尊。莱恩当时喝醉了，回道："你们演得比平时好多了。""你们得买个好点的扩音器。"在公开演完自己第一支原创歌曲后，这是科特唯一的评论。"我们的扩音器很好。"住在那个房子里的托尼·博库拉说，"就是总破音而已。"谢丽冲克里斯特大吼，叫他穿好裤子——当时那是他身上唯一的衣服——科特玩笑道："我的裤裆里有个索比·赛尔斯[1]。""演点野兽男孩[2]的歌。"一个女观众叫道。"兽交男孩。"科特答道。

托尼·博库拉是当地颇有名气的吉他手。在歌曲间隙调音时，科特看见博库拉背着芬达牌吉他走上台来。莱恩没有告诉科特，他跟博库拉谎称那晚他们是来跟他切磋音乐的。科特的表现有点儿惊慌，因为就连在职业生涯早期，他也不愿和别人分享镁光灯。"切磋没问题啊，"科特机智地向托尼谎称，"但你介意我们把这些歌演完吗？稍流行点的歌我都不懂，即兴演出也没问题，但是我只在喝醉时搞即兴——醉了就没问题。"博库拉顺从地坐了下来。紧接着，科特开始娱乐观众，躺在落地式电视上的布尔克哈德和克里斯特都没准备好。"我们就演这首，"科特不耐烦地命令道，"我们摸着石头过河演就好。"说着，他弹起了《空中齐柏林》(Aero Zeppelin)的吉他开场独奏，等着队友跟着演，他们也的确跟着演了。这首歌一开演，就成熟得好像一年后的录音室版本一样。

《空中齐柏林》一歌结束后，观众开始不满起来。再一次没人

---

[1] 索比·赛尔斯（Soup Sales），美国喜剧演员，活跃于电视和电台节目。
[2] 野兽男孩（Beastie Boys），美国著名说唱摇滚组合，1981年成立于纽约，是当时商业上最成功的说唱组合。

鼓掌，还有人跟科特起哄，不过说实在的，大多数起哄来自克里斯特和莱恩，两人都醉得不行，站都站不稳。像他们很多早期的演出一样，乐队几人成功地用歌曲的大音量压过了观众，但歌曲间隙就没那么幸运了。

"嘿，谁有大麻？"克里斯特大喊道。

"迷幻药。我要迷幻药！"谢丽吼道。

"你只喝酒比较好。"雷蒙德当地的一个女观众说。

"我只想要些上好的大麻。"克里斯特回复道。

"表演一些翻唱作品，"莱恩威胁道，"什么都行。我真受不了你们这副蠢样，简直智障。你们是智障。"

"我们演《负心人》[1]好了。"克里斯特一边喊，一边开始弹开头的贝斯连复段。

"你们是不是醉了？"一个男观众喊道。

"跟齐柏林飞艇乐队一样演。"另一个男观众喊道。

"像托尼·艾欧米[2]一样弹。"男观众之一喊道。

"演几首黑色安息日乐队的歌。"有人从厨房那边喊道。

就这样，演出开始变得一团糟，科特已经摇晃在崩溃边缘。克里斯特不停冲科特喊："我们演《负心人》吧。"科特用听起来很稚嫩的声音回道："我不知道怎么弹这首歌。"尽管如此，他们还是演起了齐柏林飞艇的歌，科特的吉他弹奏也过得去。演奏进行到一半又崩了，因为科特忘了歌词，但是他一停止歌唱，观众就冲他要求道："弹吉他独奏。"他尽自己所能模仿吉米·佩奇在《负心人》上的演奏，还顺手加入了《还要多少次》[3]中的一些段落，但一曲结束，台下依然没有掌声。科特机智地喊道："大家，下一首歌是《墨西哥海鲜》

---

1 《负心人》（Heartbreaker），齐柏林飞艇乐队的名作。

2 托尼·艾欧米（Tony Iommi），黑色安息日乐队吉他手。

3 《还要多少次》（How Many More Times），齐柏林飞艇乐队的歌曲。

（Mexican Seafood）。"于是他们开始演这首原创歌。

他们紧接着演了《笔帽烟叶》（Pen Cap Chew），然后是《发胶皇后》（Hairspray Queen）。《发胶皇后》演到最后时，克里斯特站在电视机顶，伸出舌头模仿吻乐队[1]的经典动作。科特和艾伦继续演奏时，克里斯特跳出了窗外。他像一个在夏日洒水器中间奔跑的3岁小孩一样跑回房子，然后又重复了一遍。"我们当时很疯，"克里斯特回忆道，"与其规规矩矩地演出，我们想，干吗不搞成一个事件？那也的确成了一个事件。"

紧接着发生的事足以让这个派对令人难忘。谢丽和崔西决定在这场诡异表演上加点料，她们一边揉着克里斯特的胸膛，一边互相亲吻。科特迅速介绍下一首歌："这首歌叫《违法》（Breaking the Law）。"他们演了这首后来被命名为《打屁股》的歌，内容和手淫有关。雷蒙德的观众就算再笨，也能开始感觉出自己好像在成为某种笑柄。

谢丽试图偷几罐珍贵的米切罗勃牌淡啤酒，不幸项链被冰箱门挂住了。当维尔·斯蒂文斯关上冰箱门，弄断了项链时，一场斗殴随即开始。"你这个胖傻子！"谢丽一边喊，一边跟维尔在私人车道上打得难解难分。"我们就是故意惹毛他们，"谢丽回忆道，"对我们来说他们是红脖子，我们可不想成为红脖子。"

眼看着自己的演出变成一场闹剧，科特放下吉他走了出去，心中又是厌恶又是好笑。房子外面，一个漂亮的女人向科特走来，当她靠近的时候，科特肯定是感觉自己幼时成为摇滚明星吸引骨肉皮的梦想终于实现了。但是这个一头金色蓬发的女人并不是什么崇拜他的粉丝，她只想知道《发胶皇后》的歌词内容。很显然，她以为这首歌是为了她写的，可能是见到她后当场写的。这只是科特的歌

---

[1] 吻乐队（Kiss），美国著名硬摇滚乐队，1973年成立于纽约。其"视觉系"风格名扬世界，专辑销量超过7500万张，2014年入驻摇滚名人堂。

词被误读的无数场合中的第一个。尽管这只是科特的首场演出，他还是对观众误读自己的真实意图很没好气。"我来给你讲讲歌词，"他用像是刚遭到了羞辱的口气对她说，"歌词是：'婊子、杂种、傻子、吃屎、不要脸的、去你的、畜生……'"女孩一溜烟不见了。

科特外出寻找克里斯特，在厢式货车的顶上发现了他，当时他正冲其他客人的车撒尿。见到眼前场景，一向善于明智地自我保护的科特告诉所有人，是时候该走人了。他们收拾好器材离开了那里，已经做好了一路被主人们拳打脚踢的准备。但雷蒙德的观众虽然被看成红脖子，饱受羞辱、目睹疯狂，他们却比几年后花钱去看涅槃乐队演出的观众更心胸开放。几个观众甚至评论道："你们的演出没有特别糟。"这些话语是科特的良药。能从观众身上得到反馈，尽管不那么热情，还是比他自己的无尽而残酷的自我批评要好多了。如果观众没把他吊在路灯柱上，演出就算是胜利。观众——尽管被争吵、酒醉斗殴和一个跳出窗外的半裸男人分散了注意力——多少让他尝到了一丝他一直以来求之不得的滋味：得到关注的迷醉感。

几人挤进小货车后，就乐队里谁酒醉最轻开始了争论，虽然科特是最清醒的，大家还是不放心他开车。他坐到后座，布尔克哈德抓起了方向盘。"大家都跑出门到私人车道上看他们开车走人，"当时的房客杰夫·弗兰克斯回忆道，"他们全挤在小货车后座，后车门是开着的，几个人屁股底下是一卷卷地毯。我们眼看着他们把侧门放下来，碎石从车轮子里飞溅出去。"

小货车的内部没有窗户，侧门关着，里面一片漆黑。几个月后他们才会再次在观众面前演出，但是几人已经开始期许他们的未来，他们的传奇在那晚已经有了一小块雏形。

第八章 重返高中

华盛顿州奥林匹亚市

1987年4月—1988年5月

呵,我又回高中了!我想搬回阿伯丁。

——摘自科特写给戴尔·克罗弗的一封信

在雷蒙德演出的两个月后,科特又开始了一段重要的旅途:他要彻底离开阿伯丁。他一生中的前20年都是在那度过的,但是一旦离开,后来就很少回去。他收拾好行李,行李只包括一垃圾袋的衣服、一木箱的专辑和他已经空空如也的老鼠笼。他把东西装进崔西的车,开上65英里,抵达奥林匹亚。尽管奥林匹亚只比阿伯丁大一点点,但至少是个大学城,还是华盛顿州首府。这是纽约东村以西最古怪的地方,充满了朋克摇滚乐手、艺术家、想闹革命的人、女权主义者和彻头彻尾的怪胎。常青州立学院的学生们自编了自己的课程。科特没打算去上大学,但他至少到了想融入集体的年纪——他渴望他们的接纳,尽管总觉得自己不够格。这是他人生中周而复始的一个情结。

科特搬到奥林匹亚,和崔西在一间单室公寓房里同居,公寓房在一座被改建成三联房的老房子里,位于梨街114$\frac{1}{2}$号。公寓很小,但房租只有137.5美元一个月,包水电费。公寓所在地离市中心只有几个街区远，对科特来说非常理想，因为他没有车。第一个月，他没能找到工作，崔西靠在西雅图波音飞机工厂自助餐厅打工的钱支撑两人的生活。她上夜班，通勤距离很远，所以她每晚10点出去工作，第二天早上9点才回来。这份工作的确带来了稳定的收入——他们两人都知道科特是不可能有稳定收入的——她还能在工资之余偷一些食物回来。由于她的晚班，崔西开始给科特留"待办事项"清单，这种交流方式会成为两人关系中的一个惯例。在1987年年末的一个清单上，她写道："科特，请打扫厨房，确保扫到猫砂盆的后面、垃圾桶和猫食的下面。把脏盘子放到水池里，打扫干净角落，扫地，抖抖毯子。用吸尘器打扫干净前厅。请务必做到。务必。务必。"清单最后签上了一个心和一个笑脸。科特的纸条回复道："请把闹钟设到11点。到时候我就洗盘子。好吗？"

一开始，科特帮忙做家务、洗盘子，甚至偶尔拖拖地。尽管公寓很小，但由于两人养了不少宠物，还是需要经常清理。两人养的宠物数量在接下来的两年会随着它们的寿命浮动，两人有五只猫、四只老鼠、一只澳大利亚鹦鹉、两只兔子，还有科特的几只乌龟。公寓里常年有异味，访客总把它形容为宠物店的气味。但那间公寓好歹是个小家。科特把他们的兔子命名为"炖炖"。

他还把浴室漆成血红色，在墙上写上"REDRUM"，以致敬斯蒂芬·金的《闪灵》。因为科特本来就喜欢在墙上写字，他们把大多数墙面用摇滚海报盖起来，把其中很多海报翻面贴上去，如此科特能有更多创作空间。仅有的几张正面朝外的海报也在一定程度上被改造了。在一张巨大的披头士乐队海报上，保罗·麦卡特尼被画上了黑人圆蓬头和眼镜。床的上面贴着齐柏林飞艇乐队的海报，科特在上面写了散文："废物、抱怨鬼、酒鬼、人渣、垃圾、堕落狂、头虱、恶鬼、感染、肺炎、痢疾、咳血、尿、大肠肌肉失调、关节炎、坏疽、精神病、无法组成完整的句子、准备在雪中的盒子里照顾他自己。"他还在这篇长文的旁边画了一瓶雷鸟牌强化酒和伊基·波普[1]的漫画。冰箱上贴着科特用生肉照片和感染的阴部医学图片组成的拼贴画。"他对恶心的东西很着迷。"崔西回忆道。尽管科特很少谈论宗教——"我想他是信上帝的,但是比起上帝,他更信魔鬼。"崔西说——墙上还有十字架和其他宗教装饰品。科特喜欢从墓地里偷圣母玛利亚的雕像,然后在她眼下画血泪。崔西出身于路德教家庭,他们关于宗教的讨论多数关于上帝是否存在于充满了恐怖的世界,科特的观点通常是,撒旦更强。

在当了几个月的家庭煮夫后,科特在雷蒙斯清洁服务公司找了份时薪 4.75 美元的短期工,那是个家族式的小公司,主营保洁业务。他向朋友们称,他打扫了医生和牙医们的办公室,并且借机偷药品。但是据公司主管称,科特主要负责打扫的区域是工业楼,并没有什么机会偷东西。他用挣来的一部分钱买了一辆锈迹斑斑的二手达特桑。有一点毋庸置疑:无论是在精神上还是体力上,这份工作都让科特没力气打扫自己的公寓了,这也带来了他和崔西之间的第一次争端。就连辞掉工作之后,他也显然这辈子都不想再打扫卫生了。

在奥林匹亚,他的内在艺术生命前所未有地蓬勃生长。没了工作的科特开始了他往后贯穿一生的日程规划。他通常中午睡醒,吃一点点东西。卡夫牌奶酪通心粉是他的最爱。在尝试了其他品牌之后,他娇气的味蕾决定,在加工奶酪通心粉领域,卡夫牌有着独一无二的地位。吃完东西后,他会在一天剩下的时间里做三件事之一:看电视,他一看就没个完;练吉他,他一天练好多个小时,通常一边练一边看电视;搞自己的艺术创作,有时画画儿,有时做拼贴画,有时搞三维装置作品。最后一项活动从没正式过——他很少自诩为

---

[1] 伊基·波普(Iggy Pop),美国著名朋克音乐人,1947 年生,音乐风格横跨车库摇滚、朋克摇滚、新浪潮、爵士和布鲁斯。2010 年,其领军的傀儡乐队(Stooges)入驻摇滚名人堂。

艺术家——虽然一天好几个小时都在搞艺术。

他还在日记本里写东西，尽管他的内心对话并不是日常生活的描摹，更像是一种强迫症式的、冲动的自我治疗，好释放出他内心深处的想法。他写的东西充满想象力，很多时候令人不适。他的歌和日记有时有所重合，但两者都对人类的身体机能着迷不已：生育、排尿、排泄、性都是他探讨过的话题。以下的一小段话展示了他不断探讨的一个熟悉的话题：

> 柏亚迪大厨[1]比一个雄性大猩猩更卑鄙更强壮更不易生病更具有支配力。他在晚上来到我身边。他故意打开锁，弄弯我窗户上的护栏，害得我在防盗装置上花了好多钱。他来到我的卧室，光裸着刮完毛的身体，浑身油亮亮的。肌肤的黑色汗毛竖立在他的鸡皮疙瘩上。他站在一大摊比萨的油渍里，一边吐着面粉，直接吐进我肺里。我咳嗽不已，他大笑起来。他骑到我身上。我想揍他那臭烘烘的、肌肉发达的屁股。

这些内心想法很多时候充满暴力，和科特的外在世界形成了鲜明对比。有生以来，他第一次有了一个稳定的女友，她宠爱他，尽量满足他的一切需求。有时，崔西给他的关注与一个母亲无异，从某种意义上，他也需要母爱。他告诉朋友们，她是"世上最好的女友"。

作为一对情侣，他们展现出家人般的温馨。他们会一起去洗衣房，在兜里的钱够用时，他们还会叫第四街酒馆的比萨外卖（他们就住在另一家比萨小店的隔壁，但科特很讨厌那家的比萨）。科特喜欢做饭，他经常给崔西做自己的拿手好菜"香草鸡"，或阿尔弗

---

[1] 柏亚迪大厨，罐装意大利通心粉品牌罐上的大厨人物。

雷多白脱奶油面。"他经常吃容易让人发胖的食物，但他从来吃不胖。"崔西观察道。他一直担忧自己的体型，还给杂志底封的增重粉广告写去订单，但这些产品没什么用。"他的坐骨突出，膝盖疙疙瘩瘩的，"崔西回忆道，"除非天气特别热，他不会穿短裤，因为他很在意自己瘦骨嶙峋的腿。"有一回两人去沙滩玩，科特穿着一条长打底裤，两条叠穿在一起的李维斯牛仔裤，一件长袖衬衫，一件T恤和两件运动衫。"他只想让自己显得壮实点。"崔西说。

在他的生活中，唯一能让自己觉得更壮实的东西就是他的音乐了。1987年的夏天，乐队发展很好。他们依旧没定下来叫什么名字，曾经用过"喉咙生蚝""泰德、艾德、弗雷德"（取自格雷格·霍坎森母亲的男朋友）等名。1987年年初，他们在几个派对上表演过，4月时，他们甚至在奥林匹亚的KAOS大学电台上演出过。崔西把电台演出的带子给了吉姆·梅，后者在塔科马的社区世界剧场（CWT）工作。崔西力劝吉姆预订他们的演出。崔西和谢丽在乐队成立早期做出了无法低估的贡献：她们在一定程度上兼任媒体公关、经纪人、演出预订人和乐队周边销售，在此之上，她们还努力工作，确保男友们有的吃，有的穿，有条件排练。

梅给了乐队第一场非派对的演出，当时他们以"穷街"（Skid Row）的名义演出——科特那时不知道纽约有支金属乐队也叫这个名字。不过这没关系，他们早期每场演出都换名字，就像试戴帽子的交际名流一样。这场表演虽然距雷蒙德派对那场演出时间不远，但已经显示出乐队极大的进步。就连崔西（虽然她是主唱的女友，所以无法客观）也惊叹于他们的长足进步："他们开始演出时，我的嘴惊得合不拢。我心想：'这几个人演得不错。'"

他们的音乐也许听上去不错，但形象却很古怪。在这场演出上，科特想穿得比较华丽摇滚[1]。正如这年的很多演出一样，他穿了一条喇叭裤，一件真丝夏威夷衬衫和4英寸高的防水台鞋子，好让自己显得高点。音乐人约翰·波奇当晚正好去了CWT，尽管乐队衣着古怪，他还是回忆自己："……被镇住了。我听到主唱的声音，被完完全全地镇住了。我从没听过那样的声音，它非常特别。有一首叫《爱情嗡嗡》（Love Buzz）的歌尤其出彩。"

《爱情嗡嗡》具备了乐队非常需要而一直求之不得的元素。克里斯特在荷兰乐队"艳蓝"（Shocking Blue）的一张专辑中发掘了这首歌，科特立即爱上了它，并加入了涅槃乐队独有的元素。歌曲以中速的鼓点开场，很快进入一阵旋风般的吉他连复段。他们对这首歌的演绎同时混合了迷幻舞曲和来自克里斯特贝斯部分的沉重迟缓的重型感。科特则躺在地上弹他的吉他独奏。

他们开始经常在CWT演出，尽管彼时乐队还没有发展出稳定的观众群。该剧场以前是个色情电影院，唯一的暖气来自丙烷鼓风机，在乐队演出时经常震天响。科特评论道，这个场地里有着"永存的尿味"。他们早期演出的多数观众本是去看其他乐队的——科特演出的头天晚上，演出嘉宾是倒霉蛋乐队（Bleeder）、惊恐乐队（Panic）和致死剂量乐队（Lethal Dose）。"吉姆·梅在他们无人问津的时候预订他们的演出，"巴兹·奥斯本解释道，"在那里，他们算是摆脱了稚气。"科特总向巴兹学习，他明白即使在好友面前演出，也是一次进步的机会。"我能指望他们在任何时候演出，"梅回忆道，"科特从来不收钱，这正合我意，因为我一个月办12场演出，其中只有两场能赚钱。"科特很明智地分析形势，并意识到如果不收费，乐队就能获得更多演出和增长经验的机会。他们要钱做什么？反正有崔西和谢丽养。

---

1 华丽摇滚（Glam Rock），20世纪70年代早期兴起的音乐风格。它具有艳丽、夸张和戏剧化的表现形式，代表人物包括大卫·鲍伊和暴龙乐队（T. Rex）等。

谢丽在崔西打工的波音工厂自助餐厅找了份工。她和克里斯特搬进了塔科马的一间公寓，在奥林匹亚以北30英里外。这样一来，乐队暂时解体。之前克里斯特和艾伦都住在阿伯丁地区时，科特还能乘巴士来回排练。但到了克里斯特搬到塔科马打两份工时（希尔斯百货的职位和工业涂料工），乐队中唯一有时间排练的就只有科特了。他曾给克里斯特写信，劝他重回乐队。"信写得很好笑，跟个广告似的。"克里斯特回忆道，"信上写道：'来吧，加入乐队吧。不需要承诺。不需要义务（好吧，义务还是有一些）。'所以我打电话给他，说：'好吧，咱们继续搞乐队吧。'我们在家里地下室建了一个排练场地。我们到好些个建筑工地寻找，捡来废品，然后用二手窄木条和旧地毯建了排练室。"科特和克里斯特的友谊已有一段时间，但是一起组乐队显然加深了两人的感情。尽管两人都不擅长用言语表达感情，他们还是发展出了一种兄弟情谊，这种关系比两人一生中的任何关系都深厚。

虽然建好了塔科马的排练场地，1987年年内，他们再一次面临缺少鼓手的问题，这个问题也困扰了他们接下来的4年。布尔克哈德依旧住在格雷斯港，他在阿伯丁汉堡王餐厅找了份助理经理的工作，没法跟他们一起排练了。于是，科特在《火箭》杂志1987年10月刊贴了一份"乐手招募启事"，内容如下："乐队急需鼓手。地下风格，类似黑旗、讨厌鬼、齐柏林飞艇、即兴聚会[1]、艾瑟尔·摩尔曼[2]等乐队和艺人。希望你多才多艺无所不能。联系方式：科德特352–0992。"他们没有找到合适人选，到了12月，科特和克里斯特开始和戴尔·克罗弗一起排练，后者从加州归来，他们开始商讨出录音小样的事。到1987年，科特已经写了几十首歌，非常想把它们录下来。他看到了"互惠"录音室的广告，录音收费每小时

---

[1] 即兴聚会乐队（Scratch Acid），美国噪声摇滚乐队，1982年成立于得州奥斯汀。
[2] 艾瑟尔·摩尔曼（Ethel Merman），美国女歌手、演员，以百老汇音乐剧表演为主。

只要20美元，便和新兴制作人杰克·恩迪诺预订了1月份的录音时段。恩迪诺根本不认识科特，在日程表里把他的名字写成了"科特·科文"。

1988年1月23日，诺弗斯里克的一个朋友开着一辆带盖板的露营车把乐队和乐队器材带到了西雅图，车里由燃木炉供暖，看上去像个放在皮卡上的荒野小屋。开进大城市的他们看起来像《比弗利乡巴佬》里的角色，露营车的背后一直冒着燃木烟。他们的卡车超重太厉害，底盘几乎刮到路面。

"互惠"录音室由克里斯·汉斯克和恩迪诺一同创办。蜜浆乐队（Mudhoney）、声音花园乐队（Soundgarden）和妈妈爱骨头乐队（Mother Love Bone）都在那里录过歌，到了1988年，录音室已经声名在外。录音室只有900平方英尺大，控制室狭小不已，连三个人都快挤不下。"地毯磨损严重，门框快要脱落，好几次绊住人，足见它有多旧，"汉斯克回忆道，"你能看到那地方有一万个乐手在里面摩肩接踵的痕迹。"然而对于科特和克里斯特来说，这正是他们一直在寻找的：他们想和上述乐队相提并论的欲望和搞录音小样的欲望一样强烈。他们迅速自我介绍，然后立即进入录音。不到6个小时，他们录制并混音了9首半歌。最后一首歌《笔帽烟叶》没有录完，因为当时带子用完了，乐队几人不想多出30美元换一卷带子。恩迪诺很欣赏乐队几人的作品，但并没有被镇住。这天结束时，科特付了152.44美元的现金，那钱他自称是干清洁工攒下来的。

乐队几人把器材再度装上露营车，上车往南开——这一天，他们在塔科马社区世界中心有定好的演出。在1个小时的车程里，他们听了录音小样两次。这10首歌顺序如下：《如果你必须》（If You Must）、《镇静剂》、《理发师弗洛伊德》（Floyd the Barber）、《剪纸》（Paper Cuts）、《打屁股》、《发胶皇后》、《空中齐柏林》、《蜂蜡》（Beeswax）、《墨西哥海鲜》和半首《笔帽烟叶》。到了演出时，他们依照这个顺序演了10首歌。对科特来说，这是胜利的一天，也是他成为一个"真正的"音乐人的一天。他去了西雅图的录音室，然后在多达20人的观众面前演出。戴夫·福斯特是当晚演出的另一支乐队的成员，据他回忆，那场演出很有启发性："他们很棒。克罗弗尤其厉害，尽管那晚很冷，就着丙烷鼓风机的噪声很难听清他的鼓点声。"

回到后台，事态向科特没曾料到的方向发展。和克里斯特与科特不同，克罗弗是个老手，他和讨厌鬼乐队在CWT演过几次。他问科特他们这场演出挣了多少钱，当科特告诉他他们是免费演出时，克罗弗表示了不满。梅解释道，他前几次演出试过给乐队付报酬——俱乐部的生意终于好了一点点——但科特拒绝拿报酬。克罗弗开始大喊大叫，科特则最终宣布："我们不会拿报酬的。"克罗弗争辩道，就算报酬只有20美元，也算没破坏原则。"科特，你不能这么干。这帮人在玩你。这么下去他们会一直玩你的。你必须得拿报酬。"但科特和克里斯特体谅梅的处境。梅终于妥协，提出了一个既让科特坚守原则又让克罗弗满意的方案：他说服乐队接受他10美元的油钱报销。科特把10美元钞票放进口袋，说："谢谢。"那晚，他生平第一次作为一个职业音乐人离开俱乐部，回家一路上攥着那张钞票。

一个月后，科特庆祝了自己的21岁生日。他终于体验了庆祝自己可以合法买酒的美国成人仪式。他和崔西喝醉了——仅此一次是科特掏钱买的酒——还吃了比萨。科特和酒精的关系算是时有时无的调情。比起在阿伯丁陋室的日子，和崔西在一起时，他的酒精和毒品摄入都减少了。他的朋友都知道他不是他的圈子里喝酒最凶的那个——克里斯特或迪伦·卡尔森才是，他们俩当时住在科特位于梨街公寓的隔壁——有时科特显得非常节制。他们的另一个邻居马修·"瘦子"·穆先前曾戒酒两年，创下戒酒的好例子。科特在1988年很穷，连吃的都差点买不起，所以像酒精这样的奢侈品只能等到庆祝或有机会翻别人冰箱时才能享用。

21岁伊始，科特暂时戒了烟，还坚持不让别人在他面前点烟（在那年写给朋友一张纸条上，他的落款为"一个叽叽歪歪抱怨废气太重的傲慢摇滚明星"）。他认为吸烟有损他的声带和健康。科特一直是这种自我保护和自我摧毁的混合体，你要在某天晚上碰见他，准认不出这就是你两周前碰到的同一个人。"有一回，我们一起去参加塔科马的一个派对，"崔西回忆道，"第二天早上，他问我自己都干了什么，因为他醉得厉害。我告诉他他抽了一根烟。他惊呆了！"

妹妹金在科特进入21岁后拜访过几次，他们培养出了多年以来都没有过的感情，一起回忆着两人共同记忆里的童年阴影。"在他家，他让我喝了好多长岛冰茶，"金说，"我喝吐了，但那真是快乐的时光。"到了1988年，科特开始不在演出前喝酒——他的重心总是放在乐队上，乐队大于一切。21岁的他对音乐是前所未有的严肃。他吃饭、睡觉、呼吸都离不开乐队。

在乐队连固定名字都没有的时候，科特就坚信让MTV电视台播放他们的音乐录影带才是成名的关键。出于这个目的，科特说服乐队在阿伯丁的睿侠店[1]演出，让一个朋友用廉价摄像机录下来，加上好几种特效。看到成品后，就连科特都意识到这看上去更像是门外汉在假装摇滚明星，根本不像专业音乐人。

在睿侠店演完不久，克罗弗就离开了科特的乐队，回到加州重新加入讨厌鬼乐队。他们一直都清楚克罗弗只是个临时鼓手。讨厌鬼乐队的搬迁反映了当时很多西北部乐队的想法：距离上次西北部乐队在本地混出名堂已经很久了——心乐队（Heart）是最近一次

---

1 睿侠店（Radio Shack），美国电子产品连锁店。

成功的乐队——只有搬到人口更多的大城市才能成名。克罗弗的离去让科特很困扰,但也帮他找到了自己的身份,他的乐队可以不仅仅是讨厌鬼乐队的衍生物。一直到1988年年中,奥林匹亚的大多数人都只知道科特是讨厌鬼乐队的巡演助理,而不是他自己乐队的领头人。

这种现状很快会改变。克罗弗向他们推荐了戴夫·福斯特,一个风格重型、生活艰辛的阿伯丁鼓手。尽管鼓手住在格雷斯港,产生了通勤上的麻烦,但此时的科特已经有达特桑,可以帮忙带人。科特偶尔会开车,先开到阿伯丁捎上福斯特,再把他送到塔科马排练,然后在深夜或第二天早上送回,来回要几个小时的车程。

福斯特加入后的第一场演出在一场派对上,地点位于奥林匹亚一个外号为"疯狂高尔夫"(Caddyshack)的房子。奥林匹亚的一大特色,就是20世纪80年代的每个学生聚集房都有一个外号——"疯狂高尔夫"离一个高尔夫场很近。和他们在KAOS的电台演出以及在格斯克以"棕色奶牛"名义出演的演出不同,这是科特在奥林匹亚的首次公演,日后也会成为他痛苦蜕变过程的一部分。在一客厅的大学生面前演出简直是文化震撼。科特努力精心打扮——他穿着破洞牛仔夹克,背面缝着"最后的晚餐"的编织画,肩章上粘着卡通《极速赛车手》中的塑料猴子"奇奇"。福斯特穿着一件T恤,一条石磨牛仔裤,留着唇须。还没等到乐队开演,一个留着莫霍克头的小孩就抓起麦克风大喊:"阿伯丁来的鼓手看着的确古怪。"尽管小孩损的是福斯特,但这话还是伤到了科特:他想被看成奥林匹亚的老手,而不是来自阿伯丁的乡巴佬。阶级歧视会与他缠斗一生,因为无论他离格雷斯港多远,都难以摆脱乡巴佬的烙印。像很多私立大学养尊处优的小孩一样,常青州立学院的大部分学生来自城市,他们对来自乡下地带的人的偏见和他们所推崇的种族平等自由产生了鲜明对比。"疯狂高尔夫"的演出离他们在雷蒙德的派对首演只有一年，却向科特展示了他没曾料到的范式：他的乐队对雷蒙德来说太潮，对奥林匹亚来说却不够潮。

他和队友们谈过这事，希望他们能看上去成熟点，这样人们就会对他们另眼相看。科特命令福斯特把他的架子鼓从12件削减到6件，然后他又批评起福斯特的打扮："戴夫，你得好好捯饬一下。"福斯特愤怒地回复道："取笑我是理平头的土老帽很不公平——我是有工作的人。即使我们把头发染绿，还是改变不了乡巴佬形象的事实。"和他后来在采访中声称的截然相反，科特非常在意他人对自己的看法。如果这意味着要换下自己的带白羊毛领的石磨牛仔衫，那就换好了。抛开唇须，福斯特的打扮和科特两年前的打扮没什么不同，这可能也是科特对上述批评如此在意的原因。科特发现，虽然朋克摇滚通常被看成解放天性的音乐流派，却也有着自己的社会习俗和风格，很多时候，这些风格的条条框框比朋克们所反叛的循规蹈矩还要多。这里有着装要求。

也许是为了放下自己的过去，把乐队和阿伯丁的联系斩断，科特终于给乐队起了名字。福斯特第一次听说这个名字，是在科特房子里一张写有"涅槃乐队"的传单上。"那是谁？"他问。"我们乐队。"科特答道，"这名字的意思是达成完美。"在佛教话语中，"涅槃"是一个人跨越了无尽的重生和世间痛苦后所到达的领域。通过放弃欲望，遵循八正道，不断进行冥想和灵修，信徒努力实现涅槃，以从生的痛苦中解脱。科特当时自认为佛教徒，尽管他唯一的信仰实践就是看了一档深夜佛教电视节目。

有了"涅槃"这个名字后，乐队第一次在西雅图受到关注。西雅图人口达50万，科特坚信自己的"最后的晚餐"夹克衫和那里再搭调不过。杰克·恩迪诺把1月23日的录音重混了一遍，录在了磁带上，把磁带给了几个朋友听。其中一卷磁带给了《火箭》杂志撰稿人道恩·安德森,他还有自己的粉丝杂志《反作用》(Backlash);另一卷给了雪莉·卡尔森,她是华盛顿大学电台KCMU的志愿DJ[1];第三卷给了乔纳森·博纳曼,他是西北部独立唱片厂牌"地下流行"(Sub Pop)的联合创始人。这三卷磁带会对涅槃乐队的未来产生深刻影响。安德森很喜欢这卷带子,打算写一篇乐评;卡尔森在KCMU电台放了《理发师弗洛伊德》,这也是乐队的歌第一次在电台播放;博纳曼找恩迪诺要来科特的电话号码。当他打去电话时,科特正和前来拜访的戴尔·克罗弗在一起。

这是一场科特等待了一生的对话。后来他会粉饰这些事件,显示出他没怎么努力名利就随之而来的样子,但这完全不是事实。他一拿到录音小样,就复制了很多卷带子,把它们寄往全国的唱片厂牌,以期被发掘。他给每个自己能想到的厂牌都写去了长长的手写信,"地下流行"不在此列只是因为它不够出名。科特对SST唱片[2]和"一触即发"唱片[3]最有兴趣。格雷格·金是SST的老板之一,也是黑旗乐队的成员,他记得自己收到了科特寄来的早期录音小样:"我对他们的看法是,他们不够有原创性,顶多算照本宣科的另类乐队。他们的音乐不算坏,但也没那么优秀。"尽管科特在1988年给"一触即发"唱片寄去了几十卷小样,甚至在他的笔记本上把这些歌命名为"'一触即发'唱片小样",但这些带子没能留下多少印象,唱片公司里没人记得收到过它们。

博纳曼对这卷小样感触更深,在白天的工作场所,他把带子给了合伙人布鲁斯·帕维特——他们在出品背景音乐(elevator music)的公司慕扎克(Muzak)集团工作。奇怪的是,慕扎克集团

---

[1] DJ,为Disc Jockey的简写,意为打碟者、唱片播放师。——编者注
[2] SST唱片(SST Records),美国独立唱片厂牌,1966年创立,旗下以噪声摇滚、另类摇滚乐队为主,包括"音速青年""声音花园""恐龙二世"等知名乐队。
[3] "一触即发"唱片(Touch and Go Records),美国独立唱片厂牌,1981年成立于芝加哥,旗下乐队风格以朋克摇滚、另类摇滚为主。

的磁带复制室是很多西雅图精英乐队成员白天的上班场所,博纳曼在到场的乐手们面前试放了这卷带子,蜜浆乐队的马克·阿姆就是在场乐手之一。蜜浆乐队觉得带子不怎么样,马克·阿姆将其形容为"和皮肤庭院乐队(Skin Yard)类似,但没有前者那么好"。尽管如此,博纳曼还是邀请涅槃乐队在厂牌每月举行的"地下流行周日秀"上演出,他把涅槃乐队放在了演出名单的最后,地点位于一家叫"时尚"的西雅图小俱乐部。周日秀门票2美元,出演乐队一般有3支,尽管很多人是冲着特价啤酒来的。博纳曼问,涅槃乐队能不能在4月的最后一个星期天在"时尚"俱乐部演出。科特尽力不让自己表现出过度兴奋,立马答应下来。

"时尚"是位于西雅图第一街的极小型俱乐部,以其异装癖酒保闻名。它曾经是一个主打新浪潮乐的俱乐部,再之前则是个同性恋自行车手酒吧。1988年,该俱乐部最大的卖点是迪斯科之夜和特价啤酒的诱惑,比如售价3美元3瓶的"啤酒中的啤酒"。这么看来,"时尚"反映了当时西雅图俱乐部普遍惨淡的光景,供原创乐队演出的场所实在不多。正如帕维特在《火箭》杂志1987年12月刊中所写的那样:"尽管奇缺优秀的俱乐部,但西雅图从没出现过这么多乐队。""时尚"不像"社区世界中心"那样满是尿味,但有一股淡淡的香草味,这种气味来自跳舞之夜人们砸在地上的亚硝酸戊酯芳香剂(Popper)。

尽管如此,科特·柯本还是等不及登上"时尚"的舞台。就像去看牙医的老年人一样,乐队成员确保他们提前抵达这场万分重要的演出——他们在演出时间4小时前就到了。他们在当地没有熟人,也不知道做什么,只好漫无目的地四处开车。调音之前,科特在场地旁的停车场吐了。"这是因为他太紧张了,"福斯特回忆道,"他当时没喝酒。"在被叫到名字前,他们只能在小货车里等候,因为福斯特没到法定年龄(不能进场)。

等到他们演出时，科特变得——用福斯特的话说——"非常拘谨"。他们上场后吃惊地发现，观众和在CWT的演出上一样少。"几乎没什么人来，"DJ雪莉·卡尔森回忆道，"在场的几个人要么在派对上和崔西或科特见过面，要么听过带子。我们都不知道谁是主唱。"

那场演出顶多算及格。"我们倒没有搞砸，"福斯特回忆道，"我是说，我们没有一首歌演到一半就停下来。但是那感觉很吓人，因为我们知道那场演出决定着我们能不能拿到一纸唱片合约。"他们演了14首歌，没有返场，开场歌曲是《爱情嗡嗡》，和他们以往的做派不一样。科特认为，把最好的作品放在第一个演是明智之举，以免人们提早离去。

有些观众的确提前离场了，卡尔森是为数不多的几个说乐队好话的人之一，她把他们比作廉价把戏乐队[1]："我记得，当时我想，科特不仅能唱又能弹吉他，尽管边唱边弹的效果一般，但他嗓音出众，有点儿像罗宾·詹德[2]。"西雅图的多数摇滚老手都认为他们很烂。摄影师查尔斯·彼得森对他们印象极差，连胶卷都不肯浪费在他们身上，并质疑博纳曼为什么要签下这支乐队。

正如以往一样，乐队最尖刻的批评家是科特自己。摄影师瑞奇·汉森演出结束后给乐队摄影时，科特拿着酒大喊："我们糟透了！""他们严重自我批判了自己的表演，"汉森回忆道，"他们好像讨论了关于漏掉一部分和弦的事。我则震惊于他们的稚嫩。他们有种彻头彻尾的天真感。"

汉森那晚拍的照片充分展示了乐队当时怪胎般的造型。身高6英尺7英寸的克里斯特站在科特和福斯特身边，宛如巨人一般。他

---

[1] 廉价把戏乐队（Cheap Trick），美国硬摇滚乐队，1974年成立于伊利诺伊州，2016年入驻摇滚名人堂，比涅槃乐队晚两年。
[2] 罗宾·詹德（Robin Zander），廉价把戏乐队主唱、吉他手。

留着长长的鬓角和中等长度的卷发。福斯特则只有5英尺5英寸高，大概只到克里斯特的胸部，他的穿着让人不难理解科特为什么要训他：石磨牛仔裤，带着山的轮廓图案的丝网印刷装饰的T恤，反戴的棒球帽上印着科罗娜啤酒的商标。他双眼放空，好像在忧虑着他明早7点就要到班。为了照片构图，汉森说服科特坐在克里斯特的膝盖上。科特穿着牛仔裤，翻过来的灰色的汗衫，一件深色毛衣。他的金发长过肩部3英寸。他的胡子5天没刮，整个人看上去跟耶稣肖像似的。就连科特在其中一张照片上的表情——痛苦地望着远方，好像在铭记那一刻——也跟列奥纳多·达·芬奇的作品《最后的晚餐》中的耶稣类似。

在回家的路上，科特称这场演出是他们事业中的第一个挫折，发誓他们再也不会重蹈覆辙了。他们凌晨4点才到家，在长长的归途中，科特向队友和自己宣誓，他会勤加练习，写更多新歌，这样他们就不会再出丑。但当博纳曼几天后打电话给他，提议他们一起出张唱片时，科特对那晚演出的观点忽然变了。两周后，科特给戴尔·克罗弗写信，标题为："哦，我们最终把名字定为'涅槃'。"这封信的目的半是炫耀，半是寻求建议。这也是很多他写了却从未寄出的信之一，详细描述了当晚的经历，选择性记起了一些内容，选择性遗忘了一些内容，也照他的喜好选择性改编了一些内容。全文如下：

> 所以，在过去的几个月里，我们的录音小样被盗版、翻录，在西雅图摇滚精英圈里引发了讨论。而且那个叫乔纳森·博纳曼的家伙（记得你在我那儿最后一天时那个打电话给我的人吗？），他继承了一大笔遗产，同时是布鲁斯·帕维特的左膀右臂，"地下流行"唱片的投资人。他让我们在"时尚"俱乐部出演了"地下流行周日秀"。了

不得啊。不过我觉得我们的圈内名声，以及我们歌曲在KCMU电台的定期播放，也对此有所帮助。一帮人来到现场对我们进行评估，他们不只是来酒吧边买醉边顺便看看乐队表演找乐子的，他们是冲着这场秀来的。前后整整1个小时。西雅图每支乐队的代表都在台下观看，我觉得他们肯定在默默给我们打分。接着，演出结束后，布鲁斯兴奋地和我们握手，说："哇，真棒，我们录张唱片吧。"然后闪光灯起起灭灭，主办《反作用》的姑娘说："来吧，咱们来个采访吧。"好啊，何乐而不为？然后大家纷纷过来祝贺，说我们表现得特别棒，如今我们即将成为社会名流，得见各种人物，被四处介绍什么的。呵，真感觉回到了高中！我想搬回阿伯丁。呃，奥林匹亚无聊死了，那个什么史密斯菲尔德（咖啡厅）我今年也就去了5次而已。所以因为那场破演出，我们收到了一份唱片邀约，[1]8月底要出张有3首单曲的唱片，9月或10月还要出EP。我们打算说服他们出张专辑。如今乔纳森成了我们的经纪人，他能给我们争取到远在俄勒冈或温哥华的演出。由他来承担唱片录制和制造的费用，这样一来我们就不用付高到发指的电话账单了。戴夫也适应得不错。明年什么时候，"地下流行"唱片会开着拖车送两三支西雅图的乐队去巡演。嗯，我们拭目以待吧。根据你以往的经验，我们该不该要求他们出具唱片录制和发行的发票？唱片的话题到此为止。对了，有天晚上我和克里斯特看了一场深夜秀（模仿约翰尼·卡森的节目），保罗·里维尔和突击者乐队[2]是嘉

1　EP，为 Extended Play 的简写，指通常包含4至8首曲目的迷你专辑。——编者注
2　保罗·里德斯和突击者乐队（Paul Revere and the Raiders），美国流行摇滚乐队，1958年成立于爱达荷州。

宾。他们真是蠢!留着胡子跳来跳去,想要看起来滑稽搞怪。我看得一肚子火,问克里斯特:"你有哪怕一张保罗·里维尔和突击者乐队的专辑吗?"

早在事业初期,科特就开始把发生过的事重述成另一种样子,以便为自己塑造出另一个形象。他开始着手打造自己的最佳角色,故意拼错自己的名字,创造出一个神化的"科德特·克本"。在他需要把自我和自己的言行以及外在环境分离时,他便搬出这个精心提炼的幻影。他竭力夸大描述那场他原本自认为糟透了的演出中的细节:观众根本没他说的"每支西雅图的乐队代表都来了"那么多;数不尽的闪光灯基本不存在,因为汉森只拍了零星几张照片。在描述"地下流行"老板找他谈话一事时,科特甚至试图把自己讲成一个在不情不愿间取得成功的人。不过彼时的他毕竟是个菜鸟演员,他也承认自己打算"说服('地下流行'唱片)"给他们做一张全长专辑。值得注意的是,科特对"地下流行"唱片所有商业上的期许,至少在短期内,基本上落空了。

第九章 人类过多

华盛顿州奥林匹亚市

1988年5月—1989年2月

《人类过多》

——《漂白》(*Bleach*)唱片原名

"地下流行"唱片成立于1987年秋天，厂牌开业作包括绿河乐队（Green River）和声音花园乐队的专辑。28岁的联合创始人乔纳森·博纳曼看起来像个年轻且严肃版的鲁本·金凯德，后者是电视节目《鹧鸪一家》的经理人，他的推广手段也和金凯德的商业手法如出一辙，尤其是用"地下流行"唱片的小货车送乐队去巡演这一出。厂牌旗下的大多数乐队都注意到了他的狡诈天性，很多人不信任他。他用继承来的一小笔钱创立了厂牌，幻想着厂牌能成为西北部版的斯塔克斯唱片[1]或摩城唱片[2]。作为一个推广人，他有很多优点，但同时也视野狭窄、精于算计。

博纳曼的合伙人布鲁斯·帕维特是西北摇滚圈的老人物，他去常青州立学院上过大学。在奥林匹亚，帕维特和很多个乐队成了朋

---

[1] 斯塔克斯唱片（Stax Records），美国唱片厂牌，1957年成立于孟菲斯，风格以灵歌、布鲁斯、爵士为主。
[2] 摩城唱片（Motown Records），美国唱片厂牌，1959年成立于底特律，风格以黑人灵歌、R&B为主。

友，还创办了一本叫《地下流行》的粉丝杂志，并开始发行磁带合集。他后来停止发行粉丝杂志，但是在1983年到1988年间，他作为撰稿人给《火箭》杂志写专栏。专栏读者众多，科特就是如饥似渴的读者之一，而多数男孩只顾沉迷于棒球赛数据。帕维特构建了"地下流行"唱片的艺术审美，他的外在也是如此：一双疯子般的眼睛，鬼魂般的面部表情，和很不正常的大胡子，跟俄国疯和尚格里高利·拉斯普京出奇地相似。

到了1988年，"地下流行"唱片每季度都会发行几张单曲和EP，主要来自西北部乐队。这些唱片不怎么挣钱，因为制作一张单曲的费用跟一整张专辑的费用差不多，卖价却要少很多。但因为旗下大多数乐队的状况，"地下流行"唱片别无选择——这些乐队太稚嫩，没法写出足够填充一整张专辑的内容。从一开始，厂牌就像个互联网初创公司一样不断烧本钱，但他们的确进入了一个小型的细分市场：独立单曲很受唱片收藏精英们的欢迎，而在朋克摇滚领域，这些收藏家是尊贵品位的风向标。由于逐渐培育的良好口碑，以及厂牌唱片风格统一的封套设计，许多乐队都争先恐后地要被纳入"地下流行"旗下，就算仅仅为了向朋友们吹嘘。像不少数学很烂的年轻乐手一样，科特对于在"地下流行"旗下录唱片有着十分浪漫的概念。

科特稚嫩的幻觉很快被打消。乐队和博纳曼第一次面对面的商业会议——发生在西雅图的罗马咖啡厅——差一点就变成一场灾难。克里斯特出现时，痛饮着一瓶被藏在桌子底下的红酒；科特一开始很害羞，但当意识到博纳曼的提议远远达不到乐队的要求时，他愤怒了。倒不是钱的问题——每个人都知道钱不会多——主要是科特想出一系列专辑、EP和单曲开启乐队征程。博纳曼却提议他们先出一张《爱情嗡嗡》的单曲，看反响如何。科特承认《爱情嗡嗡》是他们最强劲的一首现场歌曲，但作为原创歌手，他觉得首发翻唱歌曲有点儿不实诚。尽管如此，会议结束时，所有人都同意涅槃乐队会和制作人恩迪诺合作录一支单曲,由"地下流行"唱片承担录制费用。对科特来说,发行他自己的单曲就已经是梦想成真了。

回到格雷斯港,一个突如其来的事件却差点毁了这个梦。在"时尚"俱乐部演出后不久,戴夫·福斯特不幸揍了科斯莫波利斯市长的儿子。他在牢里蹲了两周,被吊销驾照,还得承担几千美元的医药费。对涅槃乐队来说,这时机不能再坏了,他们当时正在为即将到来的唱片录制排练,科特便决定炒掉福斯特。他处理这次炒鱿鱼事件的方式显示了他是如何处理冲突状况的,换句话说,他的方法是不处理。科特一直有点儿害怕福斯特,他虽然个子比科特矮,却跟大力水手一样强壮。一开始,乐队请回了艾伦·布尔克哈德,但在他酒后驾着科特的车被抓后,他们只能再一次发广告招募鼓手。找到鼓手后,科特给福斯特写了一封信:"乐队总归需要排练。在我们看来,如果想有所成就,一个星期至少得排练5次……与其骗你说我们要解散,或者保持现状,不如如实告知你我们找了一个新鼓手。他的名字叫查德……他每晚都能保证到场排练。更重要的是,我们和他更有共鸣。面对现实吧,你来自完全不同的文化背景。我们很抱歉没胆子跟你当面摊牌,但是我们不知道你会发多大火。"科特显然没胆子寄出这封信:信最终没寄出去。福斯特当然并非和科特"来自不同的文化背景"——他的文化背景和科特相同,但那是科特一直想逃离的过去。当福斯特在《火箭》杂志上看到即将进行的涅槃乐队演出广告时,他知道自己被开了。

科特和克里斯特是在社区世界中心的演出上发现查德·钱宁的。"科特穿着巨大的高跟鞋和宽松的蓝色闪光裤子。"查德回忆道。科特和克里斯特都注意到了查德巨大的北方牌架子鼓——那是他们见过的最大的一套架子鼓,衬得5英尺6英寸高的查德像个侏儒一样,查德留着长发,本来就有点儿像一个小妖精了。科特向来不擅长直来直去:他没有直接邀请查德加入乐队,只是一次次邀请他一起排练,直到状况变得显而易见时,他已经是乐队一员了。

在一次排练后(地点位于克里斯特母亲在阿伯丁的发廊后面,所以他们可以彻夜排练),涅槃乐队的老队员决定带新鼓手参观当地景点。查德来自班布里治岛,在加入涅槃乐队之前,他从没去过阿伯丁。那场观光让他很吃惊,尤其是见到科特长大的社区后。"就好像踏进布朗克斯区[1]南边一样,"查德回忆道,"我心里想着,这也太乱了,简直是整个华盛顿州最穷的地方。就这么猝不及防地见到一片贫民窟。"

他们开车经过的哥特风格的维泽万科斯高中给查德留下了稍好的印象。他们还向鼓手展示了被废弃的五层芬奇大楼;科特说自己少年时代曾在那里嗑过迷幻药,尽管他的嗑药地点遍布整个阿伯丁。他们还向查德指出迪尔斯二手商店,在那里,售价25美分的专辑箱就摆在20英尺长的电锯旁边。他们接着去陋室酒馆喝啤酒,克里斯特好像认识那里的所有人。"那就是个乡下地方,"查德观察道,"很多乡巴佬嘴里嚼着干杯牌鼻烟,戴着有干杯牌鼻烟标志的帽子,穿着荧光粉T恤,开着带挡泥板的小货车,留着唇须。"

离开酒馆后,身为当地人的两人打算带查德去探访小城北边山里的一间闹鬼的房子。克里斯特开着小货车一路往北,开进了在阿伯丁被称为豪华社区的地方:满山坡都是宏伟的维多利亚式建筑,均由发达了的木材大亨修筑。不过到了山顶后,克里斯特把小货车开进了树林,科特开始说起阿伯丁鬼屋的故事,当地人都管那栋房子叫"城堡"。他说有人进了房子就没再出来,其中一个房间的墙上用血画着小丑的画像。他一边说着,一边把车从山坡开进了树木丛生的窄路。

抵达"城堡"后,克里斯特把车停进私人车道,熄了车灯,但

---

[1] 纽约市最乱、犯罪率最高的一个区。

没有关掉发动机。立在他们面前的建筑本来有三层楼,由于木材腐烂塌掉了。屋顶上长了青苔,门廊陷了下去,所有房间都像被小型火灾吞噬过一般。黑暗中的房子被树枝覆盖,的确像一座坐落在特兰西瓦尼亚偏僻地带的破败城堡废墟。

小货车熄火后,查德好奇为什么克里斯特和科特都没迈出车门。他们就那么坐在那里,盯着房子,好像在看一只幽灵。过了一会儿,科特终于转向克里斯特说:"你真想进去吗?"克里斯特答道:"算了吧。我可不想进去。"

据查德后来回忆,因为科特的故事让他好奇心大发,他敦促两人进去探险:"我很兴奋,想进去探探究竟,看到底怎么恐怖了。但我们抵达之后,他们俩就坐在私人车道上,紧盯着房子,一动也不动。"查德以为两人是在探他的胆子,而这是他们精心设计的环节,好测试他有没有胆量。他决定,无论房子有多可怕——尽管它可怕极了——他都要大着胆子进去。但当他望向科特的脸时,他看到了实实在在的恐惧。"那个,那里真的死过人的。"科特解释道。在从酒馆开到鬼屋的15分钟路上,科特讲的故事如此恐怖,连他自己都相信自己的鬼话了。他们掉转车头,开回了城里。查德的阿伯丁之旅就此结束。就科特的矛盾,克里斯特只看到表面,但对查德来说,科特脸上的恐惧恰恰最早证明了,这位乐队领军人比他看上去的要复杂很多。

新歌的录制计划被定在6月的第二个星期,科特满怀期待和兴奋。整个5月,他谈论的都是这件事,他向所有自己认识的人宣布了录歌的日期,连有些他不认识的人都说了——就像一个骄傲不已的新任父亲一样,连邮递员和杂货店店员他都不放过。当月,为了磨合,乐队和查德一起演了几场秀,包括重返时尚俱乐部的演出和一场在"女巫房"为奥林匹亚音乐人吉莉·汉纳尔举办的派对。1988年5月14日是汉纳尔21岁的生日,一个朋友邀请他们前去助兴。"他们和常青州立学院的乐队都不一样,"她回忆道,"他们的歌能震到你,让你觉得'我以前听说过这歌',但你其实没听过。他们的歌不是胡闹,比当时的大部分歌曲都要摇滚。"在派对上,科特和吉莉一起唱了刮酸乐队(Scratch Acid)的《最佳礼物》(The Greatest Gift),科特还躺在地板上弹了《爱情嗡嗡》。当时,《爱情嗡嗡》是他们演出的最佳曲目——科特仍然苦于寻找一种原创且粗粝的风格,好一边满足自己的朋克标准,一边展示自己越发复杂的歌词。乐队的演出经常会被喧闹的回授噪声(feedback)淹没,科特的歌词在嘈杂之中根本难以听清。

虽然科特对单曲越来越期待,"地下流行"唱片的经济问题却差点让计划黄了。5月的一个下午,科特拿起电话,只听到帕维特管他借200美元。这事实在可笑,科特没有生气,但克里斯特、查德和崔西都被激怒了。"我们惊了。"查德回忆道,"当时,我们开始对那帮人有所怀疑。"要是科特知道"地下流行"唱片对乐队的艺术才华有所疑虑,他可能会更沮丧。厂牌想再考察一下,于是博纳曼匆忙地在中央酒馆安排了一场演出,时间定在6月5日,一个周日的晚上。简·格雷格是俱乐部的演出经纪人,当晚有3支乐队,他把涅槃乐队安排在中间上场。演出的前一晚,博纳曼打电话给格雷格,问格雷格能不能把涅槃乐队安排在第一个出演。博纳曼是这么解释的:"演出是在周日晚上——我们不想熬得太晚。"乐队出场时,到场观众只有6人。KCMU电台的克里斯·纳布就是其中之一:"布鲁斯和乔在前排甩头。他们肯定是看到了别人没看到的亮点,因为我觉得涅槃当晚演得很烂。"这场特别的演出——以及后续的很多场——受到了音响问题的不良影响,科特为此情绪不好,发挥也受到了影响。尽管音质糟糕,演出平淡无奇,博纳曼和帕维特还是决定给他们出单曲。

6月11日,涅槃乐队重返"互惠"录音棚录歌。这时候制作人恩迪诺能拼对科特的名字了，但是他们的录歌过程没有像之前录第一首小样那样简单迅速。在5个小时里，他们只录完了一首歌。一部分原因在于科特带去了一盘声音拼贴磁带，他想放进单曲里。录音棚设备简陋，要想放进去，唯一的办法就是在混音过程中，在确切的时间点按下磁带机的"播放"键。

6月30日，乐队回到录音棚又录了5个小时，并在7月16日完成了最后的录制，包括3小时混音。到最后，13个小时的加班加点让他们完成了4首歌：《爱情嗡嗡》，《打屁股》的新版本，两首柯本的原创作品——一首将会放在单曲唱片B面的歌《大奶酪》，一首《无精打采》。

"地下流行"唱片雇了爱丽丝·威勒来给乐队拍唱片封面照，在8月的最后一周，他们坐着克里斯特的小货车去西雅图接她。他们对自己第一次正式摄影期待万分，为此纷纷向老板请了假。克里斯特把大伙送到了塔科马，在那里，他们在几个不同地点拍了照，包括"永无—永无岛"（Never-Never Land）、迪凡斯花园和塔科马海峡桥的脚下。在所有照片里，克里斯特穿着短袖衬衫，高大的身材衬得两名队友格外矮小。查德穿着病菌乐队的T恤，戴着贝雷帽和圆形太阳镜，看上去好像乐队的领头人。科特情绪放松，在所有照片里都微笑着。他有一头少女般的长发，穿着哈雷·戴维森的T恤，上书"为疾驰而生"，他看上去不到合法驾车年龄，更别说组摇滚乐队的年纪。拍照前一周，他的粉刺爆发了，这是他从高中开始就挣扎不已的东西，给他的自信带来不少影响。威勒告诉他，她会使用红外线胶片，这样他的痘痘就不会被看出来。待到乐队开车回到西雅图，他们在拍照上花的时间已经和在棚里录歌的时间一样长。

8月末，科特又异常地接到了博纳曼打来的电话，这回他感觉自己的确被骗了。博纳曼告诉科特，"地下流行"唱片开展了一项全新的纯订阅制单曲服务，他们打算用《爱情嗡嗡》作为其"单曲俱乐部"的首发。科特对此难以置信，与队友讨论后，他更加勃然大怒，不仅因为这首单曲的录制花了比原计划多了几个月的时间，现在单曲唱片竟然还不能在唱片店出售了。他们的努力似乎毫不值得。作为一个唱片收藏迷，科特认同"单曲俱乐部"这个点子，但是他没兴趣让自己乐队的歌曲成为实验品。然而，由于没签合同，且录歌的费用是"地下流行"唱片出的，他别无选择。

他们在时尚俱乐部4月的演出不久后，科特接到道恩·安德森的电话，后者想为她的粉丝杂志《反作用》采访乐队。科特没有选择电话访谈，而是主动提议自己开车去西雅图，假装在西雅图有公事要办，其实并没有。尽管这一刻科特已经等待多年——还在年少时自问自答地模拟过自己的专访——在他的第一次媒体采访中，他还是既紧张又害羞。在长达1小时的采访中，大部分话题都是关于讨厌鬼乐队的，比起自己的乐队，科特似乎对这个主题感觉更自在。读起这篇报道来，你会误认为他是讨厌鬼乐队，而不是涅槃乐队的成员。"他崇拜讨厌鬼乐队。"安德森观察道。在格雷斯港的岁月，这是显而易见的事实。

但正如"地下流行"唱片的单曲发行被推迟到8月末，这篇文章也被雪藏了几个月。一次次无法控制的延迟让科特觉得，整个世界只有他一个人为自己的音乐生涯做好了准备。《反作用》杂志的文章终于在9月刊登，就连科特也吃惊地发现，在安德森的500字文章中，讨厌鬼乐队名称出现的次数是涅槃乐队的两倍。"我看过几百场'讨厌鬼'的演出，"科特说，"我还负责开小货车送他们去巡演。顺便说一句，人人都讨厌他们。"文章对涅槃还是称赞的，也有助于宣传即将发行的单曲《爱情嗡嗡》，但当科特说"我们一开始最害怕的就是大家说我们是讨厌鬼乐队的翻版"时，大部分读者可能恰好会有这种印象。科特是这么解释他们在时尚俱乐部的首演:"我们很紧张……感觉在被大家评头论足,好像人人手上都拿着评分卡。"

这次首度专访中"评分卡"这句话还出现在了科特写给克罗弗的信中,他在后来的采访中也用了这个比喻。这个观点源于他分裂的自我,即那个说自己名字的拼写是"科德特·克本"的自我。采访他的人——和读了这些采访的歌迷——都不知道他说的每一个字都排练过:他在乐队巡演途中的小货车里,或者,在其他很多场合,比如在他写下的日记里,都清清楚楚地排练过。对他而言,这不是生性狡猾,也不是想展现出最有利销量、最吸引人的形象那么简单——尽管声称有朋克理想的他骨子里对此感到愧疚——他的很多深谋远虑都出自本能。从父母离婚后他变得离群索居,他就开始想象这样的时刻,并在自己房间里花了不少时间在笔记本上排练。当世界终于拍拍他的肩膀说:"柯本先生,我们准备好要拍您的特写了。"他已然计划好要怎么走向摄像机,甚至彩排了如何耸肩,好展现出他对特写镜头只是勉强默许了似的。

科特的深谋远虑在那年夏天他写的一篇乐队介绍上展现得最明显,介绍随恩迪诺制作的小样一同寄出。他给小样录音带起了很多标题,但用得最多的是"比天堂还安全"——这个标题究竟是什么意思,只有科特知道。他为乐队简介打了几十份草稿,每次修改都让内容变得更夸张。众多例子中,有一个书写如下:

> 涅槃乐队来自华盛顿州的奥林匹亚,距离西雅图60英里。涅槃乐队的吉他手、主唱科德特·克本和贝斯手克里斯特·诺弗斯里克住在阿伯丁,距西雅图150英里。阿伯丁的当地居民中包括了极度狭隘的乡巴佬,他们是嚼着烟叶、射杀小鹿、屠杀同性恋者的伐木工人,还"对怪胎新潮仔不太感冒"。鼓手查德·钱宁来自一个岛,那里满

是成天嗑迷幻药的有钱小孩。涅槃乐队是一个三人组合，演奏具有朋克色彩的重型摇滚。他们通常失业在家，好随时上路巡演。涅槃乐队从不会演《格洛丽亚》(Gloria)或《路易，路易》这种歌。更不屑于重写这些歌，并鸠占鹊巢地将它们称为自己的杰作。

另一篇科特寄给"一触即发"唱片的介绍，内容大同小异，只是在文末加了一段低声下气的恳求："我们愿意为压制1000张唱片的大部分费用自掏腰包，并承担所有录制费用。只求能被列入贵厂牌旗下。能麻烦你们给个回应吗？'去死'也好，'不感兴趣'也好，至少这样我们就不用浪费钱四处寄小样了。"在录音带的B面，他还录了一个大杂烩，里面包括一些歌曲片段，来自雪儿[1]、《鹧鸪一家》[2]、齐柏林飞艇乐队、弗兰克·扎帕[3]、迪恩·马丁[4]和其他几十个不同音乐家的作品。

表示要自掏腰包让厂牌发行他们的唱片充分展示了科特与日俱增的绝望。他还草拟了一封信向尖叫树乐队（Screaming Trees）的马克·兰尼根求助（兰尼根是科特的偶像之一，他经常在日记里给兰尼根写信，却很少把信寄出）。他写道："我们感觉一事无成……事实是，我们的单曲将在10月发行，而短期内发行EP是不太可能了，因为'地下流行'唱片正处在财务危机中，今年内发行专辑和EP都是博纳曼嘴里的狗屁，好让我们不跳到其他厂牌而已。"科特还给好友杰西·里德写信，表示乐队会自行发行专辑，因为他们已

---

[1] 雪儿（Cher），美国著名流行音乐歌手、演员，1946年生于加州，1988年凭电影《月色撩人》获奥斯卡最佳女演员奖。

[2] 《鹧鸪一家》（*Partridge Family*），美国音乐情景喜剧，首播于1970年，其中诞生了不少流行单曲。

[3] 弗兰克·扎帕（Frank Zappa），美国著名音乐人，1940年生于巴尔的摩，风格横跨摇滚、实验、古典、流行、爵士等。1996年入驻摇滚名人堂，1997年获格莱美终身成就奖。

[4] 迪恩·马丁（Dean Martin），美国20世纪50年代流行歌手。

受够了"地下流行"唱片。

尽管科特感觉很受挫折,但乐队的情况还是在逐渐转好的——但转好的速度永远达不到科特的预期。谢丽跟克里斯特分了手,正好让克里斯特有了更多排练的时间。科特则很高兴,两个队友终于跟他一样对乐队上心了。10月28日,他们迎来了乐队到当时为止最重要的演出:在西雅图的联盟车站给屁眼冲浪手乐队[1]暖场。科特崇拜屁眼冲浪手乐队的主唱吉比·海恩斯,所以这场演出对他非常重要。音响问题再次妨碍了涅槃乐队发挥出最好状态,但如今科特能向朋友宣布"我的乐队给吉比·海恩斯暖过场"这个事实,这又是他提高自信心的一大良药。

两天后,他们进行了职业生涯中最负盛名的演出之一,赢得了奥林匹亚歌迷的欢心。演出在常青州立学院K宿舍的一场万圣节派对上举办,科特和克里斯特往脖子上倒了假血来打扮自己。在涅槃乐队之前有3支乐队演出:莱恩·艾格纳的赛克罗兹乐队、戴夫·福斯特新组的地狱鳟鱼乐队和由科特的邻居斯利姆·穆领军的尼斯阔利三角洲的无名噩梦乐队。在尼斯阔利三角洲的无名噩梦乐队演出到一半,鼓手朝斯利姆脸上打了一拳,一场斗殴紧接着爆发,场面太混乱,科特不知道涅槃乐队如何才能在此情形下压轴抢过风头。他们差点没得到上台机会:校警从天而降,要求解散派对。莱恩·艾格纳主动上前,说服警官让涅槃乐队继续演出,警官让他们快点演。

涅槃乐队最终上了舞台,确切来说,他们是挪到了房间里被当作舞台的一个角落。他们演了25分钟,但这场秀把他们从阿伯丁来的乡巴佬变成了奥林匹亚最受欢迎的乐队。科特的激情——这是当晚其他乐队所缺少的——有了全新的深度,在场的没有一个人能

---

[1] 屁眼冲浪手乐队(Butthole Surfers),美国另类摇滚乐队,1981年成立于得州,一度隶属于"一触即发"唱片旗下。

把视线从他身上挪开。"虽然舞台下的他很内敛,"斯利姆·穆回忆道,"但只要他想躁起来,他就能豁出去。那个晚上,他释放出了我从没见过的激情。"他们当晚演出的歌和吉他连复段以前也演过,但这次演出中主唱仿佛被附了体,因此魅力倍增、动人心魄。令人惊讶的是,此时的他在麦克风前找到了在他生活中无处可寻的自信。科特更为高涨的激情似乎感染了克里斯特,后者上蹿下跳,贝斯甚至撞到了在场的几名观众。

不过真正的好戏这才登场。在短短的表演的最后,也就是刚结束《爱情嗡嗡》这首歌时,科特举起了他那把还很新的芬达野马吉他,十分暴力地砸向地面,吉他碎片像加农炮的炮弹一般在房间扫射。他顿了5秒钟,残留的吉他骨架还举在半空中,他就那么举着,一边望向观众。科特脸上的表情平静而诡异,好像是有人把鬼马小妖精的万圣节面具摘下来,贴到了一个21岁青年的身体上。吉他被举到空中,然后,砰的一声,再度重击地面。科特丢下吉他,走出了房间。

他此前从没砸过吉他,可能都从没想过演这么一出,因为吉他可不便宜。"他没有就当晚的疯狂举动做任何解释,"约翰·波奇回忆道,"但他在微笑。好像给这件事画上了句点——就像他一场小小的私人庆祝一样。没有人受伤,但他砸吉他的时候,好像没有考虑过会不会伤到谁。他的举动完全出人意料。演出结束后,我跟他聊了聊,吉他就躺在地板上,观众不断地捡吉他碎片。"常青州立学院的观众此刻对涅槃乐队爱得不行。

三个星期后,科特接到"地下流行"唱片的电话,说《爱情嗡嗡》的单曲唱片终于做好了。他和克里斯特驱车到西雅图拿了唱片,"地下流行"唱片的丹尼尔·豪斯回忆道,科特坚持要在办公室的立体声音响上把唱片听一遍,"我们放了唱片,我从没见科特那么开心过。"科特和克里斯特都很喜欢唱片上那些内部人士才懂的梗:

科特的名字被拼成科德特，这将让乐评人和歌迷永远都摸不着头脑。另外黑胶唱片的信号凹槽尽头还蚀刻了这么一小句话："你干吗不拿吉他换铁锹呢？"这是乐队在阿伯丁排练时，克里斯特的父亲经常朝他们大吼的一句话，后者操着一口带克罗地亚口音的结巴英语。

吉他换铁锹，枪换吉他，从阿伯丁到"地下流行"唱片。如今科特手拿着自己的唱片，这些过去似乎都成了模糊的回忆。他是个货真价实的音乐人，这就是最实在的证明。像那把就算坏了也要被他带去蒙特萨诺高中的吉他一样，单曲结果如何，成功与否，并不重要。化为实体的成就感，才是他多年来努力想得到的东西。

在1000张《爱情嗡嗡》的单曲中，乐队自己就保存了100张，从西雅图走之前，科特给大学电台KCMU留了一张。他对单曲的期望值很高，并向电台宣传说这首歌是"精美、柔和、醇美、低吟的摇篮曲。商业化风格非常浓"。他以为KCMU马上就会放他们的歌，于是听了一整天的电台。崔西奔赴西雅图，好开车接科特回奥林匹亚，到他们准备回家时，电台仍没放他们的歌。等他们开车南下，到了要收不到KCMU信号的边界处时，科特再也等不下去了：他下令让崔西在一个加油站停车。在那里，他用付费电话打给电台，点播了他自己的单曲。至于电台DJ有没有感觉奇怪——才拿到乐队派送的单曲，两个小时后就冒出来个歌迷点歌——我们无从得知。科特在车里等了半个多小时，电台终于放了《爱情嗡嗡》。"他坐在那里，听着自己的声音从电台中传出来，"崔西回忆道，"脸上带着大大的微笑。"

1988年12月初，科特度过了他人生中最快乐的时光之一。单曲的发行让他心情很好，人们依旧在谈论K宿舍的那场演出。当他出现在史密斯菲尔德咖啡馆或斯帕尔咖啡馆时，一走进来，大学生们便窃窃私语。人们开始邀请他们来派对演出,虽然依然不给报酬,但至少邀约是有了。而且,《火箭》杂志给乐队写了第一篇乐评,称单曲为"惊艳的处女作"。《火箭》杂志不乏赞美之辞,但也提出,在"地下流行"唱片旗下的乐队越来越得到关注之际,涅槃乐队很容易淹没在其他乐队的阴影下,竞争来自西雅图摇滚圈,也来自厂牌内部。"他们展现出不少高超的音乐技巧,"格兰特·阿尔登写道,"涅槃乐队似乎位于西北部摇滚圈的边缘,说是鞭击摇滚(thrash),他们太过干净,说是金属,他们又太过纯粹,总之很出色,不容忽视。"外界的肯定也给科特内心里一直隐隐怀疑却得不到验证的感觉提供了证据:乐队的确变得越来越好。

"地下流行"唱片旗下的乐队中,声音花园乐队和蜜浆乐队显然最受欢迎,但涅槃乐队也在迎头赶上。"单曲俱乐部"的点子到底是场聪明的营销——第一批《爱情嗡嗡》卖光了,虽然乐队一毛钱都没挣到,但成绩还是喜人的。还有其他好消息:博纳曼和帕维特为3EP合辑《地下流行200》筹划《打屁股》的重混版,这套合辑也是厂牌到当时为止最高调的一次唱片发行。不仅如此,"地下流行"唱片终于有兴趣跟科特谈出正式专辑的事了。不过他们也提了个大醒:由于厂牌没钱,涅槃乐队得提前垫付唱片的录制费用。这跟大多数厂牌的运作方式截然相反,跟"地下流行"唱片与其他旗下乐队的运作方式也截然相反。虽然科特从没给"地下流行"唱片寄过写着"我们愿意自己付钱出唱片"的信,他的饥渴和无知还是让精明的博纳曼看了个透。支票簿在手,乐队兴奋地计划着12月底回录音棚和杰克·恩迪诺录专辑。

一投入到专辑制作中,科特就开始与《爱情嗡嗡》划清界限,尽管这张单曲在两周前还是他个人最珍贵的财产。他跟斯利姆·穆聊过,后者说他得到的印象是"科特根本不喜欢那支单曲,只是庆幸他们好歹发行了作品而已"。科特给约翰·波奇寄了一张单曲,并附上如下信息:"我们这张有'地下流行'唱片封套的限量版单曲太商业摇滚明星做派并且蠢得要死,正反面都有着科德特·克本的大名。我很高兴一共只发了1000张。接下来的专辑会不一样。非常不一样。制作会更粗粝,歌也会更肮脏。"就连在写信给朋友时,他也以第三人称自诩。他对这支单曲爱恨交织的情感反映了他和自己所有作品的关系。乐队的任何成品,不管是在录音棚还是舞台上,都达不到他脑海中理想音乐的预期。在唱片发行之前他往往很热衷,一发出来,他就有看不顺眼的地方。这只是他内心极度不满的一小部分而已。

最明显的例子就是他和崔西的关系。她掏心掏肺地爱他,他却拒斥她的多愁善感,说她不该如此爱他。交换便条依旧是他们的主要联系方式,她写给他的待办事项越变越长,他却很少去做她要求的事,尽管他才是那个失业在家靠她养活的一方。1988年12月,她留下了如下便条:"嗨,科特!我2点半或3点到家。你在开电视之前,能不能整理下卧室?你可以把我的衣服叠好放进抽屉,或者直接放进左边的衣柜。1.垫上新报纸;2.抖一下厕所和厨房的地毯;3.清理浴缸、洗手池和马桶。我很抱歉,很抱歉,很抱歉最近老是唠叨,脾气不好。我爱你,今晚让我们一起喝醉(微醺),滚床单吧。爱你。"

对于克里斯特和谢丽的狼狈分手,科特和崔西也有不同意见。从科特的角度说,这给了克里斯特更多时间投入到乐队中,但在崔西看来,这场分手导致他们损失了一对情侣密友。就好像《我爱露西》里的露西和瑞奇目睹伊瑟尔和弗雷德离婚一样。崔西发现自己常常担心她和科特会成为下一对分手情侣,因为她知道分手会让科特把醒着的每分每秒都奉献给乐队。她决定通过威胁要分手来测试他对这段感情有多少承诺。她不是想真分手,只是想让他告诉她他对感情是一心一意的。但是,测试科特的意志本身就是个错误。当她告诉他他得搬出去住时,他顽固而又实际地回道:"如果你想要我搬出去，我就去住在我的车里。"他说。他之前在车里住过，也不在意再住一次。当然了，她告诉他这是无稽之谈。但崔西错误地与这位格雷斯港的现任冠军开启了"谁先眨眼"的游戏。

就算在乐队终于有起色之际，科特的生活也和之前没有什么两样：他起床很晚，整天不是写歌，就是看着电视弹吉他。一天下午，崔西抱怨说，他几乎给自己个人世界里的所有东西都写了歌——从自慰到电视剧《梅伯里乡村免费邮递》(Mayberry R.F.D.)里的角色，就是没有给她写过。他对此提议一笑了之，但在日记中认真地考虑了。"我很想给她写首优美的歌，但没法写出她的好。"在同一页纸上，接下来的内容就没那么浪漫了。他把自己描述成没有胳膊的角色："我示意、低吟，想要你的感情，风车般转动我的鳍肢；想与你唾液交流而不得，我的背带裤沾满污渍，口水在胸前风干。""鳍肢婴儿"是他的一大执念，也就是没有胳膊的婴儿；他经常写这个话题，还依照想象，给这个概念画怪异的插画。

一个星期后，他写了一首关于女友的歌。副歌部分唱道："我不能每晚免费见你。"直指他们的争吵。奇怪的是，他虽然在她面前排练和表演过这首歌，却从不承认这歌是关于她的。相反，他告诉她："我只是把脑海中想到的东西写下来了，我不给你或特定的谁写歌。"当然了，他在撒谎，但他给她做了礼物却又不愿献出礼物以牺牲他们之间的亲密，本身就能说明他们的关系和他对这份感情的用心，他就像个给女孩写了情书却不敢留名的初中男孩。当他给查德和克里斯特演这首歌时，他们立即喜欢上了，问歌叫什么名字。"不知道。"科特说。"歌是关于什么的？"查德问。"是关于一个女孩的。"科特说。他们决定就拿这句话当歌名。反正科特的大多数歌名都跟歌词关系不大。

《关于一个女孩》(About a Girl)是科特作为创作者写出的一首重要歌曲——这是他的第一首直截了当的情歌，即使歌词很扭曲，但它的旋律性却是如此不加掩饰，以至于在涅槃乐队的早期现场中，观众经常误认为这是首披头士乐队歌曲的翻唱。科特告诉斯蒂夫·史林格,在写《关于一个女孩》的那天,为了进入状态,他听了3小时的《遇见披头士》(Meet the Beatles)。这倒完全没必要:从他还是孩子起,他就一直在钻研披头士的作品,尽管披头士在朋克圈子里被看成过时的东西。

到1988年年底,科特音乐上受到的影响混合了从巴兹·奥斯本那里学来的朋克、少年时代听的重金属乐和孩童时代听的流行乐,这个大杂烩组合没有规律,也没有理由可言。他错过了大段大段的音乐史,仅仅是因为没机会接触到而已(他仍然没听过帕蒂·史密斯[1]和纽约娃娃乐队[2]的歌),然而在一些小众的领域,比如刮酸乐队,他又是专家,可以告诉你他们发行的每首歌。他倾向于一旦爱上一个乐队,就把他们的音乐置于高高在上的地位,还像家门口的传教士一样对朋友们大肆洗脑。克里斯特对整个摇滚版图有着更精确的把握,这是他对乐队来说至关重要的原因:他知道什么是刻奇,科特在这方面有时就拿捏不当。1988年年末,科特召朋友达蒙·罗梅罗来公寓做客,并告诉对方:"我发掘了一张伟大的专辑,你一定要听。"等罗梅罗到了后,科特拿出诀窍乐队[3]的专辑《找诀窍》(Get the Knack),并准备用唱机放歌。罗梅罗对这张1979年的专辑很熟悉,这是张主流得不能再主流的专辑。他以为科特在开讽刺玩笑,便问道:"你来真的吗?""没错,你必须得听听这个——这是张厉害的流行专辑。"科特面无表情地答道。科特放起专辑来,罗梅罗如坐针毡地听完了唱片的两面,从头到尾都在等科特抖出笑话的包袱。

---

[1] 帕蒂·史密斯(Patti Smith),美国朋克摇滚教母、诗人、视觉艺术家,1946年生于芝加哥,在朋克文化史和女权文化史上都地位显赫。2007年入驻摇滚名人堂。

[2] 纽约娃娃乐队(New York Dolls),美国硬摇滚乐队,纽约朋克圈最早的乐队之一。1971年成立于纽约市,影响了譬如"性手枪"、"枪炮玫瑰"(Guns N' Roses)、"史密斯"(The Smiths)等超级乐队。

[3] 诀窍乐队(The Knack),美国流行、新浪潮乐队,1978年成立于洛杉矶,风格较为主流。

但科特沉默地闭上双眼,随着唱片的转动双手打起空气鼓来,似乎在无声地向专辑致意。

《爱情嗡嗡》发行后不久,科特为他的好友坦姆·欧蒙德做了一盘混音带,里面收录了他当时最爱的音乐。混音带 A 面的歌包括雷德·克罗斯乐队[1]、奥兹·奥斯本(Ozzy Osbourne)、皇后乐队(Queen)、湾城巨浪乐队[2]、甜蜜乐队[3]、甜蜜信任乐队[4]、地下丝绒乐队、毒液乐队[5]、披头士乐队和诀窍乐队的歌。他把诀窍乐队的歌《我的沙罗娜》改名为《我的阴囊》。B 面的歌则来自完全不同的乐队,比如声音花园乐队、金发女郎乐队[6]、迷幻皮草乐队[7]、金属乐队、杰斐逊飞机乐队[8]、讨厌鬼乐队和"AC 他妈的 DC"乐队(按科特当时的写法)。制作这盘混音带花了他好几个小时,但科特手里有的是时间。他送去这份礼物,希望欧蒙德能有兴趣当涅槃乐队的经纪人。他已经意识到"地下流行"唱片并没有真的为他着想,所以他认为,没有任何乐队经纪经验但性格外向的欧蒙德更适合代表他们。他和崔西曾一度考虑过和坦姆一起搬去塔科马。看了几个房子后,在墙上发现一个弹孔的科特否决了这个想法。

欧蒙德转而搬到了西雅图,在科特看来,这一点就足以让她有资格成为乐队经纪人了。他们在拿到《爱情嗡嗡》单曲唱片的那天

---

[1] 雷德·克罗斯乐队(Redd Kross),美国另类摇滚乐队,1980 年成立于加州,与黑旗乐队等同属一批。
[2] 湾城巨浪乐队(The Bay City Rollers),苏格兰流行乐队,1966 年成立于苏格兰爱丁堡,在 20 世纪 70 年代颇受欢迎。
[3] 甜蜜乐队(The Sweet),英国华丽摇滚乐队,1968 年成立于伦敦。
[4] 甜蜜信任乐队(Saccharine Trust),美国朋克摇滚乐队,1980 年成立于洛杉矶。
[5] 毒液乐队(Venom),英国重金属乐队,1978 年成立,其第二张专辑《黑金属》(1982)也是"黑金属"这个音乐流派的始祖。
[6] 金发女郎乐队(Blondie),美国著名新浪潮、朋克摇滚乐队,1974 年成立于纽约,专辑销量超过 4000 万张。2006 年入驻摇滚名人堂,至今活跃在舞台上。
[7] 迷幻皮草乐队(Psychedelic Furs),英国后朋克、新浪潮摇滚乐队,1977 年成立于伦敦。
[8] 杰斐逊飞机乐队(Jefferson Airplane),美国著名迷幻摇滚乐队。1965 年成立于旧金山,2016 年获格莱美终身成就奖。

在她家短暂停留，科特宣布，她就是他们的新经纪人。他给了她一堆唱片，叫她把它们寄给"一触即发"唱片，或者她觉得会对这个感兴趣的任何人。她弄好了一组粗糙的宣传材料，包括在K宿舍演出的照片和他们豆腐块媒体报道的剪报。欧蒙德回忆，就连在单曲发行那天，科特都表现得他很恨"地下流行"唱片。

那年秋天，科特从图书馆借来了唐纳德·帕斯曼的书《音乐行业大全》(*All You Need to Know About the Music Business*)。看完这本书并和克里斯特分享后，他对所属厂牌越发怀疑，决定他们要签一份合同。在下一个星期，克里斯特开车抵达西雅图，醉醺醺地砸着布鲁斯·帕维特的家门，大喊道："臭不要脸的，我们要一份合同！""地下流行"唱片草拟了一份简短的合同，于1989年1月1日生效。合同规定了在3年内发3张专辑——科特觉得这个进度太慢了——厂牌第一年付给乐队6000美元，第二年付12000美元，第三年付24000美元。

12月的大部分时间里，乐队都在为接下来的演出排练。由于他们的排练场地在阿伯丁，光通勤就需要几乎一天。查德偶尔会有辆车，科特的车根本不可靠。在多数时候，克里斯特会把他的小货车从阿伯丁开到奥林匹亚去接科特，然后北上西雅图去接查德（后者是乘渡轮从贝桥岛来的），然后再一行人开回阿伯丁。在一天结束的时候，他们再反方向走一遍路程。有时他们驱车400英里，才能完成一场3小时的排练。不过，这种通勤方式也有好处：它让三人更团结，还能让他们不受打扰地听歌。"我们听了蜜浆乐队、泰德乐队、棺材时间乐队[1]、小妖精乐队[2]和糖块乐队[3]的歌。"查德回忆道。他们听的

---

[1] 棺材时间乐队（Coffin Break），西雅图硬核朋克乐队，1987年成立。
[2] 小妖精乐队（Pixies），美国另类摇滚乐队，1986年成立于波士顿，包括涅槃乐队、收音机头乐队（Radiohead）、模糊乐队（Blur）等都深受其影响。
[3] 糖块乐队（The Sugarcubes），冰岛另类摇滚乐队，1986年成立。

这群乐队非常能代表涅槃乐队在 1988 年的音乐风格。他们成功地让涅槃的音乐听上去既具有模仿痕迹，也具备原创性，有时候这两个特性能在同一首歌里出现。但科特在不断学习，而且进展迅速。

1988 年 12 月 21 日，乐队以涅槃的名义返乡，在格雷斯港开了他们第一场正式的家乡演出。虽然他们在奥林匹亚和西雅图小有影响力，但在这场演出中，观众只有 20 人，多数还是"克林贡们"。演出地点在霍奎厄姆鹰队的大厅里，离科特父亲曾工作过的雪佛兰加油站只有两个街区远。克里斯特脱得只剩内裤，开始往身上倒血。他们表演了齐柏林飞艇乐队的《移民之歌》（Immigrant Song），在他们的演出中，这是第一次也是最后一次。这首翻唱曲在当场演出中收到了比科特任何原创作品都大的反响。在这场秀上，科特还在上高中的妹妹第一次看到哥哥的现场表演。"我坐在舞台边缘，一边跟着唱，"金回忆道，"我的嗓子都唱哑了。我第二天还要去上课，交读书报告的作业，但是我去不了了。"

那一周，科特给祖父母利兰德和艾瑞斯寄了一张霍尔马克圣诞贺卡。在贺卡中，他写下这段话，以报告他的职业发展情况：

> 亲爱的、许久未联系的爷爷奶奶：我很想念你们。这不是我不去看你们的借口。不和乐队巡演的时候，我在奥林匹亚过得很忙。我们最近发了一张单曲，全部卖光了。这周一我们要录乐队首张专辑，并将在 3 月发行。明年 2 月，我们要再度去加州巡演，4 月才会回来，短暂地休息一阵。然后又要巡演。我比以往任何时候都开心。如果能收到你们的来信，就再好不过了。圣诞快乐，爱你们的科特。

科特夸大了乐队的巡演日程——他们没那么多演出，但演出数量的确在增加。不过他形容自己"比以往任何时候都要开心"却不是夸大其词。和实际的事件相比,对接下来的职业里程碑的期许永远更让他快乐。而一想到要发一张正式专辑——在他看来,这比发一张单曲要厉害得多——就让他欣喜不已,甚至一反常态地谈起了他的内心情感。他极少承认自己内心的感受——说自己开心就更罕见了。

霍奎厄姆演出的两天后,乐队开车去西雅图录专辑。那是圣诞节前夕。"我们没有别的事情可做。"克里斯特解释道。他们在查德和迪伦的好友杰森·艾弗曼家过了夜。一如既往,科特已经写了些旋律但没怎么写歌词,所以他当晚熬了大半夜,费心写歌词。他告诉队友,反正他睡不着觉。

第二天下午,他们来到录音棚,一直录到了深夜。其间,他们给10首歌录了基础音轨,但科特不喜欢他的人声部分。他唯一中意的一首歌是《吹》(Blew),这还是机缘巧合下的产物。克里斯特忘了调子该起在哪儿,歌本来是降D调,他误打误撞起低了一点。结果就是,成品听上去比他们以往的歌都要重型和黑暗,简直是完美的错误。像科特写的很多早期歌曲一样,《吹》的歌词根本没意义——按科特后来的解释,它们就是"唱起来很酷"而已——但旋律和歌词有力地展现出无助和绝望,这也是科特大部分歌曲的主题。

差不多午夜时,乐队终于停工,开车赶回阿伯丁。在这场长长的车程中,他们把录的歌一连听了6遍。1988年圣诞夜的凌晨1点半,克里斯特把科特送到了温迪家。他计划在那里过节,然后再回去见崔西。表面上,科特和温迪之间的关系似乎改善了。那年秋天,他在日记中写道:"在我搬走之后,我们现在处得很好。已经做了母亲想要我做的:拥有一份受人尊敬的工作、一个女友、一辆车和一座房子。我得找回一些落在家里的旧东西。那是我曾经的家,我真正的家,如今仅仅是我母亲的家。"

科特经常亲手为家人制作圣诞礼物，一半出于艺术偏好，一半出于经济需要。1987年，他手工打造了钥匙链，但在1988年，送什么礼物显而易见。他分别给了包括叔叔婶婶们的所有家人一张他的单曲唱片。这张唱片给了他一种英雄归乡的感觉——如今他有证据向亲戚证明，他正在做出成就。温迪在家用音响放了单曲，但很显然，她对此不太感冒。她告诉他，他需要"其他能依靠的东西"。科特充耳不闻。

比圣诞节更令人兴奋的是乐队12月28日在西雅图的一场高规格演出，由头是庆祝《地下流行200》盒装合辑的发行。尽管没钱给旗下乐队付报酬，"地下流行"唱片却喜欢举办奢华派对，这场活动也不例外：活动长达两天，包括8支乐队，在U区俱乐部举行。涅槃乐队在第一晚出场，还被斯蒂文·杰西·伯恩斯坦介绍为"一个主唱嗓音很干冷的乐队"。这场演出标志着涅槃乐队第一次被并入"地下流行"唱片的正式军团——在此之前他们只被当作童子军看待。接下来的3天，他们待在西雅图，和恩迪诺一起在录音棚里录了15个小时。他们一直工作到新年前夕，科特终于回到奥林匹亚，和崔西一起迎来1989年。

到了1月的第二周，乐队重返工作岗位，完成了两轮混音，到了这里，录制差不多快完工了。在近30小时的录制后，他们有了9首成品。他们在克罗弗录的小样里选了3首，重新混音，收录到专辑中。科特决定专辑标题是《人类过多》，这不是其中任何一首歌的标题，但是总结了他作品中的黑暗主题。不过到了2月初，乐队前往加州巡演时，途经旧金山，科特看见了一个防治艾滋病的广告，他觉得好笑：上面写着（在注射之前）"漂白你的器具"。"漂白（Bleach）。"他对两名队友说道，此时小货车正开过街道，"这就是我们的新专辑名字。"

第十章 非法摇滚

华盛顿州奥林匹亚市

1989年2月—1989年9月

> 如果摇滚是非法的，就把我扔进监狱吧。
>
> ——1989年7月15日，科特在吉他上写下此句

22岁生日前一天，科特在给母亲的信中写道："今天是个周日的雨天。像往常一样，我无事可做。所以我决定写些什么。事实上，这阵子每天都漫长而多雨，所以我写了不少东西。我想这总比什么都不干好。我要么写歌，要么写信，如今我已经厌倦了写歌。那个，明天是我22岁生日（我仍然是个半文盲）。"他没有把信写完，也没有寄出这张纸片。

尽管在信中表达了生活的无聊，科特内心的艺术生命却在绽放。在人生中的第22年，他以音乐或艺术的形式，几乎完全投入到创作中。他早就放弃了成为商业艺术家的抱负，但在某种程度上，这种自由使他的艺术得以不拘无束地发展。在1989年的大部分时间里，他没有工作，除非把涅槃乐队的活儿算成工作。崔西已经成为他的施主，在两人交往的大部分时间里，这将是她一直扮演的角色。

在1989年的任何一天下午走进科特的公寓，你都可以看到手拿画笔或吉他的他。不过，与其说他是画家，不如说他是个创作者。

他可以把面前的任何物件当作画笔，把面前的任何平面物体作为画布。他买不起货真价实的画布，甚至买不起质量好的纸张，所以他的许多作品都是在二手店淘来的老棋盘游戏的背面完成的。他不用颜料——他也用不好——而是用铅笔、钢笔、木炭、马克笔、喷漆，偶尔还会用血作画。有天，一个叫艾米·穆的邻居经过科特门前，面前的科特满面笑容，像是一个刚刚孕育自己第一个造物的疯狂科学家一般。他刚刚完成了一幅画儿，并告诉她，这次的画儿是用丙烯酸涂料完成的，但有一个特别的添加剂，"我的秘方"。他告诉艾米，一旦作品受他喜欢，他就把这个原料作为最终点缀加上去，然后大功告成。他解释说，这个秘密原料就是他的精液。"我的子孙都在这幅画上。"他告诉她。"看，它闪闪发光呢！"他示意道。艾米不敢问科特是用什么方法来加进他的"子孙"的，但她既没看到刷子，也没看到调色盘。

这个不寻常的仪式并没有阻止艾米雇他为自己作画。这也是他画画儿唯一一次拿到报酬。她描述了一个梦，要他画下来。他接受了这个任务，并拿了她 10 美元的材料费。最终的作品画得粗糙，却把她的梦境画得淋漓尽致，艾米几乎无法想象科特是怎么从她的描述中创造出眼前的作品的。"梦境中是半夜，"艾米说，"冥冥中有着诡异的气氛。背景里树的轮廓不清，只是阴影。前景里有一辆汽车的前灯，和一只刚被车撞了的鹿。你可以看到鹿身上呼出的气息，以及它身上的热量。前面还站着一个很瘦的女人，吃着这个可能还没死掉的动物的肉。他的画儿和我的梦一模一样。"

科特的大部分作品很令人不安，有时极其瘆人。这些作品的很多主题都和他在高中时的作品相同，但基调更为黑暗。他依然画外星人和爆炸的吉他，但除此之外，他的速写本上还画着包括达利风格的东西，如融化的时钟；在无头生物上画色情的身体部位，还有断肢的插图。他的艺术在 1989 年越来越三维化。他每周都去奥林匹亚的许多二手店购物，而任何便宜又古怪的东西都可能成为他作品的一部分。在铁蝴蝶乐队[1]的一张专辑背面，他画了一个蝙蝠侠的肖像，在此之上贴了一个裸体的芭比娃娃，娃娃的脖子上有一个套索。他把这幅画儿作为生日礼物送给了崔西。他还开始收集娃娃、汽车模型、午餐盒、旧桌游（有些东西被他保存得完好无损，比如他心爱的火箭机车游戏）、玩具公仔和其他各种各样的便宜物件。这些收藏品没有被珍藏或放到架子上；它们往往是在某次烧烤中熔化在后院，或者粘在棋盘游戏的背面。崔西抱怨说，她转个身都有个娃娃盯着她。整间公寓开始像个路边的刻奇博物馆，同时处于建构和解体两种状态中。"他的东西到处都是，"克里斯特回忆道，"整个房子乱得不行，到处都是东西。但他又是一个实打实的艺术家，这只是他表达自己和过滤世界信息的方式之一。他表达的方式有很多种，其中一些有些病态和扭曲。事实上，所有艺术都是颓废和扭曲的。他的主题未曾变过。只不过所有作品都有点儿黑暗和令人不适而已。"

科特最喜欢的一个把戏就是转换画中人物的性器官。男性躯体上的阴茎变成了阴道，女性则会同时拥有阴茎和乳房。在这个时期的一件作品上，四个赤身裸体的女人围坐在一个巨型撒旦身边，撒旦则有一个巨大而勃起的阴茎。虽然这张照片是用铅笔画的，但女人的头像是从《好管家》杂志上的广告中贴出来的。这些人物彼此接触，形成一个巨大的人形链：一个女人正在排便；另一个女人手在她的阴道里；第三个女人的手在下一个女人的肛门里；一个婴儿从最后一个女人的子宫里出来。所有人都有恶魔的角，他们被画得如此逼真，看起来像20世纪90年代旧金山艺术家的作品。

科特的大部分艺术作品从来都没有标题，但是这一时期的一件

---

[1] 铁蝴蝶乐队（Iron Butterfly），美国迷幻摇滚乐队，1965年成立于圣迭戈。

作品却有个精心打造的标题。该画由黑色蜡笔在白色的 20 磅铜版纸上绘制，一个线条人形，带着一个巨大的笑脸，一边用斧子砍掉了自己的左腿。标题写道："阳光先生自杀了"。

尽管科特抱怨生活无聊，1989 年却是乐队最繁忙的时期之一。到 1988 年年底，涅槃乐队在两年的发展历程中只做了二十多场演出，还顶着不同的名字，换了四个鼓手（布尔克哈德、福斯特、克罗弗和钱宁）。但仅仅 1989 年这一年，他们就演了一百场秀。科特的生活也开始向一个职业音乐人靠拢。

他们在 1989 年的第一场巡演是西海岸巡回秀，他们来到旧金山，也就是他们看到"漂白你的器具"广告的那次。巡演之际，他们只出了一支单曲，从他们当时能算出的粉丝数量上看，巡演是个闻所未闻的决定；他们的单曲在全世界的销量还不到一千张，指望在圣何塞能有听说过他们或喜欢他们的观众，简直荒谬。在那里，他们开始的几场演出只吸引了大概五六个人，他们通常是对"地下流行"唱片感兴趣的音乐人，因为此时厂牌比乐队名气更大。迪伦·卡尔森跟着他们巡演，回忆起了科特当时的挫败感。"这真是一场惨败。"他说道，"好多演出都取消了。"决定取消演出的通常是酒吧老板，因为乐队愿意为酒保和门卫演出。他们给动人色彩乐队（Living Color）的暖场演出是观众人数最多的一次，到场四百人，但观众都讨厌涅槃乐队。

这场处女巡演低点中的低点非旧金山的几场演出莫属。在那里，他们在篷车俱乐部为讨厌鬼乐队开场，这也是科特一直期待的重聚。但是当他发现，比起在格雷斯港，讨厌鬼乐队在加州并没那么受欢迎时，他的信仰破灭了。和其他的巡演经历一样，他们几乎付不起油钱，找不到地方睡，买不起吃的。带着朋友艾米·穆和乔·普雷斯顿，崔西开车跟着乐队去了加州。乐队有七个随行人员，七个人加起来都买不起一个墨西哥玉米卷。在大街上,有人告诉他们有个免费食堂。"食堂很可能是由克利须那派[1]教徒经营的,科特因为这个很不舒服。"艾米回忆说。当其他人在食堂里狼吞虎咽,科特只是沮丧地盯着他的碗。"他什么也不吃,"艾米说,"他终于起身离开了。眼前的情景让他抑郁得很。"印度教徒施舍的食物,总共只有十人的观众数,油钱要乞讨得来,讨厌鬼乐队商业上很失败,得打电话争取才能发自己的单曲——这一切带来的打击都让科特无法想象,也措手不及。那天晚上,一行七人在一个朋友的单身公寓的地板上过夜。

回到西雅图后,2月25日,他们在华盛顿大学举行了更为成功的演出。顶着"挣四块钱的四人乐队"的名字,涅槃乐队迎来了他们到那时为止观众数最多的一次演出,人数约六百人。他们和"液体"(Fluid)、"皮肤庭院"(Skin Yard)、"女孩的麻烦"(Girl Trouble)几支乐队一起演出,这几支乐队都更出名,但涅槃现场的反响最火爆。西雅图的观众从20世纪80年代末就开始跳碰碰舞:舞蹈通常在台前由一大群十几岁的青少年完成,有点儿暴力,十分激烈。人数够多时,一拨拨人便开始互相撞击,好像在人群中刮过飓风。涅槃乐队的表演从不减速,歌与歌之间也很少停顿,其疯狂的音乐简直是碰碰舞完美的配乐。偶尔会有歌迷爬上舞台,然后"跳水"回到人群中,这么一来,碰碰舞才算大功告成。当几十个孩子跳上台,只是为了立即"跳水"时,科特平静地表演着。有时跳下舞台的孩子太多,科特看上去就像站在充满踌躇满志的伞兵的跳伞训练基地上。这是场精心安排的骚乱,但科特也一直对此梦寐以求:用自己的音乐制造骚乱。当晚的很多其他乐队也同样吸引了跳碰碰舞的观众,但很少有其他乐手能像科特一样在这种舞台大侵袭中漫不经心

---

[1] 克利须那派(Hare Krishna),印度教的一个神秘教派。

地站在中间。他给人一种早已习惯了在观众占领舞台时照常弹奏的印象;这种情形在西雅图如此普遍,以至于他最后确实是习惯了它。

那天,科特接受了华盛顿大学学生报纸《日报》的简短采访。采访中,他谈及西北部摇滚圈,称之为"最后一波的摇滚乐"和"终极老调重弹"。科特告诉写手菲尔·韦斯特,涅槃的音乐有种"建立在仇恨基础上的阴郁、怨恨的元素"。这篇文章也为科特后来最爱的把戏提供了第一次舞台:用喷涌而出的传奇故事糊弄容易受骗的记者。"在阿伯丁,我满怀激情地仇恨自己最好的朋友,因为他们是白痴,"科特宣布,"很多那种怨恨仍然在起作用。"科特的确把供养自己归功于崔西,但他发誓,有一天他会"靠乐队吃饭"。如果没法这样,他发誓,"我就带着几百美元退休到墨西哥或南斯拉夫去,一边种土豆,一边通过过期的《克里姆》杂志学习摇滚史"。

那年春天,随着杰森·艾弗曼作为第二吉他手加入乐队,涅槃有史以来第一次成了四人乐队。随着歌曲变得越发复杂,科特想让杰森负责他觉得还不够到位的吉他部分。杰森以前和查德在同个乐队里待过,作为炙手可热的吉他手,也小有名气。他还通过借给科特600美元向乐队树立了好印象,后者拿这钱付了《漂白》的专辑制作费用。借款没有附加条件——事实上,艾弗曼从没收到还款——但科特把杰森的名字列在了《漂白》的专辑封面上,即使他没有参与专辑歌曲的演奏。

随着杰森的加入,涅槃乐队于6月9日在西雅图的摩尔剧院参加了"地下流行"唱片的"蹩脚音乐节"(Lamefest)。他们在音乐节上为蜜浆乐队和泰德乐队暖场,这是"地下流行"唱片旗下最大牌的两支乐队。这场演出也标志着《漂白》的正式发行。涅槃乐队首发登场——除了科特的头发被卡在吉他弦间之外,他们的表演风平浪静。当晚的亮点要属科特目睹孩子们排着队买《漂白》专辑。

到了1989年中期,西北部摇滚乐开始引起国际关注,帕维特和博纳曼的明智举动显然起了推动作用,这也显示出,他们真正的才能不在于运营唱片厂牌,而在于营销。把旗下一年一度的音乐节命名为"蹩脚音乐节"就是天才之举:这个名字能让任何批评自动失效,与此同时,对那些穿着"废物"T恤的叛逆歌迷也很有吸引力(这些周边T恤的销量不比唱片销量少)。尽管"地下流行"唱片资金紧张,1988年早期,他们还是请客买机票,请几个英国摇滚乐评人来西雅图度假。这钱花得很值:几周内,"地下流行"唱片旗下的乐队就出现在英国的音乐周刊上,而至少在英国,"蜜浆"这样的乐队成了"垃圾摇滚"运动的大明星。"垃圾摇滚"一词用于形容喧闹、失真的朋克摇滚,但很快,这个词就被用来给所有来自美国西北部的乐队归类,涅槃乐队也在其中,尽管他们的风格其实更加流行。科特很讨厌这个词,但是炒作机器已经开始正儿八经地运转,整个西北音乐圈也开始渐渐繁荣。虽然西雅图可供演出的场地不多,但每场演出都成了大事件,到场观众也呈指数级增长。

很多年后,当回忆起西雅图摇滚为何突然爆红时,科特在日记里做了如下推断:"很多英国职业记者炒作话题,说了好话……致使'地下流行'唱片旗下的乐队一夜成名(其中不是注水,就是炒作)。"在1989年早先一批报道中,涅槃乐队被经常提及,但在大多数文章中——正如1989年3月《旋律制造者》杂志标题为《西雅图:摇滚城市》一文——他们作为落选者,只是在侧栏的小版面被附带提及。当科特读到第一篇关于他的英国报道时,最让他震惊的恐怕是看到埃弗雷特·特鲁推测,如果他们几个人不是乐手,会在做什么。"要说的这四个家伙要是不搞音乐,恐怕只会在超市、木材厂或汽车修理行打工。"这三份工作里有两份工作是科特父亲曾做的,第三份则是巴兹以前的工作。

《漂白》和涅槃乐队从同辈乐队的阴影下走出关系很大,这是一张缺乏整体感的专辑,科特四年前写的歌被放到新写的歌《关于一个女孩》之后,但专辑时不时有灵光闪现。像《过筛》(Sifting)这样的滞重歌曲中,和弦推进很粗糙,但歌词(在没被伴奏糊住的时候)却聪颖机智。在《火箭》杂志对这张专辑的乐评中,吉里安·加尔指出了乐队所探索的不同方向:"涅槃乐队从鞭击摇滚的一端倾斜到另一端,在车库摇滚、另类噪声和喧闹的金属风格中都有尝试,但没有拘泥于其中任何一种风格。"专辑发行时,科特在日记中表达了类似的感想:"我的歌词可谓是堆积如山的矛盾。它们一半是我所有的真挚见解和感受,一半则充满讽刺、希望和诙谐,且反对陈词滥调,以及多年来被耗尽的波希米亚式理想。我的确想满怀热情和真意,但我也喜欢寻寻开心、犯犯傻。"

科特准确地把《漂白》描述为真情实意和落入俗套的抒情的结合。但专辑的两个特性都很到位,足以让它在不同的大学电台上受到青睐。乐队用了崔西拍的一张照片当封面,以反转负片的形式印了出来,封面风格恰当地展示了阴暗歌曲和流行小调的鲜明对比。科特的双重特性是乐队成功的关键:他们有足够而又风格多元的歌,电台能连放几首但不让人觉得腻。专辑并没有立即流行,但像《吹》、《学校》(School)、《理发师弗洛伊德》和《爱情嗡嗡》这样的歌最终会成为全国大学电台的常客。

乐队仍有很长的路要走。"蹩脚音乐节"的第二天,乐队在最后关头作为猫屁股乐队(Cat Butt)的替补参加了波特兰的一场演出。与他们同行的还有18岁的罗博·卡德尔,他是一位每场涅槃乐队演出都不会缺席的歌迷。卡德尔跟着乐队坐小货车南下,一路上欢乐地领唱着电视剧《布雷迪一家》(*The Brady Bunch*)节目的主题曲。但当他们抵达演出现场时,只有十二个人买了票入场,他们还都是猫屁股乐队的歌迷。科特在最后关头决定抛开曲目单不管,他告诉卡德尔:"我们会在每首歌的结尾问你下首想听什么,然后我们就照你说的演。"每首歌快结束时,科特便走到舞台边缘指向卡德尔，后者会喊出下首歌的歌名。除了卡德尔——他显然站在荣耀之巅——其他观众对乐队的反应都很冷淡，除了他们在演吻乐队的歌《你爱我吗？》(Do You Love Me?)时，涅槃乐队不久前为一张翻唱专辑录制了这首歌，卡德尔很聪明地点了它。

1989年6月下旬，乐队把行李装上了克里斯特的道奇牌小货车，开始了他们第一次大型巡演。巡演为期两个月，乐队将横跨全美。卡德尔和一群朋友给他们送行。卡德尔买了24瓶"激浪"饮料作为送行礼物，由于咖啡因含量很大，这饮料一向是乐队最爱。他们把崭新的乐队T恤塞满了小货车，T恤上写着："涅槃乐队：搞着基情，吸着强效可卡因，崇拜着撒旦的混球。"克里斯特和谢丽刚刚复合，他们的分别让两人都泪眼蒙眬。就连科特也为了离开崔西感到难过——从他们恋爱以来，这将是他们时间最长的一次分别。

他们没有经纪人，克里斯特已经开始接管不少演出预订的活儿，小货车是他的财产，且有约法三章。其中一条规定被贴在小货车里："禁止使用除埃克森牌外任何其他品牌的加油站服务。"为了省钱，他们不允许开空调，车速也不许高于每小时70英里。在这次首度巡演中，他们轮流负责开车，但科特很少开。他的队友觉得他开车太慢了。"他开起车来像个小老太太。"崔西回忆道。这只是科特个性中的很多矛盾点之一，他或许乐于吸刀锋牌剃须胶罐里的气体，却不想出车祸。

他们的首场演出在旧金山，在那里，他们发现观众虽不多，却足够让他们不必沦落到去免费厨房寻吃的。虽然在这次巡演时，他们已经出了一张专辑了，但"地下流行"唱片的发行渠道如此糟糕，他们几乎找不到自己的专辑在哪里有卖。两天后，当他们在洛杉矶的犀牛唱片店里表演时，唱片店里也只有五张他们的专辑存货。在洛杉矶，他们接受了粉丝杂志《另一面》(Flipside)的采访，尽管科特的名字在成稿上被印成了"科克"，但他们觉得这篇采访至少给了他们朋克乐队的信誉。在文章中，作者问了科特嗑药的事："要说迷幻剂和大麻什么的话，我能尝试的都尝试了。"科特答道，听起来十分温和，"（嗑药）这点上我已经到达极限了。一旦过了这个学习阶段，就是一路下坡的过程。我从没把嗑药当成逃避现实的路径，我把嗑药当作一种学习。"

当他们朝中西部和得克萨斯州东进时，他们的观众数量急剧减少——很多时候到场观众只有十几人——其中大多数还是什么乐队演出都看的音乐人。"我们衡量演出质量的标准不是现场来了多少人，"查德回忆道，"而是人们的评论是什么。很多人都说喜欢我们。"他们的现场演出水平在提高，赢得了一些本不熟悉他们的观众。就像是之前的地下丝绒乐队一般，他们会很快发现，由一千个音乐人组成的观众群比由一万个业余歌迷组成的观众群更为强大。他们尽可能地和认识的其他朋克乐队打交道，好睡他们家的地板，这些私人关系就像演出一样，对他们打起精神很重要。在丹佛，他们和液体乐队的约翰·罗宾逊待在一起，后者早已注意到了科特的害羞。"大家都在厨房吃饭，很高兴参与家庭餐会。"罗宾逊说，"我问克里斯特，科特在哪里。他说：'哦，不用担心他；他总是猫在什么地方。'我的房子不大，于是我去找他，发现他在我女儿的房间里发呆，灯都是关着的。"

驾车经过芝加哥时，科特在车库甩卖会上买了一个巨大的十字架——这可能是他第一个不是偷来的宗教工艺品。他会把十字架伸出小货车窗外，冲行人摇晃，再在开车走人时拍下行人的表情。每当科特坐在小货车的乘客席上时，他手里都拿着十字架，就好像这是个随时准备待命的武器似的。

多数夜晚，乐队都在小货车里睡觉，或者在路边露营，独处的机会很少。他们很难凑够油钱和饭钱，住汽车旅馆是不可能的。想买汽油，唯一的办法就是卖掉足够多的T恤——"搞着基情"T恤拯救了整轮巡演。有天晚上,在华盛顿特区,他们抵达时已经夜深了。他们把小货车停在加油站的后面,打算就此过夜。天气太热,没法睡在小货车里,他们便睡在外面,以为身子底下是住宅区的一条草坪带。第二天早上,他们发现他们其实睡在了路中心的安全岛上。

"我们通常只能在买吃的和买汽油中间二选一,我们只能选汽油,"杰森回忆道,"我们中大多数人都觉得没什么,但科特对此深恶痛绝。他的抵抗力不太行——很容易生病。他一生病,大家日子都不好过。"巡演途中,科特胃病发作,这可能是不常进食引起的,而且他经常感冒,就算在夏天也不例外。他的健康问题不是因为疏于注意导致的,在1989年,他是最注意健康的乐队成员。因为害怕嗓子受影响,他很少喝酒,甚至不让队友在他旁边抽烟。

乐队抵达马萨诸塞州的牙买加平原时,他们住在摄影师J.J.冈森和其男友——吵吵闹闹乐队(Hullabaloo)的斯拉格的家。乐队当晚在绿街站的表演是科特为数不多没弹吉他的一次。他在演出的头一天晚上把吉他弄坏了。因为吉他的事,他很生气,因为胃痛,他喝了草莓快克饮料镇痛,而且他还很想家。演出之后,他打电话给崔西,告诉她他想回家。第二天早上,冈森拍了一张乐队成员在她地板上睡着的照片:他们共用一个床垫,科特和克里斯特像两只小狗一样靠在彼此身边蜷缩起来。

斯拉格的墙上挂了一把坏掉的吉他,科特问能不能把吉他送给他。"琴颈还没断,我能修好。"科特观察道。他用一把旧野马吉他换了斯拉格的旧吉他,交货前,他在野马吉他上签字:"哟,斯拉格,多谢交易。如果摇滚是非法的,就把我扔进监狱吧。"他签了"涅槃",心想签自己的名字也没什么意义。

当天晚些时候,科特做了一把新吉他。整把吉他像科学怪人一般被拼凑在一起,赶在他们下场演出之前完了工,而那场演出本身也像个恐怖故事。他们本来同意在麻省理工学院的一个兄弟会派对演出,因为报酬比他们的俱乐部演出要高。演出之前,科特躺在一张台球桌上,像个2岁小孩似的踢着腿大发脾气,尖叫道:"我不演!这太蠢了。我们值得更好的。这是浪费时间。"当克里斯特告诉他,没有这场演出,他们就没钱买汽油回家时,他的怒气才消退。似乎是想惹恼观众,乐队奉上了活力四射的演出,但克里斯特拆散了兄弟会名字形状的骨头标志,把骨头交给了观众。兄弟会坚持让克里斯特道歉,并修好标志。即便寡不敌众,诺弗斯里克也从来不是怕打架的人,但他这回却顺从地抓过话筒,让观众还回骨头,然后说了抱歉。结果是,兄弟会的观众爱上了这场演出。

也是在马萨诸塞州,科特和杰森之间的第一场正面冲突爆发了。杰森犯下了演出后请女孩回家的错误。乐队其他几人都觉得这做法很没品。对于骨肉皮和忠贞问题,科特和克里斯特的态度都出奇老派。他们认为为了吸引女孩加入乐队的音乐人不够地道——的确有很多人是如此,但杰森其实不是这样的人。

事实上,科特和杰森也从没真正彼此看对眼,因为,在很多方面,两人都太相似了。两人都爱沉思和独处,且视对方的与世隔绝为彼此的威胁。杰森留着卷曲的长发,表演时可以使劲甩,科特说自己看这个不爽,尽管他自己也爱这么甩头。就像之前的福斯特一样,杰森代表着科特不想面对的一部分自己。虽然歌的创作由科特包揽,且他常抱怨压力过大,但他又不许其他队友参与太多创作。"他不想放弃任何控制。大家都知道这是'科特单人秀'。"查德观察道。科特让杰森想出一些新的吉他独奏,但当杰森照做时,科特表现得仿佛后者喧宾夺主了。他们没有谈论此事,也没有冲对方大呼小叫,而是闷闷不乐,不理睬对方。正如科特生活中的很多冲突一般,他在专业冲突中牵扯进了私人情感,一场血海深仇开始了。

在纽约,作为新音乐研讨会的一部分,乐队在金字塔俱乐部演了一场。这是他们到当时为止级别最高的一场演出,面前的观众多是圈内人,包括科特的偶像音速青年乐队[1]。然而一个醉汉爬上舞台冲着话筒大喊,还踢倒了乐队的器材,由此破坏了他们的表演。杰森把那家伙扔下舞台,跳进观众群中追逐他。

第二天,科特决定开除杰森。他们当时住在珍妮特·比利格的字母城公寓里,该公寓在纽约以"朋克摇滚6号汽车旅馆"著称。杰森和查德外出观光去了,而科特和克里斯特拿着剩下的钱买了可卡因,破了科特整轮巡演都没有嗑药的戒。科特决定把杰森赶出乐队,不过由于他一向不喜正面冲突,除了克里斯特,他没跟任何人提起此事。他只告诉其他成员,巡演到此结束,他们得回家了。而且,就像往常一样,没有人质疑他。乐队取消了长达两周的演出——这也是他们头一回退出表演。开小货车回家的路途像地狱般难熬。"一路上,没有人说一个字,"杰森回忆道,"车不停地开,只在加油时才停下来。"他们从纽约开回了西雅图,车程几乎3000英里,花了不到三天时间。科特从没正式告诉杰森他被炒鱿鱼了——他只是再也没有联系他。

科特和崔西有了一次温暖的团聚。他告诉她,他比自己意识到的还要思念她,且尽管他很少谈及自己的感情,崔西是他为数不多能敞开心扉的人之一。那年8月,科特在给杰西·里德的一封信中吹嘘她是怎样的一个完美女友:"我女朋友如今有一辆崭新的88年丰田特塞尔,一台微波炉和一台食物处理机,一台搅拌机和一台意式咖啡机。我就是个任性的、被宠坏了的傻瓜。"对科特来说,特塞尔似乎是台豪华轿车。

科特回来后,两人的关系中重新有了浪漫的感觉,尽管在同居两个月后,崔西对科特的喜怒无常心生芥蒂。她觉得尤其在科特的

---

[1] 音速青年乐队(Sonic Youth),美国著名噪声摇滚、朋克摇滚乐队,1981年成立于纽约,在摇滚圈内部地位极高。

收集癖之下，狭窄的小型单身公寓已经装不下他们了。早在8月，她就给他写了便条，上书："我没法在这个发霉的狗窝里住到本月15号了。太恶心了。"虽然这是西北部的夏天，他们的公寓还是饱受霉菌侵扰。

有人注意到发霉实属不易，两人养的动物让整个公寓散发出异味，用达蒙·罗梅罗的话说，简直是个"活体解剖实验室"。海龟、老鼠和猫都有异味，但最强烈的气味来自他们的兔子。炖炖是一只母兔子，也是科特和崔西二人领养的宝贝，就像独生子一样被宠坏了。它常常成功逃脱兔笼，使得科特和崔西不得不警告访客们注意别踩到兔子屎。8月初的一天，科特和米歇尔·维拉希姆斯基通电话，后者是一个演出经纪人，是他们雇来帮忙重新预订取消了的演出的。忽然，电话断了。一分钟后，科特向她回电解释道："我的兔子把电话给拔了。"他开玩笑说，他的公寓被昵称为"动物农场"。几个星期后，斯利姆·穆目睹了科特疯狂地把他的宠物笼子往外推。"我用刀刮冰箱上的冻霜时，不小心扎了一个洞，我不想让漏出来的氟利昂杀死我的宠物。"他解释道。

当同一栋公寓楼空出一间一居室时，他们把"柯本的移动博物馆"搬了进去。公寓月租比以前多了50美元，但空间更大，且正对公寓楼的车库。科特把车库利用了起来。车库里有个工作台，被他用来修已经坏掉的吉他，他还削出了更多的木质琴颈，为日后弄坏的吉他做准备。头一周内，车库里便塞满了坏掉的音箱、砸碎了的扬声器机柜和其他涅槃乐队巡演的残留物。

8月中旬，针对他的胃部症状，科特第一次向医生求助，他还向医生咨询如何增肥。就自己瘦削的身形，他一直非常在意，在意到让他买了很多深夜电视广告上推销的增肥药，他把这些药试了个遍，然而毫无起色。他在塔科马的圣约瑟夫医疗中心的饮食紊乱症诊所见了一位专家，但做了很多测试后，仍然没有查出导致他胃痛的身体原因。那年夏天晚些时候,科特去看了另一位专家,但崔西发现他在预约时间的 10 分钟后就回到了家。科特是这么解释的:"他们想抽血,但我讨厌针头,就离开了。"崔西回忆说,他"非常害怕针头"。他的胃部症状时好时坏,很多时候他整夜整夜地呕吐。崔西深信这是他的饮食导致的,他不顾医嘱,总吃高脂肪和油炸食品。对此,她的想法和克里斯特及查德一致,他们都经常敦促科特多吃蔬菜,然而科特完全不吃菜。"我不会吃任何绿颜色的东西。"他宣布。

8 月的第一周,乐队几人去了音乐源头录音棚,和制作人斯蒂夫·菲斯克一起为宣传即将进行的欧洲巡演录制一张 EP 专辑。录制持续了两天,乐队从失去杰森中恢复了过来,尽管长期巡演让他们的器材稍有磨损。"他们那套巨大的北方牌架子鼓,"菲斯克回忆道,"由于经常裂开,大鼓(kick drum)是用两卷胶带拼到一起的。他们开玩笑说它是'自由钟鼓'。"他们录了五首柯本新写的歌:《为人子》(Been a Son)、《污点》(Stain)、《青春年少》(Even in His Youth)、《波莉》(Polly)和《东方象征之歌》(Token Eastern Song)。从科特作为创作者的成长来看,这些歌的质量有了巨大的飞跃。他们早期的大部分歌曲只是单调的咆哮,且通常讨论社会有多可悲,但像《波莉》这首歌,源自科特剪下的一则报纸新闻。他就着新闻标题,创作出了十分动人的新闻背后的故事。这首歌原名《搭车客》(Hitchhiker),原型是 1987 年的一个真实事件,即一个年轻女孩惨遭绑架、强奸和火炬喷枪的酷刑。令人惊讶的是,这首歌却是从肇事者的视角讲述的。科特成功地描摹出了强奸的恐怖("让我剪去你肮脏的翅膀"),与此同时巧妙地指出了肇事者人性的一面("她和我一样感到无聊")。其文学上的力量在于其对内心对话的关注,和杜鲁门·卡波特在其著作《冷血》中找寻到对谋杀犯产生同理心的方法十分类似。此歌的主题和旋律形成了鲜明对比,和《关于一个女孩》类似，旋律甜美、舒缓、动听，几乎像是精心设计，让听众措手不及。听众往往不知不觉地哼着这首歌愉快的旋律，歌曲内容却是可怕的罪恶。科特以一句足以成为强奸犯、受害者和他本人的墓志铭的歌词作为结尾："本能的意志，让我惊奇。"多年后，第一次看涅槃乐队的鲍勃·迪伦从涅槃乐队的曲目表中选出《波莉》，称之为科特最勇敢的歌曲，这首歌还让他对科特做了如下评语："这孩子有心"。

这次录制的其他歌也同样出色。《为人子》一歌唱的是唐·柯本是如何希望科特的妹妹是个男孩。《青春年少》和《污点》都是有关唐的自传式歌曲，表达了科特内心的排斥感。在《青春年少》中，科特写道："爸爸为他自己的一无是处感到羞愧。"而在《污点》中，科特则流淌着"坏血"，是家族的"污点"。《东方象征之歌》是唯一一首敷衍之作——关于创作者的灵感枯竭，实际上是他写给母亲的一封未寄出的信的歌曲版本。

这些歌也是到当时为止科特最复杂的音乐作品，吉他连复段充实而多元。"我们想要那种大气的摇滚声。"科特告诉菲斯克，他们也做到了这点。当他们回放录音带时，科特兴奋地宣布："我们在这个大型录音棚，录下了鼓点质量能打进前四十榜单的歌。"为了庆祝，乐队几人问他们能不能跳到桌子上。"桌子大概这么高，挺气派的，非常适合拿来庆祝。"菲斯克回忆道。他和科特、克里斯特及查德一起爬到桌子上，兴奋地跳上跳下。

当年 8 月末，科特和尖叫树乐队的马克·兰尼根组了一支衍生乐队，克里斯特负责贝斯，尖叫树乐队的鼓手马克·皮克雷负责打鼓。科特和兰尼根彼时已一起写了几个月的歌，尽管他们把大部分时间花在谈论自己对铅肚皮[1]的爱上。他们在涅槃乐队租来的西雅图

---

1 铅肚皮（Leadbelly，1888—1949），美国颇具影响的布鲁斯、民谣乐手，1988 年入驻摇滚名人堂。

排练场地上彩排了几次,场地位于大陆长途客运公司的上方。"我们的第一次彩排完全是对铅肚皮的致敬,"皮克雷回忆道,"马克和科特都买了铅肚皮的录音带,我们用一个小小的手提音箱放着听。"科特和克里斯特想把新乐队命名为"锂",皮克雷则提议叫"陪审团",他们最终听从了这个建议。但当乐队在8月20日进棚和制作人恩迪诺合作时,项目流产了。"马克和科特似乎太尊敬对方,不好意思叫对方做这做那,连提议大家该做什么都不说。"皮克雷说,"他们俩谁都不想当拍板的人。"两个歌手甚至不能决定谁应该唱哪首歌。他们最终录制了《这不可惜吗》(Ain't It a Shame)、《灰鹅》(Gray Goose)和《昨晚你在何处过夜?》(Where Did You Sleep Last Night?),三首都是铅肚皮的歌,但是他们并没一鼓作气完成一张专辑。科特还被另一个非涅槃乐队的项目分了心:他在波特兰短暂停留,和迪伦·卡尔森的地球乐队(Earth)一起进棚录歌。

在此之后,涅槃乐队重新上路巡演,在中西部连演了两个星期。在那次短途巡演中,他们吃惊地发现,观众人数稍微变多了,也更加热情。《漂白》已经开始入驻大学电台曲目单,在当时的有些演出上,他们能吸引两百个知道这些歌的到场歌迷。他们还卖了不少T恤,有史以来第一次挣到了钱。当他们回到西雅图后,他们就收入和支出算了笔账,发现还挣了几百美元。科特很惊讶,他向崔西炫耀这个成就,好像他挣来的300美元能弥补这些年来崔西给他的经济援助似的。

当年夏天,"地下流行"唱片计划了第一场涅槃乐队的欧洲巡演。《漂白》已经在英国发行,反响很好。科特从来没出过国,他深信,乐队在欧洲会更受欢迎。他向崔西承诺,他一定会挣回几千美元,而且每到一个国家就会给她寄明信片。

第十一章 糖果，小狗，爱

英国伦敦

1989年10月—1990年5月

在你附近的商店：

涅槃。鲜花。香水。糖果。小狗。爱。

——出自涅槃乐队第二张专辑的假想广告

1989年10月20日，科特抵达伦敦。距离第一场演出还有三天，他想参观大英博物馆，但他身体不舒服，就没进去，只在博物馆门口拍了照。他的队友逛了些英国酒吧，但科特——由于胃病当时不抽烟也不喝酒——因为常犯的支气管炎待在了宾馆。为了治好自己，他用拳头重击胸口，以为这种暴击会打散他的痰。

涅槃和泰德乐队一起在欧洲巡演，后者也是"地下流行"唱片旗下的乐队，由泰德·多伊尔组建。泰德来自艾奥瓦州，是个重达300磅的前屠夫。由于两支乐队都有低沉而重型的曲风，且因为泰德几乎变态的肥胖，一个聪明的英国演出主办方将其中一场演唱会命名为"重于天堂"。这个抖机灵的表达变成了整个巡演的正式标题，被印在海报和报纸广告上。这恰当地总结了两支乐队所制造的听觉轰炸：如果单单是大音量还没有制服你，那么如涅槃乐队的《镇静剂》和泰德乐队的《氰化物洗浴》（Cyanide Bath）等歌的黑暗主题一定会的。为了显示兄弟情义,他们计划共同领衔出演,轮番为对方暖场。

科特本期望能在欧洲得名得利,结果却发现这是轮十分低成本的巡演,乐队得途经9个国家,42天内演满37场,要实现这个计划,他们只能连夜开车。他们的车是"地下流行"唱片租来的一辆狭小的10座菲亚特小货车。车里装着他们的器材和演出周边、涅槃乐队的3个成员、泰德乐队的4个成员和两个随行工作人员。鉴于泰德的体积和克里斯特的高度,以及泰德乐队那位坚持在车里站着的鼓手,每天把物件装起来就要花上1小时,过程如马克斯兄弟[1]的电影般滑稽。离开欧洲前,由于很多肠胃问题,泰德·多伊尔每天都要呕吐,如同仪式一般经常发生,以至于被写进了巡演日程:"上午10点,往小货车上装东西;10点10分,泰德呕吐。"

科特则被泰德的身体内部运作迷住了。他自己也饱受胃痛折磨,但他吐出来的只有胆汁和血。科特宣称,泰德的呕吐物近似艺术作品。"泰德进小货车之前,科特会拿着一个塑料盆,"泰德乐队的科特·丹尼尔森回忆道,"他站在那里,耐心地拿着塑料盆,眼中闪烁着欣喜。他会满怀期待地看着泰德,待到泰德终于呕吐时,呕吐物是一种五颜六色的光辉流质。科特会拿盆一把接住。除了科特,没人有机会拿塑料盆,这是他的工作,也是他的荣幸。"泰德还经常有内急,这意味着他得常常去路边解决,这个300磅大胖子在高速公路安全岛上尽情释放自己,引得过路英国司机们啧啧称奇。从某种程度上,那年夏天,泰德的肠胃系统变成了科特的缪斯。就多伊尔的止泻药,他写了一首叫《易蒙停》(Imodium)的歌。

当乐队一行人探索汉堡臭名昭著的红灯区和色情超市时,排泄依然是主题。科特自己算是个业余色情画家:他痴迷于女性臀部,还曾多次拍下崔西的臀部。大部分色情作品对他来说都过于性别歧

---

[1] 马克斯兄弟(Marx Brothers),由五位亲兄弟组成的一个美国喜剧组合,以舞台杂耍、舞台剧、电视和电影等形式演出。曾被美国电影学会评为百年间最杰出男演员第20位。

视,但正如一个寻访未知族群的人类学家一般,怪异的色情作品让他神往。他尤其对描绘了被他叫作"屎恋"的色情杂志着迷,这种性癖学名为"嗜粪癖"。"科特为所有不寻常的东西着迷:包括任何不正常的、心理上很奇怪或不寻常的,以及身体意义上和社会意义上古怪的东西。"丹尼尔森观察道,"要是那东西和身体机能有关,他就更高兴了。比起喝酒和抽大麻,观看人性的怪癖更能让他嗨。"科特买不起色情作品,但泰德买了一本色情杂志,上面登了斯可丽纳的内容,后者是一个色情业明星,因被选入意大利国会而受到国际关注。在其中一张图上,斯可丽纳一边迈出豪华轿车,一边往一个男人嘴里撒尿。在菲亚特小货车里,每天早上,泰德都会拿出这本杂志宣布道:"图书馆开张啦。"接着,这本大家梦寐以求的杂志便被广为传阅。

这些孩子气的举动是这场让人麻木又备受折磨的巡演中唯一的娱乐。"我们去了巴黎,却没时间看埃菲尔铁塔。"查德回忆道。科特坚称,整场巡演日程就是故意设计好在心理上和身体上摧毁他们的。这种马不停蹄的步调也开始影响他们的演出:有时,他们发挥得非常好(比如在诺里奇的演出,狂热的观众大喊着让他们安可);有时,演出会分崩离析(比如在柏林的演出,演了6首歌后,科特便砸了吉他)。"他们要么特别棒,要么烂到家。"巡演经理艾利克斯·麦克劳德回忆道,"但是,即便他们的演出烂到家了,还是满怀活力。"大多数观众都对他们的歌既熟悉又有热情,很多演出的门票都售罄了——这对涅槃乐队来说可是头一回。但是,由于场地都很小,两个乐队都没挣到多少钱。

他们的确得到了很多媒体报道,再加上很有影响力的DJ约翰·皮尔经常在电台推他们的歌,《漂白》被推进了英国独立专辑榜的前十。在柏林,涅槃乐队得到了他们的第一次杂志封面报道,登载在西雅图老家的《火箭》杂志上。科特告诉作家尼尔斯·伯恩斯坦,目前影响他的音乐来自像少年刀乐队(Shonen Knife)、小妖精乐队以及他最近的心头大爱凡士林乐队[1]这样的"可爱乐队"。他还提到了自己口中所说的,西雅图嬉皮士们对涅槃乐队的偏见:"我感觉我们被看成和表亲乱伦的文盲红脖子小孩,什么也不懂的那种。这是完全不正确的。"

尽管科特终于能在欣赏自己的观众面前表演,可怕的忧愁还是笼罩了他。在他们住得起酒店时,他经常和科特·丹尼尔森共用一个房间,两个人常在黑暗的房间里盯着天花板整夜不眠,谈论着是什么才把他们引向那辆见鬼的菲亚特小货车。科特谈起了他少年时期的传奇故事,包括肥仔的故事、阿伯丁监狱的故事,还有迪伦·卡尔森创立的奇怪宗教,混合了山达基教和撒旦崇拜。但他提及的最奇怪的故事要数自己的家事:关于唐和温迪的故事,河中枪的故事,还有高中同学想勾搭他妈妈的故事。在其中一个不眠夜,科特承认,他希望自己能回家。"从巡演的第一周起,我就想回家。"他躺在酒店床上说。"我其实可以。我要是想的话,现在就可以去我妈那里——她肯定会允许。想要的话,她也会给我寄钱。"他的嗓音沙哑,仿佛自知这是个精心炮制的谎言,"她会接纳我。"

几天后,在罗马,科特在舞台上崩溃了。泰德首先登场,用在意大利朋克乐手中通用的颂词"去他的教皇"点燃了观众。到涅槃乐队登场时,满场观众的情绪已经到了位。但音响问题激怒了科特,演了40分钟后,他爬到30英尺高的设备堆上,冲人群尖叫:"我要自杀!"在场所有人,包括克里斯特、查德、博纳曼和帕维特(他们俩专程为这场演出赶来),都不知道这是怎么回事,就连科特自己也不知道。此时他面对着一群用磕磕巴巴的英语高喊"跳啊"的

---

[1] 凡士林乐队(The Vaselines),苏格兰另类摇滚乐队,1986年成立于格拉斯哥。

观众。他依然弹奏着自己的吉他——乐队的其他人都停下来看着他——似乎不知道接下来该怎么做。"他要是跳了,会摔断脖子。在某一刻,他也意识到了这点。"丹尼尔森观察道。科特最终爬了下来,但他的失控没有结束。到了后台,演出主办方抱怨说,他们弄坏了一个麦克风。巡演经理麦克劳德争辩了起来,并向对方展示麦克风是好的——他们根本没钱换麦克风。科特抓起麦克风,像罗杰·道尔奇[1]一样把它旋转起来,砸向了地面。"看,现在它是真坏了。"他一边喊道,一边走开了。

他从风波中恢复了些许,又在欧洲演了五场,并以参演伦敦的又一场"蹩脚音乐节"结束了巡演。科特在最后一场秀上火力全开,在舞台上跳上跳下,一直到膝盖流血。但在心理上,对科特来说,这次巡演在罗马就已经结束了。这回,乐队里没有其他吉他手供他炒鱿鱼,所以这回,他干脆决定炒掉自己的厂牌。帕维特和博纳曼是坐飞机到罗马的;科特无法不将乐队一行人在小货车里的惨状和两位老板坐飞机旅行的作风对比起来。尽管涅槃乐队还会在"地下流行"唱片旗下多待一年,但就像在一场急速恶化的婚姻中一般,科特在感情上已经抛弃了自己的厂牌。

等到12月初,涅槃乐队回到美国时,克里斯特和谢丽宣布订婚,并决定在新年前夜在二人位于塔科马的住所举行婚礼。科特和崔西出席了婚礼,尽管从奥林匹亚到塔科马的车程,是二人关系中最糟糕的三十分钟。眼见着谢丽结婚了,尽管知道这个话题注定让自己痛苦,崔西还是无法抑制地提起和科特之间承诺的问题。在欧洲巡演时,克里斯特经常和谢丽通电话;而崔西得到的仅仅是科特偶尔寄来的明信片,尽管其中一张上有科特写了二十遍的"我爱你"。

---

[1] 罗杰·道尔奇(Roger Daltrey),英国著名乐队"谁人"(The Who)的主唱。

但在开车去塔科马的路上,他唯一一次提及婚姻,就是开玩笑说她可以嫁给别人。"但在你结婚之后,我们还是可以做爱,因为我很喜欢。"他如此告诉她,以为是在夸奖她。婚礼上,科特一反常态地喝醉了,一个人待在屋顶上度过了大半个晚上,孤独地迎接新年。

那年圣诞节,科特和崔西庆祝他们在一起将近三年。虽然手头吃紧,他还是送了她价值100美元的大画册《摇滚的艺术》。从外表来看,他们依然是关系紧密的情侣。但科特内心中有什么东西已经变了,他和崔西都深知这一点。从巡演回来后,他常常要花很久才能再度和她亲近,两人不在一起的日子和在一起的日子之间的对比,也常常测试着她的耐心。她感觉整个世界都在从她身边夺走他。

从某种程度上说,也的确如此。涅槃乐队的状况越来越好,乐队给他带来了自信心的增长和财务上的支持,此前,财务上全靠崔西。到了1990年年初,科特每天都有乐队事务要打理,崔西也知道,她不该测试相比之下究竟是她重要还是乐队重要。但事实上,她也在和他渐行渐远。她只是个平凡的女孩,而科特却越变越怪异。她想知道这一切将在哪里结束。那年2月,他在日记本上写下的日记,半是幻想半是现实,内容恐怕会让任何爱人感到担忧:"我是个23岁的男人,而我正在泌乳。我的乳房从来没有这么痛过,比在学校时被欺负我的同学揪完乳头后还痛。我好几个月没自慰了,因为我已经失去了想象力。我闭上双眼,能看见父亲、小女孩、德国牧羊犬、电视新闻评论员,但就是看不见嘴唇微翘、全身赤裸、在狂喜中畏缩的性感女郎。我还看到蜥蜴和鳍肢婴儿。"这篇日记,和其他类似的日记,让她替他的精神状态感到担忧。

科特一直睡不好,晚上还经常磨牙,抱怨着自己一直做噩梦。"从他记事起,他就开始梦见有人要杀他。"崔西回忆道,在梦里,他会试着拿棒球棒击退攻击他的人。他还梦见过拿刀追他的人和吸血鬼。当他醒来时,有时眼中会有泪水。崔西会像一个安抚着小男孩的母亲一样安抚他，把他抱在怀里轻抚他的头发。她告诉他，她会一直在他身边，永远不会离开。而他却满身大汗地紧盯着天花板。"他总做那些梦。"她担心在巡演的时候，他如何能让自己镇静下来。

从外表来说，白天的他看上去很正常。他从来不提自己的噩梦，相反，他给人一种自己做梦也只会梦见乐队的印象。开年之后，涅槃乐队在录音棚里短暂停留，录下了歌曲《傻了》（Sappy）。早在欧洲巡演时，乐队几人就开始谈起夏天出新专辑的事。在科特的职业生涯中，这也是头一回不是他一个人急着出专辑——如今"地下流行"唱片、媒体、大学电台，甚至日益增长的歌迷群体都盼着他出新歌。他依旧以惊人的速度写歌，歌的质量也越来越好。尼基·麦克卢尔搬到了他公寓旁边的住所，她曾经透过墙壁听见他不断地弹着吉他。那个冬天的一个下午，她透过热气孔无意中听到了一阵美妙的旋律；他不断地唱唱停停，仿佛在就地创作歌曲。当天晚上，她在 KAOS 电台听到了科特现场演奏这首他先前排练的歌曲。

1990 年 1 月 19 日，涅槃乐队在奥林匹亚又演了一场秀。这场演出将被载入史册，尽管原因和其他的有所不同。整场演出在城外的一个农庄大厅举办，参演的有涅槃乐队、讨厌鬼乐队和偶发新闻乐队（Beat Happening）。作为演出造型，科特用假血在胳膊上画了针眼。他不知道瘾君子是什么样子的，便把针眼画过了头，让他的形象看上去格外吓人，比起瘾君子，更像是艾德·伍德电影里的僵尸。"他穿着短袖衫，胳膊上从手腕到袖子的部分布满了淤青。"加斯·里维斯观察道，"他看上去好像有传染病一样。"尽管如此，科特本想开玩笑，却造成了意想不到的后果。观众没看懂他的搞笑，开始传起流言，说他确实是个瘾君子。不过，这场演出还是代表了很多层面上的分水岭：尽管领衔演出的是讨厌鬼乐队，但涅槃乐队彼时已经比导师们更受欢迎了。讨厌鬼乐队以对尼尔·杨的《在自由世界里摇滚》（Rockin' in the Free World）的动感翻唱收场。科特站在第一排,和其他观众一起高举着拳头,但他也注意到,三分之一的观众在涅槃乐队演出之后就离场了。

第二天晚上,当讨厌鬼乐队和涅槃乐队在塔科马传奇大厅演出时,更让人吃惊的事情发生了。演出门票一售而空,涅槃乐队还挣了五百美元,那是到当时为止他们拿的最大的一笔报酬。当场有一百个人舞台跳水,引发阵阵骚乱。最恼人的是蜜浆乐队的马特·卢金,他用自己的后台通行证走上舞台,一个猛子扎进了观众群中。为了拉开缠斗在一起的卢金和现场保安,涅槃乐队的演出不得不暂停三次。"他是我们的朋友。"科特不断告诉保安,听上去既担心又尴尬。涅槃乐队以林纳德·斯金纳德乐队的《美丽家乡亚拉巴马》(Sweet Home Alabama)结束了演出,当时已经有五名保安站在乐队前面了。这倒不让科特感到奇怪。但让他又惊奇又高兴的,是看到蜜浆乐队的马克·阿姆站在舞台右边,在整场涅槃乐队的演出中随着音乐上下甩头。

马克·阿姆,真名马克·麦克劳克林,是当之无愧的西雅图朋克摇滚缔造者。帕维特和博纳曼绞尽脑汁拿来挣钱的垃圾摇滚,正是他的乐队蜜浆乐队和先前的绿河乐队发明的。就连"垃圾摇滚"这个词,也是他在20世纪80年代初西雅图的一本粉丝杂志上最先写下的。阿姆聪明、尖刻、有才华,出了名地爱派对,并散发出一种自信,让大家觉得他注定会成为明星。总之,他是科特这个没有安全感的阿伯丁小孩做梦都想成为却又成为不了的人物。阿姆出现在你的演出上,还很享受演出,其荣幸就好像第一夫人杰奎琳·肯尼迪·奥纳西斯[1]来到你的婚礼,还整晚跳舞一样。科特对阿姆的崇拜对每个人来说都显而易见,但看得最明显的还是巴兹·奥斯本。他眼见着自己的崇拜者移情别恋了。

---

[1] 杰奎琳·肯尼迪·奥纳西斯(Jacqueline Kennedy Onassis),肯尼迪总统的夫人,形象气质好,十分受男性选民欢迎。

科特曾尝试跟阿姆交朋友，但成果有限。在西雅图时，他常拜访阿姆的公寓，在那里，他常被阿姆收藏的朋克摇滚单曲吓住——这可是他们那个圈子的终极身份象征。"很显然，他崇拜马克。"马克·阿姆的女友凯丽·蒙哥马利回忆道，"马克却不以为然。"在当时，蜜浆乐队是"地下流行"唱片的头牌，也是西北部摇滚圈的帝王。很多大厂牌都对他们有兴趣，但由于阿姆和帕维特的友情，他们坚守在"地下流行"唱片旗下。

但就连对蜜浆乐队来说，这份友谊也在1990年经受了考验。当时，"地下流行"唱片的财务危机威胁到了厂牌和所有旗下乐队的命运。虽然泰德乐队、涅槃乐队和蜜浆乐队的唱片一直卖得不错，但这些唱片的销量还是没法在经济上支持帕维特和博纳曼打造的庞大事业。"'地下流行'唱片管我们借我们第一次欧洲巡演的预付款的一半。"蜜浆乐队的斯蒂夫·特纳回忆道。"厂牌还穷到了想拿股票来抵欠下的唱片版权费的地步。我们说：'这又有什么意义呢？'"马特·卢金回忆道，"反正你们两周内就要破产了。""地下流行"唱片对待他在涅槃乐队的好友们的恶劣方式，更是让卢金看不下去。"我亲眼看见了布鲁斯是怎么向他们承诺，说会再发一张专辑，却又一推再推。"卢金回忆道，"他们根本不被当回事。"

科特从巡演中挣来的钱很快花完了。那年春天，他又开始找工作，在《奥林匹亚日报》上圈起清洁公寓、兽医诊所冲洗狗狗的工作。他申请了兽医诊所的工作，却被拒绝了。

他和克里斯特决定创办自己的保洁生意，将之命名为"松树保洁服务"。这也是科特很多快速致富的计划之一，他一鼓作气，为他们的生意画了传单，海报上是科特和克里斯特扫地的插图。广告宣称："我们特地限制了旗下办事处的数量，以便能不紧不慢地亲自提供保洁服务。"尽管传单发满了奥林匹亚，却没有吸引到一个顾客。

当不忙着当松树保洁服务的 CEO 时，科特在写歌和巡演。他们在 2 月的第一个星期出发，和泰德乐队一起开始了他们到当时为止最成功的一场西海岸巡演。巡演在波特兰和旧金山吸引了大批热情的观众（在一场情人节的演出上，他们将乐队命名为"性感美男"）。即便在愤世嫉俗的好莱坞，人们也争先恐后地去看他们在罗吉俱乐部的演出。"那天晚上，他们征服了洛杉矶。"预订了场地的普莱森特·格曼回忆道，"人们都被镇住了。俱乐部只能容纳二百人，但我发誓，当晚来了四百人。"在洛杉矶，他们住在 L7 乐队的詹妮弗·芬奇家，后者将他们当时的形象形容为"马戏团里的大丹犬和狮子狗：查德身形瘦小，头发一直拖到屁股，双眼充满狂野；科特比查德略高，头发又长又乱；然后是克里斯特，他太高了，你仰望他时脖子都会疼"。

在这场巡演上，科特还和老朋友杰西·里德见了面，后者当时住在圣迭戈城外。两人在圣伊西德罗的麦当劳见面，这个地方由于血腥的枪击案而名声大噪，科特坚持要在巡演途中参观此地。杰西开车带乐队几人到提华纳去看演出，那天夜里，因为距离科特的 23 岁生日只有几天时间，两个老友便用喝掉半加仑的酒和吸冰毒的方式庆祝。尽管有胃病，1990 年年初，科特再度开始喝酒，尽管不常喝，但一喝起来，简直没有限度。

科特回到奥林匹亚后，距离下一次长途巡演只有三个星期的时间。这次巡演中，他们会在威斯康星州停留，在那里录制《漂白》的下一张专辑。科特和崔西尝试重燃浪漫，但是两人关系的紧张是显而易见的。"他们不再在公共场合举止亲密了。"斯利姆·穆回忆道。科特向斯利姆抱怨道，崔西的性需求比他频繁。对她来说，性是两人情感联结的一部分；对他来说，这却意味着一种他无法再给予的情感投入。

那年3月的一个晚上,达蒙·罗梅罗经过科特家,他们租了录像来看,这也是宅男科特常有的活动。科特挑了亚力克斯·考克斯导演的新片《直入地狱》——由乔·斯特拉莫[1]和埃尔维斯·科斯特洛[2]主演。看电影时,罗梅罗指着电影里的一个女演员说:"嘿,那个女孩来自波特兰的一个乐队。"罗梅罗指的是科特妮·拉芙。尽管风评不佳,科特还是很喜欢这部电影。"那片子足够俗气,所以科特才喜欢。"罗梅罗回忆道。

3月20日,乐队和几个朋友潜入常青州立学院的教室,好拍摄一部科特想象中的正式MV。根据科特的计划,乐队将在投着他从电视上翻录的影像片段的背景前表演。"他花了好多个小时录那些怪玩意儿,"导演乔恩·斯奈德回忆道,"他就着一个《奥斯蒙兄妹》的老段子录了《明日之星》,还录了《幻想岛》的片段,以及一堆神经兮兮的深夜假指甲广告。"他们演奏的第一首歌《学校》的背景是奥斯蒙兄妹跳踢踏舞。《大奶酪》一歌的背景画面则来自一部科特邮购来的无声电影,主题和女巫有关,以及一些科特童年时代拿超8摄像机拍的影片。"他拍的片子里有破碎的娃娃,身上起了火的娃娃,以及像《玩具总动员》里一样被乱七八糟拼在一起的娃娃。"负责摄像的艾利克斯·克斯特尼克回忆道。科特提及去阿伯丁继续拍摄,还说起要往里加更多自己童年拍摄的影片片段。就像他的很多点子一样,这件事也没有做到底。

一个星期后,他们把家伙装上小货车,继续巡演。科特离开时,崔西在睡觉,但她在他的日记本上留了言:"再见,科德特。祝你巡演愉快,唱片录制顺利。坚持一会儿。咱们七周后见。我会想你的。爱你的崔西。"留言看上去讨喜,但即使在她的情感中也能感

---

1 乔·斯特拉莫(Joe Strummer),英国传奇朋克音乐人,冲撞乐队的联合创始人、作词人、吉他手和联合主唱。
2 埃尔维斯·科斯特洛(Elvis Costello),英国创作型歌手,多次获得格莱美奖,被《滚石》杂志评为史上百大音乐人第80位。

到一种挫败。就连崔西都要把他的名字拼成他的另外人格"科德特"。她已经失去了她的科特。

4月2日,乐队在芝加哥首次演唱了新歌《盛放》(In Bloom)。演出结束后,他们开了一夜的车,到了威斯康星州的麦迪逊市,"聪明"录音棚和制作人布奇·维格住在那里。他们只有一个星期的时间录专辑,但是科特提醒大家,在录制他们第一张小样时,他们是如何在5小时内录了许多首歌的。他们的大多数新歌还在雏形阶段,科特试图淡化这个事实。不过,既然维格和几百支另类摇滚乐队合作过,他们对他传达乐队的想法很有信心。维格的确给乐队留下了好印象;身为鼓手的他成功捕捉了乐队该有的鼓声,科特认为,这是他们在其他作品中没能做到的。

一伙人飞速工作,很快录了八首歌,其中包括翻唱地下丝绒乐队的《她来了》(Here She Comes Now)。为一张合集录制,在几天时间内,他们录了五首新歌,还重录了两首老歌。当然了,科特还是失望于他们没有多录几首。他们在"聪明"录音棚录的五首歌最终会被收录进专辑《别介意》。

在新歌中,科特挖掘了其自身生活的情感深度,还写了他身边的人。《盛开》稍加掩饰地描绘了迪伦·卡尔森,而《付钱演出》(Pay to Play)则讽刺了就提供场地向乐队收费的俱乐部。《品种》(Breed)则是此次录制中最复杂的一首歌:最开始,它的标题是《易蒙停》,有关泰德的止泻药。到了在"聪明"录音棚录制的那个版本,歌的内容就跟泰德没什么联系了。科特换了标题,以暗示动得一刻不停的嘴巴。成歌的结构比科特早先的版本更精巧。以一句"她说"结尾,暗示这首歌是对话的截取,给内容的理解多加了一层意思。

科特想出了一个专辑标题:《绵羊》。他借这个名字暗暗嘲笑大众,他确信会为专辑买账的大众。"因为你不想当;因为大家都是。"他在给《绵羊》的一份假广告上写道。广告上写着:"希望女人可以统治世界。堕掉耶稣。刺杀两害相权的其重和其轻。偷《绵羊》。在你附近的商店。涅槃。鲜花。香水。糖果。小狗。爱。代际团结。以及杀死你的父母。《绵羊》。"大约在同一时期,他又给乐队写了篇假传记,这篇传记有着诡异的预知性,尽管其中充满了孩子气的笑话。它把乐队描述为:"三届格莱霉奖(Granny Award)获得者,其作品连续26周位居'公睾牌'(Billbored)单曲排行榜榜首。两度登上《滚球》(*Bowling Stoned*)杂志封面,被《屎代》(*Thyme*)杂志和《猩闻周刊》(*Newsweak*)杂志评为本代人中最具原创性、最发人深省的重要乐队。"

在"聪明"录音棚完成最终混音后的几个小时后,一行人重新上路巡演。维格把母带寄给了"地下流行"唱片,尽管乐队几人都严重不确定他们到底想不想要这家厂牌发行这张唱片。两周后,科特在马萨诸塞州打电话给崔西,这是通长长的电话——也是他们知道早会来,但她极力推迟和避免的一次谈话。他告诉她,两人的关系难以维系,也许结束同居比较好。这算不上彻底的分手;直截了当从来不是科特处理冲突的方式。"他认为,我们最好分开住一段时间,因为我们需要更大的居住空间。"崔西回忆道。科特的建议充满了"也许",他还缓和道:"即使我们不住在一起了,我们还是会出去约会的。"但他们都知道,他们之间结束了。

打完电话后的下一个月内,科特在巡演中和一个年轻女人上了床。这也是他的队友目睹过的唯一一次出轨。这也的确如此。那场性爱感觉很糟,科特恨自己的软弱。回去之后,他告诉了崔西出轨的事;多年来,他有很多次出轨的机会,而偏偏选择这个时机,实在是因为他想在情感上疏远崔西,好给她一个恨他的理由,来让分手更容易一些。

就像涅槃乐队所有巡演一样,在路上待了大约一个月后,乐队所有人,包括科特,好像都快散架了。将近4月底时,在金字塔俱乐部的一场演出上,他们又有了一次音响问题。当科特看到纽约的嬉皮士人群中,有那么一个人在他们调音时就开始跳上跳下,他狂喜不已。而当意识到那个人就是伊基·波普时,他简直不敢相信自己的双眼。但他的兴奋只维持了一小会儿就变成了尴尬:科特恰好穿着一件伊基·波普的T恤。其他人可能会就这个巧合一笑了之,但对科特来说,这却是摇滚偶像崇拜的佐证,而这恰恰是他想拼命隐藏的东西。他以砸坏查德的鼓的方式结束了演出。

查德得密切关注科特的情绪,好辨别他是不是要破坏自己的架子鼓。这是一种自我鞭挞的行为,也是种侵略行为——科特对查德的鼓点越来越不满意。在波士顿,科特冲查德扔了一整壶的水,只差几英寸就砸到了查德的耳朵。

等到乐队在5月底回到西北,查德被踢出队的事已经不言而喻。当然了,这个事实并没有敞开来讲。不过巡演结束的两个星期后,钱宁透过他在班布里治岛家中的窗户,看见乐队小货车从高速公路驶来,然后,正如海明威短篇故事里的倒霉角色一样,他知道离队的日期不远了。他甚至震惊于科特的出现——这也证明了科特是多么喜欢查德,尽管很快他就称查德"和乐队不搭"。三个人多次在一张床上睡觉。科特和查德常常会合伙对付克里斯特,好分享抢来的被子。话是克里斯特说的;科特几乎没说一个字,整场谈话下来,他只顾盯着地面。不过即使对查德来说,这也算是一种解脱。"过去三年,我跟这几个家伙真的很亲近,"查德回忆道,"我们一起经历苦难。一起在小货车里经历挫折,拼命演出却一毛钱也拿不到。没有什么有钱干爹能照顾到我们。"科特拥抱查德,以此作别。查德知道他们之间曾有友谊,也知道这友谊算是结束了。"我们说再见的时候,我就知道很长时间都不会再见到他们了。"

第十二章 爱你太深

华盛顿州奥林匹亚市

1990年5月—1990年12月

爱你太深,让我恶心。

——《动脉瘤》(Aneurysm),1990年

在炒掉查德的同一周,科特跟崔西分了手。在某种程度上,这也是一次炒鱿鱼,同样的,对于这类分别,他的处理方式向来糟糕。科特向崔西宣布,他们不该继续同居了。话虽这么说,爱睡懒觉的他却没钱也没能力搬出去住。而且,由于她把所有钱都花在了两个人的开销上,她也没钱搬出去住。他们继续在公寓里同居到7月,直到她终于在塔科马找到新的住处。在那3个月,他们仿佛住在不同的宇宙里。人虽住在一处,心已经离了很远。

他的世界充满了背叛。科特尽管向崔西承认了他在得州的出轨行为,却没有告诉她自己更严重的出轨,其实他已经爱上别的女人了。他的新欢是20岁的托比·威尔,一个来自奥林匹亚的音乐人。当时,科特已经认识托比两年了,但直到1990年年初,他才有机会和她整晚在一起。第二天,他告诉迪伦,他生平第一次遇见一个让他紧张到呕吐的女人。他把这次体验写进了《动脉瘤》一歌,并写下歌词"爱你太深,让我恶心"。尽管小他3岁,她却比他更有

文化。他能花几个小时聆听托比和好友凯瑟琳·汉娜就性别歧视的闲扯，以及她们组一支叫比基尼杀戮乐队（Bikini Kill）的计划。托比有自己的歌迷杂志，在杂志上，她首创了"暴女"（riot grrrl）这个词，以描述1990年的女权朋克盛景。她主要负责打鼓，但也会弹吉他。她还收藏了许多朋克摇滚唱片，根据科特的想象，她就是女版的科特。"你从来没见过像她那样懂音乐的女孩。"斯利姆·穆观察道。

尽管二人音乐爱好相同，科特却爱上了这个永远也不会像崔西那样爱他的人，更重要的是，她永远也不需要他。比起科特，托比把感情看得更随便；她不想找老公，也不想像母亲一样照顾人。"对托比来说，男友就像是时尚配饰。"爱丽丝·威勒观察道。科特在感情中追寻的却是他童年以来就缺乏的家庭亲情，但托比却把这种传统关系视作性别歧视。

在奥林匹亚摇滚圈，就连"女朋友"这个词的意味也不一样，很少有人会承认自己在一对一的关系中。这是因为，表现得像在一段稳定的关系里，就表示融入了传统的社会模式，而这正是所有来到奥林匹亚的人想拼命摆脱的。"在奥林匹亚，没有人谈恋爱。"迪伦观察道。在这些标准下，科特和崔西的关系是彻头彻尾的老派关系；他和托比的结合则不会拘泥于这样陈腐的角色。

他们俩一开始是地下情——他刚开始和她睡觉时，还和崔西住在一起。不过，即使在崔西搬走后，他们的情侣关系似乎也仅限于两人在咖啡馆的交谈和时不时的深夜性爱。他无时无刻不想她，着了迷一般。他甚至很少离开公寓，就是怕会错过她打来的电话。而她很少打电话过来。他们的关系仅限于一起去看演出，一起制作粉丝杂志，或谈论政治。他开始透过自己的视角解读她对朋克摇滚的观点，这也启发了他，让他写下自己相信的东西，或讨厌的东西，以及他应该去听的专辑。他一再重复的一个口号是："朋克摇滚即自由。"他开始在每场采访里强调这点,尽管从不解释这种自由是相对于哪些不自由,这也变成了他解决生活中所有矛盾的口头禅。托比认为这话听上去很酷。

然而,尽管两人在精神上结合了,很多奥林匹亚圈子的人却不知道他们是情侣。"他们约会的那段时间,"斯利姆说,"我都很怀疑他们究竟是不是在正式约会。也许科特跟崔西分手一事让她感到不快,因为那事把她放在一个尴尬的位置上。我觉得她其实不打算跟他长久发展。"科特发现,托比对猫过敏,于是他的动物农场无法对她开放。动物农场彼时也变得肮脏无比:崔西一走,整个公寓就变成了垃圾场。没洗的碟子堆积成山,脏衣服满地都是,被科特肢解的娃娃则用它们疯狂的、破碎的眼睛目睹这一切。

一年前,科特还抱怨女权主义者让他觉得害怕。但一和托比勾搭到一起,暴女女权就能让他理解了,他很快接纳了这个概念,就好像那是个新发现的宗教一般。那个看看斯可丽纳色情照的男人开始用起"厌女症"这样的词,并对女性在政治上受到的压迫夸夸其谈。在他的笔记本上,科特写下了摇滚的两条原则,引自托比:"1. 学会不去弹奏乐器;2. 跳舞时(以及任何时候)不要伤到女孩子。""学会不去弹奏"是加尔文·约翰逊的很多教条之一,他认为,情感永远都比音乐技术更重要。

科特是在和"前进团体"乐队(The Go Team)一起演出时遇见托比的。这支乐队的中心是加尔文,不过在当时,绝大多数奥林匹亚音乐活动的中心都是加尔文。他留着孩子气的短发,喜欢穿白T恤,像个任性的海军陆战队招募官。但一玩朋克摇滚,虽然形象与之相悖,他却有着独裁者的做派,像一个刚加冕就修宪的暴君一样为朋克创立规则。他是偶发新闻乐队的领头人、K唱片的联合老板、KAOS电台的DJ以及当地摇滚演出的组织者。他推崇一种低保真的独立摇滚精神,就像巴兹·奥斯本在格雷斯港呼风唤雨一样,他领导着奥林匹亚摇滚圈。"加尔文非常反摇滚。"约翰·古德曼森回忆道,"当时有个笑话,如果你的乐队里有贝斯手,就进不了K唱片。"加尔文的追随者甚至有自己的名字:"加尔文派教徒"。托比不仅是加尔文派教徒,还是约翰逊的前女友。

科特和托比关系进展的每一步都挑战着他的自尊。对科特来说,融入西雅图这个大都市的摇滚圈已经够不容易了,就连在巴掌大的奥林匹亚,他也感觉自己在参加朋克摇滚版的《危险边缘》节目,只要答错一个问题,就会被送回阿伯丁老家。对于一个穿着萨米·哈格尔[1]T恤长大的孩子来说,他发现自己得不断地用那个叫"科德特"的自我来掩饰自己真实的过去。在日记中,他很少见地自我披露道:"我所做的一切都出自过度的自尊和神经质,企图向其他人证明,我至少比他们想的更聪明、更酷。"在1990年的一个媒体采访中,当被问及音乐上的影响时,他举出了一串与一年前截然不同的名单。他渐渐明白了,在朋克摇滚的精英圈子里,乐队越不知名、越无人问津,提起来就显得越新潮。他的朋友们也开始注意到他愈发分裂的人格:当科特在托比身边时,他经常批评自己同一天早些时候还在夸赞的乐队。

那年夏天,克里斯特和科特都十分讲究地复制在"聪明"录音棚录的小样。但这回,他们没有把钱浪费在给"一触即发"唱片寄小样上,转而把小样寄给了哥伦比亚唱片和华纳兄弟唱片。经历了与"地下流行"唱片的种种问题后,科特和克里斯特都一心想要和大厂牌签约,就算只为得到更体面的唱片发行。而对托比来说,这极其可憎。她宣布,她的乐队绝不会和大厂牌签约。受她的表态的影响,就签约大厂牌这一点,科特向采访者折中表示:涅槃乐队会和大厂牌签约,在拿到预付金后,便会离开大厂牌,然后在K唱片

---

1 萨米·哈格尔(Sammy Hagar),范海伦乐队主唱。

旗下发行唱片。这是个宏伟的构想，但正如他想过的很多绝妙的点子一样，他根本不打算做出如此愚蠢的举动，以破坏他得名得利的机会。

在简短雇用了坦姆·欧蒙德后的一段时间内，涅槃乐队负责了自己的经纪事务，让米歇尔·维拉希姆斯基负责演出预订，克里斯特则负责大部分的财务安排。"我是涅槃乐队中唯一高中毕业的成员。"克里斯特解释道。1990年5月，"地下流行"唱片给乐队发了一份新拟的合同——合同有30页纸，明确给了厂牌许多权利。科特知道，他不想签这份合同。他和克里斯特向苏珊·西尔弗求助，后者广受尊重，是声音花园乐队的经纪人。她看了看合同，告诉他们，他们得请个律师。

让西尔弗惊讶的是，乐队几人是多么坚定地不想跟"地下流行"唱片续约。他们抱怨道，《漂白》根本没有得到宣传，厂牌也从没向他们提供销量数据。科特称，他想和大厂牌签一个报酬丰厚的合约，好有大企业撑腰，尽管彼时的乐队连鼓手都没有。在加尔文的标准里，这种声明简直能让科特被公开处决。即使和多数西雅图乐队相比，这话也非同寻常。它还违背了科特三周前才在媒体采访中说的话。4月27日，当WOZQ电台问及乐队是否考虑和大厂牌签约时，他回复道："我们对大厂牌没兴趣。有更好的发行渠道自然不错，不过大厂牌出的东西都是一堆狗屎。"

不过那次采访之后，和崔西的分居切断了他的经济来源。如今他宣称，他要一纸"百万美元的合同"，但也许是受托比的影响，他又宣布，即使涅槃乐队跟大厂牌签约了，他们"还是会在小货车里上路巡演"。科特听说过音乐界大牌律师彼得·帕特诺的大名，便问苏珊，能不能给他们带个话。"我明天要去洛杉矶，"她说，"如果我在那里的时候，你们能什么时候过来一趟，我就带你们去见他。"克里斯特回道："我们今晚就开车过去，几天后就能见你。"

两天后,他们在洛杉矶见到了西尔弗。西尔弗把他们介绍给了知名经纪人唐·穆勒。由于帕特诺日程安排不过来,她把他们介绍给了律师艾伦·明茨。他对他们的印象是"天真却野心勃勃"。明茨擅长代表新兴乐队,但他发现,就算是作为新兴乐队,"他们也是我见过的最邋遢的"。"地下流行"唱片也在忙着跟律师打交道,想用涅槃乐队日益增长的名气扩大厂牌的投资。明茨向乐队提了这件事,并提议道,他们也许可以在"地下流行"唱片得到他们想要的发行渠道。科特倾过身子,坚决地答道:"让我离开这个厂牌!"科特称,他想自己的唱片大卖。深受他们小样震撼的明茨当天便开始为他们寻找合约。

这个任务不难。在1990年年中,涅槃乐队极具动感的现场和《漂白》在大学电台的成功,已经引来了"星探"代理的兴趣,后者是厂牌雇来负责挖掘音乐人的员工。第一个对他们感兴趣的星探,是MCA唱片的布雷特·哈特曼。早在1990年年初,他就和博纳曼及帕维特谈过乐队和"地下流行"唱片的合约。哈特曼意识到"地下流行"唱片并没有向乐队传递他对他们的兴趣,于是他拿到了科特的家庭电话,开始在科特的应答机上留言。

等到他们从洛杉矶回到西雅图后,7月11日,克里斯特和科特直奔录音棚录制单曲《裂片》(Sliver),好在下一次英国巡演之前抢先发行。他们为单曲录制雇用了蜜浆乐队的鼓手丹·彼得斯,与此同时,他们仍然在面试新的鼓手。这将是他们最"快餐"的一次录歌过程,是在泰德乐队录专辑的午饭间隙录好的。此歌由柯本创作,其标题又一次和歌词无关,不过这回,整首歌中唯一晦涩的也只有标题了。歌的内容很直接,并且是一次创作突破。科特选了他最了解的主题——他的家庭。理查德·普莱尔[1]在喜剧事业上挣扎多年,直到把自己在妓院成长的经历说进段子里才有突破。和他一样,科特终于发现了自己独有的声音,在写到自己的家庭时,有了创作上的突破。他几乎是无意间发现自己作为创作者的才华的。

《裂片》讲述了这样的故事:一个被遗弃给祖父母的小男孩不想要父母离开。他恳求祖母带他回家,但无济于事。晚饭他通常吃土豆泥。他的肠胃有问题,没法消化肉。他骑车时偏偏伤到了脚趾。他试着看电视,却睡着了。这首歌中,朴实的副歌部分唱道:"奶奶,带我回家/我想一个人待着。"歌曲以男孩在母亲的怀抱中苏醒为结束。"这可能是我们录过的最直接的一首歌。"科特向《旋律制造者》杂志解释道。它也是涅槃乐队第一首运用力度反差(contrasting dynamics)技法的歌,这种风格日后会变成乐队的拿手戏:主歌平静而舒缓,副歌部分却竖立起强有力的音墙。歌曲发行后,科特常被问及歌的意义,他则大言不惭地说,这首歌根本没有自传性质。当然了,在认识他的人中,没有人相信这个说法。"这是关于一个想和妈妈在一起,不想被祖父母照顾的小男孩的故事。"他的妹妹金解释道。

8月,涅槃乐队开始了一轮简短的西海岸巡演,作为音速青年乐队的暖场嘉宾,他们让戴尔·克罗弗暂时担当鼓手。这轮巡演给了科特见到瑟斯顿·摩尔和金·戈登的机会,这两个人都是他的偶像。当他发现两人把他当同辈一样对待时,他感觉更自信了。两支乐队很快建立了友谊,最重要的是,摩尔和戈登给了他们商业上的建议:涅槃乐队应该考虑和他们的经纪公司"金山"合作。

当然了,他们的确需要帮助。尽管巡演本身很有面子,他们的

---

[1] 理查德·普莱尔(Richard Pryor),美国传奇单口喜剧演员,堪称单口喜剧界的吉米·亨德里克斯。其风格影响了包括艾迪·墨菲、克里斯·洛克、杰瑞·宋飞在内的很多喜剧大咖。2004年,在美国喜剧中心电视台评出的"史上最伟大的100位单口喜剧演员"榜单中,理查德·普莱尔位列第一。

报酬却很低。他们开着破破烂烂的道奇小货车跟在音速青年乐队的大巴后头，不像明星，更像追星族。在洛杉矶的表演结束后，MCA唱片的布雷特·哈特曼和老板保罗·阿特金森来到后台见了乐队。他们看到科特和克里斯特自己收拾自己的器材，他们没钱雇巡演助理。阿特金森请他们去 MCA 公司参观，但克里斯特说，他们得回去工作。当克里斯特说他得去卖 T 恤时，谈话戛然而止——他们得靠卖 T 恤付油钱才能离开洛杉矶。

当他们的巡演途经西北部时，当地歌迷对涅槃乐队的兴趣远高于音速青年乐队。在波特兰和西雅图，他们是冉冉升起的明星；每场演出结束后，都有越来越多的粉丝前来称赞。不过据巡演暖场乐队成员萨利·巴里观察，科特的个性似乎没有随成名而有所改变。"他是我见过第一个拿着吉他冲入人群，啥也不在乎的人。"她回忆道，"如果其他人这么做，也许是有动机的。对科特来说，这是诚实的本能。"几乎每场演出都以科特跳向观众，或观众跳向他结束。那场巡演中，科特放过了鼓手。因为克罗弗表示，如果科特敢弄坏他的鼓，他就要科特的命。

克罗弗不得不回到讨厌鬼乐队，涅槃乐队便雇了丹·彼得斯为鼓手，开始计划他们的英国巡演。就在彼得斯为乐队在 9 月 22 日的演出上卖力打鼓时，观众群中有另一个鼓手候选人。科特和克里斯特花钱让他飞来面试。彼得斯在那场演出上发挥很好，不过这是他和涅槃乐队合作的唯一一场演出。

新来的鼓手，是 21 岁的戴夫·格罗尔。格罗尔来自弗吉尼亚州，此前在尖叫乐队和损伤脑乐队（Dain Bramage）中负责打鼓，乐队名字里玩的字母调换游戏足以让科特对他有好印象，因为这至少证明，格罗尔和他有同样的幽默感。是巴兹把格罗尔介绍给涅槃乐队的，这一举动可能是作为导师的他给乐队的最好礼物。科特与克里斯特和格罗尔一经排练，便发现他们已经找到了最佳人选。

仅仅20天后，格罗尔便和涅槃乐队演了第一场秀，彼时他连歌名都不熟悉，歌曲的鼓点部分就更不熟悉了。但对格罗尔来说，这并不重要：正如克里斯特和科特发现的那样，他在架子鼓后面简直是头野兽。科特过去一直对乐队鼓手不满，他对鼓手的完美主义来源于他自己时不时的鼓手角色。在多数试音时间，为了尽兴，科特经常在架子鼓上演奏几首歌。但格罗尔是那种让科特庆幸自己是吉他手的鼓手。

格罗尔的第一场演出，是在奥林匹亚的北岸冲浪俱乐部。当晚，涅槃乐队经历了有史以来最严重的技术问题：电路问题导致电源时有时无，乐队必须得关掉一半功放，好防止再次断电。唯一可用的照明来自观众拿着的手电筒，创造出一种怪异的效果，像是个低成本独立电影的片场。格罗尔打着小小的架子鼓，显然是过于强壮了。他打得太狠，弄坏了响弦。

一周后，乐队在英国巡演，以推广单曲《裂片》。照常，单曲在巡演之际还没有发行。他们依然吸引了狂热的观众。他们当时在英国的名气比在美国更大。在伦敦时，科特去看了小妖精乐队的演出，那是他最喜欢的乐队之一。第二天，他打电话给小妖精乐队的经纪人肯·格斯，问对方愿不愿意接手涅槃乐队。格斯和科特不熟，但同意和他见面。

当他们在酒店大堂相见时，格斯发现，比起推广自己的乐队，科特对谈论小妖精乐队更感兴趣。"他不是那种一般粉丝，那种等在后台门口的粉丝。"格斯回忆道，"事实上，他都算不上是粉丝；他是小妖精乐队的学生。很显然，他对小妖精乐队十分尊崇，一个劲儿地说个没完。"两人谈话之际，小妖精乐队主唱查尔斯·汤普森走进酒店，引发一阵骚动。格斯主动提出要把科特介绍给偶像，但是科特被这个提议震住了。"还是不要吧。"科特一边说，一边稍稍后退，"我，我不行的。"科特一边说着，一边猛地撤退，好像自己不配出现在如此大天才的面前一样。

涅槃乐队从英格兰回国后，戴夫·格罗尔决定搬到梨街的公寓里去住——此前他一直和克里斯特、谢丽住在一起。就在同一个星期，MCA唱片给科特及克里斯特寄去机票，邀请他们去参观他们的办公室。这个厂牌并不是乐队的首选——MCA唱片已经很久都没有热门唱片问世了，人们经常把他们的名字戏称为"美国音乐坟场"（Music Cemetery of America）——但他们没法拒绝免费机票的诱惑。厂牌安排他们在喜来登酒店入住，待两人落地后，布雷特·哈特曼还前来询问他们对住宿满不满意。他发现了迷你冰箱半开着，科特和克里斯特坐在地板上，身旁满是小酒瓶。"谁把这些东西放在我们房间的?"科特问道。尽管乐队已有五次美国巡演，两次欧洲巡演，科特还从没见过酒店房间的迷你酒吧。当哈特曼解释道，他们可以尽情享用冰箱里的东西，一切由MCA唱片买单时，科特难以置信地看着他。"我意识到，"哈特曼回忆道，"这两个家伙没我想的那么有经验。"

他们没听说过迷你酒吧，但他们知道，第二天他们参观MCA唱片时，被人怠慢了。哈特曼和阿特金森早已向员工发放《漂白》唱片，并叮嘱他们要热情亲切一点。然后，当他们带乐队进入办公楼时，似乎所有大人物都去吃午饭了。安吉·詹金斯是宣传部门的主管，她和两人交谈了片刻，并鼓励了他们。邮件收发室的几个员工也这样做了，他们是MCA公司中为数不多听过《漂白》的。当他们走进理查德·鲍姆斯的办公室时，可算是见到了大人物。可他仅仅和他们简单握了握手，就喃喃道："很高兴见到你们。我很喜欢你们的歌，不过我五分钟后有个午餐约会，不好意思，得先走了。"科特甚至不确定他刚见的是谁，于是他转向阿特金森，问道："那家伙是谁?""那是MCA唱片的总裁。"阿特金森做着鬼脸答道。就这样，MCA唱片被踢出了考虑范畴。在洛杉矶时，科特与克里斯特和音速青年乐队碰了面,后者再一次向他们推荐"金山"经纪公司,并告诉他们,涅槃乐队应该跟他们的厂牌 DGC 唱片签约。DGC 唱片隶属格芬唱片旗下,是为数不多的几个还没对他们表现兴趣的厂牌之一。

等到科特回西北时,格罗尔已经搬了进来。他的存在暂时让科特精神振奋了些。独居向来有损科特的精神健康,他的离群索居也在 1990 年的夏天达到顶峰。他身上具有所有经历过严重创伤的孩子带有的迹象。除非有人跟他说话,否则他绝不开口。每天他什么也不干,只是抚摸着自己的一撮胡子,呆呆地望空。他和托比已经不怎么见面了。两人见面时,他也似乎无法让关系再进一步。他苦涩地在日记中写下:"'时不时打炮的朋友'和'男女朋友'之间唯一的区别,也就是名称而已。"

格罗尔搬进来后,情况临时改观了些;比起内敛的科特,他更随和些。"他们住的地方,"尼基·麦克卢尔回忆道,"成了男孩乐园。科特终于有了能成天混在一起的伙伴。他们俩有种丈夫和妻子的感觉。"由于科特基本生活不能自理,格罗尔承担起了譬如给科特洗衣服的家务。很少有人能接受公寓的恶劣条件,但格罗尔过去的几年都是在巡演途中度过的。"戴夫是在小货车里被狼养大的。"詹妮弗·芬奇解释道。他教科特如何用针和印度墨水自制文身。不过,当科特决定在自己的胳膊上文 K 唱片的 logo 时——一个盾牌里的字母 K——他和另一个朋友一起去了奥林匹亚的一家文身店。

那个文身只是又一次取悦托比和加尔文的尝试。对任何不熟悉 K 唱片的人,科特都会表达自己对凡士林乐队的喜爱。好笑的是,凡士林乐队并不隶属 K 唱片旗下,只是作品由 K 唱片发行。"谁知道他是怎么想的才去文那个文身的,"迪伦·卡尔森说,"我想,比起 K 唱片自家制作的专辑,他更喜欢 K 唱片代理发行的专辑。他应该把文身文成'K 发行'。"

把凡士林乐队的名字文在胳膊上似乎更合适。自从科特把凡士林乐队的《莫丽的嘴唇》（Molly's Lips）加入涅槃乐队的曲目单，他就开始对这支乐队大唱赞歌。对科特来说，他们再完美不过。他们幼稚、业余，除了英国乐迷和一小批美国死忠拥趸之外，没人听说过。听了凡士林乐队的歌后不久，科特便在日记中一稿又一稿地开始了写信运动，试图和乐队的尤金·凯利做朋友。这些信通常口吻轻松（在其中一封信中，科特提到他"荒唐的睡觉时间。我在凌晨入睡，完美避开所有日光"），还不可避免地以对凡士林乐队的赞美之词作为结尾，"这么说可能又尴尬又傻，但我真想说你和弗兰西丝写出了一些有史以来最美的歌曲"。

格罗尔和科特的音乐品味相同，但他不像科特那样痴迷于讨好偶像。他对女孩的兴趣更浓厚，她们也被他吸引。他开始和比基尼杀戮乐队的凯瑟琳·汉娜约会——在奥林匹亚，戴夫和科特与凯瑟琳和托比常常会结对约会；他们一起喝酒，并写下最重要的朋克唱片的清单。戴夫和科特的大多乐趣都很孩子气，但身边有了托比和凯瑟琳，大家都变得更善交际。对托比来说，这也让科特显得更有吸引力，因为一帮人一起玩比一对一的约会要轻松许多。"托比和凯瑟琳会说：'我们和涅槃乐队出去玩吧。'"邻居伊恩·迪克森回忆道。一天晚上，几个人在科特家里吵吵闹闹地开派对，汉娜在卧室的房间墙壁上用喷漆写下："科特闻上去有少年心气（Kurt smells like teen spirit）。"她指的是少女们用的除臭剂，她涂鸦的隐喻不言而喻：托比常用"少年心气"牌除臭剂，汉娜在墙上写的话，是为了嘲弄科特跟她上床这件事，暗指他沾上了她的气味。

然而，尽管偶尔会有狂欢之夜，科特还是感到孤独又幻灭——他花了好几个晚上偷偷地从街上望向托比的窗口，像害羞的大鼻子情圣一般。多年来，他第一次对自己的事业有些失去希望，尽管多家厂牌一直打电话来表示兴趣。奇怪的是，经过了多年的期盼，真到了快要签合同的时候，他却充满了自我怀疑。他想念和崔西之间的亲密，和他们之间的友谊。崔西搬出去几周后，科特终于向她坦白，说自己一直在和托比上床，崔西狂怒不已。"你要是这个都说谎，那你就没有什么是能说实话的了。"她大吼道，而他或多或少地也相信这句话。

他的确简短地考虑过在奥林匹亚买房。在拿到唱片预付金之前，他没法完成购买，不过他相信自己能拿到大合同，所以他花钱要来了一份待售房产的清单。他开车载着好友，抑郁菲茨乐队（Fitz of Depression）的麦基·尼尔森，一起去看破旧的商用房。他打算在前面建一个录音棚，后面用来居住。"他好像只对看起来像商店的房子感兴趣。"尼尔森说，"他不想生活在正常的房子里。"

不过这个想法，就像他对未来的很多幻想一样，在11月的第一个星期就被抛到九霄云外了，因为托比向他提了分手。他痛苦极了；当她宣布分手时，他差点站都站不起来。他从没被甩过，根本承受不起这样的打击。彼时，他和托比交往不到6个月。交往期间，他们随意约会，随意上床，随意恋爱，但是在这一切之上，他希望更进一步的亲密很快就能实现。他又习惯性地内化被抛弃的事实，将之转化为自我憎恨。他心想，她不是因为自己还年轻才离开他的，而是因为他配不上她。他感到恶心极了，一周后，在帮斯利姆搬家时，他不得不停车出去呕吐。

刚失恋的科特更加闷闷不乐。他在日记本中写满了意识流式的咆哮，内容既暴力又苦恼。他用写作、音乐和艺术作品来表达自己的绝望；他带着痛苦写起歌来。其中一些歌疯狂而愤怒，但它们也代表了他技艺的新阶段，因为那种愤怒不再老套，却有着他早期作品所没有的真实。这些新歌充满了愤怒、悔恨、恳求和彻底的绝望。在分手后的4个月里，科特写下了6首他最令人难忘的歌，都是关于托比·威尔的。

第一首歌是《动脉瘤》，他本想拿这首歌挽回她。但他很快就放弃了这个想法，转而像无数写歌的人一样，用自己的歌表达内心深处的伤。另一首歌叫《公式》，后来被命名为《掏空你》（Drain You）。"一个婴儿对另一个说：'遇见你是我的幸运。'"歌词写道，引用了托比跟他说过的话。副歌部分则是这样的："现在我的职责是完完全全地掏空你。"这既承认了她对他的掌控，也是一种控诉。

受托比启发的歌还有一些，有时和她没有明确的关联，却又有她阴魂不散的影子。"《酒廊表演》（Lounge Act）也是关于托比的。"克里斯特观察道。其中一首歌提到了科特的文身："我会逮捕自己，我会戴上盾牌。"另一首歌则总结道，比起爱情，他们的关系更像是一次学习。"我们约好，想向谁学习就向谁学习，不需要条条框框。"在《酒廊表演》早期未被录下的歌词中，科特更直接地提到了这位前女友："我恨你，因为你和我太像了。"《锂》（Lithium）是在遇见托比之前写的，但歌词被改过几回，最终的版本也和她有关。科特后来告诉《音乐人》杂志的克里斯·莫里斯，这首歌包括了"一些我的个人经历，比如跟女友分手，失败的关系，像歌中主角一样体会死一般的空虚——非常孤独，非常难受"。

虽然科特从未明确提起，但他最有名的歌《少年心气》（Smells Like Teen Spirit）和托比再有关不过了，比如这句歌词："她总是厌倦，却充满自信（She's over-bored and self-assured）。"《少年心气》一歌受到了多方面的影响：他对父母的愤怒、他感到的无聊、他永恒的玩世不恭，不过其中几句歌词却有着托比的影子。这首歌是在两人分手不久后写的，第一稿中包含了下述歌词，虽然在终稿中被删掉："谁会是浪子浪女们的国王和皇后？"在某个时刻，他想象着，这个问题的答案应该是科特·柯本和托比·威尔。

他的歌是这次分手最有成果的部分；他的写作和艺术作品则呈现出更为愤怒和病态的样子。在一幅画儿中，他画了一个皮肤慢慢被撕下的外星人；在一幅画儿中，一个戴着三K党帽子的女人撩起裙子，展示自己的阴部；一幅画儿中，一个男人正用阴茎捅着一个女人；还有一幅画儿中，一男一女在性交，底下注解道"强奸、强奸"。这样的图画有几十张，还有一页页以悲剧结束的故事，充满令人不快的意象。以下的长篇大论再典型不过：

> 当我长大了，我想当个基佬、黑鬼、臭婊子、妓女、犹太佬、墨西哥佬、德国佬、意大利佬、娘娘腔、嬉皮士白佬。我要变得贪婪，赚许多钱，身体健康，大汗淋漓；毛茸茸的、阳刚的、古怪的新浪潮党，右翼、左翼、鸡翼、鸡屎；踢屁股、傻子、核物理学家、匿名戒酒互助会辅导员、精神病医生、记者、臭拳头、浪漫小说家、同性恋、黑人、瘸子、瘾君子、HIV阳性、间性人、鳍肢婴儿、体重超重、厌食症、国王、女王、当铺老板、股票经纪人、抽大麻的（一切都好，少即是多，上帝是同性恋，鱼叉捕）记者、摇滚记者、古板的、胡思乱想、中年的、苦涩的、小小的、瘦的、自以为是的老演出经纪人和执迷于小众得不能再小众音乐的粉丝杂志编辑。接着划分下去，我们要团结，不要尊重他人的敏感。杀了你自己杀了你自己杀杀杀杀杀杀强奸强奸强奸强奸强奸强奸是好的。强奸很好。强奸杀强奸贪欲贪欲好的贪欲好的强奸好的杀。

不过，科特将大多数愤怒对准了自己。如果给他在那年秋天写的东西定一个主题，那就是自我憎恨。他把自己看作是"坏的""有错的""有病的"。在日记的其中一页中，他写下了疯狂的故事——完全是杜撰——故事讲述了他是如何享受踢老年妇女的腿，因为"那些脚踝上绑着装满尿的塑料瓶，连着一根管子，直通她老旧的阴道；

黄色的尿迹溅得到处都是"。接下来,他又写了"一个50岁的基佬,有着同样的肌肉失调,部位却不同……我踢着他们的橡皮内衣,棕色的东西渗进他们的米黄色内裤"。但这种令人不快的故事很快变成了针对作者本人的暴力:"然后,没有特定怪癖的人们把我从头到脚踢了一通,直到红彤彤的东西飞溅出来,流了出来,浸透了我的蓝牛仔裤和白衬衫。"在故事的结尾,他重复地写道:"我很坏。"然后,他又用他曾在阿伯丁的墙上喷绘的尺码,写了二十遍"我、我、我",直到纸张被彻底写满为止。他写得如此用力,以至于笔尖穿透了纸张。他没有试图藏起这些故事,相反,他的日记本在公寓里是摊开的。詹妮弗·芬奇当时刚和格罗尔恋爱,她读了留在厨房的日记本上的这些故事,注意到了他受到的折磨。"我很担心科特。"她回忆道,"他失控了。"

比起针对自己的暴力,他对他人的仇恨要轻多了。自杀也成了反复出现的主题。在其中一篇骂人话中,他描述了要把自己变成"海伦·凯勒,我要用刀戳聋自己的耳朵,再把喉咙割掉"。他多次幻想天堂和地狱,有时完全接纳了灵魂论的观点,把死当作解脱,有时又完全拒绝这个观点。"如果你想知道来世是什么感觉,"他推测道,"就带上降落伞,坐上飞机,往血管里注射很多海洛因,再猛吸一口一氧化二氮,然后跳下去,或者自焚。"

1990年11月的第二周,一个新角色开始涌现在科特的日记中,这个角色很快进入了他的几乎每张画,每首歌,每个故事。他故意拼错了名字,认为这样做,就能赋予其自己的生命。奇怪的是,他给了这个形象女性的角色,不过,因为这个角色在那年秋天成了他的最爱——像托比一样,让他爱到呕吐——把它定义为女性也不为过。他把它称为"海洛樱"(Heroine)。

第十三章　理查德·尼克松图书馆

华盛顿州奥林匹亚市

1990年11月—1991年5月

> 或许是时候让贝蒂·福特诊所或理查德·尼克松图书馆，来阻止我继续摧残我啮齿动物一般的贫血身体了。
> ——摘自1991年5月写给托比·威尔的信

"海洛樱"是科特独创的"海洛因"的说法。这个词第一次出现，还要追溯到他在八年级画的粗糙卡通画里。听着摇滚长大的科特很清楚，很多他崇拜的音乐人都深陷毒海。尽管他抽大麻上瘾，经常酗酒，还喜欢吸剃须膏罐子里的气溶胶，但他曾发誓不会走上吸毒这条前辈之路。1987年，在科特的一段戒瘾期，当杰西·里德提议尝试一下海洛因时，他严厉地批评了对方。"在那之后，科特就不愿意跟我一起玩了。"杰西回忆道，"我当时想找些海洛因，因为我从没尝过，他也从没尝过。他一听就开始教育我：'你为什么想自杀？你为什么这么想死？'"日后在构建个人药物使用史时，科特曾写道，他初次尝试海洛因是在20世纪80年代末期的阿伯丁。他的朋友们却质疑这个说法，因为他当时很怕针头，而且在他的交际圈里也找不到海洛因。他在阿伯丁的确偶尔嗑过复方羟考酮，这是一种处方麻醉剂；在日后回顾时，他可能把这麻醉剂浪漫化地夸大为海洛因了。

到了1990年的秋天,因为失去托比而心碎的科特,面前摆着他当时质问杰西的问题。11月初,他克服了对针头的恐惧,第一次和一个朋友一起,在奥林匹亚注射了海洛因。他发现,海洛因带来的愉悦效果能帮他暂时逃避心痛和胃痛。

第二天,科特打电话给克里斯特,说:"嘿,克里斯特,我嗑了海洛因。"科特告诉他的朋友。"哇!那是什么样子的?"克里斯特问。科特说:"哦,还不错吧。"接着,克里斯特告诉他:"你不该嗑海洛因的。瞧瞧安迪·伍德的下场。"伍德是妈妈爱骨头乐队——一支新兴西雅图乐队——的主唱,于1990年3月死于海洛因过量。克里斯特又提到了其他死于海洛因成瘾的奥林匹亚好友们。科特答道:"好了,我知道了。"克里斯特像个兄长一样地警告科特,海洛因跟他以前嗑过的其他药可不一样。"我记得,我当时直接跟他说,这是在玩火。"

但科特对这些警告置若罔闻。尽管科特向克里斯特承诺,他不会再嗑海洛因,但很快他就食言了。为了防止被克里斯特或格罗尔发现,科特通常在朋友家嗑药。他找到了一个叫何塞的毒贩子,后者是很多常青州立学院学生的供货商。巧的是,迪伦·卡尔森也在那年秋天第一次尝试海洛因,尽管不是和科特一起尝试的。很快,他们的友谊发展到了一起嗑海洛因上,但通常一周只嗑一次,一半是因为他们买不起许多,一半是因为他们不想过于成瘾。但他们偶尔也会嗑个爽。有一次,他们在西雅图租了间便宜的旅馆房间,只为了在不被朋友或室友发现的情况下过过瘾。

不过科特的朋友的确对他的毒瘾有所警觉。崔西终于原谅了科特,两人偶尔会待在一起。当谢丽告诉她,科特已经开始嗑海洛因时,她简直难以置信。那个星期,科特显然嗑嗨了,他大半夜打电话给崔西,后者直接与他对质。"他跟我说,他嗑过几次;他说自己很喜欢海洛因，它让他更善交际了。但是他说他不会成天嗑。我在不让他因此而内疚的前提下小心翼翼地告诉他，他不该继续嗑下去。"一周后，他们共度了一晚，一起参加了几个派对。在奔赴几个场子的间隙，科特坚持要顺便经过自己家，以便用厕所。当他没有回来时，崔西进了房子，发现他倒在地上，一瓶漂白剂就在身旁，胳膊上插着针头。她狂怒不已：科特已经变成了崔西噩梦里都想象不出的样子。涅槃乐队第一张专辑标题的那个玩笑对任何人来说，都不再好笑。

但在1990年，海洛因对科特来说还不算常客。在大多数时间，他遵守诺言，只是偶尔嗑一嗑。他的事业有了前所未有的腾飞，这转移了他的注意力。他在当年秋天和维京音乐版权管理公司签了合同，拿到了他人生中第一张大额支票。维京音乐版权的总裁宇都宫一生（Kaz Utsunomiya）亲自飞到西北，签下了合约。尽管宇都宫已是唱片界的老手，和冲撞乐队、皇后乐队这样的大牌合作过，但当见到科特肮脏的公寓房时，他还是震惊了。他们谈到了科特在音乐上受的影响，尤其是冲撞乐队；科特说《桑迪诺》[1]是他拥有的第一批有朋克元素的专辑之一。

在这份词曲版权代理合约中，科特一开始拿到了一张3000美元的支票。他付了房租，然后和麦基·尼尔森及乔·普雷斯顿一起开车去了"南声"购物中心。科特在"玩具反斗城"[2]花1000美元买了一个任天堂游戏机、两台皮克索维森（Pixelvision）牌摄像机、两把造型酷似M16突击步枪的自动空气枪以及好几个埃维尔·克尼维尔[3]的塑料模型。他还买了假狗屎、假呕吐物和橡皮断手。"他把

---

1 《桑迪诺》（*Sandinista!*），冲撞乐队的第四张专辑。
2 玩具反斗城（Toys "R" Us），美国的一家跨国大型玩具连锁店，成立于1948年。
3 埃维尔·克尼维尔（Evel Knievel），美国特技明星和艺人，以表演驾驶摩托车飞越峡谷和障碍物闻名于世，被称为"摩托超胆侠"。

它们全部扔进购物篮里，"普雷斯顿回忆道，"它们只是一堆他能毁掉的垃圾罢了。"这就像是一个 8 岁男孩被带到玩具店里，并被告知他想买什么就买什么。科特一拿到空气枪，立即往街对面华盛顿州彩票大楼的窗户上射击。他还花 20 美元买了个二手的斯温格牌儿童单车，在当时，这可不是什么新潮款式。它太小了，骑上去得让他用膝盖顶着肩膀。科特兴高采烈地骑着单车，直至夜幕降临。

几天后，在他当时为止人生中最重要的商业会议上，他还是骑着这台单车。在瑟斯顿·摩尔的推荐下，乐队联系了"金山"经纪公司。该公司由丹尼·戈德堡和约翰·席尔瓦经营。两人中较年轻的席尔瓦被派去负责和涅槃乐队谈判。这个任务很简单——因为他们和音速青年乐队的合作关系，科特很快认可了他。席尔瓦和他的女友丽莎·范彻来到西雅图，以便和乐队面对面交谈。他还请他们吃晚餐。科特很喜欢被唱片界的高管请吃晚饭，因为这是他唯一能吃上体面饭的时机。但当晚，席尔瓦和乐队其他几人干坐了几个小时，因为科特一直在彩票大楼的停车场骑着斯温格牌单车转圈圈。"我们都觉得他肯定要摔断腿。"范彻回忆道。虽然这次拖延看上去只是他孩子气的消遣，但更世故的观察者则会认为，这是科特在与他未来经纪人的意志之战中下的第一步棋。

科特放下单车去吃饭，后来却告知大家，偶发新闻乐队正在城里开演唱会。这是为了测试席尔瓦的诚意。就像所有优秀的商人一样，席尔瓦表现得很热忱，并和科特一起去看了演出。后来，席尔瓦向范彻抱怨道，他很讨厌加尔文的乐队（她还记得，他一开始也很讨厌音速青年乐队，说他们很自大）。但他倒是通过了科特的迷幻药考验，当周，涅槃乐队便和"金山"公司签了约。

11 月 25 日，涅槃乐队在西雅图的"出口匝道"俱乐部举办演出，吸引来的星探人数之多，在西北部摇滚乐史上前所未有。从哥伦比亚唱片、国会山（Capitol）唱片、"鞭击"（Slash）唱片、RCA 唱片和其他几家厂牌来的星探摩肩接踵。"星探们全场步步紧逼。"索尼唱片的达蒙·斯图尔特观察道。大批星探的到来转变了乐队在西雅图的声誉。"当时,"苏珊·西尔弗解释道,"他们周围有种很疯狂的竞争意识。"

演出十分出色——科特后来告诉一个朋友,这是他心目中涅槃乐队演得最好的一次。在表演的18首歌里,有12首是乐队当时尚未发行的新歌。他们以富有激情的《动脉瘤》开场,这也是他们第一次公开表演这首歌。观众跳着碰碰舞,玩着身体冲浪,直到打破了天花板上的灯泡。"我觉得那场演出很棒。"声音花园乐队的金·泰伊尔回忆道,"他们翻唱了地下丝绒乐队的《她来了》,我觉得唱得很出彩。之后,他们表演了《锂》,这歌就在我脑海里生了根。我们的贝斯手本走过来跟我说:'这首歌是热门。这绝对会是流行榜前四十的热门歌曲。'"

星探们也被震住了。在拉响了火灾警报后,演出结束。"魅力"(Charisma)唱片的杰夫·法斯特成功说服乐队,他们公司才是最好的选择。两天后,涅槃乐队的律师艾伦·明茨打去电话,说乐队决定和"魅力"唱片签约。这张合约价值20万美元,这份预付款的数额很丰厚,但不算特别夸张。但就在法斯特准备好合同之前,乐队在最后一刻决定转而和DGC签约,后者隶属于格芬唱片旗下。虽然DGC唱片的星探代表加里·格什不是早期参加竞标的人之一,但来自音速青年乐队的背书的确产生了拍板的作用。格芬唱片还有一个强大的宣传部门,由马克·凯茨领导。"金山"公司知道,宣传才是让乐队破圈的关键。涅槃乐队和格芬唱片的合约价值287000美元,这也是当时西北乐队史上收到的最大的一笔预付款。明茨把乐队从和"地下流行"唱片的合约中解放了出来:作为和格芬唱片协议的一部分,"地下流行"唱片获得了75000美元的补偿,并可以获得涅槃乐队接下来两张专辑销售额的2%作为收益。

虽然科特读过关于音乐行业的书，他还是没想到这张合约会花多久才能敲定（他们到4月才正式签约），以及在一开始，他实际到手的钱会有多可怜。等到把律师费、经纪人费、税钱和债务扣除后，"金山"公司实际给他的报酬是每个月1000美元。他立刻开始负债，并抱怨说自己只买得起玉米热狗吃——公寓的地板上彼时已经扔满了玉米热狗的木签。

12月的大部分时间，格罗尔都是回到东部度过的。没了室友，科特想方设法地消解无聊。他经常和迪伦混在一起，很快就越过了第二个他发誓不会逾越的界线。迪伦酷爱枪支，而科特总强调枪支是野蛮的。有几次，科特同意和迪伦一起走进树林里，但是他拒绝碰枪，甚至有一次连车都不愿意下。但最终，科特开始让迪伦向他展示怎么瞄准和开火。迪伦展示的都是无害的动作：比如用猎枪射击空罐头，或者射击科特本来就打算毁掉的艺术作品。

科特还经常和麦基·尼尔森一起逛二手店。"他总有一些想淘到的唱片。"尼尔森说，"其中一张他最爱的专辑上，录着一群卡车司机通过民用波段无线电（CB Radio）的交谈。他有查尔斯·曼森的专辑《谎言》(*LIE: The Love & Terror Cult*)。他还是《H.R.泡泡芙》节目的狂热观众。就连到了1990年年末，科特依然很推崇诀窍乐队的专辑《掌握诀窍》。他告诉我，那张唱片上的好歌是人们没听过的那些。"

当月，约翰·波奇拜访科特的公寓，帮他一起买圣诞节礼物。科特当年买的最贵的东西是一个巨大的定制水族箱，为他的乌龟们准备的。购物之前，他们一起抽了大麻，但当科特问道"你知道我上哪儿才能搞些海洛因吗?"的时候，波奇还是震惊了。波奇答道："你不注射那玩意儿的吧?""哦，我不用针头的，"科特说谎道，"我就是什么都抽而已。"从很多方面来说，他的贫穷有效地抑制了他的毒瘾：做瘾君子太贵了，他完全负担不起。

12月11日,科特再次因为胃部不适就诊,他在塔科马看了医生。这次的诊断是肠易激综合征。医生给科特开了利多克斯,一种环奎二苯酯。药物似乎并没有缓解他的痛苦,两周后,他得了支气管炎,便停了药。

新年前夕,科特在波特兰的萨蒂利孔俱乐部开了演出。斯利姆和乐队一同前往,他认为演出很精彩,尽管他不顾医嘱,喝了许多威士忌和可乐。彼时,科特显然已经开始吸引骨肉皮了。斯利姆看到,一个年轻的女人整晚盯着他不放。"她的举止仿佛在说:'我就是那个今晚想睡你的女观众。'"不过科特没有注意到她,正如多数夜晚一样,演出结束后他便独自回家了。

1991年的第一天,他们从波特兰开了3个小时的夜车,因为他们第二天订好了录歌计划。他们录了两首歌,《动脉瘤》和《青春年少》的重录版。他们还尝试了几首科特刚写的歌,包括早期版本的《所有歉意》(All Apologies)。"他们当时有一些想去尝试的点子。"克雷格·蒙哥马利回忆道,他是这几首歌的制作人,"但他们的设备当时状况很糟糕,而且他们都醉得不行。"

科特的朋友杰西·里德回到了西北过节,录完歌的第二天,他们一起去阿伯丁拜访了杰西的父母。一路上,科特和老朋友谈论着自己的未来,当车开进格雷斯港时,他表达了自己对这里的风景和居民的爱,这和他在访谈中说的话完全相反。当他们经过桑特索普的几个农场时——桑特索普是一个田园诗般的山谷,尽管那里有个废弃的核工厂——科特告诉杰西,他的梦想就是用唱片公司给的预付款买一个农场。他看见一大间牧场平房,便指着说道:"你觉得这房子怎么样?要是我把它买下来,我们就能想弹多大声就弹多大声,办大型派对,请人们来玩,谁也管不了我们。"那间房子并不对外出售,科特当时也没钱买。但是他和杰西发誓,有朝一日他要是发达了,一定会回到格雷斯港买一座牧场,就像尼尔·杨在加州做的一样。

1991年年初，科特打了一通他拖延了多年的电话：他打给了他的父亲。自从搬到奥林匹亚后，他和唐之间唯一的联系就是通过他的祖父母。

像两位坚忍的柯本家男人之间的典型交流一样，这场对话非常简短。科特多数时候在提他的乐队，告诉唐他很快就要和大厂牌签约了；唐不太清楚这话是什么意思，但当他问科特身上的钱够不够时，科特说够。科特问了问唐其他孩子的情况，然后他们简短地就唐最近的工作聊了聊。唐最近在华盛顿州巡警部找了份调查员的工作。科特告诉父亲，他的演出很多；唐说他希望有天能去看他的演出。交谈仅持续了几分钟，但特别的是，有很多话两人都没能说出口。唐没法提自己就大儿子渐行渐远感受到的伤害，科特也没法提他感受到的伤害：父母的离婚、再婚，以及他们之间的很多其他争执。

科特和母亲联系更多。随着他越来越出名，她对他事业的兴趣，和对他音乐人身份的接纳似乎也随之加深了。1991年1月2日发生的一场悲剧拉近了科特和温迪之间的距离——温迪的哥哥帕特里克在加州死于艾滋病，享年46岁。帕特里克的同性恋身份一直是弗雷登堡家族的大秘密；他面容英俊，广受女孩欢迎，当他出柜时，他的父母根本不敢相信。在被诊断出艾滋病之前，他就深陷临床抑郁症的痛苦，但患上艾滋病的事实一举把他推向了情绪的深渊。他对父母的愤怒如此之深，甚至打算就自己一生的性史写一篇专文，其中包含他被舅舅德伯特性虐的经历，然后把它发给《阿伯丁每日世界报》，好让家族蒙羞。由于感到羞耻，他的家人决定不在讣告里透露死因，并把他的伴侣称为"特殊的朋友"。科特受邀参加缅怀仪式，但他没有参加，说自己得专心准备接下来的专辑。

这一回，科特终于没有为了摆脱家族事务说谎。他确实在筹备专辑，1991年一开始，他就紧锣密鼓地工作起来。涅槃乐队在塔科马新租了一个排练场地,每天都在里面排练好几个小时。排练期间,他们不时要教格罗尔他们的老歌,更多时候,他们则在打磨科特新写的歌。1月,"地下流行"唱片发行了他们的最后一张涅槃乐队单曲唱片——《莫丽的嘴唇》的现场翻唱版。在唱片信号凹槽尽头,厂牌刻上了一个告别的词:"再会"。

2月,科特迎来了24岁生日,因为这个特殊时刻,他坐下来,开始写起他的人生故事。多年来,他多次打算这么做。在又一次半途而废前,这次尝试留下了3页纸的版本。"嘿,我24岁了。"他写道,"我生在华盛顿州海岸边的一个中下层阶级的白人家庭。我的父母有一套仿木花纹的小型立体声组合音响,音响有仿木花纹。他们还有一套四碟装的黑胶唱片套装,里面都是调幅电台热播的70年代初金曲,唱片由龙科公司出品,叫《美好感受》。那张专辑里的金曲包括托尼·奥兰多和道恩合唱团[1]的《系上黄丝带》(Tie a Yellow Ribbon)以及吉姆·克罗斯[2]的《时光宝瓶》(Time in a Bottle)。在我恳求了多年以后,他们终于从希尔斯百货订购了一套锡制架子鼓,鼓膜是纸做的。买来不到一个礼拜,妹妹就用螺丝刀在鼓膜上戳了洞。"

科特继续写道,他记得他母亲在钢琴上弹过芝加哥乐队[3]的歌,而他会永远感谢玛丽小姨,因为她给了他3张披头士乐队的专辑。他写道,当他在1976年发现披头士乐队6年前就解散了时,他迎来了人生中最初的失望时刻之一。他父母的离婚似乎被一笔带过。"我父母离了婚,所以我和父亲一起住进了拖车公园,那是个更为

---

[1] 托尼·奥兰多和道恩合唱团(Tony Orlando and Dawn),美国流行音乐组合,1970年成立于纽约,在20世纪70年代走红。

[2] 吉姆·克罗斯(Jim Croce),美国南方民谣、摇滚歌手,曾有两首冠军单曲,《时光宝瓶》就是其中之一。

[3] 芝加哥乐队(Chicago),美国著名软摇滚乐队,1967年成立于芝加哥。拥有23张金唱片、18张白金唱片、8张超白金唱片,专辑总销量超过4000万张,2016年入驻摇滚名人堂。

狭小的伐木工社区。我爸爸的朋友们说服他加入哥伦比亚唱片邮购俱乐部,很快,每周我都能在拖车房发现新的唱片,很快就收集了一大堆。"写到这里,他的人生回忆录计划就中止了。他很快又写起了自己最爱在日记本上写的东西:为下张专辑写内页文字。他写了很多不同的版本——虽然一个都没印在最终专辑上——其中一稿倒是比他的自传更多地提及了他的童年。"感谢全世界不鼓励孩子的父母,"他写道,"感谢他们让孩子们不得不证明自己。"

3月,涅槃乐队在加拿大办了场为期4天的巡演,然后立即进入排练状态。在和经纪人及厂牌老板多番争辩后,他们再度把布奇·维格定为唱片制作人,选定洛杉矶城外的"声音城市"录音棚来录专辑。厂牌负责承担录制费用,但是得从给涅槃乐队的预付款里抵扣。

在他们前往加州之前,4月17日,乐队在西雅图的OK旅馆办了场演出。在听说他的朋友麦基·尼尔森因为有太多没付的交通罚单险些要去坐牢后,他组织了这场演出。演出阵容还包括比基尼杀戮乐队和抑郁菲茨乐队。科特坚持要把演出的所有收入捐给尼尔森。演出门票没有全部卖完,因为在同一晚,电影《单身贵族》举办了派对。涅槃乐队的表演曲目中包括退化乐队[1]的《转变》(Turnaround),穴居人乐队[2]的《野东西》(Wild Thing),以及雨刷乐队[3]的《D7》,但真正的惊喜来自乐队表演的一首新歌。科特含糊地唱着歌词,可能还记不住所有歌词,但吉他的部分和狂野的鼓点都已经有模有样了。"我当时不知道他们演的是什么歌,"DGC唱片宣传代表苏西·特

---

[1] 退化乐队(Devo),美国新浪潮、朋克乐队,1973年成立于俄亥俄州。
[2] 穴居人乐队(The Troggs),英国车库摇滚乐队,1964年成立。
[3] 雨刷乐队(Wipers),美国朋克摇滚乐队,1977年成立于波特兰,也被认为是美国西北海岸第一支朋克乐队。

纳特回忆道,"但我知道那歌很棒。我记得自己跳上跳下,逢人就问:'这是什么歌?'"

特纳特的话和诺弗斯里克及格罗尔3周前说的话一样,当时,科特在排练时弹了一阵新编的吉他连复段。"这首歌叫《少年心气》。"科特向队友宣布。他显然借鉴了凯瑟琳·汉娜的涂鸦。当时,乐队没有人听说过这个牌子的除臭剂,直到歌曲最终录制成形,都没人指出歌名里有商品品牌名称。科特第一次在录音棚里录这首歌时,它的节奏更快,对桥接部分没有那么强调。"科特一开始只弹了副歌部分。"克里斯特回忆道。是克里斯特提出要把节奏慢下来的,格罗尔则本能地给曲子加上了更富激情的鼓点。

在OK旅馆,科特只哼唱了歌曲中的几小段主歌。那段时间,他给自己的所有歌都改了歌词,《少年心气》更是有十几稿不同的歌词。在最初的一个版本中,副歌部分是这样的:"来自陌生人的拒绝/复兴和来自爱人的东西/我们在这里,如此出名/我们如此愚蠢,来自拉斯韦加斯。"另一稿是这样的:"出来玩吧,制定规则/尽情欢乐吧,我们知道赢不了的。"稍后的一个版本中,这句歌词则没有押韵:"我度过的最美好的一天里,明天永不到来。"

一周后,乐队前往洛杉矶。路上,科特驻足环球影城,并坐上了他15年前和祖父母一起坐过的过山车。一行人在接下来的6周里住在奥克伍德公寓,距离"声音城市"录音棚不远。唱片制作前夕,维格拜访了他们,发现他们的住处一片混乱。"墙上画着涂鸦,"他回忆道,"沙发是倒过来放的。他们每晚都熬夜,然后去逛威尼斯海滩,早上6点才回去。"乐队用喝酒来缓解录歌的紧张,3名成员都大饮特饮。一天晚上,克里斯特因为醉驾被捕;约翰·席尔瓦不得不努力把他保释出来,送回录音棚。

大多数时候,他们的录制在下午3点开始,直到午夜。在休息期间,科特在录音棚的大厅游荡,望着墙上的金唱片,比如佛利伍麦克乐队[1]的《谣言》和汤姆·佩蒂[2]的《该死的鱼雷》(Damn the Torpedoes)，不过最打动他的，还是埃维尔·克尼维尔在这里录的唱片。轻金属乐队"搜捕证"(Warrant)在涅槃乐队之前预订了录音棚：他们一行人在涅槃乐队录歌时回到录音棚拿器材，科特拿起录音棚里的寻呼机大喊道："给我来点'樱桃派'。""樱桃派"是搜捕证乐队一首热门单曲的标题。一天晚上，科特偷了埃维尔·克尼维尔专辑的母带，把它带回了奥林匹亚。

录歌的第一周，他们完成了歌曲的基本音轨，主要打磨了鼓点的声音，这也是维格的专长。两周后，他们录了10首歌，大多数歌只过了不超过3遍，因为在大喊大叫了许久之后，科特的嗓子已经快不行了。很多歌他们之前都在"聪明"录音棚录过一遍。这次录制，更多的是技术上而不是艺术上的打磨。

相比乐队其他的几次录歌过程，这次他们遇到的问题不多。在录制《锂》时，科特很难达到自己想要的吉他声音，他越来越沮丧，最终把吉他砸在了录音棚的地上。结束后，维格决定采用科特崩溃时录的那个版本，这首歌被命名为《无尽，无名》(Endless, Nameless)，被作为隐藏曲目放在了CD上。

这次录制最大的问题在于科特的拖延症。他依然没有定好很多曲目的歌词，尽管其中几首歌乐队已经表演了好多年，比如《波莉》和《品种》。当他终于写好一首歌的歌词时，内容大多既自相矛盾，又充满自我揭示。很多歌词让听众搞不懂他是在歌唱外部世界还是他的内心世界，它们拒绝被解读，却传递着某种情绪基调。在他的

---

[1] 佛利伍麦克乐队(Fleetwood Mac)，英国著名流行摇滚乐队，1967年成立于伦敦。专辑总销量超过1亿张，其专辑《谣言》(*Rumours*)总销量则超过4000万张，在史上最卖座专辑中排名第八。

[2] 汤姆·佩蒂(Tom Petty)，美国著名摇滚歌手，专辑销量超过8000万张，2001年入驻摇滚名人堂，2017年死于吸毒过量。

日记中,科特给死去已久的乐评人莱斯特·邦斯[1]写了一封信,抱怨着摇滚新闻的现状,摇滚记者这个职业让他既着迷又厌恶。他问道:"太要命了,为什么记者非要给我的歌词来个二流的弗洛伊德式解读,而且他们每10次对我歌词的引用里有9次会抄错?"尽管科特的问题很有道理,但他本人也曾花过大量时间试图解读他音乐偶像们的歌。他还努力推敲自己的歌词,有时添加寓意,有时在他认为对自我暴露过多的地方进行删减。

《有些事挡住去路》就是一个例子,这首是他们本次录音的最后一首歌。歌词讲述了科特在桥下生活的传奇故事。他在一年前写下了这首歌,但是把它向队友瞒了起来。在他对专辑的第一次构想中,科特想让唱片有一个"女孩"面(所有歌都是关于托比的)以及一个"男孩"面(包括《裂片》《傻了》《波莉》,所有歌都关于他的家庭和内心世界)。他一直都计划让《有些事挡住去路》作为专辑收尾曲,尽管从没跟制作人提过这点。相反,在"声音城市"录音棚的录制期间,他在最后一刻才拿出这首歌,歌词也是在录音棚里写的,做出一副好像是现场即兴写了这首歌的样子,其实这首歌他已经写了好几年了。尽管给莱斯特·邦斯的信里是一套说法,但最能就他的歌词作弗洛伊德式解读的人,莫过于科特自己了。他很清楚,发行一首暗示自己在桥下住过的歌会给他的家庭带来很多伤害。

录制完成后,格罗尔的一个朋友前来拜访,还主动跟科特打赌,说他在6个月内就会登上《滚石》杂志的封面。科特回道:"啊,得了吧。"麦基·尼尔森和他在抑郁菲茨乐队的队友也出现了,他们和涅槃乐队一起待在奥克伍德公寓,一同前来的还有讨厌鬼乐队的成员——在其中一个周末,有22人睡在他们两房一厅的公寓里。

---

[1] 莱斯特·邦斯(Lester Bangs),美国传奇摇滚乐评人,曾供职《克里姆》杂志和《滚石》杂志,对音乐界影响巨大。1982年死于嗑药过量,年仅33岁。

抑郁菲茨乐队运气很坏：在他们很需要演出之际，有个俱乐部预订了他们，却在最后一分钟取消了演出。"给他回电话，"科特坚持道，"告诉他我们也会同场表演。"录完专辑的两天后，涅槃乐队在洛杉矶一家叫"叽喳鲨鱼"的小俱乐部演出，并且首次表演了《在平原》（On a Plain）和《保持本色》（Come As You Are），震惊全场。他们坚持把门票收入全部给尼尔森。在给托比的一封信中，科特说在这场演出中，"（大家都）喝多了酒，嗑多了药，醉得不行，还跑了调，马虎得不得了。我花了一刻钟换吉他弦，观众有喝倒彩的，都说我喝醉了。演出之后，我跑出去呕吐了"。在俱乐部里，科特在观众群中看到了伊基·波普，这一回，科特终于没有穿那件让他尴尬的T恤。"那可能是我人生中最荣幸的时刻了。"他总结道。

但科特的信中最诚实的部分，就是他对自己药物滥用的承认，其中包括安眠酮，他像吃糖果一样嗑它。"我最近嗑了许多药，"他在给托比的信里写道，"或许是时候让贝蒂·福特诊所或理查德·尼克松图书馆，来阻止我继续摧残我啮齿动物一般的贫血身体了。我等不及想回家（虽然我不知道家在哪儿），回到床上，一边发神经一边营养不良地抱怨天气有多烂，我的痛苦都赖坏天气什么的。我想你，比基尼杀戮。我真的爱你。"他签下了"科德特"这个名字。

这封信——就像很多他写过的信一样——并没有发出去，这可能是因为他在"叽喳鲨鱼"俱乐部演出的两周前遇见了一个女人。比起贝蒂·福特、理查德·尼克松和托比·威尔，她会在他的生命中扮演重要得多的角色。他记得她，因为她在《直入地狱》中扮演的那个小角色。

1974年圣诞节，温迪、金、唐和科特·柯本。
PHOTO COURTESY OF LELAND COBAIN

1985年,科特在阿伯丁东第一街1210号的房子里。
PHOTO COURTESY OF LELAND COBAIN

1988年,"时尚"俱乐部外,结束他们在西雅图的第一场表演的戴夫·福斯特、科特和克里斯特·诺弗斯里克。
PHOTO © RICH HANSEN

1988年,崔西·马兰德和科特在一张沃尔沃斯照相亭照片中。科特在那段时间头上一直戴着围巾。
PHOTO © TRACY MARANDER

科特在奥林匹亚公寓的厨房里。他把从杂志上收集的剪报贴在橱柜上。
PHOTO © TRACY MARANDER

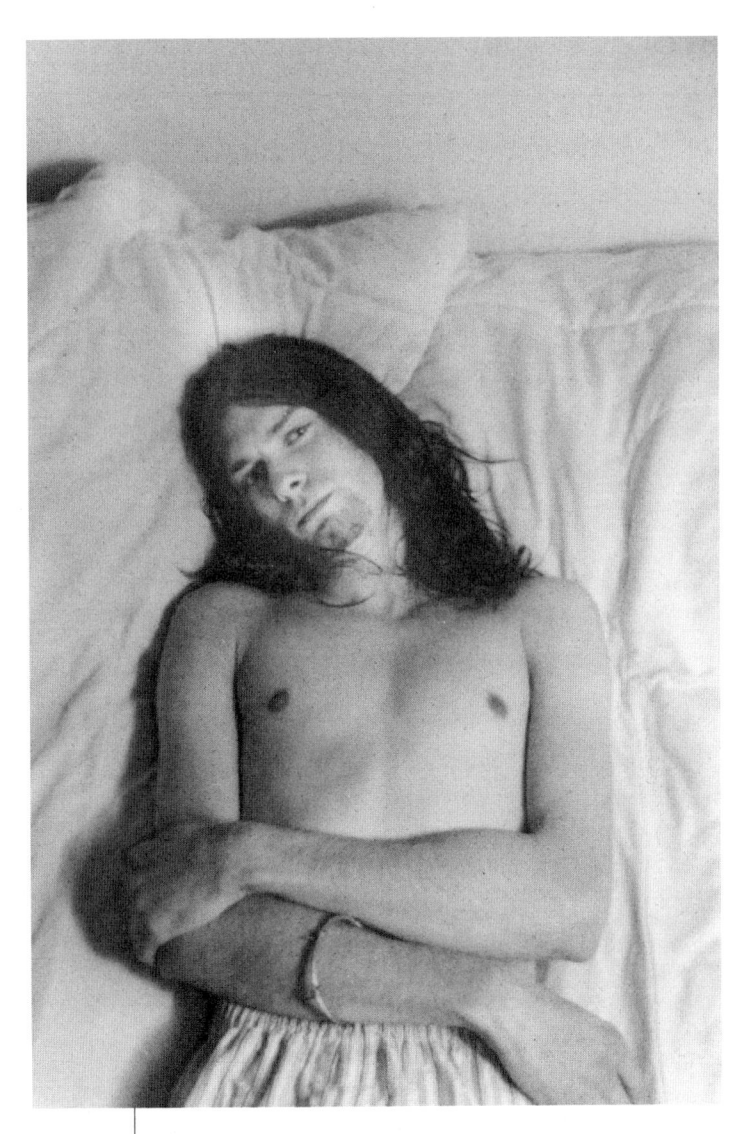

1988年，科特穿着睡裤。
PHOTO © TRACY MARANDER

科特、查德·钱宁、杰森·艾弗曼和克里斯特·诺弗斯里克1989年3月在西雅图海滨。
PHOTO © ALICE WHEELER

查德·钱宁、克里斯特·诺弗斯里克、科特和他同母异父的妹妹布雷尼在涅槃乐队的货车中。
PHOTO © TRACY MARANDER

1989年夏,科特在他奥林匹亚房子的后院中。
PHOTO © TRACY MARANDER

1989年圣诞节,科特、金和他们的小姨玛丽。
PHOTO © MARI EARL

科特在奥林匹亚的一块牌子前。
PHOTO © TRACY MARANDER

1990 年 9 月,涅槃乐队在西雅图 Motorsports Speedway 的现场。
PHOTO © ALICE WHEELER

1992年2月24日，婚礼后不久，科特妮·拉芙、戴夫·格罗尔和科特在威基基海滩。
PHOTO COURTESY OF COURTNEY LOVE

1992年圣诞节,弗兰西丝、科特和科特妮。
PHOTO © JACKIE FARRY / COURTESY OF COURTNEY LOVE

在罗马企图自杀后科特回到西塔克机场——他最后的公开照片之一。
PHOTO © DUANE DEWITT

1994年3月，弗兰西丝、科特和保姆迈克尔·"卡利"·德维特在西塔克机场。
PHOTO © DUANE DEWITT

1994年4月,位于华盛顿湖家宅的温室。
PHOTO © ALICE WHEELER

1992年,科特与弗兰西丝。
PHOTO © LELAND COBAIN

第十四章 烧烧美国国旗

华盛顿州奥林匹亚市

1991年5月—1991年9月

> 或许我们可以一起在美国巡演,然后在台上烧烧美国国旗?
>
> ——摘自1991年9月写给尤金·凯利的信

1990年1月12日,周五的晚上,科特·柯本和科特妮·拉芙第一次眼神交会。不到30秒钟,他们就在地上扭打起来。打架地点是"萨蒂利孔",俄勒冈州波特兰市的一个灯光昏暗的小夜总会。科特当晚在那里有场涅槃乐队的演出;科特妮是和一个朋友一起去现场的,那位朋友当时正在和开场乐队"油腻血男"的一位成员约会。彼时在波特兰,拉芙已经恶名昭彰。涅槃乐队还有几分钟就要登台,科特经过的时候,拉芙正霸占着一个雅座。她穿着红色的波点裙。"你看上去很像戴夫·皮尔纳。"她对他说,话听起来像小小的侮辱,但也是她调情的方式。留着打结长发的科特长得的确有点儿像皮尔纳,后者是灵魂收容所乐队[1]的主唱——他一个礼拜才只用肥皂块洗一次头。科特用自己的调情方式回敬了过去:他一把抓

---

[1] 灵魂收容所乐队(Soul Asylum),美国另类摇滚乐队,1981年成立于明尼阿波利斯,曾获格莱美奖。

住科特妮，把她扔到了地面。"我们是在点唱机前面打起来的，"科特妮回忆道，"当时点唱机在放我最喜欢的动人色彩乐队[1]的歌。地上有啤酒。"她很欣慰自己的言论引起了他的注意，但是她没有想到，自己会被这个像小流浪汉一样的男孩摁倒在地。至于科特，他低估了对手的实力：她比他高3英寸，且比他强壮。要不是他高中练过摔跤，她说不定会打赢他。

但两人的肢体对决其实是闹着玩的，很快他就把她拉起来，并给了她和平的信物——一个奇奇猴的贴画，这只"极速赛车猴"是他的吉祥物。

科特后来和迈克尔·阿泽拉德提起此事时，承认自己立即就被科特妮吸引住了："我觉得她长得很像南希·斯庞根[2]。她看上去像那种典型的朋克摇滚妞。我的确被她吸引住了。我可能当晚就想上她，不过她离开了。"科特的说法无疑是杜撰的——在波特兰，崔西一直和他在一起，尽管他心有所动，出轨还是不像他会做的事。不过科特和科特妮之间显然有性吸引力：摔跤是科特的癖好之一，而能有像科特妮这样旗鼓相当的对手，实在让他兴奋。

他们当晚各回各处，但就像一个追踪全美棒球联盟选手成绩的国家棒球联盟投手一样，科特妮开始追踪起涅槃乐队的事业发展。她读了摇滚报道上关于涅槃乐队的介绍，还把科特给的奇奇猴贴画贴在自己的吉他盒上，尽管她对乐队依然持保留态度——对她来说，他们的早期作品太金属了。和当时多数摇滚乐评人一样，她更喜欢蜜浆乐队，在一家唱片店听完《爱情嗡嗡》后，她决定不买那张单曲。后来，她看了乐队的现场，震惊于他们奇特的身体外观。"克里斯特的块头非常、非常大，"她观察道，"跟他比起来，科特就像

---

[1] 动人色彩乐队（Living Color），美国硬摇滚乐队，1984年成立，成员均为非裔，风格较为多元，横跨重金属、疯克、爵士、嘻哈、乡村和另类摇滚。

[2] 南希·斯庞根（Nancy Spungen），性手枪乐队贝斯手席德·维瑟斯（Sid Vicious）的女友，金发朋克女郎，后被人捅死，席德·维瑟斯是最大的嫌疑人。

个侏儒,你甚至看不出他有多可爱,因为他看上去简直像个小男孩。"

当她在 1990 年 10 月买下单曲《裂片》后,她对涅槃乐队,以及那个"小男孩"的观点完全改观了。她回忆说:"我一放这张单曲,就感觉:'天呐,我怎么会错过这个!'"单曲的 B 面是《潜水》(Dive),这也是她心中的涅槃乐队最佳作品。"那首歌既性感又性欲满满,既古怪又瘆人。"她说,"我认为简直是天才之作。"

科特妮的朋友詹妮弗·芬奇在 1990 年末期和戴夫·格罗尔在一起后,科特变成了她们闺密之间经常提起的话题。她们把科特戏称为"妖精仔",因为他身形瘦小,且很喜欢小妖精乐队。科特妮向格罗尔承认,她对科特有意思。当戴夫告诉她科特刚刚恢复单身后,她给科特送了一件礼物,想让他们的关系从摔跤对手上升华一下。礼物是一个心形的盒子,里面有一个迷你瓷娃娃、三朵干玫瑰、一个迷你茶杯和一些盖着虫胶的贝壳。她在新奥尔良的杰拉德·卡茨古董店买了这个蕾丝点缀的盒子,在送去之前,她像施咒语一般在盒子上蹭了自己的香水。带着香气的盒子抵达奥林匹亚,成了科特梨街公寓中最好闻的东西,尽管在众多异味中脱颖而出很不容易。科特最喜欢里面的娃娃,1990 年,他经常用娃娃来当艺术手工的载体。他会重新绘制娃娃的脸,并往娃娃头上粘人类的头发。成品既美丽又诡异,比起娃娃,更像是小孩的尸体。

1991 年 5 月,在洛杉矶的"守护神"俱乐部看 L7 乐队的演出时,科特和科特妮第二次相见了。科特在后台直接就着瓶子喝咳嗽糖浆。命运很奇妙,就像当年和崔西都有养老鼠的爱好一样,科特妮打开她的包,给科特看她自己带的一小瓶咳嗽糖浆,不过她用的牌子药劲更大。他们再次在地上摔跤,不过这回不是打架,更像是亲热。现场目击者称,当时的空气里充满了性爱的味道。科特把她拉起来后,气氛稍微缓和了些,两人开始聊起了本行。科特妮很快吹嘘道,自己的乐队"洞穴"(Hole)刚刚录完了专辑《金玉其中》

(*Pretty on the Inside*),制作人是音速青年乐队的金·戈登;科特则谈到了自己还在制作过程中的专辑。通常在第一次见到别人时,科特是比较谦恭的,不过为了打动科特妮,他把能想出来的名字和成绩都摆出来了,他显然想胜她一筹。科特很快发现,很少有人能说得过拉芙。关于音乐圈,她比他懂得更多,而且当时,洞穴乐队的事业也和涅槃乐队一样在飞速发展。她和科特是同辈,甚至可能是后者的导师,一个在很多方面比托比更货真价实的导师。

谈话间,科特提到自己正住在奥克伍德公寓;科特妮告诉他,她就住在几个街区远的地方。她在一张酒吧餐巾纸上写下了自己的电话,告诉他,有空就打给她。她是认认真真地在调情,他也加以回应。

他没能顾上约会的规矩,当夜凌晨 3 点就打电话给她,听上去像电影《摇摆者》中的心碎傻瓜。"电话中背景噪声很大。"科特妮回忆道。科特假装是因为想知道她是在哪儿买咳嗽糖浆才打电话的——那年春天,他开始格外中意这种麻醉剂。但他其实想跟她聊更多东西。而且科特发现,科特妮很能聊。那天晚上,大嗓门的她几乎是在耳语——她的前男友兼队友埃里克·厄兰森就睡在隔壁房间。当时,她还在跟碎南瓜乐队[1]的比利·科甘异地恋。

他们几乎聊了 1 个小时,科特把这场对话回味了好几个星期。虽然他在电话上一向直接且易怒,但有少数几人能让他滔滔不绝,科特妮就是其中之一。在电话上,他能说起几个小时前面对面没法说的话。科特提到了心形盒,为此谢了科特妮。这点让她感动,但她很快就转移了话题,开始了一堆意识流般的言论,谈及了制作人、乐评人、音速青年乐队、弹吉他、咳嗽糖浆的牌子、歌曲创作和其他话题。她就像换电视频道一样频繁换着话题。科特是这么跟好友伊

---

1 碎南瓜乐队(Smashing Pumpkins),美国著名另类摇滚乐队,专辑全美销量超过 2100 万张。

恩·迪克森形容这次谈话的："我遇到了世上最酷的女孩。"迪克森和他的其他好友在那年5月抱怨道："科特没完没了地谈起她。'科特妮说过这个''科特妮说过那个'什么的。"他们等了5个月才再度见面，但在这5个月中，科特经常回想起他们的对话，想知道对话究竟是真的，还只是他嗑了太多咳嗽糖浆而产生的幻梦。

6月初，维格完成了涅槃乐队的专辑制作，乐队开始马不停蹄地监督混音、灌录，以及唱片封套和MV的制作。专辑最初的预算只有65000美元，但到两个月后，专辑完成时，花费超过了12万美元。维格出色地完成了工作，成功在一张录音室专辑中呈现了涅槃乐队现场演出的魅力，但他的混音版本并不受厂牌或涅槃乐队经纪人的待见。

此时，涅槃乐队的职业生涯由三个人主管："金山"公司的老板约翰·席尔瓦和丹尼·戈德堡，以及DGC唱片的加里·格什。三人组承担了艰巨的任务，想说服科特专辑需要重新混音。他们请来了安迪·华莱士，后者合作过的艺人既包括超级杀手乐队[1]也包括麦当娜。"华莱士的混音版本对专辑最终成形意义重大。"戈德堡观察道。华莱士的混音风格让他们的歌在电台播放时听上去动力十足。他在吉他和鼓点之间制造出了分离感，给涅槃乐队带来了先前录音室作品所没有的听觉冲击力。科特在当时同意了这个决定，但他后来表示，这让专辑听上去"软趴趴的"。"我们大家一致认为，"华莱士回忆道，"专辑听起来越大气，越有力道，才越好。"

直到6月初，科特才给专辑定下最终的名称。他放弃了《绵羊》这个标题，觉得听上去太幼稚。有一天，他向克里斯特提议，不如管它叫《别介意》。对科特来说，这个标题有好几层意思：它首先

---

[1] 超级杀手乐队（Slayer），美国鞭击金属乐团，1981年成立于加州。

喻示了他对生活的态度；它在语法上是错的，两个词被融合成了一个词，科特却很喜欢这一点；它来自《少年心气》一歌，这首歌在录制过程中是被提及最多的。虽然刚进棚录歌时，乐队认为《锂》会成为最大热门，但在专辑结束录制后，《少年心气》被定为首发单曲。

科特花了两年策划唱片内页说明和专辑封面设计，但在1991年年初，他否决了之前所有的点子，从零开始推敲。那年春天，他看了一个关于水中分娩的电视节目，他让厂牌想办法拿到节目的录像，但没有成功。最后，科特在笔记本的一页纸上画下了一个略有不同的想法：一个在水下一边游泳一边追着美元钞票的婴儿。这是幅惊人的画面，一开始，就男婴暴露的阴茎，还有一些争议。作为封底设计，科特坚持选用一张在阴部/肉上休息的奇奇猴拼贴画。

而就乐队照片，科特则雇了纽约摄影师迈克尔·拉文，后者在6月初飞到了洛杉矶。科特招呼了他一个熊抱，然后立即展示了他嘴里的一个大溃疡。由于不常刷牙，他还有了严重的牙龈感染。因为不爱照相，科特为准备摄影喝了一整瓶占边威士忌。尽管有牙龈感染，科特的心情还是很好，满脸笑容。"他很友好，也很有趣。"拉文回忆道，"我们吃了玉米卷饼，四处走了走，拍了照。"到了为内封选最终照片的时候，科特选了一张自己竖中指的照片。

6月的第二周，涅槃乐队重新上路巡演，这是他们唯一的经济来源。他们和恐龙二世乐队[1]及耶稣蜥蜴乐队办了一轮为期两周的西海岸巡演。巡演中，他们表演了《别介意》中的歌，尽管专辑的正式发行还要等到几个月后。在一场场演出中，《少年心气》的观众反响都越来越好。回到了奥林匹亚时，科特已经有了足够买车的钱；他的达特森牌旧车被拖进了垃圾场里。6月24日，他花了550美元，

---

1 恐龙二世乐队（Dinosaur Jr.），美国另类摇滚乐队，1984年成立于马萨诸塞州。

从朋友手里买了一辆1963年的普利茅斯猛士。尽管这辆车当时已经有了14万的英里数,但车况还是不错的。科特的朋友们评论道,它看上去像祖母才会开的车。开车在奥林匹亚转悠时,他把速度放得很慢——他以为只要把时速控制得比限速低10英里,就能减少对引擎的磨损。

科特和托比继续维持朋友关系,且继续谈及他们想一起做的专辑。当时,科特生活中的另一个女人就是凯丽·蒙哥马利,她是马克·阿姆的前女友。两人当时走得很近。他们的关系其实是柏拉图式的,不过他身边的人,包括马克·阿姆在内,都不这么想。本来就很阴郁的科特,在没有女友时更阴郁了。他的所有朋友都为他的成功高兴,但他却高兴不起来。这就好像全世界都在为他的荣誉搞游行,城里的每个人都前来庆贺,除了他自己。

那年夏天,一个年轻女孩千里迢迢从英格兰飞到奥林匹亚,她找到科特就是想睡他,而他一反常态地睡了她。仅仅几天后,他就意识到了自己的错误,但因为他向来极力避免冲突,所以花了近一个礼拜才把她赶出去。赶她出去时,她站在梨街公寓的门外大喊大叫地咒骂着。这一事件很快成了奥林匹亚人的谈资。再加上和大厂牌签约的决定,这种违规举动破坏了他和"加尔文派信徒"的关系;关于他沉迷海洛因的谣言四起,更是火上浇油。

7月,格罗尔搬到了西雅图西部;科特再次独自一人,更加离群索居。他不再把嗑药局限于每周一次——只要买得起海洛因,找得到海洛因,他就会花整个周末吸毒,在公寓里晕乎乎的。他不再频繁写日记,吉他也弹得少了。他更加努力地逃避外面的世界。

他的朋友们观察到,就连在科特清醒时,他也越来越古怪。他养了一只叫基斯普的小白猫,并用酷爱牌饮料把猫毛(和他自己的头发)染成了红白蓝相间的颜色。他允许小公猫基斯普和母兔炖炖做爱。炖炖的阴道很不寻常,这让科特很着迷——她的子宫是倒置的，经常会从阴道里伸出来。"他会拿一支铅笔把它推回去。"伊恩·迪克森观察道。科特认为，是因为和猫做爱，炖炖的生殖通道才会被搞坏，不过他不打算阻止两只动物之间的性行为。观看这种跨物种交配也成了他最爱的消遣之一。

当月，科特和迪克森在奥林匹亚城外的采石场游泳，科特抓了几十只蝌蚪带回家。他把它们丢进水族箱里，高兴地看着他的乌龟们把蝌蚪吃掉。"你看，"科特告诉迪克森，"你能看见它们的小胳膊和身体碎片浮在水箱里呢。"这个曾经救助断了翅膀的鸟的年轻人，如今正喜滋滋地看着乌龟把蝌蚪吃掉。

7月的第二周，科特做了一件极不寻常的事，不寻常到当崔西听说时，她听了两遍才相信，这就是她曾经爱过的男人做的事：科特把他的乌龟卖掉了。他称，是因为缺钱才把它们卖了的；这并不是因为他时间上照顾不过来，因为外出时，他总能找到能帮他代管小动物的朋友。他告诉所有人，尽管和大厂牌签了约，但他从来都没有这么穷过。他给乌龟们标价100美元，但买家只愿意出50美元，他也接受了。崔西拜访梨街公寓时，发现高档水族箱被扔在院子的一边。奇怪的是，被当成乌龟食的一些蝌蚪存活了下来，草坪上满是小青蛙。

7月15日，为了继续拍专辑封面和宣传照片，科特飞到了洛杉矶。7月29日，当他回到奥林匹亚时，他发现自己的东西摆在箱子里，被扔到了路边；他被房东驱逐了。尽管那年春天，他制作了首张大厂牌旗下的专辑，但还是迟付了房租。值得庆幸的是，他的邻居联系了崔西，后者赶来救走了小动物们。但科特的艺术作品、日记和很多音乐器材，都被放进了路边的硬纸板盒子里。那晚之后的好几个礼拜，他都是在车里过夜的。

就在奥林匹亚的科特睡在他的车后座时，他的经纪人和厂牌老板们则在洛杉矶争辩,《别介意》到底会卖多少张。一开始,格芬唱片内部的预期很低,但在向业内发放试听宣传带后,他们的预期渐渐增长了。事实上,科特隶属厂牌之外的期待比厂牌内部更高。从1990年到1991年年初,涅槃乐队变成了最时髦的乐队,试听带像病毒一样在音乐界人士内部传开。约翰·特劳特曼就是一个例子:虽然身为RCA唱片的员工,他依然把试听带复制了几十份,发给他认识的电台主播和朋友,仅仅是出于他对乐队的个人喜爱。通过马不停蹄的巡演,涅槃乐队以一种很传统的方式培养了歌迷群。新专辑即将发行之际,他们已经有一票忠实粉丝在等候着了。

涅槃乐队所签约的DGC唱片只是格芬唱片的一个小型分厂牌,旗下只有几名员工,出过热门歌曲的艺人也不多。相比之下,格芬唱片则拥有当时最成功的摇滚乐队枪炮玫瑰。格芬唱片的员工开玩笑道,为了不损害格芬唱片的名声,所有烂乐队都被分给了DGC,他们因此管DGC唱片叫"废物处理公司"(Dumping Ground Company),而DGC缩写的真正全称则是大卫·格芬公司(David Geffen Company)。唱片公司内部很少有人能预料到,涅槃乐队会在DGC旗下一发专辑就一炮而红。"当时,在开营销会议时,"DGC唱片电台宣传部的约翰·罗森菲尔德观察道,"我们预计会卖出5万张专辑,因为音速青年乐队的专辑《咕》(Goo)也只卖了11.8万张。我们想,要是能卖到《咕》的一半,也就不错了。"出没不定的厂牌老板大卫·格芬让自己手下的星探负责公司运营,但罗森菲德给格芬的司机留了一盘《别介意》的磁带,希望厂牌老板能就此支持乐队。

8月中旬,科特和队友们飞回洛杉矶,开始为专辑宣传造势,一边为欧洲巡演做准备。DGC厂牌负责他们的宾馆开销,只给他们在假日酒店订了一间房。房间里只有两张床,所以科特和戴夫每晚都抛硬币决定,谁要和克里斯特共用一张床。但对科特来说,只要能睡在床上,哪怕要和人高马大的贝斯手同床共枕,也比睡在自己的汽车后座上要好。

8月15日,他们在罗克西俱乐部为唱片界内部人士演了一场。虽然演出目的是向格芬唱片的高层展示他们的新作品,但演出还是吸引来了音乐界各类呼风唤雨的人物。"很奇怪,"DGC唱片宣传部主管马克·凯茨回忆道,"因为人人都想看他们,人人都想进场。"他们的表演甚至打动了一向沉稳的格芬唱片高管。演出之后,格芬唱片的一名副总裁宣布:"专辑能卖出10万张。"这个数字已经比两周前的预测翻了一倍了。

演出当天,乐队在大学电台KXLU就《别介意》第一次接受电台采访。约翰·罗森菲尔德开车送他们去电台的途中,他们一个劲地冲过往车辆扔锐滋牌花生酱杯。当罗森菲尔德告诉科特,《别介意》"很适合一边嗨一边听"时,科特回道:"我想要一件用杰瑞·加西亚[1]的血扎染的衬衫。"就好像他的名言"朋克摇滚即自由",这句关于感恩而死乐队主唱的话经常被科特反复提起,频繁得快被他做成贴纸贴在保险杠上了。到了电台,罗森菲尔德拿出了他们此时已经决定做首发单曲的《少年心气》的试压版黑胶,这标志着这首歌首次在电台播放,在回到宾馆的途中,科特一个劲地嚷嚷着歌听上去有多棒。

在罗克西俱乐部演出的两天后,乐队开始拍摄《少年心气》的MV。MV的概念——失控的动员大会——是科特的主意。他写了一个粗略的脚本,详细说明要用妓女来扮演啦啦队队员,毛衣上要印着无政府主义的符号。他告诉他认识的摄像师约翰·加农,他要一个"甩头专用摄像机"来拍他,"那种我能把头往上撞的摄像机"。但从一开始,科特就和导演山姆·拜尔合不来,他管后者叫"小拿

---

[1] 杰瑞·加西亚(Jerry Garcia),感恩而死乐队主唱兼主音吉他手。

破仑"。事实是，科特想自己导演MV。拜尔和柯本冲对方大喊大叫，但前者成功利用了这一点：科特显而易见的愤怒让这支MV更具说服力。他在拍摄间隙还喝了半瓶占边威士忌，醉醺醺的。科特协助剪辑了MV的最终版，加进了他的脸几乎紧贴镜头的画面，这也是MV中唯一能看出他英俊外貌的时刻。当人群像脱缰的野马失去控制，涌向乐队时，这一幕准确地还原了乐队早年在没有舞台的场地表演的经历。

MV中还有一个隐藏的笑话，除了科特、克里斯特和少数阿伯丁的"克林贡们"，没人知道的笑话：一个学校管理员出现在MV中，推着拖把和水桶。这是科特在描绘他以前在阿伯丁高中的工作。维泽万科斯高中最糟糕的清洁工，成了美国最新的摇滚明星。

MV拍摄的两天后，乐队和音速青年乐队一起开始了为期十天的欧洲巡演。科特说服伊恩·迪克森陪乐队一起上路巡演。由于资金紧张，科特向经纪人保证，他会和迪克森分享自己的房间。"我知道，约翰·席尔瓦以为我们俩是一对。"迪克森回忆道。在当时，席尔瓦并不是唯一一个怀疑科特是同性恋的人：格芬唱片和"金山"公司的很多人都误以为他是同性恋。

这次欧洲巡演的很多部分都被戴夫·马基的电影《1991：朋克突围之年》（*1991: The Year Punk Broke*）记录了下来。这场巡演是很多东西的分水岭——涅槃乐队在狂热的观众面前表演，科特一反常态地快乐不已。《别介意》的试听带已在流通，唱片在未来的成功似乎已经注定。这场为期两周的短暂巡演是科特音乐人生涯中最开心的时光。"即便在去欧洲的飞机上，"马基回忆道，"科特也是开心不已，跳上跳下。"涅槃乐队在雷丁音乐节——欧洲最具影响力的摇滚活动——表演时，凡士林乐队的尤金·凯利答应上台和他合唱《莫丽的嘴唇》。科特后来说，那是他人生中最光辉的时刻。

洞穴乐队也在雷丁音乐节登场，她们也在英格兰办了巡演。演出的前一晚，洞穴乐队为蜜浆乐队开场时，科特碰见了科特妮。为了刺激科特妮，科特故意和两个骨肉皮一起离开了俱乐部，尽管他后来说自己没有跟两人中的任何一人睡觉。在雷丁音乐节，科特妮的做法更慷慨些。当马基把镜头对准她，问她有什么想说的时，她回道："科特·柯本能让我的心跳停止，但他是个混蛋。"

在雷丁音乐节，科特发现涅槃乐队获得了和蜜浆乐队同等的关注。仅仅四年前，科特才在一场啤酒派对上首次公开演出，还拼了命地大声演奏，好盖过观众嘈杂的交谈声——如今，他在有着七万名观众的音乐节表演，他一凑近麦克风，全场观众就鸦雀无声，就好像王子要发表讲话一样。"涅槃乐队当天很自大。"巡演经理艾利克斯·麦克劳德回忆道，"他们很自信。"

这一次，科特的自信终于延伸到了他对自己的看法上。他在巡演途中感觉很棒，尽情享受着他不断攀升的人气。大多数时候，每天都有五六支乐队登场，气氛就像在开一场从早到晚的派对一样。"他们好像在参加一个巡回马戏团，"马基观察道，"但他们并不把这当成负担，他们更像是在度假。"不过，这更像是一场切维·蔡斯[1]电影中的度假：每到一站巡演，他们都会玩食物大战，或者醉酒狂欢。涅槃乐队的表演时间通常被安排在早上，演完后，他们会花一下午的时间大喝承办者提供的酒。8月25日，等到涅槃乐队抵达比利时的"青春痘流行"（Pukkelpop）音乐节时，他们就像是在放春假的兄弟会成员般，把更衣室弄得一团糟，食盘打翻了一地。在小妖精乐队的查尔斯·汤普森表演时，科特在后台拿起一个灭火器喷射了过去。一年前，他还害羞得不敢见汤普森，如今他却试图用灭火器把他的前偶像赶下台。

---

1 切维·蔡斯（Chevy Chase），美国著名喜剧演员、编剧。曾先后三次获艾美奖。

巡演期间，科特每经过一个灭火器，都忍不住要拿来喷射。在早期的巡演中，他的破坏倾向来自不满意自己的表现、音响问题或者和队友的争吵。但在这段时期的破坏行动则是因为他太过开心而已。"对一支乐队来说，最开心的时光就是他们爆红的前夕。"科特后来对迈克尔·阿泽拉德说。对涅槃乐队而言，最开心的时光无疑是 1991 年 8 月。

9 月 1 日，当他们抵达鹿特丹站时，科特几乎是带着依依不舍的感伤进行了最后一场演出。他穿着一件两周没洗过的盗版音速青年乐队 T 恤，他的牛仔裤也没洗过，因为他只有一条。他的行李只有一个小包，里面装着威廉·巴勒斯[1]的《裸体午餐》，这本书是他在伦敦的书摊发现的。可能是受他睡前阅读的启发，科特在后台发现了一些道具服之后，鹿特丹的演出变成巴勒斯小说中的场景。"科特和伊恩·迪克森大口大口地喝着伏特加，"麦克劳德回忆道，"他们偷来了医务夹克和口罩，四处乱跑，给别人捣乱。人们一走进更衣室，就会被他们浇上橙汁和葡萄酒。伊恩还一度推着躺在医院病床上的科特到处跑。他们会守在中厅的两层楼之上，往保安身上浇橙汁和葡萄酒，然后逃离现场。"麦克劳德的工作就是阻止他们胡闹，但他无能为力："我们当时只有二十二三岁，还处在自己想都没想过的情况中。"

在鹿特丹，科特再次在一个俱乐部遇见了科特妮。她很快便要求坐涅槃乐队的小货车回英格兰。她和科特的欲擒故纵还在继续，乐队几人在轮渡上看《终结者》时，科特妮假意和戴夫调情，想引发科特的醋意。这个计划失败后，她把装了护照的钱包丢在了涅槃乐队的小货车上，"不得不"第二天打电话来取。当科特妮发现钱包是由迪克森和麦克劳德送回，而不是科特送回时，她很失望。他

---

[1] 威廉·巴勒斯（William S. Burroughs），美国著名作家、视觉艺术家，"垮掉派"文学代表人物。

也在跟她玩欲擒故纵。

9月3日,涅槃乐队为约翰·皮尔再次录了一次电台节目,然后他们便前去庆祝在英格兰的最后一夜。科特坚持要找些摇头丸来试试,那也是他第一次尝试此药。第二天,他飞回奥林匹亚,结束了他一生中最快乐的巡演。因为还是没地方住,他只能蜷缩在自己的汽车后座过夜。

回去之后,对他来说,奥林匹亚已经和他三周前离开时截然不同了。涅槃乐队在欧洲的大型音乐节表演时,奥林匹亚也在筹办自己的音乐节,也就是由五十个艺人或乐队参加的国际流行地下音乐节(IPU)。涅槃乐队原本计划在音乐节上表演,但在和大厂牌签约后,他们已经算不上是独立乐队,科特在这场奥林匹亚音乐盛会上的缺席十分值得注意。这标志着他和加尔文教徒们关系的结束,还标志着他在这个城市生活的结束——这个他十分热爱,却从未接纳他的城市。

但在某种程度上,他已经准备好要离开。正如之前科特需要摆脱巴兹的影响一样,他的音乐事业已经发展到了他必须得和奥林匹亚、加尔文以及托比作别的阶段。这种过渡对他来说很不容易,因为他相信加尔文派教徒们的独立音乐理想,当他需要一个逃离阿伯丁的指导时,他们给了他想要的意识形态。"朋克摇滚即自由",他学到了这句箴言。日后,他每遇到一个记者,就要重复这句话。但是他一直都知道,对于在养尊处优的环境下长大的小孩来说,朋克摇滚是另一种自由。对他来说,朋克摇滚是一种阶级挣扎,但比它更艰辛的是付不起房租的挣扎,以及找不到住处只能在汽车后座过夜的挣扎。对科特来说,搞音乐不只是赶时髦,它已经变成了他唯一的职业选择。

离开奥林匹亚之前,科特给凡士林乐队的尤金·凯利写了告别信,感谢他在雷丁音乐节和涅槃乐队一同演出。他在信中表示,感情上，他早已和奥林匹亚分道扬镳。令人惊讶的是，他还批评了KAOS，这个他曾经热爱过的并最早放了他的歌曲的电台："我意识到……DJ们的音乐品味糟透了。哦，是的，要是不信的话，现在他们还在放涅槃乐队早期小样里的歌呢。"

他是这么评论不久前在伊拉克的冲突的："我们打赢了。虚伪的爱国主义大放异彩。我们有了购买沙漠风暴交易卡、国旗、保险杠贴纸和各种胜利记录视频的特权。我走在街上时，感觉在参加纽伦堡集会。或许（我们）可以一起在美国巡演，然后在台上烧烧美国国旗？"

他以讲述自己的现状来结束信件，要是科特寄出了这封信——就像往常一样，他从没把信投进邮筒里——这个现状恐怕会让凯利，或者任何看到科特在雷丁音乐节的七万名观众面前表演的人，感到吃惊。"我被驱逐出我的公寓了。现在我住在车里，所以没有住址，不过如果你要留言的话，这是克里斯特的电话号码。你的朋友，科德特。"当周，单曲《少年心气》在唱片店正式发售。

第十五章 每当我吞咽

华盛顿州西雅图市

1991年9月—1991年10月

> 每当我吞咽一块食物，我的胃黏膜上部都会感到一阵痛苦、灼烧、恶心般的疼痛。
>
> ——摘自科特在日记中对药物问题及胃部不适的描述

9月的第二个周五——正好是13号——是科特人生中最不凡的时光之一。在这一天里，他玩了两场食物大战，用灭火器跟人决斗，还在一个微波炉里摧毁了金唱片奖。这些光荣的破坏都是为了在西雅图庆祝《别介意》的发行。

这一天是以在西雅图最大的摇滚电台进行的一系列采访开始的。在KXRX的第一个采访上，科特正襟危坐，但他话不多说，很快就开始在控制室里扔比萨。本周早些时候，对感兴趣的记者，他来者不拒。"即便他不喜欢那个记者，"公关员丽莎·格拉特菲尔特-贝尔说，"科特也会说：'虽然那家伙是个混蛋，但是他很喜欢我们的专辑，还是给他十分钟的采访时间吧。'"仅仅几通电话采访后，他的态度便转变了。他厌倦了解释自己的意图，采访渐渐变成了他的编故事游戏。当接受《西雅图时报》的帕特里克·麦克唐纳的采访时，他称，他买了一个充气娃娃，砍去了娃娃的手脚，打算在演出舞台上穿上。然而，到了那周结束时，他连对欺骗记者都感到无聊了。两周前在欧洲时，他还兴高采烈，回到美国后——为了宣传专辑——却让他感到疲倦。他在鹿特丹感受到的狂喜很快变成了沉默和自暴自弃。在接下来的两个采访中，科特待在车里，留克里斯特与戴夫两人和DJ对谈。

6点，乐队在"雷吧"俱乐部举办了他们期待已久的邀请制专辑发布会，对于这个活动，科特已经等了一辈子（《漂白》可没有开发布会）。邀请函上写着："别介意13号恐惧症，涅槃乐队来了。"该恐惧症指黑色星期五的恐惧，但真正让人恐惧的是挤满了整个俱乐部的音乐人、音乐记者，以及圈子里的知名人物。

这是科特享受征服西雅图的荣耀的机会，但他似乎对大家的关注感到不舒服。这一天，以及之后许多日子，他都给人一种印象，好像他根本不想在场宣传他的专辑似的。他从小就是家人关注的中心，直到青春期才渐渐失去关注。而他对自己的时来运转抱有怀疑态度。他坐在派对的照相亭里，人虽在那里，身子却隐藏在布帘子后面。

乐队私自带进了半加仑占边威士忌，这一举动违反了华盛顿州的酒水法。但还没等到被酒水监察员抓住，混乱就爆发了。科特开始往克里斯特身上扔沙拉酱，食物大战接踵而至。保安抓住了肇事者，把他们踢了出去，根本不知道他驱逐的是这场派对的三个主角。在和保安发生冲突后，克里斯特被人拖离了现场，之后DGC唱片的苏西·特纳特平息了此事。"我们都哈哈大笑：'天呐，我们被踢出自己的唱片发布派对了！'"克里斯特回忆道。乐队几人在俱乐部后面的小巷里站了一会儿，隔着窗子和朋友们交谈。里面的派对依然一片热闹，大多数参加人员都不知道三位荣誉嘉宾已经被驱逐了。

庆祝活动继续在一个朋友的阁楼里举办，一直到科特打开灭火器，阁楼不得不被清场。然后，他们转移到了苏西·特纳特家，在那里一直搞破坏,直至天明。苏西的墙上有张尼尔森乐队[1]的金唱片;科特把陈列框拿下来,管它叫"人类的耻辱",他往上面蹭了口红,然后把它放进微波炉,摁下了解冻键。那晚结束时,科特试穿了苏西的连衣裙,还化了妆,穿着女装走来走去。"科特的女装造型很漂亮。"苏西回忆道,"我有一条霍利·霍比的裙子,科特穿起来比我穿还好看,比任何我见过的人穿都好看。"

科特和其他人当晚在苏西家过夜。他穿着连衣裙在一张帕蒂·史密斯的海报下面睡着了。当他在第二天早上醒来时,他宣布,他和迪伦打算在那天用枪在一块后臀肉里打洞。"我们射完后,就会吃掉它。"他说。他问了去超市怎么走后,就出发了。

两天后,涅槃乐队在"蜂巢"唱片店举办了唱片签售会。DGC唱片本来预计会到场五十名顾客,但到了下午2点,已经有二百多个孩子排队等候——活动晚上7点才开始——他们开始意识到,也许乐队比他们想的还要受欢迎。科特已经决定,他们不仅要给专辑签名,和歌迷握手——这是唱片签售会的惯例——涅槃乐队还要现场表演。那天下午,当他在唱片店看到人群排起的长队时,对于自己的知名度,他第一次吐出了"我操"这两个字。乐队转移到"蓝月"酒吧打算喝一杯,但当他们透过窗户看到几十个往里面张望的粉丝时,他们感到自己身处电影《一夜狂欢》[2]中的场景。演出开始后,"蜂巢"唱片店拥挤到了孩子们得站在唱片堆上的地步。为了安全起见,唱片店的玻璃窗户前还支起了锯木架。涅槃乐队在唱片店演了45分钟,直到人群开始像《少年心气》MV里的人群一样往乐队身上扑。

---

[1] 尼尔森乐队(Nelson),美国硬摇滚乐队,1989年成立于洛杉矶地区,后期曲风逐渐转为垃圾摇滚和另类摇滚。
[2] 《一夜狂欢》(*A Hard Day's Night*),关于披头士乐队专辑《一夜狂欢》的电影,发行于1964年,记录了披头士乐队被狂热歌迷追赶的镜头。

科特开始对乐队的超高人气感到困惑。在眼前的人群中，他看到了半个西雅图音乐圈的人，以及几十个他自己的朋友。当他在人群中看到两个前女友——托比和崔西——站在那里，随着音乐手舞足蹈时，他感到十分不安。这些密友们如今也变成了他必须服务的观众，这让他压力巨大。"蜂巢"唱片店首发销售《别介意》专辑，并很快一售而空。"人们开始撕墙上的海报，"唱片店经理杰米·布朗回忆道，"如此他们能有张可以让科特签名的纸。"科特在震惊中不断地摇着头。

科特转移到停车场，一边抽烟一边休息。这一天在此刻变得更为奇怪，因为他在人群中看到了蒙特萨诺的两个校友斯科特·考克里和瑞克·米勒，两人都拿着《裂片》的单曲。虽然那天科特已经签了几百个签名，但没有一个能像给两个来自祖父母家乡的同学在一张关于他祖父母的单曲上签名那么让人感觉不可思议。他们谈起了几人在格雷斯港共同的朋友，对话让科特怀旧不已，考克里和米勒都提醒着科特自认为已经抛在身后的过去。"你还经常回格雷斯港吗？"考克里问。"不怎么回去。"科特回道。当考克里和米勒看到科特在他们的单曲唱片上签的名字是"科德特"时，两人都很疑惑。

科特后来提到，这次相遇是他感到自己成名事实的最初时刻之一。然而，这没有给他带来慰藉，反而带来了恐慌。虽然他一直都很想成名——当他还在蒙特上学时，他就跟同学保证，他有一天肯定会出名——等梦想真实现了，他却感到不安。克里斯特日后也回忆道，这场在专辑正式发行前一周的唱片店免费表演，对科特来说是个转折点。"在那之后，一切都不一样了，"克里斯特说，"我们不再是以前那支乐队。科特对此有些抗拒。有很多私人化的东西牵扯在其中。事态很复杂，有些超出我们能承受的限度了。"

"蜂巢"的观众还算不上疯狂过度。事实上，乐队开始为这张专辑巡演后发现，比起他们在其他地方遇到的观众，西雅图观众已经算克制的了。因为巡演是在专辑取得销量成功前预定的，所以大多数场地都很小,这也让成百上千的粉丝觊觎他们抢不到的门票。每场演出都像马戏团表演一般。当他们抵达波士顿后,9月22日没有演出,他很期待在当晚看讨厌鬼乐队的现场。当他试图说服门卫放他进场时,门卫表示没听说过涅槃乐队。波士顿创作歌手玛丽·卢·罗德正好站在门口,她插进来说自己听说过涅槃乐队,他们明晚就要在这里演出。门卫还是没有改变主意,科特不得不付了门票钱进场。

进场后,比起他的老朋友们,科特把更多注意力转移到了罗德身上。罗德告诉他,她是个在地铁站台表演的音乐人。他问她最喜欢的乐队有哪些,她列举了粉蜡笔乐队[1]、凡士林乐队、丹尼尔·约翰斯顿[2]和青少年粉丝俱乐部乐队[3]。"你骗人的吧?"科特答道,"这些也是我最爱的乐队,连排名顺序都一样!"他逼她列出每支乐队的歌曲,好证明她不是开玩笑的。他们聊了几个小时,然后罗德让科特坐在自行车车把上,捎了他一程。他们聊了一整晚,第二天,科特拜访她的公寓,在墙上看到了一张莱斯特·邦斯的海报。他让罗德唱首歌,她表演了两首尚未发行的《别介意》中的曲目。他感到,他被这个来自马萨诸塞州塞勒姆市、有着玫瑰色脸颊的女孩勾了魂。

他们在波士顿的街头散步时,科特把自己一辈子的经历都倾诉了出来。他告诉罗德,他父亲曾经踢过一条狗,还说自己的成长是多么痛苦,以及托比的事。要是调情的一大原则是不要向潜在对象提及前女友的话,科特显然打破了这个原则。他告诉罗德,托比"很棒",但她擅长"让人心碎"。他承认,自己还没忘掉她。

科特还告诉罗德,他对一支叫耆那教[4]的东方宗教心驰神往。他

---

[1] 粉蜡笔乐队(The Pastels),苏格兰另类摇滚乐队,1981年成立于格拉斯哥。
[2] 丹尼尔·约翰斯顿(Daniel Johnston),美国先锋流行音乐艺人,1961年生于加州。
[3] 青少年粉丝俱乐部乐队(Teenage Fanclub),苏格兰另类摇滚乐队,1989年成立。
[4] 耆那教(Jainism),起源于古印度的古老宗教之一,教义以正知、正见、正行为中心,稍后兴起的佛教在理念发展上亦受其影响颇深。

在电视上看了一部深夜的纪录片，让他陶醉的是，耆那教的官方标志是古老版本的万字符。从那以后，他读了所有能找到的关于耆那教的东西。该宗教崇拜动物，认为它们是圣洁的。"他告诉我，"罗德回忆道，"那个教派会为鸽子办医院。他还说他想加入这个宗教。他计划先干番大事业，然后等到功成名就了他就金盆洗手，加入耆那教。耆那教最吸引他的，是他们对来世的看法。耆那教所宣传的宇宙，是一系列叠加在一起的天堂和地狱。"每一天，"科特告诉罗德，"我们都既经过天堂，也经过地狱。"

当他们走过波士顿的后湾时，科特跟不上罗德的步伐。后者观察道："尽管只有24岁，他却像个老年人。他身上有种超越他年龄的疲倦感。"他告诉罗德，有些药物能帮他缓解胃痛。她不嗑药，所以没有多问。但半小时后，他又提起这个话题，还问她有没有试过海洛因。"我不想听你说这种鬼话。"她说，结束了这个话题。

那一夜，他们去了"轴线"俱乐部，涅槃乐队当晚和碎南瓜乐队同台演出。科特和罗德走近俱乐部时，他拿起她的吉他，挽住了她的手。"我敢肯定，排队的观众一定在想：'科特正跟那个傻傻的地铁站女乐手在一起呢。'"罗德说，"我当时已经在波士顿待了很多年，人人都认识我。他们估计都觉得我不是什么好东西。但我就在那里，走过街道，挽着他的手。"

第二天是9月24日，《别介意》正式发售。MTV电视台的一个摄制组为他们的新闻节目拍了一小段克里斯特穿着沾了起酥油渍的内裤玩扭扭乐游戏的画面。科特推掉了大部分演出和DGC唱片安排的宣传活动，选择和罗德一起共度一整天。当DGC唱片的马克·凯茨把克里斯特和格罗尔带去波士顿最新潮的唱片店纽波利漫画时，他们看到了排着长队的人群。"场面很壮观，"凯茨回忆道，"现场想买专辑的孩子差不多有一千人。"

两周后，《别介意》才进入公告牌排行榜前 200 名，但专辑的入榜排名是第 144 名。第二周，排名跃升到了第 109 名；第三周，升到了第 65 名；第四周后，也就是 11 月 2 日，专辑子弹般地冲到了第 35 名。很少有乐队首张专辑就能如此快速地冲刺到前 40 名。要是 DGC 唱片准备更充分，《别介意》的名次可能会更高——由于他们的预期比较保守，厂牌一开始只印制了 46251 张。几周内，专辑存货一售而空。

通常来说，在榜单上快速爬升的专辑离不开背后精心策划的宣传和市场营销，但《别介意》早早的成功却和这些东西没有任何关系。在头几个星期，除了零星几个选定的城市外，电台并没有大力推这张专辑。DGC 的宣传人员在一开始劝说电台工作人员播放《少年心气》时，还受到了阻力。"摇滚电台的人，包括西雅图电台的人，告诉我说：'我们没法放这首歌。我搞不懂主唱想说啥。'"DGC 唱片的苏西·特纳特回忆道。大多电台选择在深夜档放这首单曲，觉得它"太咄咄逼人"，不宜在日间播放。

但是电台工作人员也注意到了，越来越多的听众打进电话，要求多放这首歌。西雅图的 KNDD 电台专门对《少年心气》做了研究，这首歌获得了民意调查公司有史以来收集到的最高反响。"当我们研究这样的一首歌时，"KNDD 电台的马可·柯林斯说，"我们会在电话里给听者放这首歌 15 秒的片段。想象一下，第一次通过电话听到《少年心气》是什么感觉。"

9 月初，《少年心气》的 MV 在 MTV 电视台内部搅起了一场小风波。22 岁的节目编导艾米·芬纳蒂很中意这支 MV，她宣称，如果 MTV 台不放这支 MV，那么这里就不是她想要为之工作的地方。激烈争辩之后，这首 MV 被加进了他们的特别节目《120 分钟》。到了 11 月，它被加进了常规播放中，成了 MTV 台第一批"嗡嗡站"（Buzz Bin）MV 之一。

在波士顿演出的几天后,身在纽约的科特第一次在电视上看到了自己的MV。他当时住在罗杰·史密斯宾馆,玛丽·卢·罗德也在房间里。当MV出现在《120分钟》节目时,科特给母亲打了电话。"那是我。"他兴高采烈地说,"那又是我。"10秒钟后,当他的镜头重新出现时他说道:"那还是我。"每次他自己的身影出现在电视上,他就调皮地指出来,好像他的出现是个惊喜似的。

那天下午,涅槃乐队在淘儿唱片店(Tower Records)表演了一场罕见的不插电演出。在短短的演出中,科特从一个粉丝带来的杂货袋里拿出了奥利奥,并用他从同一个袋子里顺来的牛奶蘸着奥利奥吃。他们当晚在华盖俱乐部(Marquee Club)演出,门票一售而空。之后他们在MTV台的艾米·芬纳蒂家举办了派对,派对的消息不胫而走,很多得知的俱乐部观众都不请自来。科特从派对中溜走,和芬纳蒂及罗德一起去了街对面的一家酒吧。"这地方的点唱机是我见过最棒的。"科特说,尽管这台点唱机只有迪斯科舞曲。可能是为了庆祝《别介意》的正式发行,科特破天荒地起身跳起了舞。

纽约之后,巡演更加紧锣密鼓,涅槃乐队的名气也一再攀升。由于《少年心气》的单曲和MV都在榜单上蹿升,他们的每场演出票都会售罄,粉丝也越来越狂热。科特依然和罗德通过电话保持联系,还跟调音师克雷格·蒙哥马利说她是他的"女朋友"。科特离开纽约的两周后,她去俄亥俄州看望他,发现他处在崩溃之中。他坐在泳池桌上,一边踢着腿一边诅咒着。"有什么问题吗?"她问。"一切都有问题,"他答道,"没人能把这见鬼的声音弄对。太离谱、太糟糕了。我干这行这么久,演出还是烂到令人崩溃。我根本听不到自己的声音。"作为一个曾在地铁卖艺讨钱为生的艺人,罗德劝科特享受自己的成功,但是她没法让他开心起来。"我真讨厌这些鬼东西。这些该死的老鼠洞。"他说。她所不知道的是,彼时的科特正在毒品戒断反应中。关于这个秘密，他没告诉罗德，也没告诉队友。她跟着乐队继续巡演了两站，但到了底特律站，也就是10月12日早上，她不得不返回波士顿，继续在唱片店的工作。科特和队友们继续前往芝加哥，在"地铁"俱乐部开了一场演出。

同一天早上，科特妮·拉芙在洛杉矶登机，飞往芝加哥去探望比利·科甘。拉芙和科甘的关系十分不稳定——比起他本人，她更喜欢他写的情书。当她抵达他的公寓时，意外发现他跟另一个女友复合了。一阵争吵后，科特妮在砸来鞋子的追击中逃离了。

她花了身上最后10美元坐出租车去了"地铁"俱乐部，惊讶地发现涅槃乐队当晚在那里有演出。说服门卫放她进场后，她用付费电话致电科甘。她后来说自己打那通电话是为了彻底和比利分手，好跟科特在一起。科甘告诉她，他没法见她。她狠狠地挂断了电话。

此前的几次相遇中，科特妮和科特之间早已火花四射，只不过没有机会进一步发展而已。她看完了涅槃乐队演出的最后15分钟，内容基本是科特破坏架子鼓，她则好奇是什么让他这么愤怒。对她来说，他很神秘，而科特妮总是被神秘吸引。她不是唯一着了这个道的女人。凯丽·蒙哥马利观察道："科特有种特质，能让女人想抚慰他、保护他。在这方面，他是个矛盾体。因为他也可以强势到残酷和凌厉，同时又可以脆弱而敏感。"

演出之后，她混进了后台派对，径直奔向科特。"我眼看着她穿过房间，坐到了他大腿上。"经纪人丹尼·戈德堡回忆道。科特很高兴能见到她，当她表示要去他的酒店过夜时，他更开心了。如果说科特不喜欢坦白过去的情感纠葛，科特妮在这点上也不甘下风。不过她向他坦白了和科甘之间的伤心事。交谈之中，科特又想起了5个月前在洛杉矶长谈后，他所做的评价："她是这世上最酷的女孩。"他们一起离开俱乐部，在密歇根湖畔散步，最终双双落脚戴斯酒店。

据科特后来向朋友描述，他们的性爱体验很棒。他告诉科特妮，他的旧情人一只手就能数得过来。就像他说的其他事一样，她对此感到震惊；她来自日落大道，在那里，做爱就像演出后搭顺风车回家一样随便。科特妮还惊讶地看到，科特穿着斑马纹的三角内裤。"你得穿四角裤。"她告诉他。

但是，即便是在做完爱后气喘吁吁之际，他们的感情也不仅限于身体上的吸引——它是一种情感上的联结，这是他们的朋友和乐队队友所无法理解的。讽刺的是，科特的红颜知己认为科特是屈尊才跟她好的；科特妮的朋友也觉得科特妮是屈尊才会跟他好的。他们的人生经历有很多相似之处，科特妮谈到了自己备受忽视的童年，在离婚的父母之间被踢皮球，在学校的挣扎，科特对这一切都感同身受。她是他见过的第一个能在他告诉她自己童年遭遇时——尽管是十分夸大其词的版本——可以回道"我的经历更惨"的女孩。这几乎变成了一场"谁的童年最悲惨？"的游戏，不过两人的结合让科特觉得，自己的凄惨人生也没有那么反常。

和所有人一样，科特最需要的是来自伴侣的无条件的爱。但那晚在戴斯酒店，他在科特妮身上发现了在其他关系中找不到的东西——理解。他觉得，科特妮本能地清楚他都经历过什么。玛丽·卢·罗德也许是凡士林乐队的粉丝，但她并没有在硬纸箱里过活的经历。崔西坚定不移地爱着科特，但即便当她做出和阿伯丁来的朋克乐手恋爱这种疯狂的事时，她也始终被自己的家庭所接纳。为了让托比爱他，科特什么都试过了，但他们的人生经历太不一样，他甚至无法让她理解自己的噩梦是什么，更无法让她理解自己嗑药的原因。但科特妮知道随食品券发放的救济奶酪是多么味同嚼蜡；她知道坐着小货车巡演且付不起油钱的滋味；当她在"大块头的小丑屋"当脱衣舞娘时，她还体会到了很多人没有体会过的底层堕落感。两人后来开玩笑说，他们是在对毒品的爱好下结合的——毒品当然与之息息相关——但他们一开始对彼此的吸引不仅仅是都想逃避生活那么简单,而是因为他们都有各自的心魔要摆脱。

两人在次日清晨作别。科特继续巡演,科特妮则回到了洛杉矶。但在接下来的一周中,他们用传真和电话交流,很快就到了每天聊天儿的地步。尽管涅槃乐队获得了成功,科特在巡演途中却并不高兴。他一直抱怨着小货车条件有多差,"老鼠洞"一样的俱乐部,以及他之前没抱怨过的东西——在看了MTV台播放的乐队MV之后,连兄弟会的男孩们都跑来看他们的演出了。涅槃乐队阵营里的一些人起先对科特和科特妮的相恋很兴奋——至少他有个能说话的人了(他和克里斯特及格罗尔的话越来越少)。

10月19日,科特在达拉斯再度崩溃,这回,崩溃发生在舞台上。这场演出从一开始就注定要失败,因为门票售出过多,导致观众涌上了舞台。沮丧的科特用吉他砸坏了调音台。几分钟后,他"跳水"到观众群中,一名叫特纳·范·布拉克姆的保镖试图把他弄回舞台,科特误认为保镖在使用暴力,用吉他的末端砸中了布拉克姆的头,并砸出了血。这一举动能杀死一个小个子男人,但布拉克姆仅仅怔了一下,便出拳回击科特的头,科特落荒而逃时,他还狠狠地踢了科特。观众骚乱起来。科特躲到了楼上的衣柜里,直到演出主办人杰夫·利勒斯说服他,范·布拉克姆已经去了医院,伤不了他了,科特才出来。"我知道的是,他当晚喝了一大堆咳嗽糖浆。"利勒斯解释道。科特终于重新出场,结束了表演。

但事情远没有结束。演出结束后,利勒斯设法把乐队弄进一辆等候的出租车里,但出租车刚出发就返回了。乐队里没人知道他们住的是哪家酒店。就在出租车返回之时,范·布拉克姆也回来了——头上多了一个血糊糊的绷带。司机疯狂地想把车开走时,他一拳打碎了出租车的车窗玻璃。出租车成功逃脱,但仍不知道目的地在哪儿,与此同时涅槃乐队的成员坐在后座,身上盖着碎玻璃。这种事并非个例,乐队巡演经理接下来发现自己每周都要支付上千美元,以赔偿由乐队造成的破坏。

一周后,科特和科特妮在洛杉矶的一个支持堕胎的义演上重聚。在后台,他们似乎甜甜蜜蜜,很多人都觉得他们是完美的摇滚情侣。但到了晚上,一关上门,他们的关系便进入了毁灭性的弯道。科特第一次提议一起嗑海洛因。科特妮顿了一下,但马上同意了。他们取了毒品,到了他所在的比弗利·加兰宾馆,准备好毒品,然后他给她注射了进去——科特妮受不了自己用针头注射吸毒,于是曾经恐惧针头的科特便为二人操持一切。两人嗑嗨后,一起出门散步,碰见了一只死去的鸟。科特从鸟身上拔下三根羽毛,把其中一根给科特妮,留下两根在自己的手上。"这是你的,这是我的。"他说。他拿着第三根羽毛,加了一句:"这是给我们未来孩子的。"她笑了,后来她记得,这就是她最先爱上他的一刻。

但当时的科特还有一个情人。到了1991年秋天,海洛因不再是他周末才拿来助兴的东西,而是每天的例行公事。据他在日记里的记录,他在遇见科特妮的几个月前就"决定"要变成一个瘾君子。后来,因为参加一个戒毒项目,他坐下来细细写下了自己的整个吸毒史。一切是这么开始的:

> 和音速青年乐队从欧洲二度巡演回来后,由于5年来一直折磨我的胃病,我决定每天都嗑"海洛樱"。胃痛的折磨几乎把我引向了要自杀的地步。5年来的每一天,每当我吞咽一块食物,我的胃黏膜上部都会感到一阵痛苦,灼烧般的、恶心的疼痛。巡演时,由于吃饭时间和饮食结构的紊乱,胃痛会更加厉害。自患上胃病起,我已经做了10次上消化道和下消化道检查,每次都在同样的一处发现灼烧般的疼痛。我咨询了15个不同的医生,尝试了大

概50种治疗溃疡的药物。唯一管用的就是强效阿片类药物。有许多次,我发现自己连动的力气都没有,只能卧床好几个星期,一边呕吐一边挨饿。所以我觉得,既然我的身体感受已经跟瘾君子没什么两样,那还不如干脆就做个瘾君子。

让人吃惊的是,科特在回顾自己的毒品上瘾经历时,对自己的每一步选择都很清楚。他把自己的毒瘾写成一个"决定",一个由于慢性胃痛到想自杀而产生的想法。按他的回忆,他的全面吸毒时期开始于1991年9月初,正是《别介意》发行的当月。

科特妮自己也曾在1989年夏天深陷毒瘾之中,当时,海洛因在洛杉矶摇滚圈里十分猖狂。她曾尝试使用12步疗法[1]和佛教念经来帮助自己戒毒。但1991年10月,她鲜有清醒的时候。这也是为什么像詹妮弗·芬奇这样的好友警告她最好远离科特。拉芙的吸毒问题和科特的不一样——对她来说,海洛因是社交场合才玩的毒品,她没法给自己注射海洛因,这使得她不可能每天都吸。但由于科特妮先前就染了毒瘾,摇滚圈里很多人都谣传是她让科特染上了毒品,而事实却在很多方面截然相反。"人人都指责科特妮,但事实并非如此,"克里斯特坚称,"他在遇到科特妮之前就开始嗑了。科特妮并没有让科特染上毒瘾。"

两人第一次一起嗑海洛因后,第二天晚上他再度拜访,想要一起再嗨一次。"我当时有个规矩,绝不连续两晚都嗑药。"科特妮回忆道,"那样不好。所以我说:'不行,今晚不行。'他就离开了。"

第三天晚上,科特哭着打电话给她,问她能不能过去看他。科

---

[1] 12步疗法(12-Step),通过一套规定指导原则的行为课程,来治疗各种成瘾类不良行为习惯的项目。最早被应用于酒瘾患者,而后被越来越多专业机构应用到毒瘾之类成瘾疾病中。

特妮抵达酒店后,发现他无法控制地浑身发抖,情绪处在崩溃中。"我不得不把他放到浴缸里。"她回忆道,"他被自己即将成名这点吓坏了。他当时真的超级瘦,站都站不起来,我只能把他架起来。当时他没有吸毒。但当我告诉他,我不想跟他一起嗑海洛因时,他很生气。"科特妮当晚的确和他一起又嗑了一次海洛因。"我不是说这都得怪他,我是说,这是我自己做的选择。我当时想:'看来我要复吸了。'"

涅槃乐队继续为《别介意》巡演,而唱片销量也呈指数级增长。在西海岸一站站巡演时,每天早上,他们都会收到最新销量数字的报告。乐队到圣迭戈站时,专辑卖出了10万张;到洛杉矶站时卖出了20万张。等到他们清早抵达西雅图参加一个万圣节表演时,《别介意》成了金唱片,卖出了50万张。一个月前,科特还在用微波炉摧毁尼尔森的金唱片,而现在他自己也有了张金唱片。

尽管得到的关注更多,名气如雨后春笋般疯涨,那天下午,科特还有其他迫切的问题:他的袜子不够用了。他和凯丽·蒙哥马利从剧院走到了百货商场。在商场,科特选了几件内裤(他终于开始买四角裤了)和袜子(白色的)。当他把选中的商品拿去收银台时,出现了贝克特剧本中才有的荒谬画面:"他开始脱下鞋袜,把剩下的钱拿出来,"凯丽回忆道,"他把皱巴巴的钞票藏在自己的鞋子里。在百货商场,他真的就那么把钱从鞋子里往柜台上倒,售货员看着他,觉得他疯了。用这种古怪、老旧、执拗的方式,他展开这些钞票,花了好久才把它们数清。他从另一个口袋里才能找出剩余的钱。他倒在柜台上的钱旁边还团着一堆堆袜子的棉絮。西装革履的售货员看着科特,好像他是个无家可归的人。"尽管专辑成了金唱片,但科特真就是个无家可归的人,他要么住在宾馆里,要么在乐队没有巡演的时候,他就住在譬如凯丽这样的朋友家。

科特不太能记得清当晚演出发生了什么:后台挤着要拍他的纪录片摄制组、媒体记者、电台宣传人员以及亲朋好友,似乎不管他往哪儿走，都有人要向他索取些什么。由于他的两个决定，事态变得复杂起来：他请比基尼杀戮乐队来当开场嘉宾，所以托比在场，除此之外，他还说服伊恩·迪克森和尼基·麦克卢尔来当摇摆舞演员，他们全身穿着紧身衣——他的身上写着"女孩"，而她的身上写着"男孩"。摄像师不断把科特的这两个舞蹈演员推到一边，他开始沮丧起来，这影响到了他的表演。《火箭》杂志指出："这些家伙已经又有钱又有名，但他们还是表现出对生活不满的样子。"

演出之后，科特似乎受到了惊吓。"他让我想起关在笼子里的猫。"摄影师达雷尔·维斯特莫兰观察道。当维斯特莫兰让科特和妹妹金摆好姿势时，科特在快门被按下的瞬间扯起了她的头发。"他很生气，举动很粗鲁。"金回忆道。

但那天最奇怪的瞬间是在"蜂巢"唱片店发生的，当时科特见到了几个阴魂不散的人。当夜晚些时候，他和托比共处了一段时间，她在他的酒店房间地板上过了夜。她并不是房间里唯一一个人，因为像往常一样，他有一票子来过夜的朋友。但十分讽刺的是，就在他卖了50万张内容关于托比不爱他的专辑的同一天，托比睡在了他的地板上。

演出之后，科特还碰见了格雷斯港的另一个熟人。站在后台入口前和马特·卢金一起抽大麻的，是斯蒂夫·史林格，他曾经是科特最好的朋友之一，他的家人还在科特只能睡在硬纸板盒子里时给过他一个庇护所。史林格说的话让科特意识到，不管他想怎么否认，都已经显而易见的事实："柯本，你现在可真出名。每隔3个小时，你就要在电视上出现一次。"

"我真没注意到。"科特说，他顿了顿，搜肠刮肚地想找出经典的"克林贡式"回复，好把话题从他的名气上转移开来，好像几句话就能阻止这个已经发生的事实一样。"我真不知道，"科特回道，声音很稚气，"我住的车里没有电视。"

第十六章　刷牙

华盛顿州西雅图市

1991年10月—1992年1月

> 请别忘了吃蔬菜和刷牙。
> ——摘自科特的妈妈写在《阿伯丁每日世界报》的一封信

科特和科特妮的恋情是在1991年11月真正开始的。涅槃乐队当时正在欧洲进行另一轮巡演，洞穴乐队在两周后也开始了自己的巡演，两支乐队多次在同样的场地演出。两个爱侣每晚都煲电话粥，发传真，或者在更衣室的墙壁上留下暗语。他们之间有个两人自己才懂的笑话，他一打电话给她，就假装自己是摇滚明星兰尼·克拉维茨（Lenny Kravitz）；科特妮打过去时，则会自称是克拉维茨的前妻，《克斯比秀》（The Cosby Show）的女演员丽莎·博纳特（Lisa Bonet）。这个玩笑给酒店经理们带来了很多疑惑，他们常常受指示在酒店房间门下塞传真给一位不存在的"兰尼·克拉维茨"。"我们就是那么相爱的——打电话培养的感情。"科特告诉迈克尔·阿泽拉德，"我们几乎每晚都打一次电话，每隔一天晚上就互发一次传真。当时我的电话账单足足有3000美元。"

虽然这场靠传真培养的感情越来越热烈，科特却有藕断丝连的事情没处理好，他在这点上向来处理不当。涅槃乐队结束英国巡演的第一场秀后，在布里斯托，他惊讶地在后台见到了玛丽·卢·罗德。她是专程飞过去想给他惊喜的，她做这件事时很沉着。一见到他，她就发觉有什么不对劲的东西：他跟以前不一样了，并不只是更出名了而已，虽然和一个月前相比，他的名气也发生了根本性改变。一个月前，在波士顿，科特可以四处走动而不被打扰，如今，每分钟都有人扯着他的袖子。一个唱片公司代表一度抓着科特，说道："我们这周刚卖了5万张你的唱片。"在英国，这是个很惊人的数字，但科特的反应却充满了疑惑：我为此该具体做些什么呢？

第二天，罗德问道："你是不是有别人了？""我只是累了。"他说谎道。她以为他又犯了胃病。因为他总是抱怨，所以她假设他的胃比往常更痛。那夜凌晨3点，他房间里的电话响了：电话是科特妮打来的，但科特没说实话。有个DJ告诉科特妮，科特的"女朋友"是玛丽·卢·罗德。"科特的女朋友？"科特妮大声喊道，都快哭了，"我才是科特的女朋友。"在电话里，科特妮说的第一句话就是："见鬼！谁是玛丽·卢·罗德？为什么人们说她是你女朋友？"科特妮对罗德这个名字咬牙切齿，就好像它是一种寄生虫的名字似的。科特设法在不提及玛丽·卢·罗德名字的情况下否认了自己与她的关系，因为她就睡在他四英尺之外。拉芙清清楚楚地告诉科特，要是她再听说一个像玛丽·卢·罗德这样的人，他们之间就算完了。第二天早上，科特问罗德她要怎么去伦敦，而她觉察出，这就是科特宣布他们两人告吹的方式。

一天后，罗德看了一个叫《言语》的电视节目，涅槃乐队在节目上出场，大受吹捧。在表演90秒缩略版的《少年心气》之前，科特抓过麦克风，用像在点午餐的冷淡口气说道："我只想让在场的所有人都知道，流行乐队'洞穴'的成员科特妮·拉芙，是这世上床上功夫最好的妞。"他很清楚，他这番话传遍了四方。听到这句话，百万名英国观众都倒吸一口气，但对此反应最大的还要数被气得发狂的玛丽·卢·罗德本人。

在英国，此时的科特已拥有很高的媒体曝光度，但这次公开宣言成了他音乐事业中最受瞩目的发言——自从约翰·列侬表示披头士乐队比上帝还受欢迎后，还没有一个摇滚明星能如此激怒英国大众。科特不是故意要让自己声名狼藉，他只是选择了通过电视节目和罗德划清界限，并向科特妮表白心意。他对拉芙性能力的评价造成了他没想到的后果，这把他从音乐周刊封面拉到了每日小报的封面。在《别介意》大卖的当口，连他说的话如今也成了新闻。对于这个事实，他一边接受一边诅咒，标准取决于对他有没有好处。

三个星期后，11月28日，当《别介意》的销量在美国达到100万张时，乐队登上了另一档高收视率的英国电视节目《流行之巅》(*Top of the Pops*)。节目制片人坚持让涅槃乐队表演《少年心气》，还要求乐队跟着录好的背景音轨现场演唱——也就比对口型稍微好点。科特和诺弗斯里克及格罗尔暗暗酝酿，打算故意在表演时出丑。背景音轨一播放，科特就用一种慢节奏的拉斯韦加斯休息室风格唱了起来；他后来称，他是想模仿莫里西[1]的唱法。

制片人勃然大怒，但涅槃乐队很快从中逃离，前往谢菲尔德参加演出。他们开车扬长而去时，科特露出了他当天的第一个微笑。"他觉得这事特别逗，"艾利克斯·麦克劳德说，"毫无疑问，他们是当时乐坛最红的乐队，他也利用了这点。他知道自己有这个权力。"

胆大妄为是科特偶尔为之的小邪恶，但对科特妮来说，这却是家常便饭。这是科特爱慕科特妮的一小部分原因。她犹如被扔进鸡舍的金刚狼般大摇大摆地出没多数社交场合，与此同时，又可以保持机智风趣。即便是涅槃幕后团队中那些讨厌她的人（人数不少），

---

[1] 莫里西（Morrissey），英国著名另类摇滚歌手，1959年生，英国另类乐队史密斯乐队（The Smiths）主唱，后单飞。

也觉得她很有意思。

科特天生有种偷窥欲,没有什么比制造骚乱,然后静观好戏更让他兴奋的了。但是,当科特妮在场时——尤其在演出后台这样的场合——人们没法把视线从她身上移开,科特的视线就更没法移开了。很少有人蠢到和科特妮抬杠,那些蠢到去挑战她的人都发现,她的讽刺和机智简直无与伦比,找不到对手。科特很喜欢当坏男孩,所以,他需要一个坏女孩。即使他知道科特妮顶多只能算是反派英雄,但因为这个,他更爱她了。"通过她,他释放了自己体内的一些攻击性,"洞穴乐队的鼓手卡洛琳·如解释道,"他能通过她释放出这些东西,因为凭他自己,他没有勇气这么做。他需要她来当自己的传声筒。他是那种喜欢被动攻击的人。"而拉芙却喜欢主动攻击,这种个性也让她在朋克摇滚圈广受恶评,因为这个圈子虽然高举性别平等大旗,但还是由男性主导,对被解放的女性该是什么样依然有条条框框。科特妮和科特在一起后,媒体指责她傍上了一个极速蹿红的明星。虽然这种说法不假,但小报们没有意识到,洞穴乐队早期受到的评论不比涅槃乐队的逊色。在1991年11月,科特的确比她更有名,科特妮的朋友们也警告她不要跟他在一起,因为他事业的成功很容易让她的事业处于阴影之下。但自以为是的她觉得那并不可能,朋友这么劝她时,她还觉得受了冒犯。事实是,他们俩都野心勃勃,这也是他们彼此吸引的部分原因。

虽然两人的恋爱故事不同寻常,有时却也陷入传统的多愁善感模式。两人彼此发送的传真中,有些少儿不宜,有些却十分罗曼蒂克:他们在写信时都想赢得对方的心。科特妮在11月初发去的一份传真上写道:"我想在你的上方,手里装满了糖果。你闻起来像华夫饼和牛奶……我喜欢并想念你的身体,和你长达20分钟的吻。"

两个人彼此谦让到极点,简直像两个单口喜剧演员。他们的密友谈过两人堕落的幽默感,这是公众很难看到的一面。那年秋天,科特妮列举了一份科特的"最恼人品质"清单，她的观点既刻毒又带着调情色彩："1. 在记者面前扮可爱，他们都着了他的道。2. 在青少年粉丝面前扮演可爱的朋克英雄，他们本来就把他当神看，根本不需要说服。3. 让整个世界都以为他谦虚害羞又温和，而事实上，他是个大嘴巴的自恋狂，这也是我爱他的原因之一，但除了我没人知道。4. 他是双鱼座，能同时勾起我强烈的欲望和厌恶。"在另一封传真的结尾，她保证要是有钱了，每天都会给他买花。很多她在传真里写的话在多年后都变成了她最知名歌曲的歌词。"我是破碎的娃娃，烂掉的皮肤，娃娃的心，代表着刀子，在我的余生，剥下我小小的心脏，攥在你的左手里，今晚给我打电话。"她在11月8日的传真里写道。其他的消息则简单而甜蜜："今晚请梳头，记得我爱你。"她在某晚写道。

他送了她奥斯卡·王尔德的《道林·格雷的画像》和艾米丽·勃朗特的《呼啸山庄》。他给她的传真同样浪漫，不过身为怪人的他，写下的大多数内容也很奇怪。他经常痴迷一些下流的主题：人类排泄物、"爆菊花"、生育、婴儿和毒品。他对他们因不检点行为而登上小报版面的可能性表示兴奋。他在11月中旬发出的一份传真更能说明事实。传真的开头，科特妮的名字被画在一颗心里，接下来是信件内容：

> 哦，臭烘烘的，带血的精液。我出现幻觉的次数太频繁了。我需要氧气。感谢撒旦，我们找到了一个随便开处方的医生，只要毒贩子在街上搞不到药，他就能一个电话发去处方。我觉得我得了一种湿冷、发了霉般的皮肤病，我总在凌晨时分睡着，身上沾着小男孩的血，穿着前一晚演出时穿的汗津津的衣服。我上周买来的印度男孩小奥利弗，已经渐渐成了一个专业护士，不过他用的针头太粗，

让我的胳膊肿得像高尔夫球一样大。像斯诺克球一样大。由于我打掉了他的牙齿，他如今更擅长吮吸我的那话儿了。吉多明天要给宾馆前台寄一条鱼。我希望她擅长游泳。我爱你。我想念你。又及：我已经成功说服兰尼·克拉维茨，孩子是他的，他愿意为堕胎买单。爱我。

他的签名是一条鱼。当然了，他没有什么印度男童伴侣，11月时也没有人怀孕。他提到的毒瘾倒是真的，他也的确找了一个英国医生给他开药用吗啡的处方。

11月底，两周没见到科特的科特妮思念成疾，她一反常态地取消了一场洞穴乐队的演出，飞往阿姆斯特丹。在那里，他们买了海洛因，花了一整天一边嗑药，一边懒懒地做爱。科特妮并非因为爱科特才去嗑药——她也有步步紧逼的心魔——但他不在身边时，她很少嗑药。在科特身边，她放弃了所有界限，因为她很清楚，和他发展亲密关系，就意味着活在一个浸泡在麻醉剂中、充满逃避主义的世界里。她选择了科特，因此，也选择了毒品。

在阿姆斯特丹及伦敦的短暂相聚后，她重归洞穴乐队巡演，涅槃乐队也继续着他们的英国巡演。自性手枪乐队以来，还没有任何一支巡演乐队能得到如此关注。每场演出都有能上新闻的东西，或者至少让他们成功上新闻的东西。在爱丁堡，他们在一家儿童医院办了一场不插电慈善表演。在纽卡斯尔，科特在舞台上宣布道："我是同性恋、瘾君子，我干大肚子猪猡。"这是很典型的柯本式宣言，不过三件事中，只有一件是真的。等到巡演再度回到伦敦时，科特再次苦于胃痛，无法继续工作。他决定取消在斯堪的纳维亚的六场演出。考虑到他的身体状况和日益恶化的毒瘾，这是个正确的决定。

科特在欧洲时，他母亲给《阿伯丁每日世界报》写了一封信。

这是继父母离婚那年,科特代表棒球少年队获得木材联赛冠军登报后,他第一次登上家乡的媒体。这封信的标题是《当地"音乐小子"出人头地,来自妈妈的报道》:

> 这封信多多少少针对一些家长,他们家里有在车库或卧室里摆弄架子鼓或吉他的孩子。有些话要当心说,因为你们苦口婆心的管教话日后或许会被证明是错的。比如,"干点正经事。""你的音乐不错,但成名成家的概率几乎是零。""先去念书,念完书再想去搞乐队也不迟,但要是乐队搞不出来,你至少还有条后路。"这些话听上去熟悉吗?
>
> 我呢,刚刚接到了我儿子科特·柯本的电话,他是涅槃乐队的主唱兼吉他手。他们目前正在欧洲巡演。他们在格芬唱片旗下发行的第一张专辑刚刚达到了"白金"(销量超过100万张)记录。他们也成了公告牌前200专辑榜榜单的第四名。是的,我知道对很多人来说,搞音乐成名成家的希望接近为零,但这两个孩子,科特和(克里斯特)诺弗斯里克从来没有放弃他们的目标,现在,他们都有了傲人的成绩。他们日日夜夜的努力练习也得到了回报。
>
> 科特,如果你能读到这封信,我想说我们都为你骄傲,你是一个母亲所能拥有的最棒的儿子。现在你估计都有女仆帮你铺床了吧,请别忘记吃蔬菜和刷牙啊。
>
> 温迪·奥康纳于阿伯丁

科特没看《阿伯丁每日世界报》,一辈子也没吃过几回蔬菜,而他的毒瘾在1991年12月是如此严重,他在酒店房门上贴了告示,警告清洁工不要进来——她们不顾警告进来时,往往会发现他倒在地上,不省人事。奇怪的是,他还不刷牙,这也是他在《别介意》专辑封面拍摄期间患上牙龈感染的原因之一。"科特很讨厌刷牙。"凯丽·蒙哥马利说,"但他的牙看上去很正常,他也从来没有口臭。"凯丽回忆道,科特曾告诉她,吃苹果和刷牙有一样的效果。

12月21日,科特、凯丽和一帮朋友计划去波特兰看小妖精乐队的演出。科特担心自己的勇士(Valiant)车[1]吃不消长途驾驶,便租了一辆庞蒂克大艾姆汽车。他很少开那辆勇士车,第一年只用那辆车开了3000英里路。比起交通工具,这辆车更像是个移动房车,科特有时在后座过夜,还把自己的家什全部放进后备厢里。科特去母亲家吃炖肉时,和朋友在阿伯丁相聚了。

比起科特上次拜访阿伯丁,如今这个第一街家里的气氛有了很大的变化。自他幼年时期以来,他第一次被温迪当成生命中最重要的人对待。就连科特也震惊于这伪善的作态,尤其是他眼看着继父帕特·奥康纳拍他马屁时的样子:场景就好像在《全家福》[2]的其中一集里,阿奇给了笨瓜心爱的休闲椅一样。他的朋友到来后,他们待了一会儿,科特给了他6岁的同母异父妹妹布雷尼一些美术用品后——他一直喜欢她——就很快离开了。

第二天,科特妮抵达西雅图,凯丽受命在其中缓冲,以防科特妮拜访科特家时发生些什么。为了这场隆重的介绍,科特妮和科特一家人选择在麦西米兰饭店首次相见。麦西米兰是一家高档法国餐厅,位于派克市场。当科特妮去厕所时,科特问凯丽觉得自己的新欢怎么样。"你们俩就像一场自然灾害。"她回道。凯丽是科特为数不多的女性朋友之一,所以对于二人的结合,她有着独到的见地。"我

---

[1] 勇士(Valiant),一款由美国克莱斯勒公司普利茅斯分部在1960至1976年间销售的轿车。

[2] 《全家福》(*All in the Family*),美国家庭情景喜剧,1971年首播于CBS电视台。

很喜欢和他们俩待在一起，就像我觉得目睹一场车祸很有趣一样。"她观察道。

当科特妮回来后，一个在那儿吃饭的人问道："你们俩是席德和南希吗？"科特和凯丽面面相觑，两人都知道科特妮马上就要发作了。拉芙起身大叫道："我丈夫的专辑全国榜单排名第一，他的钱比你们几辈子挣的都要多！"当然了，他当时还不是她的丈夫，他的专辑也并非全国榜单排名第一——那一周，专辑在排行榜上是第六名——但她的态度很清晰。服务生跑了过来，说这话讽刺的人则落荒而逃。尽管科特妮是当众发作，但也正是因为如此，凯丽觉得她聪明又有趣，认为两人很相配。阿伯丁之旅很顺利，温迪喜欢科特妮，她告诉科特，科特妮很适合他。"他们就像彼此的翻版一样，如胶似漆的。"温迪后来告诉作家蒂姆·阿佩罗，"他可能是这世上唯一一个全身心且无条件爱她的人了。"

一周后，科特和涅槃乐队的其他成员重新上路巡演，科特妮紧随其后做自己的巡演。他们表演的场地是出道以来规模最大的两万人的场馆，但由于演出是专辑爆红之前预订的，他们在当晚的三支乐队中位列次席。当时刚刚开始成名的珍珠酱乐队是开场乐队，而红辣椒乐队[1]则是三支乐队中的最大牌。

在这场 12 月 27 日于洛杉矶体育馆举办的演出之前，科特接受了《湾区音乐》(*BAM*) 杂志的杰瑞·麦卡利的采访。麦卡利的文章引起一片轰动，他对科特的描述和此前关于他吸毒的传言完全一致。麦卡利写道，科特经常"话说一半就因嗑药过度晕乎乎的"。文章并未直接提及海洛因，但作者对于科特"呆滞的瞳孔；凹陷的

---

1 红辣椒乐队（Red Hot Chili Peppers），美国疯克摇滚乐队，1983 年成立于洛杉矶，曾六度获格莱美奖，全球唱片销量超过 8000 万张，2012 年入驻摇滚名人堂。红辣椒乐队成员与西雅图许多垃圾摇滚乐手私交甚笃。

两颊,以及结痂、蜡黄的皮肤"的描写很让人揪心。据他描述,科特看上去"根本不像 24 岁,更像 40 岁"。

科特在采访中的清醒时段倒是对自己的职业生涯规划清晰。"我至少要卖出足够多的专辑,好攒下能不去工作但依然买得起通心粉和奶酪的钱。"他说。他提到了阿伯丁——每逢采访,他总要提及这个城市,就好像它是他抛弃的情人——他宣称:"(在那里),99% 的人都不知道音乐或艺术为何物。"他还说,他没有成为伐木工的原因是"我身材太瘦小了"。虽然他难得没重复那句"朋克摇滚即自由"的经典台词,但他声称:"成熟对我来说是一种软蛋行为……(我)希望在变成皮特·汤申德[1]之前就死掉。"他是在恶搞汤申德写的《我的一代》(My Generation)中的歌词"我希望在变老之前死去"。可能也为了呼应这个,他开场的第一首歌就是谁人乐队的《巴巴·奥莱利》(Baba O'Riley)。

比科特的外形更令人震惊且猝不及防的,是他对未来计划的宣布:"我要结婚了。感情上,我想通了,我的生活从未像现在一样那么有安全感,那么快乐。就好像没有任何拘束了一样。好像我的不安全感已经被用光了。我想,结婚和安全感以及保持头脑清醒关系很大。我的未婚妻和我自己的性格都很不稳定,要是我们吵架闹矛盾,很容易就会分手。结婚算是上了额外的保险。"他以另一个预告结束了访谈:"我想在老了之后做的事情有很多。我至少得有一个家庭。那会满足我的。"

科特和科特妮就是在那个 12 月订的婚。做决定的那一刻,两人正躺在伦敦酒店的一张床上。在接受麦卡利采访之前,科特从未公开宣布订婚一事,但乐队其他人早就知道了。结婚日期暂未确定,因为无论订婚与否,涅槃乐队的事业一刻也耽误不得。

---

[1] 皮特·汤申德(Pete Townshend),谁人乐队吉他手。

1991年的最后一天，涅槃乐队在旧金山的牛宫（Cow Palace）进行了新年前夜演出。珍珠酱乐队是开场嘉宾，他们演了一小段《少年心气》，艾迪·维德[1]开玩笑道："记好了，是我们先表演这首歌的。"这个笑话也昭示了当场所有人都知道的事实：1992年年初，涅槃乐队已经是全世界最红的乐队，《少年心气》则是最红的歌。基努·里维斯在演出现场，他想和科特交朋友，但被科特拒绝了。当夜晚些时候，回到酒店的科特和科特妮不堪其他嘉宾的骚扰，在门上挂了告示牌，上书："名人请勿打扰！我们在滚床单。"

当乐队抵达巡演最后一站俄勒冈州萨勒姆市时，《别介意》的销量正式突破200万大关，且数字还在攀升。无论科特走到哪，都有人找他要东西——要么是找他代言，要么是找他采访，要么是找他要签名。在后台，科特瞥见了达摩流浪者乐队的主唱杰瑞米·威尔森，科特很喜欢这支波特兰乐队。威尔森冲科特挥挥手，并不想打扰他，因为此时科特正被一个想说服他拍吉他琴弦广告的女人纠缠。威尔森正欲走开时，科特大叫道："杰瑞米！"并投入威尔森的怀抱中。科特什么也没说，就这么在威尔森的熊抱中休息，杰瑞米一个劲儿地重复道："没事的，没事的。"科特当时没哭，却好像也离流泪不远了。"那不是个例行公事的拥抱。"威尔森回忆道，"他在我怀抱里停留了整整30秒。"最后，一个工作人员把科特拽开，拉他到了另一场会议中。

在西雅图休息了几天后，科特的精神状态似乎好了一些。1992年1月6日是一个周一，超级粉丝罗布·卡迪尔在松木街骑着自行车时，忽然听到有人喊他的名字。喊他的人是正和科特妮一起步行的科特。卡迪尔祝贺了科特专辑的成功，还为涅槃乐队即将登上《周

---

[1] 艾迪·维德（Eddie Vedder），珍珠酱乐队主唱兼吉他手。

六夜现场》》而道喜。但卡迪尔语音刚落，他就知道自己犯了个错——科特的好心情瞬间变坏了。两年前，当卡迪尔祝贺科特在CWT剧场的演出有二十个人到场（比他们前一场演出多了两人）时，科特是报以大大的笑容的，但在1992年年初，他最不想听见的就是自己有多出名。

第二周，乐队飞往纽约担任《周六夜现场》的嘉宾时，科特的名声再度大噪。周四他们排练一些早期歌曲时，科特的情绪似乎还很积极。当然了，每个人都知道他最终还是要表演《少年心气》，不管科特是多么厌倦这首歌。

他花钱给母亲和凯丽·蒙哥马利买了机票，邀他们飞来纽约和他待在一起。当涅槃乐队一行人第一次见到温迪时，他又被嘲弄了。"人人都说：'哇，科特，你妈可真性感。'"凯丽回忆道。科特最不想听到的就是这个，比不想听到自己有多有名还要严重。

科特在排练时，科特妮、凯丽和温迪去买衣服。过了一会儿，科特去买毒品，在纽约，找毒品和找打折连衣裙一样轻而易举。在字母城，科特惊奇地发现顾客们排着队地等毒贩子，就像地下丝绒乐队的歌里唱的一样。彼时的他已经爱上了注射的仪式，并且也被与毒品结伴而生的肮脏地下世界所吸引。纽约城的招牌"中国白"海洛因（西海岸的招牌一直是黑色焦油海洛因）让他觉得体验精巧，它更便宜，劲儿也更大。科特因此大嗑特嗑起来。

周五中午，当温迪敲响儿子的房门时，他穿着内衣应门，面容十分糟糕。科特妮还在睡觉。房间里到处都是熟食盘子，两人仅仅在套房里住了两天，地板上就满是垃圾。"科特，你们为什么不让保洁员来打扫呢？"温迪问。"他没法找，"科特妮答道，"他们总偷他的内衣。"

那周也标志着科特与队友及工作人员关系的转折点。在那之前，人人都知道科特的情况一团糟——科特妮常常是科特恶劣态度的替罪羊。但到了纽约，所有人都清楚科特已经在自毁之路上，他有着一个活跃瘾君子的所有特质。虽然人人都知道科特在吸毒——他们都认为是海洛因——但没人知道要怎么应对。说服科特试音或梳头就已经不大容易，更何况让他就私事听取建议。科特和科特妮搬进了和随行人员不一样的酒店；他们住的地方只有几个街区远，但这一举动喻示着乐队内部的日益分裂。"当时，"凯丽回忆道，"涅槃乐队阵营内部已经有了分化，有'好人'组和'坏人'组。科特、科特妮和我在坏人组。我们不受其他人待见，感觉也越来越负面。"

涅槃乐队的经纪公司也不知道如何是好。"那真是一段黑暗时期，"丹尼·戈德堡说，"那也是我第一次意识到他有毒品问题。"与此同时，"金山"公司正致力于宣传乐队在《周六夜现场》上的亮相，他的经纪人们都暗暗祈祷，希望科特的吸毒问题不要让他们蒙羞，或者破坏他们经济上日益增长的成功。"我只希望在公开场合，事情不要失控。"戈德堡回忆道。

紧接着，就好像嫌动静还不够大一样，据接下来一期《公告牌》杂志的报道，《别介意》将会登上排行榜第一名的位置，把迈克尔·杰克逊的《危险》挤下去。尽管在整个12月里，《别介意》一直在排行榜第六名左右徘徊，但在圣诞节后的一周，它还是以373520张的销量登上了冠军宝座。根据"淘儿"唱片的鲍勃·齐默尔曼的说法，当时售出的很多专辑有着不寻常的模式。"我们注意到，很多孩子都把父母圣诞节送他们的CD退回商店，换成了《别介意》，或者是用父母给的钱来买涅槃乐队的专辑。"《别介意》可能是第一张因为退货购买而登上排行榜冠军的专辑。

那个周五，科特和科特妮接受了青少年杂志《时髦》（*Sassy*）的封面专访。科特拒绝了《纽约时报》和《滚石》杂志的采访邀约，但他之所以接受《时髦》的采访，是因为他觉得这杂志简直蠢透了。采访结束后，他们匆忙赶去另一个场子为MTV台录像。但科特感觉不好，于是原定 1 小时的拍摄 35 分钟便结束了。科特问艾米·芬纳蒂："你能让我离开这里吗？"他想参观现代艺术博物馆（MoMA）。

当他进入现代艺术博物馆时，心情好了许多——这是他有生之年第一次参观大型艺术场馆。科特总是从一个展台闪到另一个展台，芬纳蒂很难跟上他的步伐。当一个非裔歌迷向他要签名时，他停下了脚步。"嘿，哥们儿，我喜欢你的唱片。"歌迷说。当天，上百号人找科特要过签名，这是唯一一次他以微笑回敬的。科特告诉芬纳蒂："以前从来没有黑人说自己喜欢我的唱片。"

博物馆参观结束后，科特回到 NBC 电视台，继续另一场《周六夜现场》的彩排。这一回，节目制片希望乐队只彩排他们要在节目直播时表演的歌，所以涅槃乐队彩排了《少年心气》和《撒尿占地盘》（Territorial Pissings）。第二首歌显然不对电视台的口味，他们为此展开了争论。科特受够了当天的工作，便起身离开了。

周六下午，也就是节目播出的当天，乐队在迈克尔·拉文的工作室预订了照片拍摄。科特到了场，但他嗑药嗑得太厉害，站着都能一个劲儿地睡着。他抱怨说，自己身体不舒服。"他当时状态很差，"拉文回忆道，"连眼睛都睁不开。"

到了 1 月初，科特对海洛因的成瘾是如此严重，正常剂量已经很难让他爽了。就像所有瘾君子一样，为了克服戒断症状，他每天都增加毒品的剂量。但纽约的海洛因很强劲，为了爽，科特的用量巨大，十分危险。他决定在周六早些时候注射海洛因，这样到了《周六夜现场》开场时，他至少能正常工作。虽然他试图调节自己的吸毒剂量——这对身旁就有一袋子海洛因的他显然是不可能的任务——但还是吸食过量，整个下午都是在恍惚中度过的。等乐队驱车抵达 NBC 电视台时，科特在录影棚外面呕吐不止。节目开始前，他在沙发上躺了几个小时，完全不理节目主持罗布·莫罗，还拒绝给 NBC 电视台总裁的女儿签名。当他接到"古怪的阿尔"扬科维奇的电话,并同意对方出恶搞版的《少年心气》时,他的心情才稍微好一些。到了节目录制期间,他清醒了过来,却难受极了。

在他们首度出场之前,在莫洛介绍乐队时,录影棚里明显有着某种惊愕的氛围。科特看起来糟透了——他的肤色苍白,头发被拙劣地染成树莓酱色,看上去好像刚刚呕吐过,当然这也是事实。但就像之前发生过很多次的情况一样,背水一战的科特以一场出色的表演回敬了过去。当科特开始《少年心气》的吉他独奏时,《周六夜现场》的现场乐队指挥 G.E. 史密斯转向涅槃乐队的调音师克雷格·蒙哥马利,说:"天呐,这家伙技术真好。"

虽然这不一定是涅槃乐队最佳版本的《少年心气》,但这个版本的表演中还是有着足够粗糙的能量,能让虽然平淡无奇的表演听上去极具革命性。这在现场直播中就已经足够了,因为乐队的造型已经传递了歌曲一半的精神。克里斯特留着长胡子长头发上蹿下跳,好像一个发狂了的身材拉长版的吉姆·莫里森;格罗尔赤裸着上身,打起鼓来满是约翰·博汉姆[1]的范儿;而科特则像被附了体一样。科特或许没有发挥出百分之百的状态,但在场的所有观众都知道,他在为某些事而愤怒着。这孩子整个童年都在用他的超 8 摄像机拍电影,他知道怎么才能在镜头前有卖相,他所呈现的冷淡和激烈都让人心醉神迷。

乐队返场演奏第二首歌时,风格则全是宣泄了。他们不顾制片人的反对,表演了《撒尿占地盘》,并以砸毁乐器结束了表演。科特最先动手,用吉他捣穿了一个功放;格罗尔把架子鼓从鼓架台上踢了下去;克里斯特则把鼓扔到了半空中。这些举动显然是计划好的,但其中的愤怒和沮丧却不是装出来的。在节目演职人员表滚动

---

[1] 约翰·博汉姆(John Bonham),齐柏林飞艇乐队鼓手。

之时，乐队向全美观众做出了骂脏话的举动：科特和克里斯特舌吻了起来（在接下来的所有重播中，NBC电视台都剪掉了这段，害怕它会冒犯观众）。科特后来声称，舌吻是他的点子，他想借此举惹怒阿伯丁老家的"红脖子和恐同者"，但事实上，他本来拒绝返场和大家说再见，直到克里斯特把他拉回了台上。"我走向他，"克里斯特回忆道，"然后一把抓过他的身子，把舌头伸进他的嘴里舌吻了他。我只想让他感觉好受些。结束时，我告诉他：'会好起来的。事情没有那么糟。好吗？'"尽管科特·柯本又在美国赢得了几个为数不多的还没爱上他的歌迷，但他却不觉得自己像个征服者。像大多数日子里一样，他觉得自己像个废物。

科特推掉了《周六夜现场》的演员派对，很快离开了录影棚。他原本计划好要接受采访，但像往常一样，他迟到了好几个小时。清晨时分，艾米·芬纳蒂正坐在珍妮特·比利格的公寓，科特打来电话，问能不能向她借点钱。他的专辑在全国排行榜上排名第一，他还刚刚在《周六夜现场》担任嘉宾，但他却说自己没钱。比利格在取款机上取了钱，给了科特40美元。

一个小时以后，科特出现在DJ科特·圣托马斯的房间里，他正好有心情聊天儿，便给出了他一生中最长的一个访谈。这场对话会被录制成宣传用CD，供各个电台使用。科特讲述了"河中枪"的故事，和戴夫住在一起时靠吃玉米热狗过活的事，和在满是乡巴佬和老农民的阿伯丁长大的事。两小时后，科特结束了采访，DGC唱片的马克·凯茨冲圣托马斯说："哇，我简直不敢相信你从他嘴里挖出了这么多东西。他从来不会这么侃侃而谈。但我可不敢保证他说的都是真话。"

几小时后，周日的太阳升了起来，科特妮发现科特在那个采访之后，吸食了过量的海洛因。不知是不是他故意为之的，但作为瘾君子的科特向来做事不顾后果。她给他做了心肺复苏，把他救了回来。事后他就像个没事人一样。那天下午，科特和科特妮在拉文的掌镜下为《时髦》杂志拍摄了封面——在这组照片的其中一张里，科特吻着科特妮的脸颊。就在不到 8 小时前，科特还处于昏迷不醒状态。

在接受《时髦》杂志的克里斯蒂娜·凯利的采访时，科特提到了他和科特妮的订婚："我的态度转变了很多，我自己都不敢相信自己比以前开心了多少，而且我也不像以前一样那么专注事业了。有时我甚至会忘记自己还有个乐队。我被爱冲昏了头脑。我知道听上去挺尴尬的，但这是事实。我现在就能放弃乐队。它对我根本不重要。只不过我有合同在身而已。"当凯利问到他的恋情是否对他的创作风格产生影响时，科特更加侃侃而谈了："我如此深陷爱河的事实让我不知所措。我甚至不知道我的音乐会不会随之改变。"

但他给出的最具反讽意味的回答，还要数被凯利问到两人是否考虑生小孩时。科特答道："我只想稳定下来，安心过日子。我想先确保能买个房子，确保银行里存款足够再说。"他不知道，科特妮当时已经怀上了他们的孩子。

第十七章　脑子里的小怪物

加利福尼亚州洛杉矶市

1992年1月—1992年8月

> 你的脑子里的小怪物对你说道："你知道这会让你更好受的。"
>
> ——科特在1992年4月向妹妹描述自己的毒瘾

科特多年来画下的那些"鳍肢婴儿"让他对科特妮怀孕的消息恐慌不已。而且他知道，孩子是在12月初怀上的，当时两人都在吸食海洛因。最苛责科特的永远是他自己内心的声音，他的朋友们观察到，这次可能被污染了的怀孕，是他生命中最大的耻辱。尽管生活中有很多堕落之处——无论是内部还是外部——他还是对两件事十分在意：他保证过，自己永远不要变成他父母的样子；他还发过誓，要给自己的孩子一个比自己更好的成长环境。然而，在1992年1月初，科特满脑子都是自己画过的"鳍肢婴儿"，他想知道，作为神圣的惩罚，他自己是不是也要有个这样的婴儿。

与此同时，尽管科特绝望不已，但怀孕这件事本身还是带有希望感。科特是真爱科特妮，他觉得两人的孩子一定很有天赋，还会有高于平均水平的智商。他相信，他对她的爱比他眼中自己父母的感情要深厚许多。尽管科特很紧张，但科特妮却出乎意料的平静，至少按照科特妮自己的标准，她是平静的。她告诉科特，孩子是上帝赐予的预兆，她深信不管科特年轻时画过多少畸形胎儿，孩子都不会畸形。她说他的噩梦仅仅是恐惧而已。她则梦见他们会有一个健康漂亮的宝宝。尽管她这么坚信，但她身边的人可不这么想。她咨询的一个药物治疗医师曾提议，如果她同意堕胎，便可以"给她吗啡"。科特妮坚决不同意，并征询了其他人的意见。

她去看了一个比弗利山庄专攻出生缺陷的医师，医师告诉她，在受孕前3个月使用海洛因，造成出生缺陷的风险不会太大。"他告诉她，如果她坚持药物治疗，然后逐渐停药，就没理由生不出健康的宝宝。"她的律师罗斯玛丽·卡罗尔回忆道。随着脑海中"鳍肢婴儿"的形象渐渐消退，科特也加入进来，转而和科特妮一同相信，怀孕是上天的恩赐。如果非要说反对的声音的话，他人的反对反而让科特更坚决，正如在他人反对他和科特妮交往时他的举动一样。"我们都知道，这不是怀上孩子的最好时机。"科特告诉迈克尔·阿泽拉德，"但我们打定主意要生下这个孩子。"

他们在洛杉矶的北斯波尔丁街448号以1100美元一个月的价格租下了一套有两个卧室的公寓。公寓位于梅尔罗斯街和费尔法克斯区之间。那是个很安静的社区，因为两人都无法开车，他们有些与世隔绝：科特欠下了一些没付的交通罚单，暂时被吊销了驾照；科特妮则从没学过开车。这也是科特第一次在华盛顿州以外的地方长住，他发现自己会想念下雨天。

但搬进公寓后不久，两人就又搬回了假日酒店。他们雇了一个专攻快速戒毒的医生，医生推荐他们搬进汽车旅馆里——他告诉他们，治疗现场会变得很脏乱。事实也的确如此。尽管科特后来会把这次戒断经历轻描淡写，称自己"只是睡了3天"，其他人却把这次戒毒过程描得很黑暗，其中包含了长达几个小时的呕吐、发烧、腹泻、发冷，以及所有患上重度流感的人会产生的症状。他们靠大量使用安眠药和美沙酮坚持了下来。

虽然两人都是为了孩子才去戒毒,科特却不得不因为远东地区的巡演离开两周。"(我)意识到,在日本和澳大利亚巡演时,我是弄不到毒品的。"他在日记中写道。在戒毒过程中,科特拍摄了《保持本色》的MV。他坚持要求在所有镜头中,他的脸都呈现出模糊或扭曲的状态。

离开之前,科特打电话给母亲,想告诉她科特妮怀孕的消息。他的妹妹金接了电话。"我们要有一个孩子了。"他宣布。"我现在就让妈妈接电话。"金回答道。当温迪听到这个消息时,她说道:"科特,你不能老是这么吓我。"

在澳大利亚的头几场演出很顺利,但不到一个星期,科特就饱受胃痛折磨,不得不取消了接下来的演出。有一天晚上,他去了急诊室,但在偶然听见一个护士说"他就是个瘾君子"后,他离开了那里。正如他在日记中写的那样,"胃痛让我动弹不得,在卫生间的地上蜷缩着,不断呕吐水和血。我真的快饿死了。我的体重降到了一百磅左右"。急于寻求治疗的他去拜访了一位专为摇滚乐队治疗的澳大利亚医师。在他办公室的墙上,医师自豪地挂上了和基思·理查兹[1]的合影。"在经纪人的建议下,我被带去看了那个医师。他给我开了菲沙酮。"科特在日记中写道,"这种药片似乎比我用过的任何东西都要管用。"但几周后,在日本巡演时,科特注意到了药瓶上的标签:"上面写着:'菲沙酮——含有美沙酮。'我又上瘾了。我们成功地坚持完了日本巡演,但当时,阿片剂和巡演开始损害我的身体,比起不嗑药的时候,我的身体也好不到哪里去。"

尽管在精神上和肉体上都经受着挣扎,但科特还是很喜欢日本,他和这个国家一样痴迷于刻奇。"他在一个完全陌生的国度,对当

---

1 基思·理查兹(Keith Richards),滚石乐队吉他手。

地的文化着了迷。"维京音乐版权公司的宇都宫一生回忆道，他也参加了那场巡演。"他喜欢动漫和'Hello Kitty'。"科特不明白日本粉丝为什么要给他送礼物，但他宣称他只会接受"Hello Kitty"的周边。第二天，他就被小礼物淹没了。在东京外的一场演出前，宇都宫不得不陪科特去买新睡衣。当科特告诉售货员，他想把睡衣穿上舞台时，古板的店员难以置信地看着这位歌手，好像他是个疯子。

在大阪，涅槃乐队有了难得的一天休息时间，他们和最爱的巡演伙伴少年刀（Shonen Knife）乐队重聚了。后者是一支由3个日本女子组成的流行组合。她们给科特送了玩具宝剑和新出的电动奇奇猴，还请他在他选的德国香肠餐厅吃饭。让他大失所望的是，第二天少年刀乐队和涅槃乐队都有演出，因此科特在第二天的演出上一反常态地提前结束了涅槃乐队的表演，并在台上宣布，他准备去看少年刀乐队的演出。离开现场之际，日本女孩们纷纷抓向科特乘坐的出租车，就是为了能摸一下科特。在少年刀乐团的演出上，事情也一样超现实，作为当场唯一一个金发蓝眼的男青年，他很容易就被认出来。"他依然穿着那套睡衣。"少年刀乐队的山野直子说。

科特妮此时已抵达日本与科特团聚，在科特25岁生日当天，他们一起飞往火奴鲁鲁参加两场预定的演出。在飞机上，他们决定在夏威夷结婚。他们幻想过一场在情人节的婚礼，但是并没有及时拟好婚前协议。在经纪人约翰·席尔瓦的一再游说下，科特提议要签婚前协议。席尔瓦从来就不喜欢科特妮。婚前协议主要涉及未来的收入，因为在结婚之时，按照科特妮的说法，他们依然"穷得要死"。当科特报完1991年的个税时，由于音乐行业支付版税的方式极其繁杂而缓慢，也由于一大部分收益都进了经纪人和律师的腰包，他当年的税前收入是29541美元。他有2541美元的免税额，所以他的需纳税收入一共是27000美元。而在那一年，他在几十万名观众面前表演过，还卖出了近200万张专辑。

科特妮也在和 DGC 唱片谈判她自己乐队的专辑，这份合约给了洞穴乐队 100 万美元的预付款，还有远高于涅槃乐队的版税税率。她为此很自豪。和科特这样的大名人结婚会让公众难以拿她当艺术家看待，对此她依然心有戚戚。在日本，她在日记本中记录了自己的忧郁："我的名声。哈哈。它是一把武器，妈的，就像孕妇晨吐一样……原因可能是专辑大卖造成的商业因素，也可能是因为意外或是注定，但我开始感觉我唱不了歌，写不了歌，自尊心还处在历史新低。但这不是他的错。天呐，怎么可能是他的错呢……千万别因为我嫁了个摇滚明星就忽视我的价值。"

1992 年 2 月 24 日，周一，在威基基海滩的落日下，他们结婚了。婚礼是由一个从婚礼局找来的非宗教派主婚人主持。婚礼前，科特嗑了海洛因，他告诉阿泽拉德，他"不是特别嗨。只嗑了一点点，所以不会不舒服"。科特妮穿着一件曾属于演员弗兰西丝·法莫的古着真丝裙。科特穿着蓝格纹睡衣，背着一个危地马拉针织包。他的瘦削身材和奇怪的衣服都让他看上去不像传统意义上的新郎，更像是个化疗病人。但婚礼对他来说还是有意义的，他还在短短的婚礼仪式中落泪了。

因为婚礼是匆忙安排的，到场的 8 名宾客都是乐队的工作人员。科特请迪伦·卡尔森飞来当伴郎，尽管部分原因是科特希望迪伦能捎来些海洛因。彼时的迪伦还没见过科特妮，他第一次见到她是在婚礼前一天。他和科特妮都很喜欢对方，虽然两人都坚持认为对方会带坏科特。"在某些方面，她对他的影响很好。"迪伦回忆道，"而在某些方面，她又有很坏的影响。"迪伦带来了他的女友，这两人也是宾客中唯一不是涅槃乐队雇员的人。

但还有更重要的人没有到场：科特没有邀请家人（科特妮也没有），而克里斯特和谢丽也没有到场。婚礼当天早上，科特把谢丽和几个工作人员拒之门外，因为他觉得他们在说科特妮的坏话——

这个决定也让他选择不邀请克里斯特。"科特变了。"谢丽回忆道。当月,科特告诉克里斯特:"我甚至不想看见谢丽,因为我一看见她,就对自己的所作所为感到很糟糕。"对于这点,谢丽是这么分析的:"我想他一看到我,就像看到了他自己的良心一样。"

谢丽和克里斯特第二天离开了夏威夷,两人都以为乐队解散了。"我们以为乐队已经完了。"谢丽回忆道。被老朋友拒之门外的克里斯特只感到难过:"科特当时只顾沉浸在自己的世界。在那之后,我就和他很疏远。永远也回不到当初了。我们多多少少讨论过乐队的发展方向,但在婚礼之后,乐队就没有方向可言了。"涅槃乐队的下一次公开表演要等到4个月后,而克里斯特和科特再度见面也要等到两个月后。

科特和科特妮在夏威夷度了蜜月,但阳光明媚的岛屿却不是科特理想中的天堂。他们回到了洛杉矶,在那里,他才能轻易找到毒品。科特后来将自己日益严重的毒瘾轻描淡写为"没有大家想得那么严重"。他告诉阿泽拉德,自己决定继续当瘾君子,因为他觉得"就算我戒了毒,过不了几年还是会复吸,就这么反反复复。我想,要么就吸毒到底好了。因为我还没有体验过彻头彻尾的瘾君子感受。我还算是健康的"。此时的他在生理上和心理上对毒品已经有了严重依赖。他的这套说法只是为了轻描淡写已经深入骨髓的毒瘾。他在日记里把自己描述得极不健康,至少在他的印象中,别人应该是这么看他的:"我被看成是一个憔悴、蜡黄皮肤、僵尸一般、邪恶的、瘾君子、吸毒者、一事无成、在死亡边缘、自毁、自私的猪猡,一个在演出开始几秒前还在后台注射毒品的傻子。"这是他想象中别人对他的看法;他的内心声音则更为黑暗,以下这句话经常在他的书写中出现,很好地总结了他的心声:"我恨我自己。我想死。"1992年年初,他已经决定把这句话用作他下张专辑的标题。

在很多方面,海洛因就像是某种他从未有过的童年爱好:就像一个整理棒球卡的小男孩一样,他有条不紊地整理了他的"工具"箱。这个神圣的箱子里保存着他的注射器、用来熔化毒品的炉具(西海岸的海洛因常含有焦油,需要加热后才能吸食),以及用于准备海洛因注射的勺子和棉花球。由毒贩子和每日毒品"上门服务"组成的阴暗世界也成了家常便饭。

1992年春天,他根本没有过问乐队,也拒绝安排未来的演出。有人出大价钱想请乐队领衔出演一场在体育馆办的演出——此时《别介意》依旧在榜单前列——但科特全部拒绝了。虽然科特妮在1月的戒毒期暂停了吸毒,但由于科特每天都买海洛因,整个公寓都弥漫着他加热海洛因的异味,她也渐渐在滑向深渊。他们俩弱点的结合让他们进入了毒品滥用的恶性循环中,而他们情感上的相互依赖则让打破这怪圈近乎不可能。"科特和科特妮就像两个话剧中的角色一样,他们还会交换角色。"詹妮弗·芬奇观察道,"两人中,一个清醒,状态稍好时,另一个就会重蹈覆辙。但是科特妮的自控能力比科特要好。他就像撞毁了的火车,人人都知道他算是完了,人人都想敬而远之。"

3月上旬,洞穴乐队的卡洛琳·如拜访二人的公寓,和他们一起吸毒。当如找他们要额外的注射器时,科特答道:"我们把注射器全弄坏了。"为了努力控制毒瘾,科特妮会经常毁掉公寓里的所有注射器,但效果也仅仅是让科特在每天买海洛因时顺带买新注射器而已。就连对有毒瘾的如来说,科特的毒瘾也让人咋舌。"在科特嘴里,吸毒好像是再自然不过的事情。"她回忆道,"但事实不是这样。"就连在瘾君子圈子里,科特的毒品用量也到了骇人的地步。

即将出生的宝宝给科特带来的些许希望似乎越来越黯淡。为了确保胎儿正常发育,他们拍了几张声波图,图上显示了子宫里的胎儿。当科特看到孩子时,他明显地颤抖了起来,并为孩子的正常发育留下了欣慰的泪水。科特拿了一张声波图,把它当作他接下来绘画的核心。当在第二次检查中,他们拍了胎儿的超声波影像后,他要了一份影像,在自己的录像机中着了魔似的看了起来。"科特一直在说'看这颗小豆豆呀'。"詹妮弗·芬奇回忆道,"他们就是这么叫她的。'豆子'(bean)。他会指出她的手在哪儿。他知道那部影像的所有细节。"早在科特妮怀孕前期,在查出孩子的性别后,他们便取好了名字:弗兰西丝·宾·柯本(Frances Bean Cobain)。她的中间名是他们给她的昵称,据科特后来在采访中所称,女儿的名字来源于凡士林乐队的弗兰西丝·麦基。胎儿的声波图后来也印到了单曲《锂》的封套上。

3月,由于担心科特日益严重的毒瘾,科特妮要求他的经纪公司尝试办第一次劝诫会。经纪公司找来了鲍勃·提米斯,鲍勃是一位毒瘾专家,以摇滚明星客户著称。据科特妮回忆,提米斯十分崇拜科特,根本没把任何注意力放在她身上。"他完全忽视了我,只顾着对科特流口水。"她说。提米斯建议科特考虑一个住院治疗化学品依赖的项目。"他们采纳了我的建议。"提米斯说,"我之所以推荐那个项目,是因为项目是在希达-西奈医院,据我评估,(科特)还有些其他的病症。对他来说,戒毒不是'去治疗,戒好毒,再去戒毒互助会'那么简单。他身上还有很多其他的病症。"

一开始,在希达-西奈医院的住院疗程给了科特很大帮助,很快他就表现得清醒又健康。但是,尽管他同意继续服用菲沙酮——这种药物能停止戒断反应,又不让人有嗨的感觉——他还是提前结束了治疗,在12步戒毒互助会前退缩了。"他不是那种喜欢参与的人。"提米斯观察道,"他的这种个性可能妨碍了他的恢复。"

4月,科特和科特妮前往西雅图买房。一晚,他们出现在欧芬唱片店,当他们想拿走店里所有的涅槃乐队私录盗版碟时,引发了冲突。科特妮义正词严地称,这些CD是非法的,但店员争辩道,要是老板发现这些CD不见了,他会被开除的。讽刺的是,科特当时进店是为了找一张否定世界乐队[1]的CD,这张CD在一次诉讼后也被认定为私录盗版。店员让他们给店长写一张便条,于是科特妮写下了如下的话:"我需要你不再从我丈夫身上敛财,好让我有钱给孩子喂奶。充满爱的,柯本太太。"科特加了一句:"通心粉和奶酪无敌。"这张便条太奇怪了,担心的店员问科特:"我要是丢了工作,能给你打工吗?"第二天,商店接到一个男人打来的电话,男人问道:"昨晚在那儿工作的长发店员没被炒鱿鱼吧?"

夫妇俩在西雅图之际,弗雷登堡一家给他们办了场兼具婚宴和迎婴派对功能的双重庆祝会。这将是科特的很多舅舅阿姨第一次得以见到科特妮,但有几个亲戚在她到场之前就离开了:派对原定在下午2点,但派对主角们7点才到场。科特妮告诉科特的亲戚,他们打算在格雷斯港买一栋维多利亚式的豪宅。"然后我们就能当阿伯丁的国王和王后了。"她打趣道。

婚姻在一开始似乎让科特和科特妮都温和了下来。当他们远离聚光灯和毒品时,他们的感情有很多温柔的时刻。剥离了名人身份后,他们只是两个战战兢兢的、迷失的小孩。每晚入睡之前,他们都会一起祈祷。一旦上了床,两人便会读书给对方听。科特说,他喜欢听着科特妮的声音入睡——这是他一生中难得感受到的安慰。

当月,科特妮因为洞穴乐队的公事回到洛杉矶,科特则留守西雅图,甚至还在巴雷特·琼斯家的录音棚和涅槃乐队一起录了一天的歌。他们录了3首歌:《哦,罪过》(Oh, the Guilt)、《倔老头》(Curmudgeon)和《老鼠归来》(Return of the Rat),最后这首是为一张波特兰乐队"雨刷"的致敬专辑而录的。录完歌的第二天,科

---

[1] 否定世界乐队(Negativland),美国实验乐队,1979年成立于旧金山湾区,隶属SST唱片。

特开着他的勇士汽车前往阿伯丁,这也是他几个月来第一次拜访格雷斯港。

两天后,科特开车回到西雅图,好把妹妹捎回阿伯丁。他计划这段长达6个小时的来回车程显然别有用意,当汽车开过"挂念我牌"山、离温迪家几分钟远时,他才和金开了口。"你知道你的好朋友辛迪吗?"他问,"她告诉妈妈,你跟詹妮弗不清不楚。"

"我们没有不清不楚。"金答道,"我们是恋爱关系。我是同性恋。"科特知道这一点,或者说,他至少怀疑过,但他母亲之前并不知道。"妈妈现在为这事儿有点儿抓狂。"他告诉妹妹。科特告诉金,最好假装他们的母亲不知道这件事。科特和温迪都不喜欢正面冲突——然而金却告诉哥哥,她不打算这么做。

驱车抵达阿伯丁后,科特决定在进家门前先和妹妹谈谈。他把车开到山姆·贝恩公园,两人坐在秋千上,他决定就在那时说出自己的重磅消息。"我知道你试过大麻,也许你已经嗑过迷幻剂和可卡因了。"他告诉她。"我从没碰过可卡因。"金争辩道。"你迟早会的。"哥哥回答道。他们的对话变成了一场争辩,主题是还有两周就要过22岁生日的金会不会嗑可卡因。"你迟早会嗑可卡因的。"科特坚称,"不过你要是碰了海洛因,我就会拿把枪找到你,然后一枪崩了你。"他的语气不像是在开玩笑。"你不用担心那个。"金告诉他,"我从来没在手臂里扎过针头。我从不干那个。"金意识到,科特警告她的方式好像透露出了有关他自己的信息。在兄妹间习以为常的一段长时间沉默后,科特终于说了话:"我已经戒毒8个月了。"他没有具体说戒的是什么毒。但金和其他人一样,听说过种种谣言。她还怀疑科特在说谎,他根本没有戒毒8个月——事实上,他的确才戒了不到一个月,而且每天依然在服用美沙酮。

"我不太了解海洛因。"她告诉哥哥。科特叹了口气,好像一扇门打开后,那个金一直爱着的哥哥走了过去,把自己的真实面目展现在她面前。他没有东躲西藏，或者用谎言和名气来打发她。他向她讲述了自己为戒除海洛因所承受的痛苦。他把它比作吸烟，每次尝试戒除，都会更加困难。"你嗑得越多，"他解释道，"戒越多次，在第三、第四、第五、第六回时就越难戒。就好像你脑子里有个小怪物在告诉你：'你知道（复吸后）你会更好受，我也会更好受。'就好像我脑子里有个人在告诉我，要是我继续吸点毒，一切都会变好。"

金说不出话来。听到他说"第五回"和"第六回"，她才知道科特的毒瘾远比她想得严重。"别担心我，科特。因为我永远也不会碰那鬼东西。"她说，"你戒毒 8 个月这事——很棒。请你坚持。"她记得，自己震惊于"发现自己的哥哥是个瘾君子"这个事实，不知道说什么好。尽管早就听到流言，但金还是无法接受和自己一起长大，经受很多相同苦难的哥哥，会是个瘾君子。

科特把话题转移到了金的性取向上，说自己知道，在格雷斯港当一个女同性恋将会面临的偏见。他试图说服她不要当女同性恋。"别完全放弃男人，"他敦促道，"我知道男人都是混蛋。我就一个也看不上。他们都是傻子。"金觉得这话很搞笑，尽管一直瞒着家里，但她一直都清楚自己是同性恋，而且并不为此感到羞耻。虽然科特曾把"同性爱万岁"的涂鸦涂满了阿伯丁的大街小巷，他还是很难接受自己的妹妹是同性恋这个事实。他们一边往家走，一边继续谈话，他给了金一个长时间的手足间的拥抱，还保证会永远爱她。

1992 年 4 月 16 日，涅槃乐队首度登上《滚石》杂志的封面。虽然杂志报道表面上是关于整个乐队，但就连标题都是《科特·柯本的内心世界》——这证明涅槃乐队的所有动作都是以科特为中心。在封面照上，他穿着一件 T 恤，上面印着"大企业旗下的杂志还是很垃圾"。科特的经纪人们费了很大心力说服他，大企业旗下的杂志没有那么垃圾，这篇报道才得以成文。1991 年，他曾拒绝《滚石》的采访请求，1992 年年初，他在一封给《滚石》的信中写道："就我们目前的这个，呃，事业阶段，在信用分数一塌糊涂，必须得去接受脱发治疗之前，我觉得自己没兴趣接受采访……我们无法从采访中获益，因为《滚石》的大部分读者是一群中年人，他们以前是嬉皮士，后来全成了虚伪士（hippiecrite）。他们把过去当成'光辉岁月'，用一种更亲切、温柔、成熟的方式践行着新自由保守主义。《滚石》的大部分读者都发霉长毛啦！"他没有寄出这封信，在写完信的几周后，他和该杂志的迈克尔·阿泽拉德坐在一起，再次聊起他如何想用杰瑞·加西亚的血扎染T恤衫。

一开始，科特对阿泽拉德的态度很冷淡，他开始照背自己在高中被打的传奇故事，阿泽拉德站了起来，显示了一下自己5英尺6英寸的身材，开玩笑道："我不知道你在说什么鬼。"在那之后，两人立即聊开了。科特回答了阿泽拉德的问题，成功让自己编造的几大人生重要经历登上了媒体，包括《有些事挡住去路》是关于他在桥下居住的日子这件事。当被问及海洛因时，科特答道："我连酒都不喝了，因为伤胃。就算想嗑，我的身体状况也不允许我嗑药。因为我总是很虚弱。嗑药简直浪费时间。它们会摧毁你的记忆力、自尊和一切与自尊心相关的东西。毒品不是好东西。"他说这话时，正坐在斯波尔丁公寓的起居室里，而他心爱的"工具箱"，就像一座被精心装饰的传家宝一样，放在他身边的衣柜里呢。

虽然《滚石》对乐队内部的危机轻描淡写，但从采访到刊登出来的那段时间，涅槃乐队暂停了活动。当乐队一开始签订词曲版权合约时，科特同意和诺弗斯里克及格罗尔均分歌曲创作版税。这个举动很慷慨，但当时，没人想到专辑会卖几百万张。随着《别介意》的爆红，科特坚持自己要占大头——他提议75%和25%的作曲分成结构，在歌词版税分成上，他要拿100%——而且他希望新的合约具有追溯效力。"我认为，《别介意》大获成功后，科特开始意识到（词曲版权合约）并不只是理论上的文件而已；它意味着真金白银。"律师艾伦·明茨观察道,"版税分成的多少就意味着不同的生活方式。"

科特提出新合约要有追溯效力,克里斯特和戴夫都感到被背叛了。不过他们还是同意了这个安排,因为他们觉得,要是不同意,乐队就只能解散。科特很坚决地告诉罗斯玛丽·卡罗尔(此时同时是科特、科特妮和涅槃乐队的律师):要是得不到他想要的分成,他就解散乐队。虽然格罗尔和诺弗斯里克都认为是科特妮搞的鬼,但卡罗尔却记得,科特在这个问题上态度坚决。"他特别清楚自己想要什么,他态度明确,并且一再坚持,每一分钱都弄得清清楚楚。他知道自己的价值,也知道自己应得这么多钱,(因为)词曲都是他写的。"最终,分成安排对乐队造成的伤害,还是没有科特对此事的处理方式带来的伤害大:正如他人生中的大部分冲突一样,他会一直回避问题,一直到他自己狂怒不已。当听到科特说克里斯特坏话时,乐队的几名工作人员十分震惊,毕竟克里斯特是科特人生的一大支柱。

到了5月,科特又开始嗑海洛因,彼时他仅仅戒毒了不到6星期。在摇滚圈,他的毒瘾众所周知,最终,流言传到了《洛杉矶时报》。5月17日,他们刊登了一篇文章,标题是:"为什么涅槃乐队在此巡演季毫无动作?"斯蒂夫·霍克曼写道,"(涅槃乐队)最近的毫无动作让公众再次怀疑主唱兼吉他手科特·柯本沉迷海洛因。""金山"公司否认了传闻,并发出了十分标准的否认声明,说乐队的缺席是因为科特的"胃病"。

当月,科特的老朋友杰西·里德拜访了他,杰西在的那天,科特注射了两次海洛因。每次他都会先去厕所,好不在他的老朋友或科特妮面前用毒,科特妮此时备受孕期晨吐的煎熬,不想眼看着科特吸毒。但是,科特和杰西坦然地讨论了自己的毒瘾,他们用大半天的时间等着新一批海洛因被送来。科特显然已经不再像杰西记忆中年轻时那样恐惧针头——科特甚至求他的老朋友帮他找些可以用来注射的非法类固醇来。

杰西发现,科特和科特妮如今的公寓和当年在阿伯丁的粉色公寓的样子没什么两样——墙上有涂鸦,家具很廉价,总的来说,"就是个猪窝"。但是,这个住所的某个方面还是打动了杰西:科特又开始画画儿了,客厅满是他的作品。"他有100平方英尺的画布,"杰西回忆道,"他提到,自己要退出乐坛,开自己的画廊。"科特在1992年画画儿的功力增长不少。其中一幅画儿作于一张长24英寸,宽36英寸的画布上,背景是明亮的橘色,上面有一颗棕色的狗牙,挂在中间的一根绳子上。在另一幅画儿中,在一片抹开的颜料的中央,是猩红色的斑点和压花。还有一幅画儿展示了血红色的十字架,背后是幽灵般的白色外星人形象。在一幅巨大的帆布画中,一个外星人像牵线木偶一般被吊在一小块阴茎上,一只小猫在角落里看着观者,在另一个角落,科特写道:"直肠脓肿、结膜炎、脊柱断裂。"

科特的版税支票终于到手,他也终于有钱买画布和颜料了。他告诉杰西,每天他都要消耗掉价值400美元的海洛因,这个价格对应的剂量本来是能杀人的;花费这么高,部分原因是大多数毒贩子都向科特多收了钱,因为他们知道他付得起。杰西发现,当科特嗑药后,他的机能几乎没受多少影响。"他没有昏昏欲睡。没什么变化。"

杰西和科特花了大半个下午看了一部关于一个一枪把自己脑袋打开花的男人的录像。"他有一盘录像带,"杰西回忆道,"录的是一个参议员在电视上把自己脑袋打开花的内容。那家伙从马尼拉纸信封里拿出一把点三五七口径的马格南枪,一枪打爆了自己的脑袋。场面很血腥。科特是在一个重口味录像店买到那卷录像的。"这盘录像记录了宾夕法尼亚州议员R.伯德·德维尔的死。他于1987年1月被定罪受贿,他主动召开新闻发布会,感谢了自己的妻子和孩子,把一个装着绝命书的信封交给部下,然后告诉记者:"有人打电话来,说我就是当代的约伯[1]。"就在摄像机前,德维尔把枪塞进嘴里,扣动了扳机——子弹掀掉了他的后脑壳,让他当场死亡。德维尔死后,私自翻录的现场直播录像传播开来,科特买了一卷。1992年到1993年间,他着迷般一遍遍地看着自杀录像,就像他一遍遍看着子宫里的女儿的超声波影像一样。

科特的海洛因送到后,杰西陪同科特一起跑了一些地方。其中一站是"电路城市"商店,在那里,科特花了近一万美元购买最新的视频设备。当晚,在离开西雅图,回到圣迭戈前,杰西给了脆弱的科特一个拥抱。他们继续保持电话联系,但两人当时都不知道,这将是他们最后一次相见。

6月,涅槃乐队开始了一轮由10场演出组成的欧洲巡演,以弥补1991年取消的演出。早在抵达第一站都柏林时,科特就开始抱怨胃痛,直奔医院。在那里,他声称胃痛是没有吃美沙酮片造成的。但在其他场合,他又说美沙酮是他胃痛的元凶。作为巡演的第一站,很多到访记者都和科特预订了采访:当他们被告知他"无法接受采访"时,他们嗅到了新闻。在科特被抬在担架上离开酒店时,乐队的英国宣传主管安东·布鲁克斯十分滑稽地想把记者推出酒店大堂,好不让他们看到。当一个记者说"我刚刚看见科特上了救护车"时,柯本的健康问题就变得难以否认了。"我记得一回到办公室,CNN就已经在电话另一头等着我了。"布鲁克斯回忆道,"我说:'他真是有胃病。要真是海洛因成瘾,我会跟你说的。他正在接受药物治疗。'"为了瞒骗坚持不懈的记者,布鲁克斯还展示了科特的处方药瓶。一小时后,身处医院的科特感觉好了一些,安然无恙地继续了第二天的演出。但经纪公司雇了两个保镖尾随科特——他很快就甩

---

[1] 圣经中的人物,《约伯记》的主角。在《约伯记》中,约伯受尽苦难。

开了他们。

在西班牙的一场演出前，乐队接受了《新音乐快递》（NME）杂志的基斯·卡梅伦的采访。卡梅伦的文章提到了吸毒传言，还质疑道，涅槃乐队有没有可能"在6个月内，从无名小卒跃升至超级明星，再跌得一塌糊涂"。这是他们到当时为止最负面的媒体报道，而这篇报道似乎也鼓动其他英国记者把海洛因成瘾的说法写在报道里，这个话题在此前还被视作禁忌。但是，尽管卡梅伦把科特形容为"食尸鬼"一般，随报道刊登的照片上，他却是一副男孩子气的形象，留着漂白的短发，戴着动感的巴迪·霍利风眼镜。他并不需要戴眼镜，只觉得眼镜能让他显得智慧些。他在《盛放》的MV中也戴着类似的眼镜。当他的小姨告诉她，这副眼镜让他看上去酷似他的父亲时，他就再也不戴了。

7月3日，乐队依然在西班牙，尽管预产期是9月的第一周，但科特妮已经开始有宫缩。他们把她送进一间西班牙医院，在那里，科特找不到一个会说英语、听得懂他的话的医生。最终，他们致电了科特妮的医师，医师建议他们马上坐下班飞机回国。他们照做了，涅槃乐队在西班牙二度取消了两场演出。

当他们抵达加州时，医生们向他们保证，胎儿一切正常，尽管如此，他们还是遇上了状况：他们的浴室被淹了。科特在浴缸里存放的吉他和日记全部被毁。沮丧不已的他决定和科特妮立即搬家，尽管她当时已经怀孕8个月；与此同时，海洛因贩子还无时无刻不在敲着他们家的门，这是科特很难抵御的诱惑。科特杀到"金山"公司的办公室，坚持让席尔瓦给他们找新的住处。尽管财富与日俱增，科特还没建立起足够的信用历史，他的所有财产事务都是由经纪人打理的。

席尔瓦给他们找了间房子，他们在7月末搬了进去，把垃圾留在斯波尔丁街的公寓，同样留下的还有壁炉上方墙上的"弑父"涂鸦。他们的新家位于高丘台6881号,像是电影里的房子。这个房子曾被几部电影选作拍摄地,包括《再续前日情》[1]和罗伯特·奥尔特曼版的《漫长的告别》[2]。它坐落在北好莱坞群山间的一座小断崖上,俯瞰着好莱坞露天剧场。想要抵达这个有着10间公寓、4间洋房的小断崖,你得搭乘一个共用的哥特风电梯。柯本夫妇当时的租金是1500美元一个月。"那房子有很多让人讨厌的地方。"科特妮回忆道,"但总的来说还行。至少不是公寓。"

被胃痛折磨得悲痛欲绝的科特想过自杀。"我立即又尝到了那种熟悉的、灼烧般的恶心,我决定,要么自杀,要么止痛。"他在日记中写道,"我买了一把枪,但最终决定还是嗑药。"他抛弃了美沙酮,又嗑起了海洛因。但就连毒品也无法缓解他的疼痛,在科特妮和经纪人的劝说下,他最终决定再度寻求治疗。8月4日,他住进了希达-西奈医院的毒品康复部,开始了第三次戒毒之旅。他已经开始用一个新的医师——1992年间,他看了成打专攻化学品依赖的专家——继而同意接收长达60天的戒毒治疗。这也意味着为期两个月的"饥饿和呕吐。我打着点滴,大声呻吟,感受着有史以来最糟糕的胃痛"。科特入院3天后,科特妮在同一家医院的不同部门用假名入院。根据被泄露给《洛杉矶时报》的医疗记录,医生给她开了产前维生素和美沙酮。此时的科特妮正在饱受怀孕和情感耗竭的痛苦。那周早些时候,她通过传真收到了一份关于自己的报道,即将刊载在下个月的《名利场》杂志上。

---

1 《再续前日情》(*Dead Again*),美国爱情惊悚电影,1996年发行。
2 《漫长的告别》(*The Long Goodbye*),美国作家雷蒙德·钱德勒的侦探小说,后被多次改编成电影。

第十八章 玫瑰水 尿布味

加利福尼亚州洛杉矶市

1992年8月—1992年9月

> 玫瑰水、尿布味……嘿,女朋友,戒毒。我在我的酸菜杯里,囚禁在我的墨水监狱里。
>
> ——摘自1992年给科特妮写的信

弗兰西丝·宾·柯本在1992年8月18日早上7点48分出生于洛杉矶的希达-西奈医学中心。当医生宣布,她体重7磅1盎司[1],并且十分健康时,她的父母很明显地长吁一口气。弗兰西丝不仅健康,还很可爱,她继承了父亲的蓝眼睛。她一出生就哭了,像个正常的宝宝一样做出了反应。

但弗兰西丝的出生经过和那周发生的事情可一点儿也不正常。科特妮已经在医院住院10天,她的名人身份引来了众多最终被驱赶的小报记者。尽管她被勒令卧床,凌晨4点,她的宫缩一开始,她就努力站起了身子,抓着还连在身体上的点滴架,走过这间巨大医院的走廊,直到她在戒毒科发现科特。他的戒毒过程不太顺利;他发现自己没法吞咽食物,大多数时间不是睡觉就是呕吐。科特妮

---

[1] 7磅1盎司,约等于3.2公斤。

来到他的房间后,把被子从他脸上扯下来大喊道:"你现在就给我下床,给我下来!别想让我一个人扛。见鬼!"

科特唯唯诺诺地跟着她去了接生房,但他并没帮上多大忙。他的身体很脆弱——体重仅仅105磅,还打着点滴——甚至没法深吸气,好指导科特妮生育时呼气吸气。科特妮很快把注意力从自己的宫缩转移到了病恹恹的丈夫身上:"我就要生了,孩子就要出娘胎了。他却在呕吐、晕倒,我在生孩子的时候,还要握着他的手,揉他的肚子。"她告诉阿泽拉德。弗兰西丝的头出来之前不久,科特昏了过去,错过了女儿从产道里出来的瞬间。但一旦孩子被生出来,洗干弄净了后,他便抱住了她。据他描述,这是他一生中最快乐也是最恐惧的瞬间。"我真的害怕极了。"他告诉阿泽拉德。科特细细检查后发现,她十指完整,并不是"鳍肢婴儿",他的恐惧消散了一些。

然而,即使怀抱新生儿的狂喜也无法将科特从一篇《名利场》杂志的文章引发的歇斯底里中拉出来。第二天,犹如山姆·谢波德[1]舞台剧般的场景发生了。科特从医院戒毒科逃了出去,买了海洛因,嗑了个嗨,然后带着一把上了膛的点三八口径手枪回到了医院。他去了科特妮的房间,他提醒她,两人发过誓——要是两人因为任何原因失去了孩子,他们就会双双自杀。两人都害怕弗兰西丝会被带走,科特还害怕自己戒不掉海洛因了。他发誓,自己不想接受这样的命运。科特妮被这篇杂志文章弄得心烦意乱,但她不想自杀。她试图和科特理论,但是他处在疯狂的恐惧中。"我先自杀。"她终于骗过了他,让他把手枪递给自己。"我手里拿着那东西,"她在1994年与大卫·弗里克的采访中回忆道,"感觉到了他们在《辛德勒的名单》里提过的东西:我永远不会知道什么会发生在自己身上。那

---

[1] 山姆·谢波德(Sam Shepard),美国剧作家、电影编剧、导演、演员。作品具有超现实主义风格,极具黑色幽默。

弗兰西丝怎么办？这太残酷了。'哦，你出生第二天你父母就死了。'"科特妮把枪给了洞穴乐队的埃里克·厄兰森，后者是他们在任何逆境下都能靠得住的密友，他把枪扔了。

但科特的绝望感并没有消失，反而增加了。第二天，他悄悄把一个毒贩子带进希达 – 西奈医疗中心，在接生房旁边的房间，他吸毒过量了。"他差点就死了。"拉芙告诉弗里克，"毒贩子说，他从没见过像他那样一副死了的样子的人。我问：'你为什么不找个护士过来？这里到处都有护士。'"他找来了护士，科特被救了起来，再次逃过了死亡。

但他逃不过那周发行的 9 月版《名利场》杂志。文章由琳·海尔斯伯格撰写，标题叫"奇怪的爱[1]：后朋克乐队'洞穴'的女领队科特妮·拉芙和她的老公，涅槃乐队的万人迷科特·柯本，这两人会不会是垃圾摇滚版的约翰和洋子？还是下一个席德和南希？"文章内容十分负面，称拉芙的"性格糟透了"，还把她和科特的婚姻看成是为了事业做出的举动。但最伤人的部分还是几句匿名人士的爆料，爆料者显然是和夫妇很亲近的人，爆料者表达了对弗兰西丝健康的担忧，还提到了两人在科特妮怀孕期间的毒品滥用行为。这些指控本身就糟糕透顶，而身边人在公开平台向他们捅刀子这事，更让科特和科特妮感受到双倍背叛。

更糟糕的是，这篇文章还被其他媒体当作新闻转载，其中就包括 MTV 台。科特告诉科特妮，他感觉受了欺骗，这个电视台把他捧红就是为了毁掉他。当周，他给 MTV 台写了一封信，控诉了海尔斯伯格和电视台：

> 亲爱的空虚电视台，由资本之神掌控的组织：太离谱

---

[1] 英文原题"Strange Love"，Love 一语双关，也指科特妮·拉芙（Courtney Love）的姓氏。

了！你们怎么敢把那个人见人烦遭天谴的超重母牛的话当成新闻乱发？我会竭尽全力搞死MTV电视台和琳·海尔斯伯格，她跟她情人科特·罗德（一个杜松子金酒醉鬼）是一丘之貉。没有你们我也能活。轻而易举。老一代倒台的速度会很快。

> 科德特·克本，专业摇滚音乐人。真是见鬼。

科特妮则受伤于自己看错了海尔斯伯格。那篇文章中提到的大多数问题都在其他报道中被提及过，但那篇文章的腔调很有阶级战争意味。1998年，科特妮在"美国在线"网站上发表了如下声明：

> 我不知道像《名利场》和海尔斯伯格这样的"婴儿潮先锋"会怎么看待我和我的家庭。在我的一生中，我在各个方面都没有受到主流价值观的侵扰：女权主义、朋克摇滚和亚文化的生活方式让我无法用一套价值体系来理解主流，或者理解我们这种"臭流氓"是如何无权拥有美国梦；除此之外，我以为成名是件好事；我根本不知道我会被当成怎样的典型……但事实依旧如此，那篇文章的大部分内容都是失实的。

科特和科特妮不只在摇滚杂志中被讨论，他们也已经进入了美国主流媒体的语境，公众舆论会唾弃任何看上去不适合当父母的人。小报《环球报》发表了一篇题为《摇滚明星的宝宝出生就是瘾君子》的报道，还附上了一张畸形儿照片，暗示那就是弗兰西丝。虽然科特妮不是第一个吸毒生子的母亲，她却很快变成了最出名的那个，"柯本家的孩子"也在茶余饭后、超市的收银台前被人议论，就像几十年前林德伯格[1]的孩子一样。枪炮玫瑰乐队的艾克赛尔·罗斯也在舞台上发表了观点:"科特·柯本是个瘾君子,他老婆也是瘾君子。要是他们的孩子出生就畸形,这俩人我看都该进监狱。"

弗兰西丝出生的两天后,这对夫妇最大的恐惧成为现实,洛杉矶县儿童服务部的社工出现在医院里,手里拿着一本《名利场》杂志。科特妮垂头丧气,她感觉自己这一辈子还没如此被人戳脊梁骨——事实也的确如此。科特大半辈子都觉得在被戳脊梁骨,但这回,事关他做父亲的资格和他的毒瘾。社工和拉芙之间的谈话很快变得暴躁起来。"在遇到那个女人后不到 5 分钟,"罗斯玛丽·卡罗尔回忆道,"科特妮就表现得好像那个女人一心想搞垮她、伤害她的样子。不幸的是,他们手里有证据。"洛杉矶县要求带走弗兰西丝,并宣称科特和科特妮是不称职的父母,而这一切裁决都基于《名利场》的那篇文章。由于县里的举动,生完孩子 3 天后,科特妮甚至不能把弗兰西丝带回家。弗兰西丝必须得留院观察——尽管她事实上是健康的——几天后则需要由保姆代管,因为法院不允许她回到科特和科特妮的身边。

1992 年 8 月 24 日,弗兰西丝出生的 6 天后,举行了第一次法庭听证会。尽管夫妇两人希望保留对弗兰西丝的监护权,但科特和科特妮还是做好了法院只赋予父母之一监护权的可能,于是他们分别找了不同的律师。"这一切都是有战略的安排,"科特的律师尼尔·赫什回忆道,"如果相关利益和问题有所分歧,你可以把父母分开来谈,确保孩子至少跟其中一个亲人在一起。"结果是,根据法官裁决,除非在县里指定的监护人监管之下,否则科特和科特妮不得探望他们的亲生孩子。科特被判进行为期 30 天的戒毒治疗,

---

[1] 查尔斯·林德伯格(Charles Lindbergh),美国飞行员、发明家、作家、活动家。1932 年 3 月 1 日,林德伯格两个月大的儿子在新泽西被人绑架,并勒索 50000 美元。两个月后,孩子的尸体在树林里被发现。此绑架案被称作"世纪大案",此后,国会通过了《林德伯格法》,把绑架列入联邦重罪。

父母两人都要不定期接受尿检。科特此时已经几天没有吸毒，他还是告诉科特妮，他感觉法院判决把他的心掰成了两块。"可怕极了。"卡罗尔回忆道，"他们都想要孩子。科特妮历尽千辛万苦才生下那个孩子。几乎她认识或信任的所有人都不同程度地警告她别要那个孩子，但科特不是其中之一。她的身体经历了比普通怀孕强烈得多的痛苦，因为她要努力戒毒和保持健康，而当时她周围没有一样东西是健康的。经历了这些，生下了孩子，孩子还要被人夺走……"赫什是如此回忆科特和弗兰西丝在一起的样子的："你真该看看他和孩子在一起的样子。他能坐下来看她，一看就是几个小时。他像任何普通父亲一样慈爱。"

他们已经计划雇一个保姆。很快他们就想出了周密的计划，根据法官要求，暂时让保姆和亲戚们照顾弗兰西丝。这又引出了另一个问题：找哪个亲戚？科特和科特妮都和自己的家庭有诸多矛盾，他们不想把弗兰西丝托付给各自的父母。最终，他们决定选择和科特妮有一半血缘的姐姐杰米·罗德里格斯。"他们能照顾好孩子，这是毋庸置疑的，"卡罗尔观察道，"但问题的核心是他们吸毒。大众有着那种美国清教徒式的'向毒品宣战'心态。大家都认为，如果你是瘾君子，就当不好父母。"

在一阵哄骗后，他们花钱买机票让杰米飞过来，以满足法庭裁决书上的要求。"她和科特妮根本不熟。"丹尼·戈德堡回忆道，"而且还很讨厌她。所以我们不得不花钱收买她，好让她假装在乎孩子。我们在科特和科特妮家旁边给她租了房子，所以名义上，她有几个月的监护权，然后法律系统再决定夫妇二人能不能抚养自己的孩子。杰米经常来找我，我好给她付报酬。"

他们雇了"金山"公司的珍妮特·比利格的朋友杰姬·法利当保姆。在接下来的 8 个月里，主要由她来负责照顾弗兰西丝。虽然法利此前没有相关经验——也从来没抱过孩子——但她很认真地接过了任务，努力想在一地鸡毛中好好照顾弗兰西丝。"当时是关键时刻，（科特和科特妮）都危机重重，所以得有人来照顾弗兰西丝。"法利回忆道。杰姬、杰米和弗兰西丝都搬到了奥克伍德公寓——这是科特在录制《别介意》期间住过的地方——科特继续在戒毒所戒毒，科特妮则独自回到了位于高丘台的房子。

法庭听证会的两天后，科特飞到了英格兰。尽管经历了新生儿、戒毒所、《名利场》的文章和法庭听证会的风波，他在舞台上还是万众期待。

涅槃乐队不仅在 1992 年雷丁音乐节压轴，科特还制定了到场乐队名单，其中包括讨厌鬼乐队、尖叫树乐队、L7 乐队[1]、蜜浆乐队、尤金尼厄斯乐队[2]以及再度比约恩乐队（Bjorn Again）——一支科特很喜欢的 ABBA 致敬乐队。但到场的 6 万名歌迷中，大部分还是为涅槃乐队来的，科特则是这场朋克摇滚盛宴的王。

这场演出也引起了涅槃乐队从未体会过的风暴。这场风暴由英国媒体一手打造，他们争相报道科特的私生活，就好像在报道国际时事一般。有几张报纸称，涅槃乐队已经解散了，还说科特健康状况极差。"每天都有谣言，说涅槃乐队不会出场表演了。"安东·布鲁克斯回忆道，"每隔 5 分钟就有人来问我：'他们还演不演了？'我说：'演啊。'然后又会有人跑来跟我说，他们听说科特死了。"

那周抵达伦敦时，科特活蹦乱跳的。音乐节开始的两天前，J.J. 冈森经过皮卡迪里广场时撞见了他。他们聊了一会儿，科特给她看了孩子的照片，然后说他要去上厕所。他们站在摇滚蜡像馆前，科特走上楼梯，在入口前礼貌地问，他能不能用一下洗手间。"不行，"保安告诉他，"我们的洗手间只对顾客开放。"科特一溜烟地走了。

---

[1] L7 乐队，美国女子朋克、垃圾摇滚乐队，1985 年成立于洛杉矶。
[2] 尤金尼厄斯乐队（Eugenius），苏格兰独立摇滚乐队，1990 年成立于格拉斯哥。

在蜡像馆的展示窗里，立着科特拿着吉他的蜡像。

演出现场，在开场乐队表演时，大家越发期待之际，流言越传越广，说涅槃乐队不会登台演出了。当天在下雨，观众纷纷往蜜浆乐队身上丢泥浆。"大家的身体都热得厉害，"冈森回忆道，"当晚，雨水接着往下落时，人群中依旧散发出阵阵蒸汽。"人们都等着看涅槃乐队会不会出场，科特是不是还活着。"大家的热情特别高涨，"冈森回忆道，"每当有人登台，人群中都一阵骚动。"

科特决定拿谣言开玩笑，故意安排自己坐轮椅上台，还穿着道具病人服，戴着白色假发。当他被推上舞台后，他从轮椅上摔下来，倒在地上。克里斯特一本正经地拿着话筒说："你会熬过难关的，哥们儿。在亲友的支持下……你这个男人，肯定能熬过去的。"科特撕下伪装，跳到半空中，开始激烈地演奏《品种》。"那真是个电闪雷鸣的时刻，"布鲁克斯回忆道，"能让你落泪的那种。"

演出本身也很有启发性。当时，乐队已经有两个月没有一起演出了，连彩排都没有，但他们演了 25 首歌，几乎把发行的作品都演完了。表演中，他们甚至用一段波士顿乐队 1976 年的金曲《不只是种感觉》（More Than a Feeling）来引出《少年心气》，因为科特此前在采访中提到，他的吉他连复段偷师了波士顿乐队。

有好几回他们都处于崩溃边缘，但总是能及时挺过去。科特把《所有歉意》献给了弗兰西丝，还让观众一起大喊："科特妮，我们爱你。"在歌曲间隙时，乐队还就自己的解散传言开了玩笑，尽管并不那么好笑。"我不知道你们听说了些什么，但这并不是我们的告别演出。"克里斯特告诉观众。

"这就是告别演出。"科特坚称，"我想正式向大家公开宣布，这就是我们的告别演出……"

"……直到我们……"克里斯特插了进来。"……再度……"格罗尔加了进来。

"……在11月巡演。"科特把话接完了，"我们是要在11月巡演？还是要录新专辑？"

"还是出新专辑好了。"克里斯特答道。

当他们以《撒尿占地盘》结束表演时，他们不出意料地砸掉了乐器。他们像攻入城池的胜利侵略者般走下舞台，巡演经理艾利克斯·麦克劳德则推着被抛在一边的轮椅。"他们有想去证明的东西，"麦克劳德观察道，"他们想在所有说'他们完蛋了，他就是个垃圾，一点用都没有'的人面前站起来说：'呵，我们还没完呢。'"

9月2日，科特回到洛杉矶，尽管三度从英国巡演凯旋，他却没有一点胜利的感觉。他仍在服用美沙酮，接受戒毒治疗，但他换了疗养机构，选择了位于玛丽安德尔湾的艾克索德斯医院。克里斯特去医院拜访了他，发现他脸色很不好："他躺在床上。看上去筋疲力尽。他的状态是好了一点，但毒品让他十分虚弱。一切都很沉重。他成了父亲，结了婚；他成了摇滚明星；一切都发生在同一时间。任何经历过这一切的人都会感到巨大的压力，但与此同时如果还沉迷海洛因，那就是另外一回事了。"

在艾克索德斯医院期间，科特参加了单独疗程和集体疗程，甚至参加了12步戒毒分享会。在大多数夜晚，他在日记本上写东西，都是长篇大论，话题从朋克摇滚的伦理观延伸到沉迷海洛因让他付出的代价。"我希望能有个可以征求意见的人。"他在一天晚上写道，"一个我可以掏心掏肺讲述我这，呃，25年来所遭受的不安，却不会把我看成怪胎的人。我希望有人能告诉我，为什么我已经没有学习任何东西的欲望了。"

尽管科特获准在白天短暂地探访弗兰西丝和科特妮，但漫漫长夜对他来说还是很难熬。在他和科特妮的婚姻中，科特越是虚弱困苦，他对她就越是殷勤。他在戒毒所给她写的信里充满了诗歌和意

识流般的咆哮。他常常用蜡滴、血,偶尔还用精液来涂抹信件。他在这段时期的其中一封信上写道:

> 玫瑰水、尿片味。使用你的幻觉。用舌头和脸颊说话。嘿,女朋友,戒毒。我在我的酸菜杯里,囚禁在我的墨水监狱里。我有点儿饥饿,有点儿臃肿。我的羊水破了在满当当的房子里每晚贩卖我用水做的躯体。在暗中、在床上出卖自己,我想你,比空气补给乐队的歌还想你。娃娃排。很好。你的牛奶很温暖。你的牛奶是我的屎。我的屎是你的牛奶。我有小人情结。我的话很少。我没有牙。你把智慧从我的牙里拔掉了。我妈就是牙仙。你给了我生命、假牙和獠牙。我比爱牙仙还要爱你。

但科特的信中,更多还是关于他竭力戒毒的挣扎。在即将进戒毒所之前,他在日记中越来越否认事实,尤其针对媒体对他毒瘾的报道这点。"我不是嗑海洛因的瘾君子!"他有一天写道,好像想说服自己似的。在另一篇日记中,他写道:"我不是同性恋,尽管我希望自己是,好气气那些恐同者。对于关心我目前身体状况和精神状况的人,我想说,我不是瘾君子。在过去的3年中,我胃部不适,治疗无果,而且,这跟(毒瘾)无关。我每次本来可以无忧无虑时,砰的一声!像被一把猎枪击中一样,胃痛时间到了。"

然而,一旦科特花了很长时间戒除了对海洛因的身体依赖后,他的观点就完全变了,他表现出对自己的愤恨和恶心,恨自己为什么会染上毒瘾。"每一个试过海洛因和可卡因这种强力毒品的人都会最终成为毒品的奴隶。"他自我反省道,"我记得有人说过:'你只要试过一次海洛因,就会上瘾。'当然了,我当时对此一笑了之,现在我相信这句话是真的了。"虽然在吸毒时,科特常常拿自己的胃病当借口，一旦清醒了，他又质疑这个说法："对于那些以为能把海洛因当药用的人，我感到很抱歉，因为，呃，它根本不能治病。吸毒的戒断反应跟你听说过的一模一样。你会呕吐、四处捶击、浑身大汗，还会像电影《克里斯汀·F》(*Christiane F.*)里那样在床上大便失禁。"科特在这里指的是一部1981年的关于毒品的德国电影。

在开始接受罗伯特·弗里芒特医生的治疗后，他的情况好转了一些。弗里芒特是洛杉矶当地的化学品依赖顾问，他也负责治疗科特妮。弗里芒特是个极有争议的人：他曾经因为给自己开麻醉剂处方而被吊销行医执照。他最终重新拿到执照，开始负责治疗一些好莱坞巨星的毒瘾。在这个复发率极高的领域，他做得很成功，可能是因为他对毒瘾有第一手的理解。他认为最好的办法是给试图戒除海洛因的病人开大量合法药品，这也是他给科特的治疗手段。

1992年9月，弗里芒特开始在科特身上做一项在当时被定为非法的实验治疗计划，这包括让科特每天服用丁丙诺啡。这种相对温和的麻醉剂能刺激大脑的阿片受体，从而切断对海洛因的渴望，至少弗里芒特是这么认为的。这个方法在短时期内对科特起了效用。科特在日记中是这么描述的："医生给我开了丁丙诺啡，我发现它能在几分钟内缓解我的胃痛。这种药物曾在少数几家戒毒所被实验性地用在阿片剂和可卡因戒断反应的治疗中。该药物最大的优点就是，目前尚没有可知的副作用。它的效用和阿片剂类似，却不会让你嗨。丁丙诺啡的效力等同于较为温和的巴比妥酸盐，要是把药力从1到10评分的话，它是1分，海洛因是10分。"

9月8日，艾克索德斯医院放了科特一天假，好让他和涅槃乐队排练——尽管他的戒毒治疗一直在进行，乐队事务却没有中断，他们已经定好第二天要在MTV音乐录影带奖颁奖典礼（VMA）上表演。VMA颁奖典礼类似垃圾摇滚圈的奥斯卡奖——在当时，这是最高级别的音乐颁奖盛会，比格莱美奖还要广受尊重，颁奖典礼现场往往会吸引业界的各方大佬。涅槃乐队被提名了3个奖项，7月，电视台宣布他们将在颁奖典礼上表演。

不过当时依然有人怀疑科特的状况，他会不会，或者是否有能力在典礼上表演。在经纪团队施压后，科特决定出演。"他讨厌参加颁奖典礼，"经纪人丹尼·戈德堡解释道，"他也不总是那么喜欢被认可。但他花了很多努力才获得这些奖项的提名，他花了很多努力才得到了认可。"科特在采访中发过牢骚，说MTV台放他的MV放得太频繁了；私下里，他又打电话给经纪人，说电视台放得还不够多。

电视台强大的收视率能保证卖出更多专辑，但对科特来说，最重要的是，颁奖典礼是他第一次有机会站在领奖台上，被正式加冕为世界上最出名的摇滚明星。尽管科特总是对自己的成功轻描淡写，还在采访中表示自己受名气所困，但在他事业的每个转角，他都做出了能让他进一步得名得利的重要决定，这也是他性格中最矛盾的几点之一。很多涅槃乐队的歌迷没有意识到，一个人一边出现在MTV台，一边谈论着他是多么讨厌曝光，是极其荒唐的事。歌迷更喜欢看到科特成功展现出的样子——一个受名利所困的人，而不是一个追名逐利之人。然而，尽管想要认同，科特却还是希望事情能按他想要的方向发展，这周的几个活动就是最好的例子。

从第一场彩排开始，就争议不断。科特一走进加州大学洛杉矶分校的保利亭，就走向MTV台的艾米·芬纳蒂，对她说道："我要表演一首新歌。""他对此特别兴奋，好像要送件大礼似的。"芬纳蒂回忆道。这让MTV台高层吃惊不已，他们本以为涅槃乐队会表演《少年心气》，他们却唱出了《强奸我》（Rape Me）。其实，这并不是什么新歌——涅槃乐队已经在演出中把这首歌表演了两年——但对MTV台高层来说，这的确是"新的"。这首歌只有11

行歌词，副歌部分是："强奸我，我的朋友，再强奸我一次吧。"和《少年心气》一样，这首歌有着抓耳的音强对比，副歌部分十分古怪，体现了柯本的典型美学风格——动人、阴森、令人不安。

芬纳蒂立即被拉进制作组的拖车，在那里，就乐队的选歌，她被老板骂了一通。他们认为《强奸我》是在暗讽MTV台。"哦，得了吧，"她争辩道，"我可以向你们保证，他不是因为我们或者针对我们才写这首歌的。"科特早在1990年年末就写了这首歌，但在1992年，他改了歌词，好猛烈抨击"我们最喜欢的知情人士"，暗指那篇《名利场》杂志的文章。尽管在访谈中，他坚称这首歌寓指社会不公，但在1992年9月，这首歌更像是他在隐喻自己是怎么被媒体、经纪人、队友、毒瘾以及MTV台（正如MTV台高管敏锐地意识到的那样）对待的。

MTV台高管与尚在戒毒所的科特展开了一场意志之战，芬纳蒂和"金山"公司则在中间斡旋。MTV台威胁要封杀涅槃乐队的演出，科特说他不在乎。MTV台威胁要停止播放涅槃乐队的MV，科特说他也不在乎，尽管他可能暗中害怕他们那么做。MTV台加大筹码，威胁要停止播放"金山"公司旗下所有艺人和乐队的MV。芬纳蒂的职责是两边斡旋，她驱车前往艾克索德斯医院，与科特妮、弗兰西丝以及保姆杰姬一起和科特谈话。科特在排练后便被立即送回戒毒所。他们坐在草坪上讨论解决方案，但是没有任何头绪，科特则因为接下来的理疗而匆匆离开。在渐进的戒毒过程中，理疗在整个疗程中越来越重要，尽管在戒毒所外，他依然拒绝参加心理咨询。

在被告知如果涅槃乐队表演了《强奸我》，芬纳蒂就会被炒鱿鱼时，科特表示会选别的歌。演出当天，当涅槃乐队出现在最终彩排现场时，MTV台高层显然很惊讶。科特进场时，所有人的视线都转向了他，他刚进场就一把拉过芬纳蒂的手，挑衅般地从中间的通道走下，并夸张地和艾米一起甩着胳膊，好像两个在托儿所游荡的婴儿一般。他是故意做给 MTV 台高管看的：科特想让他们知道，要是他们炒了她的鱿鱼，他就不跟他们玩了。

这场彩排风平浪静。乐队表演了《锂》，效果很好，MTV 台员工纷纷鼓掌，尽管掌声过于热情了一点。然而，在所有人等待演出开始时，谣言四起，说在直播现场，科特还是打算表演《强奸我》。这是种笼罩大多数涅槃乐队重要演出现场的紧张气氛，越有这种气氛，科特越起劲。

与此同时，后台也起了风波。科特、科特妮、保姆杰姬和芬纳蒂与弗兰西丝坐在一起，艾克赛尔·罗斯和他的模特女友斯坦芬妮·西摩手牵着手经过。"嘿，艾克赛尔，"科特妮招手道，听起来有点儿像布兰琪·杜布瓦[1]，"你愿意当我们孩子的教父吗？"罗斯没理她，却转向了科特，此时的科特正把弗兰西丝放在膝盖上抛上抛下，罗斯倚过身子，凑近了他的脸。艾克赛尔脖子上的青筋涨到了花园水管那么粗，他大吼道："让你的婊子闭嘴，不然我就把你扔到人行道上！"

以为科特妮能听命于任何人的想法实在太可笑，科特的脸上挂着大大的笑容。要不是因为他的自保意识，他可能已经忍不住高声笑起来。他转向科特妮，用机器人般的声音命令道："好吧，婊子。给我闭嘴！"听到这句话的每个人都窃笑起来，除了罗斯和西摩。也许是为了维护脸面，西摩反击了回去，尽可能讽刺地问科特妮："你是模特吗？"3 周前刚刚生完小孩的拉芙最擅长迅速反驳这种话了，尤其是在斯坦芬妮·西摩面前——她反击道："不。你是脑外科医生吗？"话毕，罗斯和西摩一阵风似的离开了。

然后就到了涅槃乐队登台的时间。MTV 台主管们已经想出了

---

1 布兰琪·杜布瓦（Blanche Dubois），美国剧作家田纳西·威廉姆斯名作《欲望号街车》的女主角。

应急计划，确保不会被科特愚弄。技术人员接到指示，如果乐队开始表演《强奸我》，就立即切广告。唯一的问题是，团队里没人知道尚未发行的《强奸我》听上去是什么样的。演出开始，涅槃乐队出现在舞台上。突然，来了一阵尴尬的寂静，人们可以看见科特、克里斯特和戴夫交换眼神。科特就是为这种时刻而生的——年少时在笔记本里画的乐队logo以及看过的无数MTV台节目让他训练有素。他知道，不管面对的是社区世界剧院的18个孩子，还是坐在贵宾席的MTV台高管，永远都不该让观众失望。他开始慢慢地弹奏吉他。一开始，很难听清他在弹什么歌，但当克里斯特的贝斯部分切进来时，大厅里的所有人，以及电视机前的所有人，都听到了《强奸我》的开场和弦。电视观众没有听见和看见的是，一名MTV台高管冲向了控制卡车。但在电视信号被切断之前，涅槃乐队把和弦换到了《锂》的第一段。"我们故意想整他们来着。"克里斯特回忆道。这个开头只有20秒（在重播时，MTV台切掉了这一段），但这也成了涅槃乐队最经典的时刻之一。这首歌结束时，克里斯特把贝斯扔到空中，却又被掉下来的贝斯砸中。他踉跄着倒在舞台上，很多人都以为他被砸死了。当芬纳蒂在后台找到他时，他却毫不在意，对此事哈哈大笑。

当涅槃乐队获得最佳另类MV奖时，他们派了一个迈克尔·杰克逊的模仿演员去领奖。但在获得最佳新人奖时，三个成员都上台领了奖。科特说："那个，文章里写的东西不能全信。"反驳《名利场》的那篇文章已经成了他的强迫症。此时的他已经两周没吸毒，他的肤色均匀，眼神明亮。节目后面，当埃里克·克莱普顿表演《泪洒天堂》（Tears in Heaven）时，芬纳蒂和科特妮密谋让科特和艾迪·维德一起慢舞。当他们被两个女人推搡到一起时，科特抓住了这位对手的手，开始像舞会上的尴尬少年一般跳起来。

与此同时，诺弗斯里克则在和找碴儿的"枪炮玫瑰"乐手达夫·迈卡甘（Duff McKagan）及两名保安对峙。克里斯特、科特妮和尚在襁褓的弗兰西丝待在乐队拖车里时，枪炮玫瑰的随从们试图掀翻拖车，但没有成功。科特错过了这场好戏，因为艾克索德斯医院的宵禁，他必须提早离开。"你干的事可真好玩。"在他爬进小货车准备离开时，芬纳蒂说道。"是啊。"科特说。他微笑起来，仿佛是让老师们出丑后出逃，然后第二天再把他们整一遍的小男孩。

MTV颁奖典礼的一个星期后，科特和《洛杉矶时报》的罗伯特·希尔博恩在他高丘台的家里相见，接受了他6个月来的第一次重要采访。这是他第一次在接受采访时承认自己的海洛因毒瘾——当时，对他的报道中有一半都是对他毒品和健康问题的担忧。科特承认自己有海洛因问题，却轻描淡写了其程度。他说，是的，他在录制《别介意》之前是尝试过麻醉剂，但也只是"毛毛雨"而已，当被问及他的吸毒程度时，他一带而过，说它"只是一点小爱好"，还说自己成瘾的时长就"三个星期"。他说他是"自愿吸毒"的，这点和他在日记里写的一样。

他对自己健康和生活的很多评论都被弗兰西丝的出现盖过了风头，采访期间，弗兰西丝被他抱在怀里。"我不希望等我女儿长大后，有天会在学校里被其他孩子骚扰……我不希望有人说她的父母是瘾君子。"他说，"我知道养孩子是件全职工作，这是真的……我简直无法描述，自从有了弗兰西丝，我的态度改变了多少。抱着自己的孩子是这个世界上最好的毒品。"

他谈到了自己一度到了退出涅槃乐队的边缘，但他又说，目前乐队十分坚实稳定。他们计划录一张"很粗糙的专辑"，或许还会再度巡演，他说。但他说他不会参加长期巡演，说自己脆弱的身子承受不住。"我们可能没法长期巡演了。"他告诉希尔博恩，"我宁愿能健康地活着。我不想牺牲自己和家庭。"

这篇采访体现了科特情感上的一个突破。他对自己的毒瘾坦诚相谈，也由此摆脱了一些与之相伴的耻辱感。一旦科特发现自己的诚实带来的是人们的赞许，而非避之不及，他就感觉自己是一个被公开处刑但在最后一刻被赦免的人。希尔博恩的文章发表不久后，他在日记中写下了当时的生活状态：

> 有时我会想，也许我是这世上最幸运的男孩。出于某些原因，去年，我获得了很多荣誉，老实说吧，我认为获得这些嘉奖和荣光，并不是因为我是一个广受好评的神一般的国际当红青少年金发偶像主唱。吞吞吐吐直言不讳的讲话，口吃着发表的获奖感言，金童，一个终于，终于站出来承认自己两个月吸毒史的摇滚明星，他用经典的"我瞒不住了，因为我无法向我可爱的、关心着我的、'我们把你当成公共卡通人物但我们依然爱你'的歌迷们隐藏我私生活的任何一部分"。是的，孩子，就让我这个怪胎代表世界说出这番话："我们很高兴你能终于承认我们一直以来对你的指责。我们需要听你亲口承认，因为我们关心你，也因为我们在工作地点、学校和派对上已经没有新的揣测、谈资和笑料可以分享了。"

第十九章 那场传奇的离婚

华盛顿州西雅图市

1992年9月—1993年1月

> 那场传奇的离婚如此无趣。
>
> ——摘自《为仆人服务》

MTV颁奖典礼的两天后,科特、科特妮和弗兰西丝——和杰米和杰姬一起——抵达西雅图。在那里,涅槃乐队要压轴参加一场义演,以反对华盛顿州立法机构将引进的音乐审查法案。前一天晚上,他们在波特兰参加了支持同性恋权益的演出。乐队对义演的参与——大多数是支持同性恋或堕胎权力的义演——让他们得到了科特从没想到过的勋章:如今他开始收到死亡威胁了。"威胁大多来自反堕胎人士。"艾利克斯·麦克劳德回忆道,"我们开始购置金属探测器。"有人打电话警告说,科特一登台就会被枪杀。这个威胁很可怕,但与之一样吓人的是他要回到西雅图了,就要在小孩出生以后第一次和亲戚们相见。

科特抵达了西雅图中心体育馆,那里全场满座,观众人数达16000人,温迪、金和他同母异父的妹妹已经等在更衣室了。"那是他们第一次见到带着弗兰西丝的科特。他很激动,是个非常好的爸爸。"金回忆道,"他特别爱弗兰西丝,特别特别爱。为了让她微笑或开怀大笑,他什么都愿意做。"

在一家人对弗兰西丝爱不释手时,科特听到了来自巡演经理的汇报。死亡威胁又多了几个;抑郁菲茨乐队的调音有问题(科特很自然地坚持由他们来开场);而且还有几十个记者想采访他。科特对此束手无策。但正当他以为这就是全部问题时,金惊惶地向他跑来,向他报告了他想不到的坏消息。"爸爸来了!"她喊道。"见鬼!他来这里干什么?"科特嚷道。唐向保安出示了他的驾照和州巡警证件,成功说服保安放他进后台。"没关系的,"金向科特保证道,"我告诉他,他们不让任何人进更衣室。"这当然是个谎言,就连"地下流行"唱片旗下的不知名乐队都在更衣室里走来走去,喝着免费啤酒。金警告保安头目,不要让唐接近他的儿子。科特此时已经有八年没有和父亲见面,自1991年2月以来,就没再和他说过话。唐试过联系科特,但他们的关系被疏远得太厉害,他连自己儿子的电话都没有。不过他给邻居和唱片公司的前台都留过言。

唐和科特同父异母的弟弟钱德走进了更衣室。"哦,嗨,爸爸。"科特说,努力调整语调,好藏起自己几分钟前显现出的愤怒。十年来,柯本原生家庭的四个成员——唐、温迪、科特和金——第一次在同一个场合出现。一帮人里如今加入了两个有一半血缘关系的兄弟姐妹、科特妮,以及科特的几个雇员。三周大的弗兰西丝·宾·柯本——在亲戚们轮番抱过她时咕咕地嘟囔着——是唯一一个对紧张气氛毫不知情的人。对其他人来说,他们好像身处一场剑拔弩张的拳击比赛赛前称重环节。

柯本家的肥皂剧没让看好戏的人失望。当唐看见抱着弗兰西丝的温迪时,他说:"你好啊,奶奶。"他恶狠狠地说了"奶奶"这个词,好像是骂人话一样。"当奶奶的感觉如何?""很好,爷爷。"温迪回敬以同样讽刺的语调,"感觉太好了,爷爷。"这种在很多家庭被视作打趣或联络感情的对话变成了一场让人尴尬的对峙。唐和温迪已经离婚超过18年,但在那一刻,这个原生家庭突然像是回到了阿伯丁东第一街1210号,爸爸妈妈的关系也一点没变。对科特来说,这就好像是原生家庭的伤痕加入了新生家庭的队列中。"我当时的反应是,'天呐,又来了。'"金回忆道。唯一不同的地方是,科特的角色变了,他不再是那个无助的小男孩了。让一万六千名观众在墙的另一端翘首以盼的他,已经变成了一家之主。

科特妮从来没有见过唐,看到唐的外形和儿子如此相像,让她说不出话来。唐有一种粗糙的英俊,像是中年版本的斯蒂夫·麦奎因[1]。但科特并没有在他的副本面前说不出话来。"真是见鬼!你闭嘴吧。"他冲父亲喊道,他这辈子都没有如此竭尽全力地说一句话,在他童年时如果说出这么一句话,会让他的太阳穴挨上几记重击。"不准跟她那么说话。你少欺负她。"

温迪、金、科特妮和布雷尼很快离开了更衣室。"天呐,你是真老了。"平静下来后,科特对父亲说道。他立即认为唐是来找他要钱的。"我什么也不想要,"唐回忆道,"我只想看看他而已。我说:'你要是开心的话,就尽兴吧。这很好。我就想跟你保持联络。'"

科特给他同父异母的弟弟钱德带来的海报签了名,让唐错愕的是,他向所有人介绍钱德,说他是"他的继弟"——然后,他告诉父亲自己该走了:已经到了涅槃乐队该出场的时间。制作总监杰夫·梅森来召唤科特,科特只剩下几秒和家人共处的时间,在此之后,他就要变成他的另一个自我,摇滚明星"科德特·克本"。他就要走上那个他看了人生中第一场摇滚演出(萨米·哈格尔和四分之一闪光乐队)的场地,那场演出是十年前看的,感觉上却过了好几个世纪。梅森经常与科特在短暂的步行期间讨论舞台细节,或者确保他情绪稳定——那是科特仅有的几次一言不发走上舞台。

---

[1] 斯蒂夫·麦奎因(Steve McQueen),活跃于20世纪六七十年代的美国硬汉派演员。代表作有《布利特》《大逃亡》《巴比龙》。

演出本身很精彩，也是涅槃乐队在西雅图的最佳演出。在雷丁音乐节的生疏感已经没了，科特满怀欲望，似乎像一个能说服不信教者皈依的传教士。几百个孩子玩着人群冲浪，像跃过悬崖一般涌过护栏。在歌曲间隙，克里斯特说起轶事，说自己在一场尼尔·杨的演出上醉酒后，被西雅图中心体育馆"终身禁止入内"。刚刚在后台，他在一块展示着永远不该被允许入内的人员的公告板上，发现了自己的照片。

演出之后，科特推掉了所有采访请求，只接受了其中一家的采访：采访来自一本不定期出版的旅游杂志《僧侣》（*Monk*）。《僧侣》杂志的吉姆·克罗蒂和迈克尔·莱恩来到更衣室，发现除了科特和弗兰西丝之外，里面空空如也。"我当时的感觉是，"克罗蒂回忆道，"当一个人的一举一动都在一定程度上被解构着，在你的脑海中，他们已经上升到了一个特别重要的地位。外面一片热闹，然后你打开门，看见在空房间里抱着孩子的科特·柯本。抱着孩子的他看上去那么敏感、暴露、脆弱，又温柔。"

在希尔博恩的采访中，科特的腔调还是严肃的，而《僧侣》的这次采访则是科特一生中最隆重的神话编造会。当被问及阿伯丁时，他讲述了自己被赶出小城的故事："他们拿着火把，一路把我追到阿伯丁城堡，就好像我是《科学怪人》里的怪物一样。我是乘着热气球逃跑的。"当克罗蒂问道，在他的记忆中有没有一个"典型的阿伯丁地点"时，他答道："在桥下。"他说自己最爱的食物是"水和米饭"。当被问及是否相信轮回转世时，他回答道："要是你为人不好，下辈子就会转世为吃屎的苍蝇。"当克罗蒂问科特，他会给自己的自传起什么名字时，他的回答是："《我啥也没想》（I Was Not Thinking），科特·柯本著。"

那年秋天，科特和科特妮——以及跟着一起的弗兰西丝、杰米和杰姬——大部分时间都待在西雅图，住在市场街的索伦托旅店和其他几个四星级酒店。他们会以席德·维瑟斯的真名"西蒙·里奇"登记入住。他们还在距西雅图30英里的康乃馨城花30万美元买了一栋房子，占地11英亩。房子如此年久失修——有棵树穿过了房子之间——他们在原有的基础上修起了新房子。

在西雅图时，科特得知，两个英格兰女人正在写一本未经授权的传记。在《名利场》文章的风波后，这个消息让他狂怒不已，因为他的姨妈朱迪已经为此接受了采访。10月22日，科特、科特妮、朱迪姨妈以及戴夫·格罗尔向传记的联合作者维多利亚·克拉克致电，留下了一系列语气听来满是威胁的留言。"要是这本书里的任何内容伤害到了我妻子，我就跟你没完，你给我等着！"科特警告道。在另一则留言里，他愤怒地说道："呵，我不管我对你的威胁会不会被录下来。我想我是能花上几万美元让你人间蒸发的，不过也许我会首先采取法律手段。"这样的留言占满了克拉克电话答录机的一卷带子，她把带子交给了警方。在《纽约时报》询问关于威胁的事情时，丹尼·戈德堡说："科特对此坚决否认，他或乐队的任何成员都没有打过这些电话。"但是科特后来承认自己打了电话。他还给克拉克写了封（从未寄出）的信，里面包括如下诅咒："你嫉妒得不行，丑陋得不行。你写的书不是关于我的乐队，是关于你如何嫉妒我美丽、性感又才华横溢的妻子，这些优点你一个都没有。要是你的书里有半点针对我妻子的负面八卦或评论，我就会（带着十万分的热情）用我所有的时间让你生不如死。要是这样还不起作用，好吧，别忘了我可是在给黑手党打工。"

几个月后谈及此事，科特依旧不后悔自己的言论。"要是有朝一日，我一贫如洗、妻离子散，我会毫不犹豫地向搞过我的人报仇，"他告诉迈克尔·阿泽拉德，"我干得出来。我以前就在和人起冲突而狂怒不已时试过把人打死……要是有人平白无故地搞我，我会忍不住把他们打死。"一个月前，他收到过死亡威胁；如今，他自己在发出死亡威胁。

科特开始经常在深夜打电话，尽管多数电话是他几乎不加掩饰的求救尝试。从他的律师到团队成员，每个人都曾在凌晨4点接到过他的电话。有一次，他在半夜两点半打电话给玛丽小姨，提出了一个商业计划：他想为她出一张专辑。"我想我最好在拥有权力时好好利用它。"他解释道。

科特经常在半夜给杰西·里德打电话，他知道杰西肯定会给予同情的倾听。随着名气和毒瘾的增长，科特与朋友的友谊也慢慢发生变化。科特和迪伦的关系是前所未有的密切，但他和很多老朋友都渐渐疏远了，由于他的名气和时常巡演的繁忙日程，很多老朋友都联系不上他。科特的老朋友抱怨道，科特妮常常从中作梗。有时候他们打电话过去，她以为他们是科特的毒友，出于为科特着想，她会挂断电话。

科特也越来越依赖于团队成员的建议和友情。联合经纪人丹尼·戈德堡的角色越发重要，艾利克斯·麦克劳德和杰夫·梅森同样也是。但他和两名乐队队友的关系却大不如前。婚礼后，克里斯特和科特的关系发生了变化：虽然两人还是会谈论乐队事务，但在工作之外却再无交集。"我记得自己跟科特在电话里吵得很凶。"克里斯特回忆道，"在挂电话前，他会说：'事情会好起来的。'我则会说：'对啊，会好起来的。'这是我们约好了要说的话，因为我们想感觉好一点。"虽然戴夫和科特同住时，两人情同手足，但在1992年年底，一旦台上台下戴夫做了什么令他不满的事，科特就公开表示要炒掉他。

1992年，科特还和巴迪·阿诺德结下了不寻常的友谊，后者自称是"犹太疯老头－爵士鼓手－前瘾君子"。阿诺德是音乐人援助项目的主管，该项目为音乐人提供医学治疗的推荐。两人在1992

年第一次相见时,科特怀疑地看着这位秃顶瘦老头,问道:"你吸过毒吗?""只用过海洛因,"阿诺德回答道,"只用了31年而已。"这点就足够取得科特的信任了。在洛杉矶时,科特会去阿诺德的公寓,但他很少会谈及治疗的事,他主要想听阿诺德讲自己认识的譬如查理·帕克[1]和比莉·哈乐黛[2]等传奇人物的轶事。阿诺德试过见缝插针,顺带提及毒品是怎样毁掉他们的。科特虽礼貌地听着,但总会把话题拉回到名人轶事上。

10月24日,科特和克里斯特及戴夫重聚,开始录制他们的下张专辑。他们已经决定重新和杰克·恩迪诺合作录制小样,后者负责了《漂白》的混音。尽管他们录了六首歌,但只有《强奸我》进展不错。录制的第二天晚上,科特妮和弗兰西丝前来探访,科特最后一遍录《强奸我》时,弗兰西丝就坐在他的大腿上。当由许愿基金会送来的17岁绝症患者歌迷来到录音棚时,乐队给他买了比萨,录制就此终止。

10月末,他们在阿根廷的布宜诺斯艾利斯为五万名歌迷表演。很多诸如此类的大型演出都会花大价钱请他们表演,此时的科特偶尔会接受这种邀约。但无论对乐队还是观众来说,这场演出都是折磨:涅槃乐队弹奏了《少年心气》的开场和弦,却没有真的唱这首歌,在失望之中,观众几乎发生了骚乱。科特还很想念弗兰西丝——这次巡演,她不在身边。

11月初,科特和科特妮搬到了西雅图的四季奥林匹克酒店,以艾克赛尔·罗斯的真名比尔·贝利登记入住。他们在该酒店住了近两个月,花了36000美元,然后被这家豪华酒店赶了出去。最终,

---

[1] 查理·帕克(Charlie Parker),美国著名爵士乐手,比波普风格的领军人物。
[2] 比莉·哈乐黛(Billie Holiday),美国传奇爵士女伶,四度获格莱美奖,1973年便入驻摇滚名人堂。

西雅图的每家豪华酒店都把他们扫地出门,他们不得不搬去级别更低的酒店。让他们惹麻烦的并不是两人的吸毒问题,而是他们把未掐灭的香烟留在地毯上,并且把房间破坏到无法修缮的地步。"我总是给保洁员小费。"保姆杰姬·法利回忆道,"但是每次到了最后,酒店都会说:'我们不想做你们这单生意了。'"

感恩节的一周前,在四季酒店的花园餐厅,科特妮接受了《火箭》杂志记者吉里安·加尔的采访。科特妮主要谈到了洞穴乐队即将发行的专辑——但她对自己的丈夫做出了如下评价:"很多人觉得他多么软弱,多么无法给自己做决定——这些人到底听没听过他的唱片?听没听过我的唱片?我们两个可不是蠢货!"她还抨击了摇滚圈的性别歧视,说(在他们眼里)"一个女人当然只能通过上床上位。而男人要是成功,那一定是音乐作品出色"。

接受《火箭》杂志专访是他们危机公关的第一个举动——这对夫妻觉得他们受《名利场》文章的迫害如此之深,他们开始鼓励那些同情他们境遇的记者采访他们。《旋转》(Spin)杂志曾托"地下流行"唱片的乔纳森·博纳曼采访他们,那篇文章最终题为《家庭价值观》,展现了一对慈爱且对孩子过度保护的父母形象。"我们知道我们能给(弗兰西丝)自己没有得到的东西,"科特妮告诉博纳曼,"譬如忠诚、同情和鼓励。我们知道我们能给她一个真正的家,把她宠坏。"但比这篇文章更有效力的,是文章附上的照片,照片里,科特和科特妮正和孩子一起玩耍。从照片上看,他们是个样貌极其好看的家庭,弗兰西丝则是个漂亮的婴儿,看上去既健康,又一副受到良好呵护的样子。

10月,科特废寝忘食地为《乱伦灭绝者》(Incesticide)写唱片内页文字,这是张计划圣诞节前发行的B面歌曲专辑;他还亲手绘制了专辑封面,封面上,一个抱着外星人父亲或母亲的婴儿正盯着罂粟花。他给唱片内页文字写了不下二十稿，还借此抨击了他心中越来越多的宿敌。在其中一稿中，科特反驳了自己在其他人心中受人控制的形象："对于那些胆敢说我幼稚又愚蠢，还被人占便宜，受人操纵的人，我想说一句'见鬼去吧'。"

当年10月，科特的经纪团队建议他发行一本官方授权的传记，以正视听。他同意了，他认为要是由他自己来讲述自己的人生经历——就算这些经历是有争议的——他至少能有控制权。"金山"公司找来了迈克尔·阿泽拉德，后者从10月开始与科特合作撰写这本传记。科特甚至为传记封面画了一幅油画，但最终没有被采纳。他和阿泽拉德做了一系列访谈，尽管他说的大部分是实话，但像他接受希尔博恩的访谈时一样，他总会把作者引向无关紧要的小事件，而忽略更为黑暗的主要部分。成稿也的确如此，在阿泽拉德的书中，科特坦白承认了自己的吸毒问题，却把严重程度轻描淡写了过去。当科特读完成稿后，他只修改了两处事实，保留了大部分或真或假的传奇故事，比如"河中枪"和"住在桥下"的故事。

11月的第二周，科特为《僧侣》杂志拍摄了照片。他将登上该杂志西雅图版的封面。他独自来到查理·霍斯顿的工作室，和以往拍摄时不同，这回的他全力配合。"我的条件是这样的，"科特告诉霍斯顿，"你想让我待多久我就待多久，你想让我干吗我就干吗，你只用为我做两件事：掐掉电话，任何人敲门都不要开。"因为科特妮已经五次打电话到工作室找他。《僧侣》杂志的编辑说服科特换上伐木工的装扮，拿着电锯摆造型。在拍摄中，科特还放飞自我，当霍斯顿让他在意式咖啡机前摆造型时，科特棋高一着——他把咖啡师推到一边，自己做了杯咖啡。

一个月后，当科特接受同性恋周刊《倡导》(*Advocate*)采访时，主笔凯文·奥曼发现两夫妻看起来十分顾家——科特妮正准备用婴儿车带弗兰西丝出去散步。当奥曼评价道，两人看上去一点也不像席德和南希时,科特答道:"我很惊奇地看到,摇滚都发展到今天了,人们还是期待他们的摇滚偶像填充那些经典摇滚人物模板,例如席德与南希。因为我们嗑过一阵海洛因,就觉得我们和他们一样——我们对这种偏见感到受了冒犯。"这次采访的意义很深远,科特也主动迎合着杂志的同志受众。他假称自己在阿伯丁因为喷了"同性爱万岁"而被逮捕过,还谈及了自己对同志权益的支持。他重述了在MTV颁奖典礼和艾克赛尔·罗斯交恶的事,但他夸大其词,说罗斯的随从里包括"五十个保镖:他们体型巨大、大脑残疾、随时准备大开杀戒"。当被问及海洛因成瘾的事时,科特承认自己有过毒瘾,但又解释道,说他还在吸毒的流言都是因为"我太瘦了。大家都觉得我们又复吸了,就连我们的工作伙伴都这么以为。我猜在接下来的人生里,我都得接受这种谣言和揣测"。

科特承认,过去的一年中,他很低产。但他提到,自己至少还在阅读,比如说,他第二次读了帕特里克·聚斯金德(Patrick Suskind)的《香水》;他还自称自己是卡米尔·帕格利亚(Camile Paglia)的书迷——这是科特妮给他带来的很多影响之一。他提到了绘画,说最近他主要的艺术活动就是做娃娃。"我照着娃娃收藏杂志上的样子做,"他解释道,"它们是用陶土做的。我烧制这些陶土,让它们看起来很古旧,然后再给它们穿旧衣服。"当被问及他最后还有什么想说的时,他的回答根本不像一个25岁青年能说出的话:"我无权评判任何东西。"

11月中旬,洛杉矶法庭减轻了对于柯本夫妇的监护权限制,科特妮的姐姐杰米旋即离开。在3个月以来对弗兰西丝的监护过程中,杰米严守规矩,很少准许科特和科特妮单独见女儿。杰米走后,杰姬继续遵守规则,确保孩子的父母嗑药嗑嗨了时无法接触到孩子。杰姬负责给孩子换尿布和喂食,不过在入睡之前,她会准备好一瓶满满的奶,然后把孩子送回父母的身边。"有时候科特会说:'我真想见见她。'"法利回忆道,"我就把她带过去,但是他却因为吸毒晕乎乎的,根本没力气尽父亲职责,所以我又得把她带走。"然而,在科特和科特妮清醒的时候,两人都是亲切又溺爱孩子的父母。

在1992年的最后几个月,科特写完了下张专辑的大部分歌曲——此时他依旧把专辑名暂定为《我恨自己,我想死》——大部分歌曲是关于家庭的,包括他的原生家庭和现在的家庭。和父亲相见的经历依然在他心中阴魂不散,唐变成了这时期歌曲创作的中心人物。在《为仆人服务》一歌中,科特写下了他自传性质最浓的歌词,开篇就提到了《别介意》引起的疯狂反响:"青少年的愤怒很卖座/如今的我又无聊又苍老。"歌词还抨击了批评他的人("自我任命的法官指指点点")以及科特妮遭受的媒体待遇("要是她能浮起来,就不是女巫")。但这首歌大部分还是关于唐的,其中有一句著名的话:"我尽全力想拥有一个父亲/到头来只是得到了一个爹。"在副歌部分,科特把他人生中最重大的事件轻描淡写过去:"那场传奇的离婚是如此无趣。"当他表演这首歌时,他会漫不经心地唱过这句,但在歌词的第一稿中,他把这句歌词写得两倍大,还在底下画上了三道线。

尽管根本不需要解释,科特还是给这首歌写了详细的唱片内页文字。"这首歌应该是关于我父亲的,"他写道,"他永远无法用我所期待的那种温情方式和我交流。我决定以自己的方式让父亲知道,我并不恨他。我只是对他无话可说,我也不想和一个我不想与之共度无聊圣诞节的人拥有父子关系。换句话说:我爱你;我并不恨你;我不想跟你说话。"写完这段话之后,科特改了主意——他把大部分文字都划掉了。

在接下来的春季,科特还给唐写了一封没有寄出去的信,信里的内容体现了弗兰西丝给他带来的改变:

7个月前，我选择把自己放到一个位置上，这个位置要求着一个人最高形式的责任。这种责任难以言喻。每当我在电视上看到濒死的孩子，或者看到失去孩子的家长讲的话，我都忍不住落泪。失去孩子的想法每天都让我心惊。我甚至都不敢把她放进车里，生怕出了车祸怎么办。我发誓，要是我有朝一日跟你面临一样的处境（比如离婚），我会誓死捍卫呵护孩子的权利。我会尽我所能地提醒她，我比爱自己还爱她。这不是出于一个父亲的责任，而是因为我想这么做，这是出于爱。要是科特妮和我最终彼此憎恨，我们都会像成年人一样负起责任，在小孩在场的期间和平共处。我知道你觉得是我母亲多年来给金和我洗脑让我们恨你。我不得不强调，这不是事实。我觉得这是个懒惰而拙劣的借口，好逃避你该极力履行的为人父的职责。我记得，母亲在最后几年才开始说你坏话，大概在我高二高三那两年。而在当时，我不需要母亲的影响就能自己做决断了。然而，她注意到了我对你和你一家的蔑视，便借机煽风点火，好把她对你的愤怒发泄出来。每回她说你的坏话，我都会告诉她我不赞成她的说法，这么说也没必要。我从来没有站在你这边，也没站在母亲这边，因为在成长过程中，我对你们俩的蔑视是一样的。

更能说明问题的是科特在日记本上做的拼贴画。他把唐的年鉴照片贴到了他所属唱片公司星探部的加里·格什旁边。在唐照片的上方，他写道"老爹"，并加上说明文字："他逼我把自己第一把吉他当掉，逼我搞体育。"在格什的上方，他写下了"新爹"，没有附文字说明。在拼贴画下方，科特贴了几张从旧医学教科书上剪出来的残疾人照片,并写上标题:"科德特·克本的很多情绪。"在题为"宝贝"的情绪下,他用了一张智障男人的照片。在"生气"下,他用了一张尿在自己身上的男人的照片;在一个瘦弱男人的照片旁,他写下了"霸凌",以形容自己的情绪;对于唯一的正常人照片,他在男人的衬衫上涂涂画画,上书"移动的臭小子",并画了一个注射器,以解释"活泼"的情绪。

1992年的最后一天,科特和科特妮一起在西雅图的RKCNDY俱乐部看了超级笨蛋乐队[1]的演出。在后来的派对中,科特遇见了杰夫·霍姆斯,后者是一个当地的演出预订人。他们聊起了音乐,当聊到肉傀儡乐队时,霍姆斯告诉科特,他认识这支乐队的人。霍姆斯给克特·柯克伍德打了电话,把话筒递给了科特。这也标志着肉傀儡乐队和涅槃乐队友谊的开始,这段友谊最终走向了合作。

为了庆祝新年,科特和科特妮写下清单,清单中包括所有他们打算寄圣诞贺卡的人。其中包括了一些老熟人,还有几个不寻常的名字:艾迪·维德、艾克赛尔·罗斯和乔·斯特拉莫。提到斯特拉莫的名字时,科特妮建议他们写上:"谢谢你,你让你的朋友琳·海尔斯伯格攻击我们,她真是见鬼般的又诚实又甜美。向她致以我们真挚的问候,好吗?"在寄给声音花园乐队经纪人苏珊·西尔弗的贺卡上,他们写道:"致我们最爱的知情人士。"因为他们相信西尔弗才是那篇《名利场》文章爆料的始作俑者,虽然这并非事实。

在夫妇俩的圣诞卡片收卡人清单上,有两个和他们关系真的很亲密的人:负责接生弗兰西丝的保罗·克莱恩医生,以及罗伯特·弗里芒特医生。事实上,根据"金山"公司给科特记的账,1992年1月1日至1992年8月31日期间,柯本夫妇在医药费上花

---

[1] 超级笨蛋乐队(Supersuckers),美国车库摇滚乐队,1988年成立于亚利桑那州。

了 75932.08 美元。其中一半都是因为他们的戒毒治疗，光迈克尔·霍洛维茨医生一个人就收了 24000 美元，科特妮后来还起诉了他，声称他把她的医疗记录泄露给了媒体。弗里芒特医生则为自己提供的治疗和丁丙诺啡收取了 8500 美元。这些账单中有几张是在两人进戒毒所之前发出的，上面列举了给他们开麻醉剂的"江湖游医"收取的费用。尽管《别介意》终于让科特挣了大钱（当时，专辑销量已经突破 800 万张），这些医药费账单还是体现了二人在 1992 年的健康状况是多么恶劣。

在《倡导》杂志的采访中，科特透露了更多财务上的细节：他在 1992 年的收入超过 100 万美元，"其中 38 万美元交了税，30 万美元买了（康乃馨城的）房子，其余的钱给了医生和律师，我们的个人开销大约 8 万美元。这其中包括租车的钱、伙食费和一切其他开销。这些开销算不上多，肯定比不上艾克赛尔一年花的钱"。他们的律师费高达 20 万美元。尽管比起上一年，科特的收入有了大大提升，但他花钱的速度却和赚钱的一样快。

圣诞节的两周前，涅槃乐队的专辑未收录单曲兼 B 面歌曲合辑《乱伦灭绝者》正式发行。专辑进入了《公告牌》排行榜，位列第 51 名，考虑到这张专辑中没有新歌，这个成绩还是很惊人。在没有大型宣传或巡演的情况下，两个月内，唱片卖了 50 万张。

次年 1 月，涅槃乐队只有两场演出，都在巴西的大场馆举行，且报酬丰厚。1 月 16 日圣保罗的演出，是涅槃乐队生涯中观众数目最多的一次，有 11 万人到场。但团队和乐队却都认为，这是他们表现最差的一场。在此之前，乐队已有很长时间没排练，科特很紧张；更糟糕的是，他同时服下了药片和酒，连和弦扫得都很艰难。

他们的曲目单中，翻唱曲目的数量多于涅槃乐队的原创歌曲。

他们表演了特里·杰克斯的《阳光下的四季》、金·王尔德[1]的《美国小孩》(Kids in America)、冲撞乐队的《该去该留》(Should I Stay or Should I Go),以及杜兰·杜兰乐队的[2]《里约》(Rio)。在翻唱皇后乐队的《我们将震撼你》(We Will Rock You)时,科特把歌词改成了"我们将干翻你"(We will fuck you)。演出进行了30分钟,克里斯特把贝斯砸到科特身上,一阵风似地走了。"简直是一场糟糕的闹剧。"吉他技术员厄尼·贝利回忆道,"大家纷纷以经典的歌舞杂耍厅传统冲他们扔水果。我们都想知道我们的小货车会不会被歌迷掀翻。"最终,工作人员找到了克里斯特,把他推回了舞台——要是乐队演不满45分钟,就算违约,这意味着他们得不到报酬。而且就连丰厚的报酬也赔不起乐队毁坏的器材带来的费用。克里斯特后来称,这场演出像是一场"精神崩溃"。然而一本巴西杂志的评价却更不留情面:"他们根本不是真正的涅槃乐队;与之相反,演出仅仅是抑郁的柯本用吉他生产噪声。"

那周,科特的确很抑郁,并且有了自杀倾向。在里约热内卢的下场演出之前,乐队有一个星期的间隙,他们的原计划是准备下张专辑的录制。但当他们在里约热内卢的高层酒店入住后,刚和科特妮吵架的科特威胁要跳楼自杀。"我以为他要从窗户跳下去。"杰夫·梅森回忆道。最后,梅森和艾利克斯·麦克劳德把他带到了另一家酒店。"我们登记了许多家酒店,但都不能停留,因为我们一走进房间,就看到有阳台,他就准备往下跳。"梅森解释道。最终,麦克劳德找到了一个在一楼的房间,这在里约可不好找。乐队其他成员都住在豪华的高层酒店,科特则待在了猪窝般的单层酒店里。

科特的沮丧很大程度上来自毒品的戒断反应。巡演期间,在乐

---

[1] 金·王尔德(Kim Wilde),美国女歌手,DJ,电视节目主持人,商业成绩惊人,单曲销量超过2000万张。
[2] 杜兰·杜兰乐队(Duran Duran),英国著名新浪潮摇滚乐队,1978年成立于伯明翰,全球专辑销量超过1亿张。

队和团队的众目睽睽之下,他没办法逃去吸毒,至少他抵抗不了如果吸了毒所带来的羞愧。就算他能从重重监视下溜走,他一生中最怕的就是在买毒品时被捕,一旦被捕,就肯定会上报纸。摇滚乐评人推测他吸毒是一回事——他尚且可以否认,或者一如既往地在采访中承认自己的吸毒史已是过去时。但要是他被抓了,就是编出花来,他也没法否认被捕的事实。为了减轻对海洛因的渴望,他会服下自己能找到的任何麻醉品——药片或酒精——但这个组合却很不可靠。

在单层酒店待了一晚后,科特的状态似乎好了一些,第二天,他很有精神地出现在录音棚,摩拳擦掌,准备工作。科特唱了最早版本的《心形盒》(Heart-Shaped Box),这是和科特妮合作后的产物。尽管科特之前还在闹情绪,可一旦开始录歌,他就走出了抑郁。"从音乐上来说,有些时刻还是很积极的。"梅森观察道。在涅槃乐队录歌的间隙,科特妮和洞穴乐队的新鼓手帕蒂·希梅尔切磋了几首拉芙自己的歌。

他们的巴西之旅结束于另一个大型场馆,1月23日,他们在里约的安珀特所斯体育馆演出。这场演出质量比圣保罗那场要高得多,他们首次表演了《心形盒》和《无味的学徒》(Scentless Apprentice),后者的这个版本长达17分钟。次日,当他们飞回家时,科特和队友们再次对新专辑接下来的录制信心满满。

第二十章 心形棺材

华盛顿州西雅图市

1993年1月—1993年8月

> 我被埋在心形棺材里好几个星期。
>
> ——《心形盒》的一个早期版本

科特已经在口头上和书面上提及"我恨自己,我想自杀"这句话很长时间了。就像他的很多歌词和访谈中的语录一样,在公之于众之前,他早已经在自己的日记中排练了好多遍。这句话于1992年中左右首度出现在他的日记中,被写在一堆押韵的歌词中。虽然当时他还没有写出相应的旋律,但就像一个偶然发现了突破性公式的科学家一样,他把这句话画了圈。1992年中期,他迷上了这句话,他告诉记者和朋友,这将是他下张专辑的标题。不过,这顶多是种病态的幽默罢了。

但科特日记中不断出现的严重自我憎恨情绪可不是玩笑。其中有一首诗,和他童年的涂鸦很类似:"我恨你。我讨厌他们。但我最讨厌的还是自己。"在这段时期另一句杰克·凯鲁亚克[1]式的句子里,胃痛在他的笔下有如诅咒:"我吐得很凶,吐到胃翻了个底朝

---

[1] 杰克·凯鲁亚克(Jack Kerouac),美国著名作家,"垮掉派"文学领军人物,代表作《在路上》。

天，把从小到大细如发丝的神经都翻了出来，它们彼此交织，相互浸泡，好像上帝睡了我，然后留下了这些珍贵的小种子，我就像一只骄傲的孔雀和怀孕的母亲一般带着它们四处奔走，好像一个婊子摆脱了一遍又一遍的强奸和折磨，终于拥有了日复一日地卖淫的光荣职责。""就好像上帝睡了我"这句话经常出现在日记中，却毫无幽默感，这是科特在解释他在身体和精神上受的折磨。

直到克里斯特说服科特，要是他们真用了《我恨自己，我想死》做专辑名，就很有可能吃官司时，科特才开始考虑别的标题。他想了不少标题，从《主歌、副歌、主歌》发展到了《在子宫内》（In Utero），这个标题摘自科特妮的诗。

科特在1992年写的许多歌都受到了他婚姻的影响。"我们向彼此汲取养分。"他在《榨取》（Milk It）中写道。这句话也总结了两人在艺术上和情感上的结合。就像大多数结了婚的艺术家两口子一样，他们开始用一样的方式思考问题，分享他们的观点，并充当彼此的编辑。他们还共用一本日记：科特会先写一行字，然后科特妮就再对上一行字。他会读她写的东西，她也会读他的，然后彼此汲取灵感。科特妮的词作风格较为传统，行文严谨，不太晦涩，她的洞察力深深影响了譬如《心形盒》和《薄荷茶》（Pennyroyal Tea）等歌的创作。她让科特的创作更为仔细，而这两首歌成为涅槃乐队完成度最高的作品之二，也并非偶然。两首歌带着更明确的创作意图，比《别介意》整张专辑的创作意图都更明确。

但科特妮对科特新歌最大的影响，还是她成了歌曲的主题——正如《别介意》主要是关于托比的一样，《在子宫内》则主要是关于唐、科特妮和弗兰西丝的。当然了，《心形盒》一名引自科特妮给科特送的蕾丝盒礼物，但歌曲中"因为你的宝贵建议，我欠了你很多"则摘自他给她写的一张便条。"我永远感激你的宝贵观点和建议。"

他写道，文字版显然比歌唱版显得更真挚。这张专辑是他给她的一份礼物——以音乐的形式，他回赠了她一个"心形盒"。但这不是随意挑选的情人礼物：《心形盒》历经好几稿，科特最先把它命名为《心形棺材》，还加上了一句："我被埋在心形棺材里好几个星期。"科特妮说这么写太黑暗了。不过，在两人的关系下，他们还是敦促彼此不断突破新界限，写这些新歌时付出的艺术上的大胆和冒险，是他的骄傲，也是她的骄傲。

在进棚录歌之前，科特已经有 18 首考虑被收录进专辑的歌；其中 12 首歌最终被收录进专辑，但歌名的改动很大。那首最终题为《电台友好型热门单曲》（Radio Friendly Unit Shifter）的歌原标题为《九个月的媒体轰炸》，这也是科特对《名利场》文章的露骨回应。《所有歉意》的原名则是《啦啦啦》。而 B 面歌曲《潮湿的阴道》（Moist Vagina）则有个又长又富有细节的原标题：《潮湿的阴道，然后她以他从未体验过的方式炸裂了他，脑浆粘满墙壁》。

乐队在情人节飞往明尼苏达，开始了专辑的制作。为了寻求一种荒芜而原始的声音，他们找来斯蒂夫·阿尔宾尼担当制作人——按科特的想法，这张专辑和《别介意》的区别越大越好。阿尔宾尼来自颇具影响力的朋克乐队"大黑"（Big Black），早在 1987 年，科特就专程去西雅图的蒸汽工厂看大黑乐队的告别演出。青少年时代的科特崇拜阿尔宾尼，尽管长大成人后，两人的关系最多就是工作伙伴。阿尔宾尼和乐队其他人相处融洽，但他后来曾把科特妮说成"超级神经病"。她反击道，除非她"来自东海岸，拉大提琴，奶子大，戴小耳环，穿黑色高领毛衣，拖着成套的行李，一言不发"，他才会觉得她是讨喜的。

"金山"公司选了明尼苏达州加农瀑布市的"厚脸皮"录音棚，因为他们觉得地处乡村地区可以减少干扰。干扰的确被减少了：到了录制的第六天——2月20日,科特的26岁生日当天——乐队已经录完了大部分歌曲的基本音轨。当他们不用工作时,会给艾迪·维德打恶作剧电话,或者去距离录音棚一小时车程的明尼阿波利斯。在那里,科特在美国商城买了"显形人"(The Visible Man)的塑料解剖模型,这是他当时的收藏爱好。专辑在十二天后便完成了,作为庆祝,乐队成员烧掉了他们的裤子。"我们当时在听最终的混音版本。"帕特·惠伦解释道,她是他们的朋友,当时正好经过录音棚。"大家都往裤子上倒溶剂,点燃,再用一条裤腿点燃另一条裤腿,从一个人的裤子烧到另一个人的裤子。"他们烧的裤子当时还穿在身上,为了防止烧伤,火苗一烧到腿上,他们就用啤酒扑灭彼此身上的火。

专辑最终的录制时间只有《别介意》所用时间的一半。"事情进展越来越顺利,"克里斯特回忆道,"我们把所有私人恩怨留在门外。专辑录制算是大获成功——这也是我个人最爱的涅槃乐队专辑。"很多乐评人都和诺弗斯里克持一样的观点,科特也认为这是他最好的作品。一开始,科特想拿《薄荷茶》当首发单曲:这首歌融合了涅槃乐队自身完善的从慢到快的节奏,以及披头士风格的吉他连复段。标题则来自一种用于堕胎的草药。尽管科特妮的歌词为这首歌定了调,但歌曲的结尾还是如实地描述了科特的胃部状况:"我喝了热牛奶、泻药和樱桃味的抗酸剂。"

《在子宫内》还包含好几首快节奏的摇滚歌曲,但这些歌的歌词也都颇有深度。《非常猿人》(Very Ape)和《电台友好型热门单曲》都有着清脆的吉他连复段,像是在篮球比赛3秒钟间隙时出现的那种,而其歌词却寓意复杂,足以引发学者和歌迷的讨论。《榨取》是首典型的朋克歌曲,乐队只过了一遍就成功录下了此歌,但科特却花了好几天才把歌词打磨好。"她的奶是我的屎/我的屎是她的奶"是他对自己和妻子之间关系的扭曲解读。这首歌也暗指他待过的戒毒所（"在我的康复之地，你的气息依旧"），除此之外，他还重复了一句从高中时代就在多首歌里提过的歌词："瞧，往好的一面看，自杀总是可以的。"在《蠢》（Dumb）一歌未被使用的唱片内页文字中，他描述了自己的毒瘾："所有那些大麻。所有那些据说不会成瘾，无害且安全的大麻都破坏了我的神经，损害了我的记忆，还让我想炸掉舞会。大麻劲儿终究不够大，于是我进而嗑起了海洛因。"

但专辑中的歌没有一首能和《心形盒》等量齐观。"当你变黑时，我希望能吞噬你的肿瘤。"科特唱的这句歌词，可能是流行音乐史上歌手表达得最拐弯抹角的"我爱你"了。科特以一句坦白结束了这首他最超凡的作品："放下你的脐带，好让我爬进去。"这坦白也许是对科特妮说的，又或许是对母亲、女儿或他自己说的，但最有可能是对上帝说的。在他为这首歌写的最终未公开的唱片内页文字中，我们能看见他自己对此歌的荒唐解释，其中有大半内容被他划去。其中提及了《绿野仙踪》、《我，克劳迪乌斯》、列奥纳多·达·芬奇、雄性海马（具有怀孕功能）、旧西部的种族主义，以及卡米尔·帕格利亚。就像所有伟大的艺术作品，《心形盒》无法被简单定义，听者可以给它做出多种解读，作者也可以对它做出多种理解。

从科特给这首歌MV写的脚本上，我们可以发现《心形盒》对他的意义所在。按照科特的设想，MV会由威廉·巴勒斯出演，他还写信恳求巴勒斯出演MV。"我知道，媒体关于我吸毒的报道可能会让你以为，我想让你出演是因为想要把你我的人生经历相提并论，"他写道，"我向你保证，事实不是这样的。"但科特究竟想通过让这位作家出演MV实现什么，我们不得而知：他向巴勒斯提出，可以把前者的脸部模糊处理，这样一来，除了科特，谁也不会知道他客串了MV。巴勒斯拒绝了这个邀约。

《在子宫内》整张专辑和《心形盒》的MV，都充满了出生、死亡、性爱、疾病和毒瘾的意象。他们为这首歌制作了好几个版本的

MV，由于创作大权之争，科特最终和MV导演凯文·克斯雷克分道扬镳，后者立即把科特和涅槃乐队告上法庭；安东·寇班完成了最终版MV的拍摄，其中包括科特种下他收藏的娃娃的镜头。最终发行的MV中，一个外形酷似瘾君子的耶稣打扮成教皇的样子，他戴着圣诞老人帽，在一片罂粟花中被钉上十字架。一个胚胎挂在树上，再度出现时已是在病房里，胚胎被塞进了点滴瓶，点滴则被打进耶稣的体内。克里斯特、戴夫和科特出现在病房，等待着耶稣康复。当雅利安女孩的3K党帽子由白变黑时，一个内含着填字游戏的巨大心脏出现了。在所有画面中，镜头前都不断出现科特的脸部特写。这支MV十分引人注目，科特私下告诉朋友，很多画面都来自他的梦境。

3月的第一周，科特和科特妮搬进了西雅图东北湖畔街11301号的一座房子，月租2000美元。这是座风格现代的三层楼建筑，就在华盛顿湖的上方，从房子里可以看到瑞尼尔火山和喀斯喀特山脉的景色。房子面积巨大，居住空间超过6000平方英尺[1]，比科特此前所有住所的总居住面积还要大。不过，柯本夫妇迅速填满了整间房子——其中一个房间变成了科特的画室，他们还为保姆和访客们腾出了房间，科特的MTV奖则装点着二楼的浴室。在能停下两辆车的车库里，停放着科特的勇士汽车，他们如今还拥有一辆1986年的沃尔沃240DL，科特骄傲地告诉朋友们，这是有史以来最安全的家庭轿车。

搬家后不久，科特和科特妮与儿童服务部门的案子终于完结。虽然柯本夫妇一开始遵循了法院的判决，但他们还是害怕弗兰西丝有朝一日会被带走。在这场战争中，搬家到西雅图是一个战略性举

---

[1] 6000平方英尺，约557平方米。

动——科特妮知道，由于跨州协定的存在，洛杉矶的法官无权管辖西雅图居民。3月初，一名叫玛丽·布朗的洛杉矶社工飞到西雅图，以检查弗兰西丝在新家的情况。她向县政府建议取消案件，而她的建议最终被接受了。"科特欣喜若狂。"律师尼尔·赫什回忆道。3月25日，在弗兰西丝满7个月的1周后，她终于回到了亲生父母不需特别监管的监护之中。女儿的归来是有代价的：他们已经花了超过24万美元的律师费。

在整个调查期间，弗兰西丝都和父母在一起，但根据法庭判决，杰米和杰姬必须在场。作为保姆，杰姬居功甚伟，但1993年年初，她筋疲力尽。一年到头，她只有少数假期，尽管搬到新居后，她约法三章，规定了自己职责的细节：她坚持道，若是弗兰西丝半夜醒来，她的亲生父母得负责照顾她到早上7点。如今的法利还得为科特接下很多唱片公司打来的电话。"人们会打电话过来说：'你能让科特给我回电吗？'我一般会说：'我会转达的。'但我知道他根本不会回电。他就是不想理会那些被强加到他身上的事务。他只想和科特妮在一起，不和外界打交道。"4月，法利宣布辞职。

为了继任者，杰姬面试了很多职业保姆，但很显然，大多数人都无法适应柯本家的闹剧。"他们会问：'我什么时候给孩子喂吃的？'"法利说，"我不得不告诉他们，在柯本家，事情不像正常家庭一样运转。"最终，科特妮决定聘请迈克尔·卡利·德维特为新保姆，时年20岁的他曾经是洞穴乐队的巡演助理。尽管年纪轻轻，卡利照顾弗兰西丝颇为周到，弗兰西丝也很快和他建立了纽带。除此之外，柯本夫妇还聘请了英格丽·伯恩斯坦来当兼职保姆，后者是他们的好友尼尔斯·伯恩斯坦的母亲。

对洞穴乐队和涅槃乐队来说，1993年4月是个繁忙的月份。洞穴乐队发行了歌曲《漂亮儿子》，这是科特妮创作的关于科特的歌，还在封套上用了科特童年时的照片。与此同时，涅槃乐队前往旧金山的牛宫为波斯尼亚的强奸受害者们举行义演,由于自己的民族出身,诺弗斯里克很关注这个问题。这是涅槃乐队6个月以来在美国的第一场演出,他们表演了很多新专辑的作品,《在子宫内》的12首歌中,他们一共演了8首,其中很多歌都是首次现场表演。科特决定改变他通常的舞台站位,从舞台左边改到舞台右边——仿佛是在尝试着重塑乐队的表演。改变奏效了。乐队的死忠歌迷认为,这是乐队最好的现场之一。

虽然《在子宫内》的录制已经完成,但尚未发行,而在4月的一场制作上的争端给乐队在春天所有的努力蒙上了阴影。乐队雇来阿尔宾尼,因为他们想要更原始粗粝的声音,但他们发现,最终的混音版太粗粝了。阿尔宾尼本人得知这个消息,便在4月告诉《芝加哥论坛报》的格雷格·克特:"格芬唱片和涅槃乐队的经纪公司都讨厌这张唱片,我对它成功发行一事并无信心。"科特则用自己的新闻通稿反击了这个观点:"我们没有受到来自厂牌要我们改动歌曲的压力。"但争议仍在继续,科特让DGC唱片在《公告牌》杂志上登了一整页的广告,否认厂牌拒绝这张专辑的传闻。尽管嘴上是否认了,但厂牌大多数人的确觉得成品过于原始,因此在5月,DGC唱片雇了斯科特·利特来重新打磨《心形盒》和《所有歉意》,好让它们更适合在电台播放。当遇到可能会影响专辑成功的问题时,科特再一次勉强答应,走上了一条阻力最小,销量最大的路。

但这并不代表他私下没有意见。虽然他继续告诉记者,他很支持利特的重混,也觉得阿尔宾尼的版本非常好——这两种说法自相矛盾——但在他的日记中,他写出了按自己意愿发行专辑的计划。他将首先以《我恨自己,我想死》为专辑名字发行阿尔宾尼制作的版本,但只出黑胶、磁带和八轨录音带。他下阶段的行动则要在一个月后进行。"在发行了我们坚定而毫不妥协的黑胶、磁带和八轨录音带专辑并得到差评和负面报道之后,我们就以《主歌、副歌、主歌》

为题发行重新混音的版本。"为此,科特想让专辑贴上贴纸,上书"适合电台播放、单曲抓人、妥协过了的版本"。不出意料,DGC唱片拒绝遵循科特的计划。《在子宫内》的重混版定于9月发行。

5月第一个星期天的晚上9点,金县的911紧急报警中心接到柯本家报警称,有人吸毒过量。当警察和一辆救援车抵达现场时,他们发现科特坐在客厅的沙发上,嘴里念叨着"哈姆雷特"。根据警官的观察,他饱受"嗑药过量带来的症状的痛苦……受害人柯本意识清醒,可以回答问题,但机能明显受损"。

就在警察抵达的几分钟前,科特全身发青,再一次看上去像死了一样。科特妮告诉警察,科特是在一个朋友家"给自己注射了价值30到40美元的海洛因的"。之后,科特开车回到家,当科特妮因为吸毒的事跟他对峙时,他把自己关到了楼上的卧室里。科特妮还威胁要报警或打电话给他的家人,当他没有回应时,她给他的家人打了电话。电话只响了一声,温迪就接了,科特的母亲和妹妹立即上了她们的车。"十万火急地赶了过去。"金回忆道。

金和温迪一路加速,花了两个半小时从阿伯丁赶到西雅图,在此期间,科特的情况不断恶化。等到温迪和金赶到时,科特一边呕吐,一边处于休克状态。他用含糊不清的声音告诉她们,他不想让她们报警,因为他"宁死"也不愿意自己吸毒过量或被捕的消息上新闻。科特妮在科特身上泼了冷水,扶着他在房子里四处走,给他吃了安定片,还给他注射了纳洛酮——一种针对海洛因的解毒剂,但这些都没能完全把他救起(纳洛酮是他们非法持有的,他们总在家里备一份,以防这种情景的出现)。温迪试着揉科特的后背——这也是她安抚儿子的方式——但海洛因让他的肌肉比石膏像还要僵硬。"当时太可怕了,"金回忆道,"我们最后不得不打电话叫救护车,因为他全身开始发青。"警察赶到后,发现"他的情况逐渐恶化,他全身发抖，过于激动，神志不清，而且前言不搭后语"。

科特上了救护车后，似乎逃过了一劫。金跟着救护车去了湾景医院，在那里，事态开始向闹剧发展。"他当时特别搞笑，"她回忆道，"由于医院人满为患，他只得躺在走廊里打点滴，服着解毒剂。他躺在那里，开始谈论莎士比亚。然后他会忽然昏过去，五分钟后又醒过来，继续和我的对话。"

由金前去跟随救护车，部分原因是科特妮想把科特剩下的海洛因扔掉，但苦于找不到海洛因在哪儿。科特恢复意识后，金问他把海洛因放哪儿了。"在我浴袍的口袋里，浴袍挂在楼梯上。"科特在晕过去之前承认道。金连忙给家里打电话，尽管接到电话时，科特妮早已找到了海洛因。当金回到科特身边时，他又醒了，还求她别把海洛因在哪儿透露出去。

摄入了3小时的解毒剂后，科特终于可以回家。"当他可以出院时，我立即给他点了烟。"金说。看着眼前的他时不时与死亡滑稽地擦肩而过，她感到十分悲伤。吸毒过量已经成了科特的家常便饭，他生活的一部分，这种疯狂在他的生活里似乎已经司空见惯。事实上，正如警察报告上记录的那样，科特妮告诉了警官比这次事件还要沉重和悲哀的事实："这种事以前在受害人柯本身上发生过。"

科特每天都要嗑"海洛樱"，而有时候，尤其在他没有乐队事务，并且当科特妮和弗兰西丝都不在家时，这便成了他最重要的活动。到了1993年的夏天，他几乎每天都嗑海洛因，不嗑的时候，他就处在戒断反应中，大声抱怨着。与过去相比，这是他的药物依赖最为节制的时期，但他的海洛因用量仍然超过了大多数瘾君子。即便是身为瘾君子的迪伦也觉得科特的用量太危险了。"他的确吸了很多毒，"迪伦回忆道，"我想嗨时，至少还想自己的身体正常运转，但他总想嗑得越多越好，直到动都不能动为止。嗑药这方面，他总是不加节制。"科特的兴趣在于逃避，逃得越快生活越不能自理，就越好。其后果就是他经历了多次吸毒过量和濒死，在1993年，这种事件就发生了十几回。

与科特有增无减的吸毒相反，科特妮正在努力戒毒。晚春，她雇了一名灵媒来帮她戒毒。科特不愿付灵媒的账单，还对她说的夫妇二人都要排除"所有毒素"的建议嗤之以鼻。不过，科特妮却很把灵媒的话当回事。她试着戒烟，开始每天喝鲜榨的果汁，还参加了匿名戒毒互助会。科特先是嘲笑妻子的举动，然后又开始鼓励她去参加匿名戒毒互助会，这样他就能多点时间来嗑药了。

6月1日，科特妮在湖畔街的房子里举办了一场劝诫会。出席的人有克里斯特、好友尼尔斯·伯恩斯坦、"金山"公司的珍妮特·比利格、温迪，以及科特的继父帕特·奥康纳。一开始，科特拒绝离开自己的房间，看都不想看他们一眼。当他终于离开房间时，他和科特妮开始大吵大闹起来。盛怒之下，科特抓过一支红色记号笔，潦草地在走廊的墙上写下："你们谁也不会知道我的真实意图。""很显然，他什么听不进去。"伯恩斯坦回忆道。前来劝诫的一帮人列出了一大串理由，劝科特不要再吸毒，其中被提及最多的理由就是他应该为自己的女儿着想。母亲告诉他，他的健康危在旦夕。克里斯特恳求科特，说自己也开始戒酒了。当帕特·奥康纳分享自己与酗酒做斗争的经历时，科特一言不发，直盯着自己的运动鞋。"你能看到科特脸上的表情，他一定在想着：'你的生活跟我的一点相似之处都没有。'"伯恩斯坦回忆道，"我心想，'这个劝诫会真的一点用都没有。'"当科特怒气冲冲地回到卧室后，众人开始互相指责，争辩起谁才是科特毒瘾的罪魁祸首。对于他身边的人来说，互相指责比让他自己负起责任要容易一些。

那年夏天，科特开始越来越与世隔绝；朋友们开玩笑地管他叫长发公主，因为他很少从自己的房间里出来。他母亲是少数几个他还听得进话的人之一，于是科特妮开始越来越多地让温迪来当调解人。科特仍然很需要母亲的照料，当他与世隔绝时，他似乎倒退回了胎儿般的状态。为了安慰他，温迪会轻抚他的头发，告诉他一切都会好的。"有时他一个人在楼上嗑药，连科特妮在内，没人能靠近他，"伯恩斯坦观察道，"但他妈妈会在他身边出现，他倒没有完全把她拒之门外。我认为他有病理学上的抑郁症。"温迪有家族抑郁史，尽管几个朋友建议他接受抑郁症的治疗，他还是无视了他们的建议，自行用药物治疗。说实话，任何人想让他做任何事都比登天还难：如果把涅槃乐队比作一个小王国，那么科特就是国王。由于害怕被放逐，很少有人胆敢质疑国王的精神健康。

6月4日，在经历了一整天的闹剧后，科特妮报了警。警官到达后，她告诉他们"因为在家里放枪的事吵了起来"，她朝他脸上倒了一杯果汁，他猛地推了她。"当时，"警察报告记录道，"柯本把拉芙推到地上，开始勒她的脖子，留下了勒痕。"西雅图法律规定，一旦有家庭纠纷，警察必须逮捕其中至少一方——科特和科特妮开始争起谁该被逮捕，两个人都觉得该是自己。科特坚持应该由他去坐牢——作为一个习惯被动攻击的人，这对他来说是个以烈士身份在情感上与世隔绝的好机会。他赢了。他被送进西雅图北区的金县监狱。警察还从他们家缴获了大量的枪支弹药，包括两把点三八口径的手枪和一把柯尔特式 AR–15 半自动突击步枪。

但那天真正发生的事则反映出两人婚姻中越来越大的问题。两人就像雷蒙德·卡佛[1] 短篇小说的角色一样，每当两人发生争执，他们就开始互相戳对方的软肋，这天，科特在科特妮和她的灵媒面前大肆炫耀吸毒经历。"当然了，他决定必须吸最能让我抓狂的那种毒品。"拉芙回忆道，"他决定要试试可卡因丸。他大做文章，说自己要买些价值10美元的'石头'。"

---

1 雷蒙德·卡佛（Raymond Carver），美国著名短篇小说作家、诗人，风格极简，代表作有《大教堂》《当我们谈论爱情时，我们在谈论什么》等。

为了激怒妻子,科特多次和毒贩子通电话,装作自己"要完成一次大手笔的毒品交易"。一想到他在家大摇大摆地烧熔可卡因药丸的画面,科特妮就愤怒不已,她并没有像警察报告里说的那样朝他扔了果汁杯,而是扔了果汁机。两人没有打架——两人的肢体冲突通常以谁也赢不了谁结束,就像他们在波特兰俱乐部的首次摔跤对决一样。但科特妮还是报了警,她觉得让他去坐牢总比让他烧熔可卡因把房子烧掉了好。"我敢肯定,科特最终还是弄到了可卡因药丸,不管是以什么方式在哪儿弄到的,但是我自始至终也没有找到在哪儿。"她说。他只在监狱里待了3个小时,当晚便以950美元的保释金被释放。指控后来也被取消了。

在逮捕事件之后,他们重归旧好,而正如在他们的关系中发生过的许多次一样,创伤让他们的距离更近了。在他们卧室的墙上,她画上了涂鸦:一颗心中写着:"混账,你最好爱我。"打架事件后的一个月,科特是这么向《细节》杂志的加文·艾德伍德斯形容他们的关系的:"我们的情感犹如眩晕的苦修一般,吵到极点,又爱到极点。我生她的气时会对她大喊大叫,而这是很健康的做法。"两人都是不断测试对方底线的大师——科特整个童年都在练习这件事——每当他惹科特妮生气,他都知道他得把她哄回来,而他通常选择写情书。其中一封情书的开头是这样的:"科特妮,当我说'我爱你'时,我一点也不害羞,不管谁恐吓和游说我,我对你的心都一点不变。你就是我的信条。我会孔雀开屏,把你大方地展示出来,但我的注意力常常如入颅子弹那样短暂。"这篇散文充满了自嘲,他还形容自己"如水泥般愚钝"。但他也提醒她,自己对婚姻的承诺:"我骄傲地围着你打转,如同手上戴着的戒指一般心无杂念。"

在因家庭暴力被捕的两周后,尼尔·卡伦来到柯本家,代表《纽约时报》采访科特妮。他敲了门,是科特应的门。他抱着弗兰西丝,说自己的妻子"正在参加匿名戒毒互助会"。他请卡伦进了家，两人坐下来一起看电视。"他们的房子特别大，"卡伦回忆道，"但盘子里有掐灭的烟屁股，家具也又丑又破。客厅里有着巨大的8英尺电视机。就好像他们跑到商店里说'我要你们存货里最大的电视机'一样。"

电视上放着MTV电视台著名节目《瘪四和大头蛋》(*Beavis and Butt-Head*) 的最新一集。"我认识瘪四和大头蛋，"科特告诉卡伦，"我从小到大，身边满是那样的人；我能认得出来。"无巧不成书，节目中出现了《少年心气》的MV。"太棒了！"科特喊道，"让我们来看看他们对我们的看法吧。"当两个卡通人物对涅槃乐队竖起大拇指时，科特显得受宠若惊。"他们喜欢我们！"

就在这个时间点上，科特妮刚巧回到了家。她吻了科特，把弗兰西丝放在膝盖上抛上抛下，然后略带一丝讽刺地说："啊，真是完美的一家——就像诺曼·洛克威尔的插图一样。"就连卡伦也被这一家人的样子镇住了。"他们总让我想起弗雷德和爱思尔·默茨（Fred and Ethel Mertz）[1]，"他回忆道，"他双手插进口袋里，更像弗雷德，而爱思尔则掌管家中事务。"卡伦也赶巧出现在了科特难得清醒的一天。"我见过的瘾君子多了，我知道他当天是清醒的。"

事实上，拉芙不想接受《纽约时报》的采访，但卡伦当时正在写一本书，就书中关于玩具世界宝贝乐队[2]的内容，她的确想发表一些意见。他们的采访持续了几小时，当科特妮戳戳科特时，科特会插入自己的意见。"他没有人们说的那样被动和消极。"卡伦说。科特妮把科特当成常驻朋克史学家——每当发表观点需要引用日期和姓名时，她就会询问科特，而他会立即给出答案。"我像在看一场

---

1 美国著名情景喜剧《我爱露西》中的角色。
2 玩具世界宝贝乐队（Babes in Toyland），美国女子朋克乐队，1987年成立于明尼阿波利斯，"暴女"运动代表之一。

智力竞赛节目,选手在频繁向场外教授求助。"卡伦说。

科特也有自己的烦恼:他正琢磨着要不要买一把铅肚皮用过的吉他。这把吉他挂牌5.5万美元,但他不知道买下吉他这个行为到底算是"有朋克范儿"还是"不够朋克"。卡伦注意到的夫妇之间唯一的紧张时刻,是科特妮在科特的唱片收藏里发现玛丽·卢·罗德的专辑时。这让拉芙滔滔不绝地说起自己是怎么在洛杉矶的大街上一边追赶罗德,一边威胁要揍她的事迹。科特沉默不语,这也是卡伦眼中科特看起来像"受苦已久的丈夫"的唯一时刻。

科特上床睡觉后,科特妮又讨论了几个小时的朋克摇滚史。卡伦最终在客房里过夜。次日早上,卡伦目睹了这是个不正常家庭的唯一证据:当科特准备早餐时,发现家里没有原材料。在找了几分钟后,科特在盘子里放了一些甜曲奇饼,说这就是早餐。

7月1日,洞穴乐队表演了几个月来的第一场秀,地点位于西雅图的"出口匝道"俱乐部。科特妮重整乐队,打算去英格兰巡演,并录制专辑。科特来到了演出现场,但他的状态很糟糕。"他醉得厉害,站都站不起来。"俱乐部职员米歇尔·安德伍德回忆道,"我们得扶着他行动。而且他好像为了她很紧张。"他的确很紧张,因为演出当天,《西雅图时报》出了关于他上个月因家庭暴力事件被捕的报道。科特妮在舞台上开玩笑道:"我们会把今晚所有的门票收入捐给家暴打老婆基金会。才怪!"后来,她又言归正传:"家暴从没在我身上发生过。我只想替我丈夫声明一下。报道是不真实的。从来就没有真过。为什么每回我们喝杯啤酒都能上新闻?"尽管聊到了这些,她的表演还是很强劲,这也是她第一次赢得西雅图观众的欢心。

洞穴乐队的表演于凌晨1点15分结束,但对柯本夫妇来说,这一晚远远没有结束。《新音乐快递》杂志的布莱恩·威利斯来到后台,问科特妮愿不愿意接受采访。她请他到家里做客,但采访的大多数时间，她都在卖力宣传科特的唱片。拉芙甚至给威利斯放了《在子宫内》专辑，威利斯也成了第一个听到这张专辑的记者。他完全被征服了，写道："要是弗洛伊德听到这张专辑，会在期待中尿裤子的。"他称其为"满含讽刺与洞见的一张专辑""《在子宫内》是科特的复仇之作。"

威利斯听了一半，科特便进房间说："我们刚上 MTV 台的新闻了。他们正在说《西雅图时报》的报道，还说洞穴乐队刚刚在'出口匝道'俱乐部开启了他们的世界巡演。"说完后，科特准备了一些英式松饼和热巧克力，坐在长桌上看着太阳升起。当威利斯为《新音乐快递》写下这夜发生的事时，他用以下分析结束了文章："对于科特·柯本这样一个在过去两年经历了很多糟心事，名字被批评家们一遍遍提起，以及在巨大的关注和压力下，马上要发行让整个摇滚世界都翘首以待的专辑的人来说，他的状态非常心满意足。"

第二十一章　微笑的理由

华盛顿州西雅图市
1993年8月—1993年11月

> 妈的，该死的基督啊，爱我，我，我，我们能先试试看再说。我不在乎他们够不够酷或者时髦，我只需要一些朋友，一群死党，一个微笑的理由。
>
> ——摘自科特的一篇日记

正如所有有小孩的美国家庭一样，科特和科特妮也买了一台摄像机。虽然科特能用一块木头和几根电线做出一把吉他，但他从来就没弄清楚怎么装电池，所以他们只在附近有电源插口时才用摄像机。他们用一卷录像带记录了从1992年12月一家人共度圣诞节到1994年3月弗兰西丝学步时期的画面。

带子上的其中几个场景是涅槃乐队的演出，或者是乐队下了舞台后共度的时光。在一个简短的片段中，科特、科特妮、戴夫、克里斯特和弗兰西丝坐在"厚脸皮"录音棚，听着《所有歉意》的第一遍回放，在录音棚熬了一周后，所有人都显得很疲惫。但录像带的大部分还是记录了弗兰西丝·宾的成长以及她与父母的朋友们之间的互动：录像中，她在马克·兰尼根身边爬来爬去，还在马克·阿姆给她唱摇篮曲时牙牙学语。有些录像很幽默，比如当科特抬起孩子的屁股，发出放屁的声音时，以及他在她身边清唱《阳光下的四季》时。弗兰西丝是个幸福的孩子，她和父母一样上相，有着父亲迷人的眼睛和母亲的高颧骨。科特非常爱她，这些录像也显示出他多愁善感的一面，这是公众很难看到的——在这些温柔时刻，他向弗兰西丝和科特妮展现出的温情都是出自纯粹的爱意。虽然他们是摇滚圈最出名的家庭，但很多录像片段却可能出自任何一个有"玩具反斗城"玩具店账户的家庭。

但在这些片段中，有一段录像很不寻常，也最能体现这个家庭的特殊。录像是科特妮在康乃馨城家里的浴室拍下的，录像一开始，科特正在给弗兰西丝洗澡。他穿着一件深红色的家居夹克，看起来像个英俊的乡绅。当他把弗兰西丝像飞机一样举到浴缸上方时，快乐不已的她不由得扑哧一声笑了起来。科特的脸上挂着极灿烂的微笑，这是在他任何一张静态照片上都没有出现过的——仅次于这个笑容的照片，还要数科特、温迪、唐和金在阿伯丁时拍的全家福。在录像中，科特表里如一：他是个温柔、慈爱，被自己漂亮女儿所俘获的父亲。那一刻的他，一心只想假装她是架飞过浴缸，俯冲轰炸黄色橡皮鸭子的飞机，除此之外心无旁骛。他用唐老鸭一般的声音跟她说话——就像他自己小时候，他妹妹金也会做的那样——她咯咯笑个不停，展现出只有一个 8 个月大的孩子才能释放的欢乐。

然后镜头转向水池，眨眼间，场景变了。洗脸池右上方墙上 8 英寸处是一个牙刷托架——就是那种 90% 的美国家庭都在用的白瓷牙刷托架。但让这个托架与众不同的是，它不是用来摆牙刷的：上面摆的是注射器。在浴室里见到这种东西，无疑让人吃惊又意外。可能很多观者根本不会注意到，但它就在那里，稳稳地挂着，针尖冲向地面，阴郁而又可悲地提醒着，不管这个家庭外表看上去有多正常，但即使是在最温柔的时刻，阴魂也从未散去。

1993 年 7 月，科特的毒瘾变得十分惯常，已经变成了柯本家生活的一部分,一切都要为之让路。"客厅里有头一万磅重的大象"——这个比喻常用来形容酗酒对一个家庭的影响,但太过明显,大家反而都视而不见。一天中,科特至少会有半天吸毒吸得晕晕乎乎,这仿佛已成了现状,就像西雅图会下雨一样正常。就连孩子的出生和法庭判决的治疗也只是暂时分散了他的注意力。虽然他曾一度几个星期连续服用菲沙酮和丁丙诺啡,但他戒除阿片剂的时间还是不够长,还不到一年的时间。

在深受毒品困扰的家庭中,家庭成员有时会产生看似疯狂的逻辑,认为科特吸毒的时候情况似乎更好一些。与吸毒时相比,不吸毒时的他身体饱受戒断反应的痛苦,变得更加难以理喻。只有少数几个人亲口提过这个"理论":比起戒毒时,吸毒状态下的科特情况更稳定。科特自己也提到了这个事实。在他的日记中,他认为,要是处在戒断反应中的他仍像瘾君子般感觉糟糕,毒还不如不戒。一些朋友也同意他的意见:"那种'让他停用毒品'(的理论)很荒谬,对他是有害的。"迪伦·卡尔森争辩道,"怎么说呢,当毒品影响到你拥有一套房子或维持一份工作的能力时,它才算是个问题。除此之外,你就不该去管吸毒的人,他们随后就会自行在精神上触底——你不能引导他提前触底……科特没有任何理由不去吸毒。"

1993年的夏天,毒瘾变成了科特的镜片,透过镜片,他生活中所有的东西都扭曲了起来。尽管表面上看来,吸毒时的他更快乐,但与之极度矛盾的是,吸毒时的他内心充满了懊悔。他在日记中不断哀叹自己无法保持清醒。他感觉身边每一个人都在对他指指点点,这一感觉也是正确的:每当他的队友、家人、经纪人或工作人员遇见他,他们都会迅速问出一串问题,以确定他是否嗑药嗑嗨了。每一天,他要几十次应付这种快速问答,当人们在他清醒时误以为他神志不清,他则狂怒不已。他觉得自己在毒品作用下依然可以正常生活,一边吸毒一边表演,所以他痛恨那些不断的审视评判,于是,他开始越来越多地和其他瘾君子朋友待在一起，因为他们至少不会评判他。

然而到了1993年，连毒品都不像以前那样作用明显了。科特发现，毒瘾的真实一面远没有他在读威廉·巴勒斯作品时想象的那么有魅力，就连在瘾君子自己的亚文化圈里，他也感觉自己是个外人。在这段时期的一篇日记中，他发现自己极度需要友谊，并且最终需要救赎：

> 我能与之交谈，共度美好时光的朋友，就像我一直梦想的那样，我们可以聊着书籍和政治，然后一起在晚上搞破坏，怎么样？嗯？嘿，我没法停止拽自己的头发！求你了！妈的，该死的基督啊，爱我，我，我，我们能先试试看再说。因为我不在乎他们够不够酷或者时髦，我只需要一些朋友，一群死党，一个微笑的理由。我不会让你窒息的，啊，该死的，该死的，求求你了，有人在吗？谁，谁来，上帝啊，救我，救救我吧。我想被人接受。我必须被人接受。我可以穿任何你要我穿的衣服！我已经厌倦了哭泣和做梦，我太太太孤独了。有人在吗？帮帮我。帮帮我！

那年夏天，科特的戒毒康复医生罗伯特·弗里芒特在比弗利山庄的办公室去世，他从办公桌上跌下来，享年60岁。他的死因被定性为心脏病，尽管弗里芒特的儿子马克坚称父亲是吸毒过量自杀身亡，还说父亲再一次染上了毒瘾。死前不久，加州医疗委员会正在调查弗里芒特，原因是其行医的重大疏忽和过度给病人开丁丙诺啡的不专业行为。弗里芒特的确给他最著名的患者开了大量丁丙诺啡——他给科特发的药多到是纸箱装的。

1993年7月17日，在盘踞了公告牌排行榜快两年后，《别介意》

终于离开了榜单。当周，乐队一行人前往纽约参加新闻发布会，还作为新音乐研讨会的神秘嘉宾做了特别演出。演出的前一晚，科特接受了《英格兰之梦》的作者乔恩·萨维奇的采访。也许是因为科特欣赏萨维奇的书，因此谈及自己的家庭时，他特别坦白，他说自己为父母的离婚感到"羞愧"，还一直渴望自己失去的东西。"我迫切想要一个传统的，那种典型的家庭。有爸爸有妈妈。我想要那种安全感。"当萨维奇问科特，精神疏离是否会导致暴力时，他的回答是肯定的："是的，我认为，一个人的精神状态完全有可能恶化到导致（暴力）的地步。我已经走到了幻想过做出行动的地步，但我敢肯定，在施暴之前，我会先自杀。"在1993年的几乎所有采访中，科特都提到了自杀。

当科特不可避免地被问到海洛因的问题时，他也不可避免地选择说谎：他是用过去时谈及吸毒的，说自己嗑了海洛因"断断续续的有一年时间"，还说自己是因为胃痛才去碰的海洛因。当萨维奇进一步问及胃痛症状时，科特说，症状已经消失了。"我觉得这是生理上和心理上的双重反应。"萨维奇发现，科特在当晚特别快活。"自从父母离婚以来，我还从没像现在这样乐观过。"他解释道。

12小时后，科特躺在酒店浴室的地板上，再度吸毒过量。"他的嘴唇发蓝，直翻白眼。"公关人员安东·布鲁克斯回忆道，他也是急忙赶到科特身边的人之一。"他整个人像死了一样。注射器还扎在他的胳膊里。"布鲁克斯震惊地发现科特妮和保姆卡利立即采取行动，像经验丰富的急救人员一般——他们的手段极其有条不紊，让他觉得他们一定是已经做过很多次了。当科特妮检查科特的生命体征时，卡利抱起科特，猛击他的腹腔神经丛。"他先打了一次，没有任何反应，他就又打了一次。然后，科特开始苏醒。"上述举动，包括往科特脸上泼凉水，让他再度有了呼吸。当酒店保安因为喧闹声抵达现场时，安东不得不贿赂他们，叫他们不要报警。布鲁克斯、科特妮和卡利把依然昏昏沉沉的科特拖到了外面。"我们开始扶着他走动,"布鲁克斯回忆道,"但一开始,他的腿根本不动。"当科特终于能开口说话时,他坚持不去医院。

吃了东西,喝了咖啡之后,科特似乎完全恢复了过来,但毒品的劲依然没过去。他回到酒店,订了客房按摩。当科特接受按摩时,布鲁克斯抓过几袋海洛因,把它们冲进了马桶里。讽刺的是,就在他在浴室昏死过去的3小时后,科特又开始接受采访,否认自己吸毒。当晚试音时,他依旧很嗨——可能安东在处理海洛因时漏掉了一包吧。"演出之前,他差点死过去。"音响师克雷格·蒙哥马利说。演出前,耶稣蜥蜴乐队的大卫·尤尔想跟科特聊几句,"科特说不了话。他只能含糊不清地蹦词。我说:'你好吗?'他说:'不好好不不。'"以对科特来说家常便饭的方式,他一到舞台便看上去很正常,演出本身非常精彩。乐队还加上了大提琴手罗丽·戈尔德斯顿,这也是他们首次在表演中穿插进原声乐器。

第二周,涅槃乐队返回西雅图,于8月6日参加了一场为筹资寻找当地歌手米亚·扎巴塔谋杀案凶手的义演。当周,科特、科特妮、克里斯特和戴夫难得一起共度夜晚,在西雅图中心体育馆看了史密斯飞船乐队的演出。在后台,史密斯飞船乐队的斯蒂芬·泰勒把科特叫到一边,跟他分享了自己在12步戒毒互助小组的经历。"他并没有高高在上地教育他,"克里斯特回忆道,"而是谈到了自己的类似经历。他只想给他一些鼓励。"科特破天荒地似乎听进去了一些,但没有太多回应。

当周,同样在西雅图中心,科特在太空针塔顶端接受了《纽约时报》的采访。科特之所以选了这个采访场地,是因为他从来没有参观过这个西雅图最著名的地标建筑。当时的他还坚持要DGC宣传部的人录下每场采访——他认为这样一来,就能减少引用谬误。

就像科特在 1993 年的所有访谈一样，这场与乔恩·帕瑞勒斯间的访谈更像是在做心理咨询，科特聊了自己的父母和妻子，以及自己的歌词的意义。他如此自我袒露，帕瑞勒斯机敏地记录下了这种矛盾："柯本跳跃在两个极端之间。他既警觉又坦然，既真情实意又充满讽刺，既薄脸皮又感觉迟钝，既能意识到自己的名气又试图无视它。"

9 月的第一周，科特和科特妮回到了洛杉矶，在那里待了两周。这也是自搬家以来两人第一次在洛杉矶久留。他们参加了 1993 年的 MTV 音乐录影带颁奖典礼，涅槃乐队的《盛放》赢得了最佳另类 MV 奖。乐队当晚没有演出，在场艺人也与去年不大相同。在过去的一年里，音乐行业发生了很大的变化，涅槃乐队错过了大部分风口。虽然《在子宫内》万众瞩目，但至少在商业上，他们已经不是全世界最大牌的乐队了：当时坐在这个位置上的，是珍珠酱乐队。

在那周，科特和科特妮出现在"摇滚反对强奸"的义演上，场地是好莱坞的"内衣"俱乐部。科特妮作为艺人嘉宾本该独立演出，但在表演完了《娃娃肢体》和《世界小姐》后，她开始呼唤"丈夫洋子"，科特走上了台。二人合作表演了《薄荷茶》和铅肚皮的作品《昨夜你在哪里入睡》。这也是两人在公开场合唯一一次合作表演。

《在子宫内》终于在 9 月 14 日于英国发行，9 月 21 日于美国发行，在第一周，它就成了排行榜冠军，卖出了 18 万张。这样的销量数字是在不通过沃尔玛或凯马特（K-Mart）销售的情况下实现的：两家连锁超市都抵制《强奸我》的歌名，以及科特在封底的胚胎娃娃拼贴画。当科特的经纪人打来电话，告诉他这个新闻时，他同意做出几处修改，以便让专辑进店销售。"我还是个孩子时，只去沃尔玛买东西。"科特向丹尼·戈德堡解释道，"我想让孩子们能买到这张专辑。他们想让我做什么，我就做什么。"戈德堡对科特的回应很惊讶，但他知道，自己应该照科特说的去做：当时，没人敢对他说不,也没人能逼他做任何事情。

但科特还是因为演唱会日期的事跟经纪人们起了冲突。1993年初,他声称自己不打算巡演。虽然这种做法并非没有先例,但这样的决定还是会降低新专辑登顶排行榜的机会。在这个问题上,科特遇到了强烈的反对。所有和他共事的人——从经纪人到工作人员到队友——都主要靠巡演挣钱,他们一个劲敦促他重新考虑此事。但当他在和律师罗斯玛丽·卡罗尔讨论此事时,他的态度很坚决。"他说他不想去。"她回忆道,"实话说,他是被逼着去的。"

压力主要来自唱片公司,但也有一部分来自他对贫穷的恐惧。尽管他比自己任何时候想象的都要富有,但再度巡演还是会给他挣更多钱。在丹尼·戈德堡于1993年2月发给科特的一份备忘录里,概述了他对接下来18个月收入的预期。"目前,涅槃乐队已经拿到约超过150万美元的报酬。"备忘录提到了歌曲创作的收入。"我相信在未来几年,陆陆续续还会有300万美元的进账。"据戈德堡估计,科特在1993年的税后收入包括140万美元的歌曲创作版税,20万美元新专辑销量分成(预计销量200万张),而且如果涅槃乐队参加巡演,还会在演唱会门票及周边上获得60万美元的收入。戈德堡写道,这些收入还只是保守估计:"我个人认为,(你)在接下来18个月的收入会有上述估计的两倍多,但为了家庭开支谨慎预算,我觉得可以保守估计为200万美元,这笔钱可以让你尽情地把房子装修一新,并留下可观的积蓄。"尽管科特一开始是拒绝的,但最终还是同意了巡演。

9月25日,涅槃乐队回到纽约,再度担任《周六夜现场》的嘉宾。他们表演了《心形盒》和《强奸我》,尽管演出状态不稳定,但至少比他们第一次担任嘉宾少了不少风波。除了大提琴手戈尔德斯顿之外，他们还加进了前病菌乐队[1]的吉他手格奥尔格·罗森伯格，后者的艺名是帕特·斯米尔。斯米尔比科特大6岁，此时的他早已和自己在病菌乐队的队友达比·克莱什就吸毒问题闹过矛盾。他给人一种我自岿然不动的印象；他的黑色幽默让乐队心情放松了些，而他精湛的技艺也让科特在舞台上心态更平稳。

《在子宫内》巡演的一周前，科特飞往亚特兰大探望科特妮，后者当时正在录制洞穴乐队的专辑。他拜访录音棚时，制作人肖恩·斯雷德和保罗·柯德利给他放了录好的专辑歌曲。科特似乎很为科特妮的努力感到骄傲，还夸赞了她的词作功底。

当天晚些时候，科特妮问科特能不能给几首还没录好的歌唱背景和声。他一开始拒绝了，但后来做出了让步。斯雷德和柯德利都清楚，科特对曲子不太熟。"她说着类似'来嘛，唱一下这个嘛'之类的话，"柯德利回忆道，"他一直说，'你得让我先听听曲子啊。曲子都没听，你要我怎么唱？'她会说，'你就想什么唱什么。'"最终的效果不是很好，科特的人声部分在最终混音期间只被用到了一首歌上。但正式录制结束后，科特进入了状态，开始和几个人切磋起音乐来。他坐在架子鼓前，埃里克·厄兰森和科特妮拿起了吉他，而斯雷德则抓过了贝斯。"我们切磋得很爽。"斯雷德回忆道。

科特回到了西雅图，只待了一周便启程赶往菲尼克斯，为涅槃乐队接下来的巡演彩排。在去洛杉矶换乘的航班上，他们遇到了真正乐队[2]，科特和老友罗伯特·罗斯及马克·皮克雷尔得以重聚。皮克雷尔坐在了科特和克里斯特身边——格罗尔在机舱前排——皮克雷尔对自己带着一本以涅槃乐队为封面人物的《细节》杂志感到很尴尬。科特抓过杂志，一把读了起来。"他一边读，一边情绪激

---

1 病菌乐队（Germs），美国朋克乐队，1977年成立于洛杉矶。
2 真正乐队（Truly），西雅图本地垃圾摇滚乐队，成员来自声音花园乐队和尖叫树乐队。

动起来。"皮克雷尔回忆道。科特很不满格罗尔在采访中说的话。"他一个劲地说个没完。"皮克雷尔说。抱怨了几分钟后,科特宣布,针对他下张专辑:"我要找别人合作,来做一张和以前完全不同的专辑。"那年秋天,他会不断重提这个话题,威胁要炒掉两名队友。

《在子宫内》的巡演开始于菲尼克斯的一个可容纳15000人的场馆,前一天晚上的表演者是比利·雷·塞勒斯[1]。这也是涅槃乐队规模最大的一场巡演,舞台设计非常壮观。当MTV台问及科特为什么乐队开始在大型场馆表演时,科特的回答很务实,他说,这是因为演出制作成本增加了:"要是我们只在俱乐部演出,会入不敷出。我们根本没有大家想的那么有钱。"当《今日美国》对巡演首演做出负面评价时("富有创意的无政府分子们堕落成了糟糕的行为艺术家",艾德纳·冈德森写道),为了平息科特的怒火,斯米尔打起圆场:"完蛋了——他们说中了点子。这是我这辈子读过的最好笑的东西。"就连科特也笑了起来。

科特妮求科特不要再读关于他的评论,但他着了魔似的搜寻它们,甚至找起了别的城市的报纸。他对媒体越来越有被害妄想,而且开始要求在接受任何写手的采访之前,要仔细审查这位写手以往的报道。然而在艾奥瓦州的达文波特,科特和公关人员吉姆·梅里斯以及一位《滚石》杂志的写手共乘一辆车回家。科特不知道他身旁坐了位记者,他指示梅里斯把车停到一个类似"塔可钟"快餐的餐馆前。快餐店挤满了去看演唱会的孩子们,他们看到科特·柯本排着队点玉米煎饼时,都睁大了眼睛。"我上学时,最兴奋的就是能吃墨西哥玉米卷的那天。"他对身边所有的人说。当然了,这件事最终上了新闻。

巡演的第一周期间,艾利克斯·麦克劳德载着科特去了堪萨斯

---

[1] 比利·雷·塞勒斯(Billy Ray Cyrus),美国乡村歌手,多张专辑达到白银销量,流行歌手麦莉·塞勒斯(Miley Cyrus)的父亲。

州的劳伦斯，去见威廉·巴勒斯。上一年，科特和巴勒斯一起制作了一张叫《他们管他叫牧师》（The Priest They Called Him）的单曲，由T/K唱片发行，当时他们是靠来回寄录音带完成录制的。"会见威廉对他来说是件大事，"麦克劳德回忆道，"他从没想过这件事会成为现实。"他们聊了几个小时，但巴勒斯后来说，两人从来没提到毒品的问题。在科特驱车离开后，巴勒斯对他的助手说："那孩子有点问题。他会无缘无故地皱眉头。"

三天后，乐队在芝加哥结束了一场演出，演出中并没有表演《少年心气》，观众席传来了嘘声。科特当晚接受了《滚石》杂志的大卫·弗里克的采访，采访一开始他就说："我很高兴你能观赏本次巡演中最烂的一场演出。"在和弗里克的采访中，科特多次提到了自己的情绪动荡，这篇采访足以登载在《今日心理》杂志上。他谈到了自己的抑郁，他的家庭，他的名气以及他的胃病。"在你承受了五年的慢性疼痛后，"他告诉弗里克，"到了第五年的结尾，你基本已经被逼疯了……我就像一只被痛打的落水猫一样，已经精神分裂。"他说，自己的胃病好了许多，还说前一晚自己吃下了一整张芝加哥比萨。科特还称，在他胃病最严重的时候，"我每天都想自杀。好多次我都差点自杀了"。当谈到对女儿的希望时，科特认为："我觉得科特妮和我没那么一塌糊涂。我们一生都缺爱，我们是如此需要爱，所以要说起我们的期许的话，就是尽可能地给弗兰西丝足够的爱和足够的支持。"

芝加哥站之后，演出质量和科特的情绪都有了改善。"我们的状态越来越好。"诺弗斯里克回忆道。每个人都很享受表演《在子宫内》的曲目，他们还表演了《昨夜你在何处入睡》以及一首叫《耶稣命我作他光亮》（Jesus Wants Me for a Sunbeam）的福音歌曲。在巡演的部分时间里，14个月大的弗兰西丝伴随在父亲身边，当她在身边时，科特也显得开心得多。10月底，肉傀儡乐队为涅槃乐队的七场演出暖场,这也让科特与他的偶像克特和克里斯·柯克伍德得以并肩作战。

此时的涅槃乐队已经就进行不插电演出的事和MTV台协商了一阵子。在和肉傀儡乐队一起巡演期间,科特终于接受了这个提议,他还邀请柯克伍德兄加入演出,他觉得他们的出现会有助于演出的成功。进行不插电演出的想法让科特很紧张,这场演出也是他自雷蒙德派对上的处女秀后,所有演出中他最为之紧张的一个。"科特真的非常、非常紧张。"诺弗斯里克回忆道。其他人的说法就更直接了:"他被吓坏了。"制作主管杰夫·梅森观察道。

11月的第二周,他们抵达纽约,开始在新泽西的一个摄影棚彩排。但正如乐队和MTV台的所有交涉一样,比起彩排,他们在协商上花了更多时间。柯克伍德兄弟发现,他们更多时间是在坐等指示,此外他们还被涅槃乐队的经纪公司警告,叫他们别在科特身边抽大麻。他们觉得这个警告特别刺耳,因为科特经常因为嗑药嗑得太嗨而彩排迟到。"他出现的时候,经常跟雅各布·马利[1]的幽灵似的。"克特·柯克伍德观察道,"他裹着法兰绒衬衫,戴着一顶猎鹿帽。像个矮小的老农。他以为这种伪装会帮他融入纽约当地人。"

虽然科特同意演出,但他不想让自己的"不插电"和这个系列其他艺人的一样;MTV台想要的则相反,双方一直就此问题争议不休。录影前一天,科特宣布他不演了。但MTV台早就习惯了这个伎俩。"他这么做就是想要耍我们,"艾米·芬纳蒂说,"他享受自己的这种权力。"

演出下午,尽管威胁要罢演,科特还是来到了现场,但他处于戒断反应中,十分紧张。"他没开玩笑,没有笑容,一丝欢乐也没有。"

---

[1] 雅各布·马利(Jacob Marley),英国小说家狄更斯名著《圣诞颂歌》中的虚构人物,一个被困住的鬼魂。

杰夫·梅森说，"因此，大家都对这场演出有些担心。"克特·柯克伍德很担心，因为他们没有完整排练过整场表演："我们过了几遍歌，但没有正式彩排。也没有实打实的演唱会练习。"芬纳蒂也碰上了麻烦，因为科特躺在沙发上，抱怨自己不舒服。他说自己想吃肯德基，她便立即派人买了一些。

但他真正想要的不只是肯德基。涅槃乐队团队的成员告诉芬纳蒂，科特呕吐了，还问她能不能"搞些东西来"帮帮他。"他们告诉我，"芬纳蒂回忆道，"'要是我们不帮他，他就没法演出。'我说，'我从没嗑过海洛因，也不知道要上哪儿去找。'"他们说，安定剂能帮科特克服戒断反应，芬纳蒂便问另一个MTV台雇员找不良药剂师买一些。在芬纳蒂把安定剂交给艾利克斯·麦克劳德后，他回道："这些劲太大了，他要那种5毫克含量的安定剂。"最终，科特自己安排人送来了安定剂。

科特终于坐下来做了简短的调音和走位彩排。彩排到一半，他停了下来。他对不插电的形式很有疑虑，并充满恐惧。他最大的恐惧是在演出期间自己会惊慌失措，把录影搞砸。他问芬纳蒂，"你能不能向我保证，坐在前排的人都是喜欢我的人？"芬纳蒂筛选了观众，把珍妮特·比利格和科特的其他同僚调到了前排。但即便如此，他还是没法冷静下来。他再次停止调音，告诉芬纳蒂："我很害怕。"他问，要是他表现不好，观众会不会鼓掌。"当然了，我们肯定会为你鼓掌。"芬纳蒂说。他坚持让她也坐在观众席上，好让他表演时能看见她。他还向一个制作人员要来了一些指板润滑剂。他之前从来没用过，但他小时候看过玛丽小姨在原声吉他上用过这个。

在后台等待演出开始时，科特还是惊慌失措。为了让他放轻松一点，克特·柯克伍德跟他说了一个他们之间常说的笑话：柯克伍德说自己会把桌子底部的口香糖抠出来，然后重新嚼着吃。"靠，你可真变态。"科特说。当他们准备往台上走时，柯克伍德从嘴里掏出一团口香糖，递给了科特其中一半——这个梗让科特露出了当天的第一个笑容。

当摄像机开始录像时，科特的笑容便不见了。他的表情像是在主持葬礼，就好像他们要在舞台上做可怕的黑色弥撒。科特之前提议他们摆上观星百合、黑色蜡烛和水晶枝形吊灯。"不插电"的制片人艾利克斯·克莱蒂问："你的意思是，弄成葬礼那样吗？"科特说，他就是这意思。他选了14首歌，其中6首是翻唱；这6首翻唱歌曲中，5首提到了死亡。

尽管面色阴沉，眼睛微微发红，科特看上去还是很英俊。他穿着他的罗杰斯先生式样的毛衣，尽管头发已经一周未洗，但他看上去还是很孩子气。他以《关于一个女孩》开篇，编曲和以往十分不同，他们降低了音量，以强调基本的旋律和歌词。涅槃乐队的表演不算是完完全全的"不插电"，因为他们用了音箱和架子鼓，尽管音箱上垫了垫子，鼓槌换成了鼓刷。杰夫·梅森给演出起了更合适的标题："他们应该管这场演出叫'缓和下来的涅槃乐队'。"

但科特的情感表现却不降反升。第二首歌是《保持本色》，接着是让人一听难忘的《耶稣命我作他光亮》，此曲由诺弗斯里克演奏手风琴。唱完三首歌，科特才开始对观众说话。"我保证，这首歌会搞砸的。"他宣布道，然后翻唱了大卫·鲍伊（David Bowie）的《出卖世界的男人》（The Man Who Sold the World）。他没有搞砸这首歌，所以感到很欣慰，在接下来的歌曲间隙时，他玩笑道，要是他搞砸了，"这帮人就得等着我们重录了"。你几乎可以听见大家不约而同地松了口气。他在当晚第一次看起来"在场"了，但仍以第三人称来称呼观众。

科特的焦虑也在观众中被放大：他们很拘谨，感到不自在，似乎在等他发送信号，好放松下来。放松的时刻始终没有到来，但房间里如同一场冠军赛般的紧张感,也让这场演出更令人难忘。当他们唱到《薄荷茶》时,科特问队友:"我该不该一个人表演这首歌?"乐队从没有完成这首歌的彩排。"你自己来吧。"格罗尔提议。科特照办了,但歌唱了一半,他似乎停住了。他浅浅地吸了口气,又呼出来,他在"热牛奶和泻药"一句中唱断了音,也是这个决定——断音——让他有了继续前进的力量。其效果很明显:就好比你在看一个与病魔作斗争的歌剧演员完全用情感演绎一首咏叹调,而非照本宣科。有几个时刻,似乎连天使翅膀的重量都能使他崩溃,但歌曲帮助了他:那些歌词和吉他连复段已经成了他的一部分,即使他在半死不活的状态下唱着,它们依然铿锵有力。这是科特最杰出的舞台时刻,而就像他生涯中所有的高光点一样,它恰好发生在他似乎注定要失败之际。

《薄荷茶》后的其他歌曲似乎不再重要,但他每唱一首,就更有一点信心。在观众要求他表演《强奸我》时,他甚至微笑了起来,开玩笑道:"啊,我觉得MTV不会让我们表演这首歌的。"10首歌唱毕,他把柯克伍德兄弟带上台,并把他们介绍为"肉兄弟",他表演了三首他们的作品,而他们则担当伴唱。在这个场合,柯克伍德有种可贵的不合时宜感,但他们的古怪与柯本的美学十分契合。

作为最后一首安可歌曲,科特选了铅肚皮的《昨夜你在何处入睡》。在表演这首歌之前,他说自己考虑过要不要买铅肚皮吉他的事,在这次讲述中,该吉他的价格已经涨到了50万美元,是他3个月前讲述版本的十倍。虽然科特喜欢在讲故事时夸大其词,他对这首歌本身的演绎却低调、克制、空灵。他闭着眼睛唱着,当他破音时,哀号转成了原始的尖叫,绕梁三日,余音不散。他的演绎动人心魄。

离开舞台后,他又和MTV台制片人起了争执——他们想让他再来首安可。科特知道,自己没法超越他的上一首歌。"当你看到最后一个音符前他脸上的叹息表情时,"芬纳蒂观察道,"就好像那是他生命的最后一口气了。"回到后台,乐队的其他人都对这场表演欣喜若狂,而科特却依然不敢肯定。克里斯特告诉他:"你干得真棒,兄弟。"珍妮特·比利格深受感动,甚至流下了眼泪。"我告诉他,这是他的成人礼,他整个艺术生涯的定义时刻,他在今夜成了主导自己事业的男人。"比利格回忆道。科特喜欢这个比喻,然而当她夸赞起他的吉他演奏时,似乎又踩到了他的尾巴:他反击了过去,说自己"吉他技术很烂",叫她永远不要再夸他了。

科特和芬纳蒂一起离开了现场,没有参加庆功派对。然而,即便完成了一场如此非凡的表演,他的信心也没有提高多少。他抱怨道:"没人喜欢我的表演。"当芬纳蒂告诉他,表演十分出色,每个人都很喜欢时,科特争辩道,观众通常会在他的演出中跳上跳下。"刚才他们就那么一言不发地坐在下面。"他抱怨道。芬纳蒂实在听够了:"科特,他们都觉得你是耶稣转世呢,"她说道,"那些观众中,大多数人从来就没机会那么近地看你表演。他们完全被你带走了。"听到这里,他的态度终于缓和下来,说自己要打电话给科特妮。当他们走进酒店电梯时,他碰了碰芬纳蒂,吹嘘道:"我今晚是不是棒极了?"这也是她唯一一次听到他承认自己的能力。

然而,在"不插电"录影的两天前发生的一件事,比任何 MTV 台节目都更能体现科特的内心世界。11 月 17 日下午,乐队正打算离开他们在纽约的酒店,前往"不插电"现场进行彩排。科特走过大厅时,三个男歌迷拿着 CD 冲他要签名。他没理会他们,走进了一辆等着他的小货车,双手遮住脸,姿势好像很多离开法庭时不想被拍到照片的罪犯一样。三个歌迷惊讶于他的无礼,而大提琴手罗丽·戈尔德斯顿回忆道:"他们看上去好像没有完全感到失望。尽管他们没要到签名,但他们某种程度上还是和科特产生了联系,那才是他们想要的。"就算是他们神秘的偶像口中的一句脏话似乎都值得庆祝。

乐队成员都在小货车里，由于一名工作人员还未到场，他们等了一会儿。显而易见的是，就算车子在那里停上好几天，这几个歌迷也不会离去，他们就那么望着科特，而科特不愿回应他们的目光。他们在等待时，克里斯特向科特说道："嘿，那家伙说你是个混蛋。"诺弗斯里克很可能只是在开玩笑——在场没有人记得听到任何人骂人。迟到的工作人员终于进了小货车，司机开始发动起车子。

但就在车子要开的一刻，科特大喊："停下！"就像一个刚看到火焰的男人大喊"着火了！"一样。司机踩了刹车，科特摇下后座的车窗。站在人行道上的歌迷震惊于他能承认他们的存在，他们想，也许这回他可以给他们一个宝贵的签名。但科特并没有把手伸出窗外，相反，他探出自己瘦长的身子，就像电影《泰坦尼克号》中的莱昂纳多·迪卡普里奥一样。探出身子后，他弓起背部，用尽全力从肺部深处吐出一口浓痰。浓痰划过空气，以慢动作般的形式不偏不倚地落在了其中一个歌迷头上，那个歌迷正拿着一张销量达到800万张的《别介意》。

第二十二章　柯本病

华盛顿州西雅图市

1993年11月—1994年3月

  我们的双碟专辑就叫《柯本病》。这会是一张关于呕吐胃液的摇滚歌剧。

——摘自科特的一篇日记

  "不插电"的当天，暗中有件困扰科特的事。他的胃病又犯了，这回，他吐出了胆汁和血。他又开始连轴转似的看医生，把东西海岸的专家看了个遍。巡演每经过一站，他就会咨询当地专家。他收到了很多不同的诊断意见——少数医生认为他患了肠易激综合征，但诊断尚不明确，他的克罗恩病的检查结果呈阴性——没有一个诊断能让他舒心。他依旧秉持海洛因能让他缓解病痛的观点，但他不嗑海洛因的时间太短，没人知道海洛因究竟是缓解了还是刺激了胃病。

  "不插电"表演的当天早上，科特花了1个小时填写了一位医师发来的饮食习惯问卷表。在问卷上，他叙述了自己徘徊在饥饿边缘的一生，无论是精神上还是肉体上。他写道，他最喜欢吃的是"树莓巧克力"，而他最不喜欢吃的则是"西蓝花、菠菜、蘑菇"。当被问及他最喜欢母亲做的什么菜时，他答道："烤肉、土豆、胡萝卜、比萨。"而在"你给家里的狗私底下喂什么"时,他答道:"继母给的食物。"他还说自己最喜欢的外卖是"塔可钟"和薄边意大利腊香肠比萨。他唯一痛恨的菜系是印度菜。当被问及他的一般健康状况时,他没有提到自己的毒瘾,只说自己"胃痛"。当被问及运动状况时,他写道,自己唯一的运动就是"演出"。就"你喜欢户外运动吗"这个问题,他写下了简短的回复:"哦,得了吧!"

他在日记中记录了自己肠胃问题的进程,连篇累牍地叙述着细节,比如他的内窥镜检查(一种检查方式,由一个微型摄像机从喉咙伸进肠子里,这个检查他做过三次)。他既被肠胃问题折磨,但在某种微小的程度上,又能从中得到乐趣。"求你了,主,"他在一篇日记中求道,"去他的热门专辑,还是发明一个以我的名字命名的罕见胃病吧。我们的双碟专辑就叫《柯本病》好了。这会是一张关于呕吐着胃液、在厌食症边缘、从集中营里走出来的垃圾摇滚男孩的摇滚歌剧专辑,还附赠内窥镜检查家用录像带!"

虽然"不插电"让他情绪高涨,但十天后,到了亚特兰大的他身体状态极差,他躺在更衣室的地板上,紧紧抓着自己的腹部。巡演伙食承办商无视了他对卡夫牌通心粉和奶酪的要求——相反,他们准备了一盘混着奶酪和辣胡椒的意大利面片。科特妮端着这盘意大利面找到约翰·席尔瓦,要求道:"好好的通心粉,里面哪里来的辣胡椒和杰克奶酪?见鬼!"她像服务生般端着盘子,把科特用粗体字标注的附加条款亮出来,上书:"只要卡夫牌通心粉和奶酪。"为了强调她的观点,她把食物扔进了垃圾桶。"她根本不在乎席尔瓦会怎么想她,她只想确保科特能吃到他可以吃的东西。"当时也在房间里的吉姆·巴伯回忆道,"她对约翰说:'你为什么就不能让科特做自己?'"为了进一步表明立场,科特妮逼席尔瓦检查科特含着血的呕吐物。拉芙离开房间后,席尔瓦转向巴伯说道:"看到我成天都得应付什么了吧?"

科特和经纪人之间的关系急剧恶化，涅槃乐队的团队就像一个失控的家庭——实际上，它和科特的原生家庭很相似，他的队友扮演继弟继妹角色，他的经纪人们则扮演父母角色。"科特讨厌约翰。"一名前"金山"公司雇员回忆道，这可能是因为席尔瓦有点让科特想起自己的父亲。1993年年底，科特对"金山"公司已经十分不信任，他经常雇迪伦·卡尔森来检查他的财务报表，因为他觉得自己被坑了，与此同时，科特主要只和席尔瓦的助理迈克尔·梅泽尔接触。而在席尔瓦这边，他公开把自己这位最出名的客户称作"瘾君子"，虽然这个称号很准确，但在听到这种说法的人看来，这还是让他显得不够忠诚。而且，像科特生活中包括科特妮在内的所有人一样，席尔瓦根本不知该怎么应对科特的毒瘾。严格的爱和完全的接纳哪个更好？使他羞耻和对他纵容，哪个更有效？

科特的另一个经纪人丹尼·戈德堡曾在齐柏林飞艇乐队最放荡无度之际担任过他们的媒体公关；于是，寻找戒毒医生这种任务通常就落到了他的头上。科特渐渐把丹尼当父亲看待，尽管他觉得丹尼的"金山"公司在坑他。他们的私人关系被他们的工作关系弄复杂了：戈德堡的妻子罗斯玛丽·卡罗尔同时是科特和科特妮的律师。这种裙带关系让旁人颇有微词。"我觉得这有损他的最佳利益，我这么说，并没有贬低（卡罗尔的）律师水准的意思。"柯本的前律师艾伦·明茨观察道。

然而，不可否认的是，科特对罗斯玛丽和丹尼都很信任。弗兰西丝出生后不久，他写下了自己的"遗嘱和心愿"（虽然从未签名），指出如果科特妮不幸去世，他希望由丹尼和罗斯玛丽来担当他女儿的监护人。在他们之后，监护权将转移至妹妹金，然后则是一连串排名由高到低的监护候选人：珍妮特·比利格；洞穴乐队的埃里克·厄兰森；前保姆杰姬·法利；科特的老邻居尼基·麦克卢尔，尽管他们已经一年都没联系了。排名第九的——只有在科特妮、罗斯玛丽、丹尼、金、珍妮特、埃里克、杰姬和尼基都去世后才能担当弗兰西丝的监护人的——是温迪·奥康纳，科特的母亲。科特写道，无论发生任何事，就算他们家所有的亲戚都死光了，弗兰西丝也绝不能托付给他父亲，或科特妮家的任何一个人。

"不插电"演唱会后，《在子宫内》的美国巡演缓慢进行了一个月，在12月10日抵达明尼苏达州的圣保罗站。在当周末尾，涅槃乐队还有另一个MTV台录影安排，科特决定和MTV台握手言和：他邀请了芬纳蒂和科特·罗德来采访他。录影期间，乐队几人酩酊大醉，倒成了一片，直到他们打翻了摄像机。"那段采访从未播出，"芬纳蒂回忆道，"因为所有人，包括科特·罗德在内，都喝红酒喝得烂醉，那段视频根本不能用。"罗德和诺弗斯里克还砸了酒店的电视机，把几件家具拖到了大堂，把客房弄得一团糟。后来，酒店起诉了他们，索赔11799美元，但没有成功。

三天后，乐队在西雅图为MTV台的《喧闹现场》(*Live and Loud*) 节目录影。电视台在一小群观众面前拍摄了涅槃乐队的现场演出，还用上了新年前夜的道具，因为节目将在届时播出。演出结束后，科特邀请摄影师爱丽丝·威勒来四季酒店聊天儿。他通过客房服务点了牛排，解释道："MTV台会买单的。"他强烈要求威勒来拜访他和科特妮刚买的新家，但他记不清地址了。他告诉她，就像他告诉多数朋友一样，来通过"金山"公司联系他。给朋友们"金山"公司的电话，让科特进一步与世隔绝：很多老友都按他说的联系了公司，但从未收到回音，他们也就渐渐地失去了联系。

一周后，当巡演进行到丹佛时，科特和流体乐队的约翰·罗宾逊重聚。当罗宾逊透露，流体乐队已经解散时，科特想知道所有细节，好像他要从中学些经验似的。罗宾逊还提到自己开始在钢琴上作曲，想用弦乐和号角乐器做一张豪华专辑。"哇！"科特回道，"我也想这么干！"他说，自己也在和马克·兰尼根商量一个类似的点子，还邀请罗宾逊在巡演结束后和他们一起合作。他还提到了和R.E.M.乐队的迈克尔·斯代普合作的事。

巡演进行到圣诞节，乐队终于稍事歇息。科特和科特妮飞到了亚利桑那，在图森城外的峡谷牧场水疗中心度了四天假。作为圣诞礼物，科特妮送了科特由肯·伯恩斯导演的纪录剧集《美国内战》的录像带，科特很是着迷。在水疗中心时，科特尝试着自行戒毒，还每天拜访该中心的驻地顾问丹尼尔·贝克医生。医生告诉他的事实在他心中久久不能散去。他警告科特，他的毒瘾已经发展到了很严重的地步，如果不戒毒，就离死亡不远了。很多人都向他表示过同样的意见，但这一天，科特似乎终于听了进去。

清醒与烂醉状态之间的差别在12月30日展露无遗，当天，涅槃乐队在洛杉矶附近的大西部论坛进行了表演。电影人戴夫·马基录下了当晚的表演，眼前的乐手烂醉到了不可收拾的地步，出于恻隐之心，他把摄像机关上了。烂醉的不是科特，而是艾迪·范·海伦[1]。这位著名吉他手醉得一塌糊涂，跪在后台，求克里斯特让他弹一把。科特到场时，发现他曾经的偶像在他面前醉成烂泥，噘着嘴唇，像一场拙劣的"鼠帮"（Rat–Pack）[2]小品中烂醉的迪恩·马丁。"不，你不能跟我们一起表演，"科特坚决地说，"我们没有多余的吉他。"

范·海伦没有意识到这句显而易见的谎言背后的意思，他指向帕特·斯米尔，大喊道："那就让我用那个墨西哥佬的吉他。他是什么族裔？墨西哥人？还是黑人？"科特对这话简直难以置信。"艾迪开起了一个种族主义和恐同玩笑，一副典型的红脖子姿态。"戴

---

[1] 艾迪·范·海伦（Eddie Van Halen），美国著名金属乐队范·海伦乐队（Van Halen）吉他手。
[2] 20世纪60年代拉斯韦加斯赌场一代活跃的表演团体，其中的迪恩·马丁负责表演喜剧小品。

夫·马基观察道,"简直让人难以想象。"科特大怒,但最终他说出一句掷地有声的答复:"行吧,你可以弹,"他承诺道,"你可以在我们安可曲目之后上台。上台一个人弹去吧!"科特一阵风似的走了。

1993年年末,科特就过去一年的重要意义写下了几篇反思。他给《倡导》杂志写了一封信,感谢他们采访他并列举他的成就:"这是硕果累累的一年。涅槃乐队完成了又一张专辑(我们对这张专辑很骄傲,尽管我们承受了不少人的发难——在发行之前——他们说我们是要搞'商业上的自杀')。我的女儿弗兰西丝天真无邪,让人欢喜,她教会我对他人更加宽容。"

他还给托比·威尔写了一封未寄出的信。托比仍然希望完成他们曾经常谈及的合作专辑,而这点让科特确信——他仍未走出她给他的伤害——她对他感兴趣,只是为了拓展自己的事业而已。他给她写了一封语调苦涩的信:"趁你容颜美丽,让他们为你买单吧,与此同时他们会看到你崩溃,并逼你站在火刑柱上。"说到《在子宫内》时,他写道:"这张专辑里没有一首歌是关于你的。我不是你的男朋友。不,我也不会为你写歌,除了《酒廊表演》,我妻子在现场时我从不表演这首歌。"科特的愤怒背后,是被她拒绝导致的伤害。这还不是他对托比说的唯一的狠话,在另一封没有寄出的长信中,他猛烈抨击了她、加尔文和奥林匹亚:

> 去年我挣了差不多500万美元,我一个子儿也不会给那个傻子般的"精英人士",天杀的加尔文·约翰逊。没门儿!我跟我的偶像之一威廉·巴勒斯合作了,没有什么比这个更酷的了。我搬去洛杉矶住了一年,回来后,发现我的三个最好的朋友都变成了彻头彻尾的"海洛樱"瘾君子。我还渐渐恨上了暴女运动,我目睹了这场运动的诞生,因为我睡了那个出了第一本暴女风格粉丝杂志的女孩,如

今，她想从和我睡过这件事上榨取些利益。她倒没有想占我多大的便宜，但已足够让我感到被利用。这没关系，因为几年前我就选择让白人资本家从我身上榨取利益，我享受极了。感觉非常棒。而且，我绝不会给那些穷困的独立摇滚法西斯分子们捐一块钱。就让他们饿着吧。不行就吃黑胶唱片。每一个子儿都是我自己的。尽管无德无能，我依然能靠着拥有一帮邪典追随者来卖屁股挣好多年钱。

1月初，科特和科特妮搬到了位于华盛顿湖大道东171号的新居，新居位于豪华的丹尼-布莱恩社区，这也是西雅图历史最悠久、最奢华的社区之一。他们家在湖畔的小山上，坐落于一片豪华的水景别墅和庄严的19世纪末的庄园中间。街对面的房子立着用法语写的"禁止停车"的牌子，而他们的隔壁邻居就是星巴克CEO霍华德·舒尔茨。虽然R.E.M.乐队的彼得·巴克的房子只有一个街区远，但他和柯本夫妇还是这个社区的非主流人群。这片社区充满了名门望族的后代、上流贵妇，以及拥有以自己名字命名的公共建筑的那号人物。

他们的房子由艾尔伯特·布莱恩建造于1902年——这个社区也是因他而得名的——他把最好、最大的一片土地留给了自己：房子占地将近四分之三英亩[1]，豪华地装点着杜鹃、日本枫树、山茱萸、铁杉和玉兰树。这是座十分美丽的家宅，但它的隔壁就是一个小型城市公园，这也让它没有该区的其他房子那么私密。

房子的居住面积达7800平方英尺，三层楼，有五个壁炉和五个卧房。房子装点着山墙和灰瓦，看起来更像是缅因州海岸的建筑风格，或是某位前总统的度假房。正如多数大型的老房子一样，房

---

[1] 英亩，面积单位，1英亩约等于4046.8平方米。四分之三英亩约3000平方米。

子通风很好，不过厨房很温馨——它被豪华装修过，摆着一台图尔森牌不锈钢冰箱，一个电烤炉，铺着橡木地板。主楼层包括客厅、饭厅、厨房和图书室，图书室后来变成了保姆卡利的卧室。二楼则包含弗兰西丝的卧室、两间客房、一间带浴室的能观赏湖景的主卧房。顶楼是一个没有暖气的大阁楼，地下室则有一间卧室，以及几个洞穴状的、光线昏暗的储藏室。柯本夫妇花了113万美元买下了房子，他们向大通曼哈顿银行分部贷了100万美元，月供7000美元，房产税每年10000美元。房子后面则是座单独的结构，里面是一个温室和一个车库。科特的勇士汽车——它一度是他唯一的家——很快就停进了车库。

每个家庭成员都在房子里有自己的一片小天地：北院成了弗兰西丝的游乐场，那儿有个儿童攀登架；科特妮的茶杯收藏被展示在厨房里，而她各式各样的内衣则塞满了卧室里的一整个衣柜；地下室保管着科特的所有金唱片奖——它们被随意堆在一起，并没有展览出来。主楼层的壁龛里立着一个穿戴整齐的衣服模特，犹如一个奇怪的、尸体般的哨兵。科特不喜欢大空间。新居中，他最爱的部分就是主卧中的储藏室，他喜欢在里面弹吉他。

科特很快就找到了其他藏身之处。在《在子宫内》巡演抵达欧洲前，他有一个月休息时间，他似乎有意识地决定拿这段时间和迪伦一起尽情嗑药。他们之间的关系比对毒品的共同爱好要深得多。科特真心喜欢迪伦，除了杰西·里德，迪伦是他最亲近的朋友。在科特的好友中，迪伦也是为数不多能自由进出他们在华盛顿湖的房子的人；科特妮没有完全禁止他到访，因为她偶尔要吸毒时，还得靠迪伦来弄毒品。迪伦常给这对夫妻跑腿弄毒品，场景犹如卡通片一般。科特通常会打电话给他买毒品，而处在呼叫等待中的科特妮也有自己想买的毒品，两人都要求他向自己的配偶保密。

1994年，他们的保姆卡利也深深沾染上了可卡因。他们继续给他发工资,因为当时,他已经成了他们家庭中的一员,但他们已经开始为弗兰西丝找其他的监护人,还问杰姬有没有可能回来为他们工作。卡利依旧负责多数采购——给科特买托迪诺牌迷你冷冻比萨,以及给科特妮买卡伦德派——柯本夫妇偶尔会自己去超市买东西,但进展通常不大顺利。当年1月,拉里·里德恰好在罗杰斯实惠超市碰见科特和科特妮,他就在他们的身后。"他们往篮子里扔货品,但买什么东西背后根本没有逻辑。都是些奇怪的货品,比如开胃小菜和番茄酱之类的。就好像一个盲人去超市,蒙头蒙脑地往购物篮里扔东西一样。"

当科特妮试图阻止毒贩子进家门时,科特就雇自己的朋友把送来的毒品藏进灌木丛里。科特此时吸的毒早就不仅限于海洛因了:要是找不到海洛因,他就给自己注射可卡因或冰毒,或者使用处方麻醉药,比如在街上买的复方羟考酮。要是这些都找不到,他就通过安定剂或其他镇静药物大量服用苯二氮。这些药能够缓解他的海洛因戒断症状。试图阻断毒品进入华盛顿湖大道171号,就像一个水管工试图加固一根布满了弹孔的水管一样徒劳。就算堵上了一个漏水孔,另一个孔又会进出水来。

就在这糟糕的背景下,涅槃乐队继续前行,计划着下一场巡演,制订着排练计划,尽管科特经常不到场。乐队已经获邀参加1994年的罗拉帕鲁撒(Lollapalooza)音乐节,作为压轴嘉宾登场。科特身边的每个人,从经纪人到乐队队友,都觉得涅槃乐队应该抓住这个大好机会,但科特抗拒参加更多巡演。他的沉默激怒了科特妮,后者认为他应该答应这场巡演,好巩固他们的未来财务前景。一提到这个,两人便大吵大闹起来,谁也不让谁。

1月的最后一周,温迪打电话给科特,告诉他自己和帕特·奥康纳的十年吵闹生活终于结束了——他们离婚了。科特为她的悲伤感到遗憾,但他很高兴地发现威胁他获得更多母亲关注的那个人出局了。但他还听到了让他难过的消息：他深爱的奶奶艾瑞斯深受心脏病之苦，已经在西雅图入院进行检测和治疗。

艾瑞斯一住进西雅图的医院，利兰德就打电话给科特。科特买了价值100美元的兰花，满怀担忧地冒险进入瑞典医院。他不忍心看到如此虚弱的艾瑞斯。她曾是让他撑过童年的少数支柱之一，一想到她有可能会死，比他自己死还要让他害怕。他在她身旁坐了好几个小时。当他在床畔时，电话响了，是他的父亲。一听到唐的声音，科特就示意他要去外面。奄奄一息的艾瑞斯抓住了他的手臂，把电话递给他。无论他多么想避开自己的父亲，他也无法拒绝一个垂死女人的请求。

自他们在西雅图演唱会上的那场糟糕会面以来，这是科特和唐第一次谈话。谈话的大多数内容是关于艾瑞斯的——医生预测，她会渡过目前的难关，但她已经患上了不可逆转的心脏病。他们的简短谈话似乎还是打破了两人之间的隔阂——可能是因为科特在唐的声音中听到了自己感同身受的恐惧。科特挂断电话之前，给了父亲自己的家庭号码，让他日后打电话过来。"我们得尽快重聚一下。"科特说着，挂了电话，看着微笑的奶奶。"我知道很多隔阂都是我母亲造成的，"科特告诉艾瑞斯和利兰德，"现在我知道，这有多荒唐了。"

从1994年1月开始，利兰德性情大变——看到利兰德如此谦卑又恐惧，科特感到痛苦。尽管利兰德已经失去过很多亲人——从他早逝的父亲，到他自杀的兄弟们——但结婚49年的妻子身患重病却是让他最无法承受的。科特邀请爷爷在他家住一晚，当祖孙二人抵达家宅时，科特妮正穿着短衬裙四处走动。对于这位把内衣当成时尚声明的艺人来说，这个打扮很正常，但老派的利兰德却受到了冒犯："她连裤子都不穿，一点淑女样都没有。"利兰德在客厅撞见了卡利，当科特介绍说，这位瘾君子模样的长发年轻人是弗兰西丝的保姆之一时,他震惊了。

科特妮离开房子前去开会,所以科特请爷爷去他最爱的餐馆吃饭:国际松饼屋。科特推荐了爱霍普烤牛肉,两人都点了这道菜。吃饭之际,科特查看了一下自己接下来的欧洲巡演行程。根据时间表,乐队将在不到两个月内,在16个国家演完38场演出。虽然巡演不会像和泰德乐队的"重于天堂"巡演那么艰苦,但科特还是感到筋疲力尽。他特意要求了中途休息时间,想借此机会以游客身份和妻女在欧洲游玩一阵。科特告诉利兰德,等他巡演回来,他打算与祖父一起外出钓鱼。在这一顿晚餐中,科特被前来要签名的顾客打扰了三次。"他签了名,还问他们想让他在签名上面写什么致辞,"利兰德观察道,"但他告诉我,他不享受做这种事。"

在回家的路上,科特问利兰德自己能不能开一下他的福特牌卡车,他还告诉爷爷,自己也想买一个类似的车款。当月他已经去选购了汽车,买了一辆黑色的雷克萨斯。卡利的女友之一詹妮弗·亚当姆森记得,科特当时开车经过她的公寓,朝她炫耀自己的车。"这车是科特妮想买的,但科特觉得太花哨了,而且他不喜欢车的颜色。所以他们最终把车退了。"科特妮后来在网上发帖解释道:"那天,我们外出买了一辆很贵的黑色汽车,我们四处开了一圈,被人们死死地盯着看,我们感觉自己像暴发户一样,感到很羞愧——所以买下后不到18个小时就又把车退掉了。"

1月的最后一个星期,涅槃乐队在西雅图北部的罗伯特·朗录音棚录了几首歌。录歌第一天,尽管打了无数个电话,科特还是没有出现。科特妮已经和洞穴乐队一起去巡演了,柯本家没人接电话。克里斯特和格罗尔便开始练起了戴夫写的一些歌。第二天,科特还是没有出现,但到了第三天,那天是个星期天,他出现了,根本没提自己前两天为什么没来。当然了,也没人质问他:乐队内部早就没有什么民主可言，克里斯特和戴夫只得安心等待，觉得科特能参与进来就是奇迹了。

在这第三天，他们录了10个小时，尽管期待不高，他们还是录好了11首歌的音轨。到了早上，一只小黑猫走进了录音棚。这位不速之客有点儿像科特的童年宠物泡芙，这也让科特的心情好了很多。乐队录了几首格罗尔写的歌（后来被喷火战机乐队[1]重新录制），在这几首歌中，科特负责打鼓。他们录的歌中，有一首是科特写的《印记》（Skid-marks），指的是内裤上的污迹。科特从来就没有放下自己对排泄物的痴迷。还有一首歌叫《蝴蝶》（Butterfly），但就像他们的多数新歌一样，这首歌没有歌词，也没有完全成形。

科特作曲的其中一首作品已经完成了人声部分，这首歌也是他所有作品中的高光作。他后来把它命名为《你知道你是对的》（You Know You're Right），但在他们唯一公开表演这首歌的演出上——1993年10月23日，地点位于芝加哥——他把它叫作《山上》（On the Mountain）。从音乐上说，这首歌具有《心形盒》一样音强对比结构：安静的主歌后面是科特尖叫着的鼓噪副歌。"我们很快就完成了这首歌，"诺弗斯里克回忆道，"科特已经写好了吉他连复段，把它带到了录音棚，我们便把歌录了下来。我们把它涅槃化了。"

从歌词上说，这首歌词句很紧凑，副歌部分是充满了恐惧和折磨感的"你知道你是对的"。第一节主歌是一系列声明，开头是这样："我永远不会打扰你/我永远无法承诺、要是我再把那个字说一遍/我就要搬离这里。"然后是一列对仗——这也只能出自科特·柯本之手——唱道："我在尿中步行/早知今日会来临。"第二节主歌则转而描述一个女人——"她只想爱自己"——然后以两句充满讽刺的歌词结尾："情况从来没这么好过/我也从来没这么好过。"副

---

[1] 喷火战机乐队（Foo Fighters），涅槃乐队鼓手戴夫·格罗尔1994年以主唱身份成立的硬摇滚乐队，商业上十分成功，全球专辑销量超过1200万张，四度获格莱美奖。

歌中哀号简直不能再明显了:"痛苦——"他大喊道,把这个词几乎拉长到了10秒钟,叫满了四个音节,展现出无可逃脱的痛苦之感。

录音快结束时,科特想找那只黑猫,但它已经不见了。他们完工时已是晚饭时间,乐队几人一起吃饭以庆祝。科特心情似乎不错,他告诉罗伯特·朗,等从欧洲巡演回来后,他想多录几首歌。

次日,科特打电话给父亲。他们谈了一个多小时,这也是柯本父子近十年来时间最长的一场对话。他们谈了被医生送回蒙特萨诺家中的艾瑞斯,和对她身体状况的预期,以及他们各自的家庭。唐说,他想见见弗兰西丝,科特则骄傲地重述女儿最新学会说的话和做的事。鉴于两人关系紧张,他们都小心翼翼地回避提及对彼此的失望,但唐还是说出了他很多次都说不出口的话。"科特,我爱你。"他对儿子说。"我也爱你,爸爸。"科特答道。对话结束之际,科特邀请父亲在他们巡演结束后拜访他的新居。唐挂断后,珍妮·柯本难得地看到自己坚忍的丈夫啜泣起来。

两天后,科特飞往法国。涅槃乐队计划演出的第一场秀是一次综艺表演。为了挽回颜面,科特想出了一招。他们买了黑色条纹西装——他称之为他们的"诀窍乐队造型"。演出开始后,他们按部就班地表演了三首歌,但那副打扮却让他们的表演有了喜剧小品的效果。在巴黎,乐队让摄影师尤瑞·兰克特给他们拍照。其中一张照片里,科特开玩笑地拿枪指着自己的头。尽管这轮巡演才刚开始,但科特身边的人已经察觉出他的变化。"他当时状况很糟糕。"谢丽·诺弗斯里克回忆道,"太可悲了。他身心俱疲。"科特和克里斯特、格罗尔二人分别乘坐在不同的巡演巴士上,但谢丽认为他们的关系有所好转:"他们的关系不像前一次巡演那么紧张,但也许只是正常化了而已。"

接下来的巡演将在葡萄牙和马德里举办。西班牙站只是定好的38场演出中的第三场,但科特在此时已经开始想要取消演出。他愤怒地打电话给科特妮。"他恨身边的一切，他恨所有人。"拉芙告诉大卫·弗里克，"恨、恨、恨……他在马德里站时，走进观众群里，却看到来看演出的孩子们就着锡纸吸海洛因，大喊着：'科特！棒呆了！'还朝他竖起大拇指。他哭着打电话给我……他不想变成瘾君子界的偶像。"

他也不想和科特妮分手，但他们在电话里越来越多地争吵。争吵多数是因为他的吸毒问题，而巡演导致的两地分居也让他担心他们会分手。他想让她陪他一起巡演，但她正忙着自己专辑的后期制作。科特问杰夫·梅森，要是他取消了演出会发生什么。梅森告诉他，由于过去取消的演出，这次一旦错过任何演出，他们都将承担赔偿责任，除非出现乐手生病的情况。科特揪着这点不放，第二天在巡演大巴上，他一直开玩笑说，因为保险只涵盖乐手生病的状况，所以要是他死了，他们还是得接着演。

虽然科特就自己被欧洲青少年看成吸毒偶像一事伤心欲绝，但他不断攀升的焦虑却的确源于他的毒瘾。在西雅图，他知道在哪里找海洛因，毒贩子也知道上哪儿找他。但在欧洲，就算他找到买毒品的渠道，他也害怕自己会在过关时被逮捕。因此，科特接受了一个伦敦医师的服务，后者因肆意开合法的强力麻醉剂而远近闻名。科特有买镇静剂和吗啡的处方，他用这两种药来缓解自己戒断反应带来的痛苦。当他在巡演中遇到困难时，他只消给医师打个电话，对方就会问都不问一句地开出处方，然后药品会借由国际快递被送到科特手上。

2月20日，科特27岁。约翰·席尔瓦开玩笑地给了他一盒香烟作为礼物。四天后，巡演到达米兰时，科特和科特妮庆祝了两人的结婚两周年纪念日，但两人仍分处两地：她依旧在伦敦为自己的专辑跑宣传。他们通了电话，并计划一周后两人团聚时再来正式庆祝。

2月25日,当在米兰做第二场演出时,科特身上有东西发生了大逆转。他看起来不是仅仅抑郁,而是完全放弃了。那天,他告诉克里斯特,他想取消巡演。"他给了些乱七八糟的荒谬理由,说自己不想演了。"诺弗斯里克回忆道。科特抱怨自己的胃痛,但克里斯特已经听他抱怨过几百次。克里斯特问他,既然不想演,为什么当初要同意巡演,他还提醒科特,取消演出会让他们损失几十万美元。"他当时有着很大的个人危机,这让他十分困扰。"克里斯特观察道,"他的情况很不好。"但科特没有告诉克里斯特他具体有哪些问题,此时这对老友之间早已失去了亲近。

科特当晚没有取消演出,但克里斯特觉得,科特没这么做的唯一理由就是下一场演出开在斯洛文尼亚,克里斯特的很多亲戚都会在那看演出。"他是因为我才撑在那里的。"克里斯特回忆道,"但我想他已经下了决心。"在斯洛文尼亚逗留的三天里,巡演大部队的其他人都去了乡村观光,但科特一个人待在房间里。克里斯特那时正在读亚历山大·索尔仁尼琴[1]写的《伊凡·杰尼索维奇的一天》,他跟科特叙述着故事情节,希望能够分散他的注意力,"故事是关于一个被关在古拉格的人,他依旧努力过着每一天"。科特的唯一反应是:"天呐,他居然想活下去!他干吗非得活下去呢?"

乐队抵达慕尼黑,从3月1日起,他们将在"1号航站楼"俱乐部连演两场,科特此时抱怨自己身体不适。他反常地打电话给远在阿伯丁的阿特·柯本,后者时年52岁,是他的表亲。阿特在半夜被电话吵醒,他差不多有二十年没见过科特,两人关系也不亲,但此时他还是乐于听科特说话。"他真的厌倦了自己的生活方式。"阿特告诉《人物》杂志。阿特邀请科特,让他在巡演结束后参加即

---

[1] 亚历山大·索尔仁尼琴,俄罗斯著名作家,被政府流放多年,多部小说中都提到了苏联的政治犯收容所和劳改营。代表作有《癌症楼》《古拉格群岛》等。1970年获诺贝尔文学奖。

将举行的柯本家家庭团圆会。

那天看到科特的所有人都表示,他的一举一动都充满了绝望和恐慌。雪上加霜的是,他们的演出场地状况不好:演出现场是一个由废弃机场航站楼改建的俱乐部,音响效果十分差劲。在试音时,科特向杰夫·梅森提前要自己的每日生活津贴,并说道:"我演出前会回来的。"对于科特离开的决定,梅森感到很惊讶,因为科特一直在抱怨自己身体有多么不舒服,他问科特这是要去哪儿。"我要去火车站。"科特答道。巡演途中的所有人都知道这个回答是什么意思,科特还不如直接说:"我要去买毒品。"

几个小时后,当他回到现场时,他的情绪并没有转好。在后台,他打电话给科特妮,正如过去一周的所有对话一样,两人在争吵中结束了谈话。科特紧接着致电罗斯玛丽·卡罗尔,告诉她自己想离婚。他放下电话后,站在舞台边缘,看着开场乐队的演出。科特亲手挑选了所有的开场乐队,而就这场演出,他选了讨厌鬼乐队开场。"这就是我一直在寻找的东西。"1983年,当他第一次看到这支乐队的演出时,他在自己的日记中写下了这句话,而这支乐队改变了他的一生。从许多方面上,比起涅槃乐队,他更喜欢讨厌鬼乐队:在他需要被拯救的时刻,他们给了他救赎。距离蒙特萨诺廉价超市停车场那改变命运的一天,只过去了十一年,但他的生活发生了翻天覆地的改变。然而,慕尼黑的这场演出只让他怀旧满满。

讨厌鬼乐队表演结束后,科特大摇大摆地走到后台,向巴兹·奥斯本列出了一长串演出的瑕疵。巴兹从没见过如此心烦意乱的科特,就连高中时被温迪赶出家门的他也没有那么烦躁。科特宣布,他要解散乐队,炒掉经纪公司,然后和科特妮离婚。走上台之前,科特告诉巴兹:"我就该一个人来演。""事后回想一下,"巴兹观察道,"他是在说他的一生。"

70分钟后,涅槃乐队结束了演出,这是被科特提前结束的。这场演出的曲目本来和其他场并无不同,但奇怪的是,曲目单里却加了两首翻唱歌曲,汽车乐队[1]的《我最好朋友的女友》(My Best Friend's Girl)和《立体声移动》(Moving in Stereo),结束第二首翻唱后,科特走下了舞台。在后台,科特抓过恰好在现场的经纪人唐·穆勒,宣布道:"到此为止。取消下场演出。"在他们定好的巡演休息时间前,只剩下两场演出,穆勒便延迟了这两场。

第二天早上,科特去看了医生,医生写下诊断——根据他们的演出保险要求——说他身体不适,不能继续演出了。医生建议他休假两个月。尽管有诊断书,诺弗斯里克还是觉得他只是在做戏:"他就是太累了。"克里斯特以及团队的几名成员一起飞回了西雅图,计划在3月11号重返巡演的下一场。科特则前往罗马,在那里,他将和科特妮及弗兰西丝团聚。

3月3日,科特登记入住罗马的五星级怡东酒店,房号541。科特妮和弗兰西丝则计划在当晚晚些时候抵达。白天时,科特和帕特·斯米尔一起逛了罗马城,参观了旅游景点,但主要是为了和科特妮的浪漫重聚收集道具,此时他和科特妮已经分别26天,这是他们恋爱以来分别时间最长的一次。"他去了梵蒂冈,偷了一些蜡烛,那种特别大的蜡烛。"科特妮回忆道,"他还为我顺了一块罗马圆形大剧场的碎片。"除此之外,他还买了一打红玫瑰,一些内衣,梵蒂冈的念珠,以及一对3克拉的钻石耳环。他还派门童去填了罗眠乐(Rohypnol)的处方,一种可以缓解海洛因戒断反应的镇静剂。

拉芙比预计抵达时间晚了很久——她白天时忙着在伦敦为自己的新专辑跑宣传。在其中一场采访中,科特妮在记者面前服了一片罗眠乐。"我知道这是受控药物,"她告诉《选择》杂志,"我是从

---

[1] 汽车乐队(The Cars),美国新浪潮乐队,1976年成立于波士顿,首张专辑十分成功,销量超过600万张。

医生那里弄来的，这就类似于安定剂。"科特妮找了科特之前拜访的伦敦医生。当科特妮和弗兰西丝终于抵达罗马时，一家人，外加几个保姆，以及斯米尔，一行人有了一次温馨的团聚，他们点了香槟作为庆祝——科特一点也没喝。过了一会儿，卡利和另一个保姆把弗兰西丝带回了她的房间，斯米尔则离开了。终于得以独处的科特妮和科特亲热了一阵子，但由于旅途劳顿和罗眠乐的作用，她倒头睡着了。她后来回忆道，科特当时想做爱，但她太累。"就算我当时没那个心情，"她告诉大卫·弗里克，"为了他我也应该从了。他只想和我亲热而已。"

清晨6点，她醒来后，发现他躺在地板上，面色如幽灵般惨白，鼻孔出血。他穿着整齐，套着他的灯芯绒外套，右手还拿着一沓总共1000美元的现金。科特妮此前目睹过科特吸毒过量不下十几次，但这一次，她看到的不是海洛因吸食过量。相反，她在他攥得紧紧的冰凉左手中，发现了一份3页纸的绝命书。

第二十三章　就像哈姆雷特

华盛顿州西雅图市

1994 年 3 月

> 就像哈姆雷特，我必须在生存和死亡之间做出选择。
> ——摘自科特于罗马写下的绝命书

当科特在怡东酒店写下他的绝命书时，他想到了莎士比亚，和他笔下的丹麦王子。两个月前，当他在峡谷牧场尝试戒毒时，医生警告他，他必须选择要么继续沉溺毒品——这么做可能意味着死亡——要么选择戒毒，而他的选择将会决定他能否活下去。科特答道："你是说，就像哈姆雷特一样？"

在他于罗马写下的绝命书上，科特提及了莎士比亚笔下最著名的角色："贝克医生说过，就像哈姆雷特，我必须在生存和死亡之间做出选择。我选择死亡。"绝命书还提到了他是多么厌倦巡演，以及科特妮是如何"不再爱他了"。他在最后一点中强调，他的妻子肯定在和比利·科甘上床，他一直嫉妒比利·科甘。在当周的一次对话中，科特妮提到，科甘邀请她一起去度假。她拒绝了，但科特把这个当作一种威胁，而他生动的想象力从此一发不可收拾。"我宁可死，也不想再经历一次离婚。"他写道，暗指他父母的离婚。

一发现失去意识的科特，科特妮便给前台打电话，科特被紧急送往翁贝托第一综合医院。拉芙在科特身边发现了两板罗眠乐的空包装——他把药片一个个从铝箔板中取出,一连服下了60片。罗眠乐的药效是安定剂的十倍,这么大的剂量足以让他濒临死亡。"他的确死过去了,从法律角度说。"拉芙后来说道。在给他洗了胃之后,科特有了轻微的脉搏,但依旧昏迷不醒。医生告诉科特妮,他的安危全靠运气:他也许会安然无恙地恢复,也有可能发生脑损伤,还有可能会死。在守夜的间隙,她乘出租车去了梵蒂冈,买了更多念珠,然后跪下来祈祷。她给他在格雷斯港的家人打电话,他们也为他祈祷着,尽管他同母异父的8岁妹妹布雷尼根本不知道科特为什么会在"塔科马"[1]。

当天晚些时候,有线电视新闻插播报道,说科特死于服药过量。克里斯特和谢丽收到"金山"公司来电,得到了同样的噩耗。对科特之死的初步报道都来源于大卫·格芬的办公室——一个自称是科特妮的女人给唱片公司留言,说科特死了。在人们惊慌失措,悲痛万分了1小时后,他们发现打电话来的女人是假冒的。

正在远在美国的朋友们都以为科特已经死了时,他在20个小时来第一次显示出生命迹象。他的嘴里插着管子,所以科特妮给了他一支铅笔和一个笔记本,他写了一句骂人的话。然后又写道:"把这些见鬼的管子从我鼻子里拿掉。"当他终于能说话时,他要了一杯草莓奶昔。待到他情况稳定下来,科特妮把他转到了一家美国医院,她认为在那里,他会受到更好的治疗。

第二天,奥斯瓦尔多·格莱塔医生召开新闻发布会,宣布道:"很显然,科特·柯本的情况大有好转。昨天,他在罗马的美国医院处于昏迷状态中,并且呼吸衰竭。今天,他从药理学上的昏迷状态中苏醒过来,昏迷不是由毒品导致的,而是由酒精和一位医师开的镇

---

[1] "塔科马"(Tacoma)的英文发音和"昏迷"(coma)很接近。

静剂造成的。"科特妮告诉记者,科特别想轻易"逃开"她。"就算是地狱我也要和他一同度过。"她说。

科特醒来后,又重归自己的小小地狱。在他心里,什么都没变:他的所有烦恼依然存在,但如今由于尽人皆知的昏迷事件造成的尴尬,烦恼反而加剧了。他总是担心被捕;这次嗑药过量,以及被CNN报道了的死亡新闻,是唯一比被捕还要糟糕的事。

在死亡边缘挣扎,并昏迷了20小时的他依然渴望着阿片剂。后来,他吹嘘一个毒贩子到了他的医院房间,往点滴管子里打了海洛因;他还打电话到西雅图,安排人在他家外面的草丛里留一克海洛因。

听到科特情况有所好转,远在阿伯丁的温迪欣慰不已。温迪告诉《阿伯丁每日世界报》,她儿子"身处一个他无法应付的行业"。她告诉记者克劳德·伊奥索,听到新闻后,她尚能控制自己的情绪,直到她把视线转到墙上:"我看了一眼儿子的照片,看着他的眼睛,然后我就无法控制自己了。我不想让我儿子就这么走。"那年,温迪自己也有健康问题。她正在和乳腺癌做斗争。

3月8日,科特离开医院,四天后,他飞回了西雅图。在飞机上,他大声找科特妮要罗眠乐,声音大到其他乘客都能听见;她告诉他,所有罗眠乐都不见了。当他们抵达西塔克机场,他坐着轮椅下了飞机,根据一位叫特拉维斯·迈尔斯的海关工作人员的说法,"看上去糟糕透顶"。然而,当迈尔斯找他要签名时,科特同意了,并写下:"嘿,特拉维斯,我没带大麻。"在美国,他所害怕的审查没有出现,因为在"金山"公司发布的正式声明里,这只是一场意外的服药过量——很少有人知道他一连服下60片罗眠乐,并留了绝命书。科特甚至没有告诉他最好的朋友迪伦究竟发生了什么。"我以为他就是意外服药过量了而已,官方说法如此,而且听上去也很可信。"

迪伦回忆道。就连诺弗斯里克和格罗尔也只当这是一次意外的服药过量。团队的所有人都曾目睹过科特嗑药过量；很多人都默认，他的吸毒问题有一天会结束他的生命。

欧洲巡演被推迟了，但是乐队和团队成员都被告知他们要准备接下来的罗拉帕鲁撒音乐节。科特根本不想参加音乐节，也没有签合同，但经纪公司觉得他肯定会就范。"涅槃乐队已经确认他们会参加1994年的罗拉帕鲁撒音乐节。"演出主办人马克·盖格尔说，"合同还没有正式签订，但是他们已经确认会参加，我们只需要把合同完成即可。"涅槃乐队将赚取800万美元的票房分成。

科特觉得这个安排不公平；他不想在音乐节表演，也不想出远门。科特妮则认为他应该接受这些钱，并争论道，涅槃乐队需要在事业上再加把劲。"他们威胁他，说会因为他没参加的欧洲巡演而去起诉他。"迪伦回忆道，"我觉得他肯定以为自己在经济上会被拖垮。"罗斯玛丽·卡罗尔记得，科特很坚决地表示，自己不想参加音乐节。"他身边所有人都告诉他，他必须去，无论是家人还是事业上的伙伴。"她说。科特则用他处理大多数冲突的方式来对待这个情况：他先是回避，再是拖延，最终作废了协议。"他处在戒断状态中，不是在戒断毒品，而是在戒断与人们的联系。"卡罗尔回忆道，"当时他的情况很艰难，我觉得人们一旦从他身上得不到想要的东西，就会夸大并指责他的毒瘾。"

然而他的确一直在吸毒，而且吸的量比之前有增无减。科特妮希望罗马的风波能吓一吓科特——她自己反正是被吓到了——他的嗑药过度警醒了她。"我慌了。"她告诉大卫·弗里克。她决定制定一个强硬的规定，好不让科特、卡利以及她自己吸毒：她坚持不准在家里吸毒。科特的反应既典型又简洁：他离开了自己价值113万美元的豪宅，住进了18美元一晚的汽车旅馆，地点位于破败的极光街。在毒瘾最严重的时候，他经常退守到这些破败的角落，甚至都懒得用假名登记入住。他经常光顾西雅图客栈、山顶旅馆、贴心旅馆、A-1旅馆和马可·波罗旅馆。他总是用现金付账，然后躲到房间里昏昏沉沉好几个小时。他最喜欢去西雅图北部的旅馆。尽管从地点上说，它们离家很远，却离他最爱的毒贩子很近。一旦他夜不归宿，科特妮就吓坏了，担心他又会服药过量。于是她很快撤销了这个规定。"我希望自己跟以前一样，就纵容他这样下去。"她后来告诉弗里克。

但萦绕心头的不仅是科特妮的失望。自从他从罗马归来，有什么东西已经变了。诺弗斯里克怀疑那场昏迷真的给他带来了脑损伤。"他谁的话也不听。"克里斯特回忆道，"他整个人真的一团糟。"迪伦也注意到了他的转变，"他整个人根本没有活气。在这之前，他有生命力；之后，他就像行尸走肉一样。"

从罗马回来一周后，科特的父亲打来电话，他们进行了简短但愉快的对话。他邀请爸爸来家里做客，但唐抵达新居时，没人在家。第二天，科特打电话向爸爸道歉，说他当时有事很忙。然而，两天后，父亲再度拜访时，卡利告诉他科特又不在家。事实上，科特那天在家，但他嗑药嗑嗨了，不想让父亲见到吸毒状态下的自己。当他们再度谈话时，科特承诺一旦他能在自己繁忙的事业中忙里偷闲，他就会再打电话过去。

他的事业——至少就涅槃乐队来说——在3月的第二周差不多就完蛋了。科特取消了巡演，拒绝参加罗拉帕鲁撒音乐节，也拒绝排练，诺弗斯里克和格罗尔最终相信，他们长久以来怀疑的事情已成事实。"乐队算是解散了。"克里斯特回忆道。科特当时唯一有计划的音乐项目就是与R.E.M.乐队的迈克尔·斯代普的合作。斯代普甚至给科特寄了去亚特兰大的飞机票，好让他在3月中旬去参加他们定好了的录歌计划。在最后一刻，科特取消了计划。

3月12日,在有人拨了911又随即挂断后,西雅图警方被派往那幢位于华盛顿湖的房子。科特妮开了门,为报警电话感到抱歉,她解释说,他们两人在吵架,但是情况已经得到控制。科特告诉警官,他的婚姻里"有很多压力"。他说他们应该去"参加婚姻咨询"。

3月18日,科特再次威胁要自杀,并把自己锁在卧室里。科特妮踢了门,但没法踢开。他最终主动打开门,她在地上看到了几把枪。她抓过一把点三八口径的左轮手枪,把它抵住自己的头。"我现在就扣动(扳机)。"她威胁道,"我不能再见你死。"这就好像他们在1992年的希达-西奈医疗中心玩过的俄罗斯轮盘赌一样。科特尖叫道:"枪上没有保险装置!你不懂,那把枪没有保险装置。子弹马上就会被打出来的!"他从她手里抢过了枪。但几分钟后,他又把她锁在门外,再次威胁要自杀。科特妮报了警,两名警官在几分钟后便出现了。

警官爱德华兹在警察报告中记录,科特称自己"不想自杀,也不想伤害自己……他把自己锁在房间里,只是为了避开科特妮而已"。警察一到现场,科特妮就把事件轻描淡写了一下,好不让科特被捕。为了安全起见,她指出了他的枪,警察收缴了三把手枪和一把柯尔特式AR-15半自动突击步枪,后者在去年夏天的报警事件中出现过——在那次家庭暴力逮捕事件的一个月后,警察把这些武器还给了科特。警方还扣押了25箱弹药和一瓶"白色药丸"——后来他们发现,这些药丸是科诺平,一种主要被用于控制癫痫症状的苯二氮。科特大量服用此药,觉得它能帮他缓解戒断症状。科诺平让他变得偏执、狂躁,并有妄想症状。药不是医生开的,而是他在街上买来的。警官把科特带回了警局,但没有正式批捕他。

伊恩·迪克森当晚走在松树街上,在街角碰见了科特。当迪克森问他的老友在做什么时,科特答道:"科特妮让我被捕了。我刚从监狱里出来。"他描述了一下两人吵架的事,把枪的事轻描淡写了过去。"他说，就是两口子吵架而已。"迪克森回忆道，"他还很失望，因为他很爱科特妮。"他们走到派克拉比萨店，在那里，科特抱怨说自己身上没钱。"他向我借100美元，还问能不能在我家借住。"迪克森回忆道，"他还说起自己要让母亲给他汇钱的事。"中途，科特忽然离开了，说他要去打个电话。

四天后，科特和科特妮在坐出租车去"美国梦"汽车店时发生了争吵。科特妮坚持要科特买另一辆雷克萨斯，但科特却有别的想法：他花了2500美元，买了一辆1965年的天蓝色道奇达特。他在自己信赖依旧的勇士汽车上放上了"待售"的标志。

他其实根本就不需要汽车，因为那年3月的大多数时候，他的情况太差，根本开不了车。当他的毒品滥用不断恶化时，他发现经常卖毒品给自己的毒贩子都不愿卖毒品给他了：没人想因为一个名人瘾君子死在自己的楼梯间里而惹上麻烦。他找到了一个新的供货商，名叫凯特琳·摩尔。凯特琳住在第十一街和丹尼路的交叉口，她经常卖给他"速度球"，一种海洛因和可卡因的混合物。科特并不偏好这种毒品的效果，但摩尔允许她的摇滚明星客户们在她的公寓里吸毒，这对科特来说很重要，因为他觉得家里已经不欢迎他了。

当他不在摩尔家，或者麦迪逊街的"塔可时间"餐馆时——后者是他最喜欢的墨西哥餐馆，他经常去那里买玉米卷饼——他就频繁出没在卡利女友詹妮弗·亚当姆森的住处格拉纳达公寓。詹妮弗则敬畏地看着这位全世界最红的摇滚明星坐在她的沙发上，多数时间在吸毒，但有时候仅仅是在那里打发时间。"他会坐在我的客厅里，戴着盖耳帽，一边读着杂志。"她说，"人们进进出出，我的公寓总是很热闹。但没有人知道他在那里，也没人认出他来。"在瘾君子的小圈子里，科特发现自己能够隐姓埋名，这是他在其他地方实现不了的。但随着詹妮弗对科特了解的加深，科特的孤独程度开始让她震惊。他告诉詹妮弗和卡利："你们俩是我仅有的朋友。"

科特妮不知道怎么降住他，两人的多数对话也变成了争吵。"他们开始经常吵架。"詹妮弗观察道，"显然，当处在最绝望的时刻时，他没有向她求助，也没有联系任何人。"科特和科特妮日渐疏远，他更青睐迪伦，也许仅仅是因为迪伦从来不会教育他戒毒。那年春天的一个晚上，两人的交情经由共同接通一辆车的点火装置而更进一步；这辆车最后被扔在了科特在康乃馨城的房子外。"我丈夫是个百万富翁，"科特妮回忆道，"却出去偷车。"

从罗马归来之后，科特的毒友们发现他近乎绝望地猛吸毒。"大多数人在注射海洛因时，至少会注意剂量。"詹妮弗观察道，"他们至少会想，'最好不要注射太多。'科特却根本不会顾及这个，他每次吸毒都没有任何犹豫。他不在乎那么大的剂量会不会让他没命，要是死了，他反而一了百了。"詹妮弗开始担心科特会在她的公寓里吸毒过量："他个头那么小，人那么瘦，居然能干掉那么多毒品，这简直让我吃惊。一注射器的毒品都不够他用的。"3月的第三周，她指责科特把自己的命不当回事，但他的回答却让她更加恐惧："他告诉我，他打算拿枪朝自己脑袋轰。他半开玩笑地说：'那才是我想要的死法。'"

到了3月的第三周，就如他心爱的哈姆雷特在剧本的第五幕中一样，科特已经变了个人，并处在一种丝毫不会减弱的疯狂中。毒品，以及在很多他身边的人看来终生都未被诊断的抑郁症，笼罩着疯了似的他。就连海洛因也背叛了他。他说海洛因的镇痛效果没有以前那么明显了，他的胃仍然痛得厉害。科特妮和科特的经纪人决定强迫他进行治疗。鉴于科特的状况，大家都知道这只不过是垂死之前的最后一搏，很难改变他——已经给他开过好几次劝诫会，就算再开一次，也不会起什么作用。他试过五六家戒毒机构，但每次出来不超过几星期就故态复萌。但科特妮认为，劝诫会是他们最起码能做的某种努力和行动。和很多瘾君子的亲友一样,科特身边的人开始感到越来越无望。

丹尼·戈德堡联系了"步骤"康复中心的斯蒂芬·查托夫。"我开始在科特吸了很多、很多毒时和他通电话。""他用了很多海洛因,还服下了一些其他止痛药。但在他稍微清醒,状态不那么糟糕时,我们也交流过。我们聊到他的童年,和他未曾解决的原生家庭问题,以及他身处的痛苦。他的胃痛很严重,所以他就拿阿片剂来治疗。"查托夫认为,科特的毒瘾其实是"一种创伤后的应激障碍,或者某种抑郁症"。他建议科特参加一个住院治疗项目。查托夫把科特早期的戒毒疗程描述为"戒毒、缓冲、完事",认为他们只是让科特暂时远离毒品,却没有解决深层次的问题。

查托夫吃惊地发现,科特很合作,至少在一开始是合作的:"按他的说法,他同意自己需要(住院治疗);也知道他需要解决自己'精神上的痛苦'。"但有一件事科特并没有承认——经纪公司也没有告诉查托夫——罗马的那次嗑药过量,实际是他企图自杀。查托夫相信自己在报纸上读到的原因,认为那只是一次偶然的服药过量。

科特向迪伦表示了自己对戒毒所是否会有用的严重怀疑。科特在半打戒毒机构试过各种治疗,他知道对于他这种不断复吸的瘾君子来说,机会渺茫。虽然他偶尔会表示自己愿意经受戒断反应的痛苦,但多数时间,他还是不想停止吸毒:杰姬·法利记得自己曾把科特从每天收费2000美元的戒毒所接出来,再送到她怀疑是毒贩子的家里。而就算他真的去戒毒所,也是迫于经纪人、妻子和法庭的最后通牒,最终结果都一样:他一定会复吸。

查托夫计划在3月21日(周二)办一场劝诫会,但还没等到人员到齐,科特就收到风声,劝诫会不得不取消。诺弗斯里克承认,是他通风报信的。他觉得开劝诫会只会适得其反,让科特逃得更远。"我就是同情他,"克里斯特回忆道,"他看起来情况很糟糕。我知道他根本听不进劝。"那周,克里斯特在极光街的马可波罗汽车旅馆见到了科特,这也是他们自罗马之行以来第一次相见。"他就那么驻扎在那里,成天胡思乱想。真是怪透了。他说:'克里斯特,我上哪儿能买辆摩托车呢?'我说:'见鬼!你在说什么?你买什么摩托车?你得离开这个鬼地方才对。'"克里斯特邀请科特一起去度假,就两个人一起,一路上谈谈心,但科特拒绝了。"他特别安静。和所有人都疏远了。他和所有人都无法连接。"

科特抱怨说他饿了,于是克里斯特提出要在高档餐厅请他吃饭,科特却坚持要吃"玩偶匣"快餐店的汉堡。诺弗斯里克开车前往附近U区的"玩偶匣"时,科特又抗议道:"他们家的汉堡太油了。我们去国会山吧,那里的伙食更好。"当他们来到国会山时,诺弗斯里克才发现科特根本不想要汉堡。他只是利用他的老友载他一程,好去买毒品。"他的毒贩子已经等在那里了。他只想吸毒吸到神志不清。说什么都对他没用,他只想逃离一切。他一心只想寻死。"两个男人开始冲对方大喊大叫起来,科特飞快地闪出了车子。

他们又雇了一个叫大卫·波尔的医学顾问,在那周晚些时候又策划了一场劝诫会。丹尼·戈德堡记得,科特妮在电话上恳求道:"你必须得来。我害怕他要么会自杀,要么会伤害到什么人。"波尔发起的劝诫会开在3月25日,那是一个周五。为了防止科特逃走,科特妮把沃尔沃和达特汽车的轮胎戳破,至于那辆勇士,轮胎早就磨平了,她觉得科特应该不会冒险去开。

科特确实没料到会有劝诫会,不过劝诫会的时间点很不赶巧:科特和迪伦已经嗑嗨了。"我和科特整晚都在派对上疯。"迪伦解释道,"我们俩醒来后,来了发'早餐毒品注射',然后一起下楼,迎面撞见一堆要劝他的人。"科特大怒,犹如一头刚被关进笼子里的野兽。他的第一反应就是抓起身边的垃圾桶，扔向迪伦，他觉得是对方给他下的套。迪伦说，自己与这件事无关，还敦促科特赶紧走。但科特留了下来，面对着一屋子的经纪人、朋友和队友。他就好像在受审一样，犹如一个懊悔的死刑罪犯，从头到尾，他的双眼都紧盯着地板。

到场的人包括科特妮、丹尼·戈德堡、约翰·席尔瓦、"金山"公司的珍妮特·比利格、唱片公司的马克·凯茨和加里·格什、乐队队友帕特·斯米尔和卡利，以及医疗顾问大卫·波尔。科特的母亲没有到场，因为她正忙着在阿伯丁照料弗兰西丝。很多参会者是在接到紧急通知的情况下乘坐红眼航班来到西雅图的。一个接一个，每个人都列举了科特应该去治疗的一系列原因。每个人都以威胁结束发言，提及如果科特不照做，会有什么后果。丹尼、约翰和珍妮特说他们将停止和他合作；加里·格什说格芬唱片会抛弃涅槃乐队；斯米尔说涅槃乐队会解散；科特妮则说她会跟他离婚。对于这些警告，科特一言不发。他早已预料到这些结局，而且他已经在主动切断与在场所有人的联系。

虽然波尔告诉大家，他们"必须得直接面对科特"，却很少有人能做到。"大家都害怕科特。"戈德堡观察道，"他身上有种气场，就连我在他身边都战战兢兢，生怕说错话。他的能量如此强大，老实说，其他人基本没跟他说什么。他们只是呆站在那里，毫无行动，当背景。"说得最多的人是波尔，他打算用专业的手段处理这场劝诫会，但劝诫的对象是科特·柯本，他什么也听不进去。他的毒瘾太强，好像已经形成了一个盾牌，三言两语根本攻不破。

科特妮发言时，戏剧开始了。她是在场的人中说话最直接的，但她所面对的潜在损失也最大。她央求科特去治疗，恳求道："你不能再这样下去了！你得当个好爸爸！"然后她抛出了她知道会伤他最深的威胁：要是他们离婚了，他还不戒毒的话，他就很难探视弗兰西丝。

除了科特之外，所有人都发完言后，房间里有了一段短暂的沉默，好像约翰·韦恩[1]的电影中一场大战的前夕一般。科特缓缓抬起眼睛，一个一个地扫视过去，直到所有人都目光躲闪。他最终说的话充满了愤怒。"你们算老几，敢跟我说这些？"他大喝道。他开始翻房间里每个人的旧账，十分生动详细地描述着他目睹过的这些人的吸毒史。丹尼·戈德堡回道，他们担心的是科特的身体，不是他们自己的。"你情况这么糟，我们怎么平心静气地对话？"戈德堡恳求道，"你戒一戒毒，我们才能好好谈一谈。"科特越来越愤怒，开始牙尖嘴利地攻击起房间里的每个人，使出最能击中他们软肋的攻击。他把珍妮特·比利格称作"肥猪"。还说房间里的每个人都是伪君子。他疯狂地抓过黄页，翻到了心理医生的部分。"这儿我谁也不信，"他说道，"我要从黄页上找一位能信任的心理医生。"

最让他生气的人是科特妮。"他揪着不放的是，科特妮的毒瘾比他还大。"戈德堡回忆道。当她告诉他，她即将飞往洛杉矶去参加戒毒所治疗时，科特对科特妮的攻击泄了气。她敦促他陪她一起去。他拒绝了，继续打电话给心理医生，但电话转接到了医生们的留言信箱里。科特妮的情况也很糟糕——劝诫会发生的前三周，每一天她都担心会听到科特吸毒过量的消息，这对她打击很大。人们不得不把她扶上车，她再次求科特陪她一起。他拒绝了，在她的车开走时，他疯了似的翻着黄页。"我甚至没能得到机会和我丈夫亲吻告别。"拉芙后来告诉大卫·弗里克。

科特坚持说，房间里没人有权利审判他。他和斯米尔退守地下室，说他只想弹一会儿吉他。到场的人纷纷开始离去，大多数人得赶飞机飞回洛杉矶或纽约。到了晚上，就连波尔和斯米尔都走了，

---

[1] 约翰·韦恩（John Wayne），美国传奇男演员，主演作品多为西部片和战争片。

科特又被他大多数时候感到的空虚包围了。当晚剩下的时间里，他忙着跟毒贩子凯特琳·摩尔抱怨这场劝诫会。摩尔后来告诉一家报纸，科特问她："我需要他们时，我的朋友们在哪儿？我的朋友们为何非要跟我对着干？"

第二天，杰姬·法利回到柯本家，重新为柯本夫妇工作，她把弗兰西丝带到了洛杉矶，好和科特妮近一些。在科特妮的要求下，科特的母亲和妹妹开车前往西雅图，想跟他谈谈。他们的劝诫没比劝诫会好到哪里去，只让三个人都更加悲伤和难过。科特显然嗑嗨了，而看到他精神上如此痛苦，温迪和金都感到难受。他什么也听不进去：他已经到了油盐不进的地步。母亲和妹妹流着泪离开时——家里说话最直接的金站在门边，问了哥哥最后一个问题："你就这么恨我们？"她一边啜泣，一边说这句话。这一定让科特很震惊：金永远是最坚强的那个人，永远不会哭的那个人。如今因为他，她居然站在他家的门边哭了。"哦，是的。"他答道，言语中是前所未有的讽刺。"是的。"他说，"我真的很恨你们。我恨你们。"金什么也说不出来了——她只能离开。

在洛杉矶，科特妮住进了半岛酒店，开始了一个富有争议的戒毒计划，叫"酒店清毒"。她将在酒店套房里每天和一位戒毒顾问会见几次，而不去更招摇的公共治疗中心。她试着给西雅图的家里打电话，但是没有人应声。

正如她怀疑的那样，科特又出门吸毒去了。他和卡利单独待在房子里。那天晚些时候，科特出现在一个当地毒贩子的家，但他购买和吸食海洛因的量太大，毒贩子拒绝再给他卖毒品：他们这么做，一半是假装担心他的健康，一半是真的害怕，要是他因为吸了他们卖的毒品而晕过去，警察可能会找他们的麻烦。"他不加克制地吸毒。"罗博·墨菲特认识那周末好几个碰见科特的人，"他大吸特吸，不管不顾。"科特以往的漠不关心如今变成了求死之心，这能吓住最资深、最玩世不恭的瘾君子。在他吸毒的最后几个月里，他肆意和其他瘾君子共用针头，根本不管公共卫生部门关于针头会传染艾滋病毒和肝炎的警告。黑焦油海洛因中的杂质常常会引起脓肿。到了3月，科特的胳膊上满是疤痕和脓疮，这本身也都是健康隐患。

当天晚些时候，他贿赂其他瘾君子，让他们帮他买海洛因，并承诺会给他们分一些作为回报。当他们在公寓里分了毒品，开始烧制时，科特准备了一个黑得像炭一样的注射器——都不拿水冲一下。他的同伙惊恐地看到，他一把毒品打进胳膊，就进入吸毒过量的状态。科特开始呼吸困难时，公寓里一片恐慌。要是他死在那里，警察肯定会介入的。公寓里的众人命令科特离开，但他根本动弹不了，他们便把他拖到了外面。他的勇士汽车就停在街上，他们把他放进了车后座上。一个人表示要报警，但科特尚有意识，听到后摇了摇头。他们把他一个人留在那里，认为如果他想死，还是别在他们的地盘上死好。

事情已经到了这样的地步：他那一代人中最著名的摇滚明星躺在汽车后座上，无法言语，无法动弹，再一次离死亡只有一步之遥。他在这辆车里度过了很多夜晚——它也是他最温馨、最可靠的家——自然也是最适合让他去死的地方。"待售"的牌子还放在后窗，那是一块硬纸板，上面写着他的家庭住址。

科特没有死在那个周末。这简直是医学上的奇迹——他的身体又一次挺过了足以杀死大多数人的一剂海洛因。第二天，他在车里醒来，身体上和精神上的痛苦又卷土重来：他只想要远离一切伤害。现在就连海洛因都帮不了他了。

当他回到家时，电话上已经有着无数条来自科特妮的留言，以及一个名叫斯蒂芬·斯卡帕的心理医生的留言，后者是巴迪·阿诺德推荐的。科特回了斯卡帕的电话，和他进行了长谈。他的态度似乎软了下来，和斯卡帕之间也有着和其他医生没有的默契。那个周一，他还接到了罗斯玛丽·卡罗尔的电话，后者想劝他去治疗。"你让他们轻易得逞了，"她告诉他，"对很多你想让他们停止对你的控制、对你只有负面印象的人来说，因为你吸毒，他们轻易地有理由控制你。要是你去治疗，你就煞了他们的威风，让他们攻击力骤减。这听上去也许没有道理，也许毫无逻辑，但这就是事实。所以你得去解决这个问题。当你出院时，就能更容易地解决这些问题。你就有基本的筹码了。"科特的回答是："我知道"。他告诉卡罗尔，他会再尝试一次治疗。

当周周二，他们为科特预订了飞往洛杉矶的机票，克里斯特负责带他去机场。当科特抵达克里斯特家时，他显然不想去戒毒。在25分钟的车程中，科特又哭又喊，大叫不止。在五号州际公路接近塔奇拉出口时，科特试图打开门从行驶的车上跳出去。克里斯特简直不敢相信发生了什么，尽管车子急转了一下，但他还是一边用自己长长的手臂按住科特，一边继续开车。他们几分钟后抵达了机场，但科特的情况没有好转：克里斯特不得不拽着他的衣领，就像护送一个痞子去校长办公室的教师一样。在主航站楼，科特朝克里斯特的脸上打了一拳，企图逃跑。克里斯特制服了他，两人摔跤起来。这两位老友在人来人往的机场航站楼的地板上使出十八般武艺，互相咒骂扭打着，像两个在阿伯丁酒吧斗殴的酒鬼一般。科特从他老友的手中逃脱出来，一边穿过航站楼，一边尖叫着骂对方，引得震惊的旅客诧异的目光。克里斯特最后见到的是科特消失在转角的一头金发。

克里斯特哭着开车回了西雅图。"克里斯特非常、非常爱科特。"谢丽回忆道，"我们都很爱他。他对我们来说，就像家人一样。我几乎认识了他半辈子的时间。"还在少年时代，谢丽就在阿伯丁的麦当劳偷偷给科特顺免费的巨无霸汉堡。1989年的几个星期里，科特、崔西、克里斯特和谢丽还曾轮流睡一张双人床。科特曾住在他们房子后面的一辆小货车里,谢丽则会给他拿毯子,好不让他被冻死。克里斯特和科特几乎一起度过了100万英里的车程,彼此袒露过从来就没有告诉过任何人的秘密。但那个周二的晚上,克里斯特告诉谢丽,他心里知道,他再也不会见到活着的科特了。他是对的。

那天夜里晚些时候,科特和斯卡帕在电话里谈了一次,还和科特妮通了电话,据科特妮回忆,对话算是愉快的。整个过程他都是晕晕乎乎的,尽管经历了此前和克里斯特的闹剧,但他再次同意接受治疗。他们又安排他第二天飞去治疗。

无可奈何地同意治疗之后,科特做了多数活跃的瘾君子治疗前都会做的事情。他试着大量摄取海洛因,好让一部分海洛因能在他体内多停留一阵子,帮他度过头几天可怕的戒断反应。第二天下午,科特开车前往迪伦家,想请他帮个忙。他想买把枪,原因是"自我保护,以防有贼"。由于警方收缴了他所有的武器,他希望迪伦能帮他买把枪。迪伦接受了这个说法,尽管在华盛顿州,买猎枪并不需要登记。他们开车前往位于湖城路10000号的斯坦·贝克狩猎用品店。"要是科特当时有自杀的想法,"迪伦后来回忆道,"他肯定瞒住了我。"在店里,科特指向了一把点二〇口径的雷明顿 M-11 猎枪。迪伦买了枪和一盒子弹,付了科特交给他的308.37美元的现金。带着买来的猎枪,科特回到了家中。

那天晚上,华盛顿州豪华轿车服务的司机哈维·奥汀格按预定时间抵达了科特·柯本位于华盛顿湖的家。他等了一小时,科特终于带着一个小包下了楼。在去机场的路上,科特意识到他把猎枪的子弹留在了包里,便问奥汀格他能不能把它们扔掉。司机同意了,他们抵达西塔克机场后,科特下了车,急忙赶往飞往洛杉矶的航班。

第二十四章　天使的头发

加利福尼亚州洛杉矶市—华盛顿州西雅图市
1994年3月30日—4月6日

在天使的头发和婴儿的气息中自残。

——摘自《心形盒》

周三晚上，帕特·斯米尔和"金山"公司的迈克尔·梅泽尔在洛杉矶国际机场见到了科特，他们开车带他去了艾克索德斯医院康复中心，后者是位于玛丽安德尔湾的丹尼尔·弗里曼医院的一部分。这也是科特在1992年9月待过的同一家医疗机构。该戒毒所很受摇滚明星青睐——老鹰乐队的乔·沃尔什前一天刚出院，科特抵达时，遇见了屁眼冲浪手乐队的吉比·海恩斯。科特登记入院，计划参加一个为期28天的治疗项目。

戒毒所一共有20个床位，他被分配到了206室。第一天晚上，他和一位护士进行了长达40分钟的入院访谈。之后，他来到公共活动室，坐在海恩斯身边，后者是他少年时期的偶像之一。"大家都要去参加一个可卡因使用者的匿名戒毒分享会，但科特说他刚到，所以打算留在艾克索德斯医院里。""他看上去病恹恹的，而且已经厌倦了自己的疾病和虚弱。"

周四早上，科特开始了正式疗程，其中包括集体治疗、会议，以及和他的药物滥用医师顾问奈尔·斯丁森一起进行的私人疗程。"他完全否认自己的海洛因成瘾问题,"斯丁森说,"我问他,他知不知道自己在意大利的事故有多严重:'哥们儿,你可是差点就死了啊!你得认真对待这件事。你的毒品滥用已经到了快让你没命的地步了。你知道到底有多严重吗?'"科特的回答是:"我清楚。我只想早日戒毒,离开这里。"斯丁森也未被告知,罗马的事故是科特的一次自杀企图。结果就是,科特被分到了艾克索德斯医院的普通病房,尽管和上了锁的精神病科距离很近。

当天,科特妮给艾克索德斯医院打了好几次电话,当工作人员告诉她科特没法接电话时,她在电话里和人吵了起来。在与斯丁森的疗程中,科特很少提及自己和科特妮的争吵。相反,他提到自己担心会输掉和《心形盒》MV 导演凯文·克斯莱克的官司,这才是最让他害怕的事。克斯莱克于 3 月 9 日提出诉讼,说 MV 的大多数点子是他想出来的,而不是科特。科特告诉医生,自从克斯莱克提出诉讼,他满脑子都是这件事,他害怕这个官司会把他的经济拖垮。"他告诉我,他最害怕的就是如果输掉官司,他会失去自己的房子。"斯丁森说。

周四下午,杰姬·法利和弗兰西丝探望了科特——科特妮没有前去探访,因为她的医师反对她在科特的早期疗程中这样做。当时,弗兰西丝 19 个月大;科特陪她玩了一会儿,法利注意到,他似乎心不在焉,她以为这只是因为他服下了抑制戒断反应的药而已。在与法利的交谈中,科特没有提到和克斯莱克的官司,但提到了与科特妮就罗拉帕鲁撒音乐节的争吵。杰姬和弗兰西丝只待了片刻,但她们保证第二天会再来探视。

周五早上 11 点,她们再度前去探视,杰姬吃惊地发现,科特看上去很闲适。"他的心情特别好,让我有些疑惑。"法利回忆道,"我想,'天呐,也许他这回是真想变好。'他把我一顿夸,说了很多表扬我的话，语气很积极。如此积极地看待身边的事物，这一点都不像他，他通常很暴躁。但我只以为这是因为24小时的疗程发挥了作用。"法利告诉科特，她计划参加一个电视节目，科特一反常态地表示鼓励，告诉她"她一定会成名"，因为"她并没有那么糟"。

科特的情绪变化没能引起法利的警觉——她只是觉得这是戒毒所给的药物的效果。比起第一次探访，他和弗兰西丝的肢体互动多了起来，他还把她抛到半空中，逗得她咯咯直笑。法利想给父女一些二人空间，便下楼去了大厅。等她回到病房时，科特正抱着弗兰西丝，紧贴着肩膀，并拍着她的背，温柔地和她耳语。法利接过了弗兰西丝，告诉科特，她们第二天还会来看他的。他把她们送到门口，看着女儿的眼睛说道："再见。"

下午早些时候，科特坐在艾克索德斯医院后面的吸烟区和吉比聊天儿。多数频繁进出戒毒所的瘾君子——科特和吉比都在此列——都以一种黑色幽默的心态对待治疗。两人八卦着其他问题比他们更严重的人的事迹。有个鼓手的脓肿太厉害，不得不截掉手臂。吉比开玩笑说，他很庆幸自己是主唱，科特对此笑个不停。他们又笑话起了两人认识的一个熟人，那位熟人为了从艾克索德斯医院脱逃，选择跳过后院的墙。那么做完全没必要，因为大门根本没上锁。"科特和我笑话起了那个翻墙脱逃的傻瓜。"海恩斯回忆道。

那天下午，帕特·斯米尔和乔·"妈妈"·尼兹伯格探访了科特。"妈妈"是科特妮的一个艺术家朋友，他在科特之前就经历了戒毒治疗。前一年，作为一次未公开的善举，当"妈妈"的助学金申请被拒绝时，科特资助了他艺术学校的学费。科特妮托"妈妈"前往艾克索德斯医院给科特捎信，还托他捎了一些糖果和她觉得他会喜欢的粉丝杂志。"妈妈"惊讶地发现，在清醒了一天后，科特是多么神智澄明。"你看起来棒极了。感觉怎么样？"他问。"感觉还行。"科特面无表情地答道。

3个人去了后院，好让科特吸烟。吉比还在那里，又说了遍关于跳墙的笑话。他们聊了快1个小时，但主要是闲谈。科特一直想去艺术学校，他告诉"妈妈"，他很嫉妒他。"妈妈"的印象是，科特显得很平静，"不论是什么在烦扰他，他似乎都已经与之和解了"。帕特和乔待到了下午5点，临走前，"妈妈"告诉科特，他们会再来看他的。"他给人一种印象，就是那种人们对进戒毒所的瘾君子所期许的样子，""妈妈"观察道，"那种'我不会再吸下去了，我罢手了'的样子。"

当周的周五下午，科特妮多次想打到医院的病人付费电话上联系科特。她最后一次打去电话时，他正好在电话附近，两人简短地交谈了一阵。"无论发生什么，"他告诉她，"我想让你知道，你做了张很棒的专辑。"她觉得奇怪，他居然会说起这个，因为她的专辑一周后才会发行。"你什么意思？"她疑惑于他声音里的过度夸张。"记住，无论发生什么，我都爱你。"就这样，科特说完，便挂了电话。

晚上7点23分，迈克尔·梅泽尔的室友接到一个电话。是科特打来的。"迈克尔出门了。"室友回道，"要我让他给你回电话吗？"科特说他不会在电话附近的。两分钟后，他走出了艾克索德斯医院的后门，爬上了他和吉比早些时候笑话过的那堵6英尺高的墙。

他只带着自己的衣服，离开了艾克索德斯医院。在他的房间里，他留下了几件衬衫，和一本刚刚开始写的笔记，里面有四首歌的雏形。在27年的生命里，他在二十几本螺旋线圈笔记本上填满手记，但在1994年，他很少把自己的想法写下来。然而，在科特待在艾克索德斯医院期间，他完成了一个类似罗夏墨迹测验[1]的任务，就十几个词作画；最终成品倒很像他常在日记里写的东西。科特的一生

---

[1] 罗夏墨迹测验，一种投射型人格测试，广泛应用在心理学中。

中，从爷爷激他，让他画米老鼠开始，这就是他尤其擅长的事。

当被要求描述"愤恨"时，他画了两只愤怒的眼睛，旁边有着火红的烈焰。为了描述"妒忌"，他画了一个带腿的纳粹标志。为了表达"孤独"，他画了一条窄街，和两座让周围建筑相形见绌的巨大摩天楼。为了描述"伤害"，他画了一个连着脑子和心脏的脊柱，看上去有点儿像《在子宫内》封面上那个人偶的背面。为描述"安全"，他绘制了一圈朋友。为了描述"投降"，他画了一个背后散发着亮光的男人。为了描述"抑郁"，他则画了一把被领带包围的伞。为了描述"决心"，他画了一只踩在注射器上的脚。在该项练习的最后一页，为了显示"抛弃"，他画了一个蚂蚁大小的微型人物，身处一片巨大的风景下。

跳墙后的两个小时，科特用信用卡买了一张去西雅图的头等舱机票，航班号是达美航班788。登机前，他打电话给西雅图豪华轿车服务，安排他们在机场接他——他特别要求不要开豪华轿车过来。他试着给科特妮打电话，但没有接通，所以他给她留了言，说自己打过电话。

此时，科特妮已经在洛杉矶搜寻科特，她一听到他离开艾克索德斯医院的消息，就坚信他肯定又去吸毒了，说不定还会吸毒过量。"她的反应歇斯底里。"乔·"妈妈"回忆道。科特妮开始给毒贩子们打电话，质问科特在不在他们那里，她不相信他们的回答，所以亲自去现场查看。她还决定散布谣言，说自己吸毒过量，她以为科特听到这个谣言后就会联系她。忧心如焚的科特妮此时自己也只戒毒了三天，她跑去毒贩子的窝点后，便重新吸上了毒。

与此同时，科特正在飞机上。他发现自己坐在枪炮玫瑰乐队的达夫·麦卡甘的旁边。麦卡甘从西北部的几支朋克乐队起家，所以尽管涅槃乐队和枪炮玫瑰乐队有嫌隙，科特还是很高兴看到达夫。科特承认自己离开了戒毒所。达夫说自己很理解他的心情，他也处在海洛因成瘾的恢复期中。麦卡甘可以感觉到,事情有些不对劲。"我本能地感觉到不对劲。"他们俩谈起了共同的朋友,但两人的对话中有种伤感——他们都离开了洛杉矶,都在回到西北的路上。我们谈起了回家的感觉。"麦卡甘回忆道,"他就是那么说的,'回家'。"科特说这话的口气,就好像一个离家多年,而不是离家三天的人,飞机降落在西雅图时,麦卡甘想问科特需不需要他捎一程,但待他转过身,科特已经不见了。

科特于4月2日的凌晨1点45分回到家中,那是个周六。就算他在当晚睡觉了,也没睡多久:大约早上6点,破晓时分,他去了房子一楼卡利的房间。卡利正和女友杰西卡·霍普在一起,后者从明尼阿波利斯的寄宿学校归来度春假。卡利当时同时在和杰西卡和詹妮弗·亚当姆森约会(此前,他还和曾获奥斯卡提名的女演员朱丽叶·刘易斯好过)。尽管杰西卡比卡利年轻,也是个正经人(不嗑药、不喝酒),但她还是很喜欢他。

周六清晨,嗑了可卡因后的卡利呼呼大睡。前一晚,由于取暖油用完了,为了让偌大的房子暖和起来,晕乎乎的卡利先是想在后院点燃普雷斯托牌木柴,后来又试图把木柴搬回房间,最后却把它们扔在了客厅的地板上。由于他日益恶化的毒瘾,他越来越少地履行保姆职责,卡利变成了柯本家的卡托·凯林[1]。"当时,卡利已经没有任何职责了,"杰西卡注意道,"除了帮着买毒品,还有确保科特不死。"

那天早上,科特走进卡利的房间,坐在床尾。杰西卡醒了,但卡利没醒。"嘿,光头党姑娘。"科特模仿着一首朋克歌曲的歌词对着杰西卡唱道。杰西卡恳求科特:"赶紧给科特妮打电话!你得赶

---

[1] 卡托·凯林(Kato Kaelin),美国演员,因成为1995年辛普森杀妻案的目击证人而闻名。

紧给科特妮打电话，她都急疯了。"她从桌上抓来一个号码，递给了他，看着科特给半岛酒店打电话。酒店接线员说，科特妮不接任何电话。"我是她丈夫。让我和她通话。"科特要求道。科特已经忘记了联系自己妻子的通关暗号。他一直重复道："我是她丈夫。"但酒店接线员就是不帮他接通。沮丧不已的他挂了电话。卡利醒了片刻，看到了科特，也叫他打电话给科特妮。

卡利倒头睡着后，杰西卡和科特静坐了几分钟，一边看着MTV台。当肉傀儡乐队的MV出现在电视上时，科特笑了。5分钟后，他再次致电酒店，但他们仍然不帮他接通。杰西卡看着科特翻阅一本《刺穿》杂志，然后她睡着了。

20分钟后，科特叫了辆灰顶公司的出租车。他告诉司机，他"最近被盗贼光顾，需要买子弹"。他们把车开到市中心，时间是周六早上7点半，运动品商店都关门了。科特让司机把他带去145街和极光街交叉口，说他饿了。科特很可能住进了"山顶"或"征程"汽车旅馆，他在那里待过——两家旅馆都离他常光顾的一个毒贩子距离很近。那天，他还去了西雅图枪店，买了一盒点二〇口径的猎枪子弹。

而在柯本家，电话主机每十分钟就响一次，但卡利害怕是科特妮打来的，没敢接。他最终接了电话，并告诉她，他没见过科特。嗑药嗑晕的卡利以为科特在床侧的出现仅仅是个梦。卡利和杰西卡为他吸毒的事争吵起来，盛怒之下，他让她坐早班飞机回家。他试着用科特给他的额度为10万美元的万事达信用卡给她订机票，但信用卡被拒绝了。他打电话向科特妮抱怨，她告诉他，她取消了科特的信用卡，觉得这样会帮他们找到他的下落。身体不适的杰西卡回到床上，接连睡了几乎两天，极力不去理会响个不停的电话。

在接下来的两天里，有几个人断断续续地见到了科特几次。周日晚上，有人看见他在仙人掌饭店和一个消瘦的女人以及一个身份不明的男子吃晚餐，那个女人可能是他的毒品供货商凯特琳·摩尔。科特吃完饭后舔了盘子，这引起了其他顾客的注意。当买单时，他的信用卡被拒绝了。"听到信用卡被拒绝了，他似乎很受伤，"当时在餐馆的金妮·海勒回忆道，"他站在柜台试图写张支票，但这对他来说像个折磨。"科特扯谎说自己的信用卡被偷了。

那周周末，科特妮给洛杉矶黄页上的私家侦探所一个个打电话，直到接通了一个周末还在工作的侦探。汤姆·格兰特和他的助手本·克鲁格曼当天下午在半岛酒店和她会面。她说自己的丈夫从戒毒所逃了出去，她担心他的健康，她还要求格兰特监视毒贩子凯特琳·摩尔的公寓，她认为科特可能在那里。格兰特把任务分包给一个西雅图的侦探，指示他们监视迪伦·卡尔森家和凯特琳·摩尔的公寓。周日下午，监视正式开始。然而，私家侦探没有立即展开对华盛顿湖的家宅的监视，也没有监视柯本夫妇在康乃馨城的房子，当时科特的妹妹金正住在那里。科特妮以为，如果科特在家里出现，卡利一定会打电话给她的。

周一早上，卡利和杰西卡又吵了起来。电话铃响起时，卡利大喊："别接。电话是科特妮打来的。我们也不知道科特在哪儿。"杰西卡问卡利，他见到科特之后，有没有再跟他联系。"'见到他之后'，什么意思？"卡利睁大了眼睛问道。杰西卡便说起了周六发生的事。卡利最终告诉科特妮，科特的确于周六在家中出现过。

在洛杉矶的科特妮试着接受采访，尽管她刚刚经历了一次"酒店清毒"。周一，她接受了《洛杉矶时报》的罗伯特·希尔博恩的采访，谈到了洞穴乐队的新专辑《经受这些》(*Live Through This*)。在采访期间，她不停地哭，一本匿名戒毒小组的手册就放在她的咖啡桌上。希尔博恩报道的小标题如下："正当科特妮·拉芙应该把重点放在洞穴乐队和她的事业上时，她却难以抑制地为她的丈夫担忧。""我知道这本该是我生命中最快乐的时光，"拉芙说，"我也感受过这种快乐。但不是现在。我以为我这些年来已经经历过很多磨难，但这一次却是最艰难的。"

情况在当天甚至变得更艰难。采访结束后，科特妮打电话给迪伦，后者说他没见到科特。科特妮认为迪伦在撒谎，她不停地逼问他。但她的咄咄逼人并没有改变他的态度，他淡淡地说："我上次遇见他时，他正要去洛杉矶，我们买了一把猎枪。"这是科特妮第一次听说猎枪的事，她变得歇斯底里起来。她致电西雅图警方，报告了失踪案，称自己是科特的母亲。报告如下："柯本先生逃离了加州的戒毒所，坐飞机回了西雅图。他还买了一把猎枪，可能有自杀倾向。柯本先生也许在位于'凯特琳·摩尔的住址'之处吸毒。"报告称科特"不危险"，但"携带猎枪"。科特妮要求警方去查一下华盛顿湖的房子，警官开车巡逻了好几次，但并没有发现异常。周一，科特妮再次见到汤姆·格兰特，她让他去搜查一些科特经常光顾的汽车旅馆。西雅图侦探搜查了这些地方，但没有找到科特。

周一晚上，卡利出了门，把杰西卡一个人留在他的房间里。午夜时分，她听到了声音。"我听到了楼上和客厅里的脚步声，"她回忆道，"是那种坚实的脚步声，不是蹑手蹑脚的那种，我想应该是科特。"她冲着黑暗的走廊喊了声"有人吗"，没人应声，于是她回到了卡利的房间。科特妮训过杰西卡和卡利，说作为"员工"，他们应该只待在卡利的房间。直到凌晨3点卡利才回到家，他和杰西卡早晨才睡着。

周二下午，科特妮派洞穴乐队的埃里克·厄兰森去华盛顿湖湖畔的家搜寻科特。"他像一大团闪电一样冲进家里，而且很生卡利的气。"杰西卡回忆道。"你们俩得帮我一起找。"他命令道。厄兰森让他们搜寻每一个犄角旮旯，因为科特藏了一把猎枪，他尤其坚持让他们在主卧衣柜里的暗间里搜查，科特妮告诉他科特在里面藏过东西。他们找到了暗间，但是没发现枪。他们还搜查了床垫，科特在里面划过一个洞，用来藏毒品——里面也是空的。没有人想到去搜查车库或温室，厄兰森冲了出去，前往他们在康乃馨城的家。

科特妮原本计划要在周二早上接受《火箭》杂志的电话采访。厄兰森打电话给《火箭》杂志，说这个采访，连同科特妮当周的所有采访都要被延期。她根本没有时间：每时每刻，她都给可能在周六之后见到科特的人打电话。她紧追着迪伦不放，依然坚信他在隐瞒着些什么，但他和她一样，根本不知道科特的下落。

4月6日，周三上午，杰西卡·霍普叫了一辆去机场的出租车。她依然感到身体不适：待在柯本家的这段时间里，房子里除了香蕉和软饮料什么也没有。房子里十分冷，她很少离开卡利的床。当她穿过长长的私人车道朝出租车走去时，她吐了。

科特妮继续给家里打电话，但没人接听。周三早上，她告诉格兰特，她觉得卡利把科特藏起来了。格兰特当夜飞到了西雅图，接了迪伦，两人一起搜查了凯特琳·摩尔的公寓、马可·波罗旅馆、西雅图旅馆和山顶旅馆，但找不到科特的踪影。周四凌晨2点15分，他们从厨房的窗户里进入华盛顿湖的房子，开始搜查起来。室外的气温已经降到了45华氏度[1]，但屋里似乎更冷。他们一个房间一个房间地找，发现主卧的被子没有铺，但摸上去是冷的。电视上播着MTV的节目，处于静音状态。他们找不到科特的踪迹，便在没有搜查后院和车库的情况下，于凌晨3点离开了。

周四上午，科特妮联系了待在詹妮弗·亚当姆森的公寓的卡利——他一直待在那里，因为他害怕待在柯本家。科特妮愤怒不已，她要求他回去寻找科特。卡利和詹妮弗驱车前往柯本家，他们还带上了一个叫邦尼·迪拉德的朋友，后者想目睹一下摇滚巨星的家宅。到达时，已是黄昏，卡利抱怨说黑暗的房子是多么吓人。他告诉詹

---

[1] 45华氏度，约7摄氏度。

妮弗，他不想进去，但他知道如果不进去，科特妮会气疯的。

他们进了房子，再次搜寻起来，每到一个地方就点亮那里的灯。卡利和詹妮弗手牵手进了每个房间。"坦白说，"詹妮弗回忆道，"我们都做好了随时发现他尸体的准备。"尽管卡利在房子里住了很久，但每当地板吱吱作响，他还是会吓得跳起来，就好像文森特·普莱斯[1]主演的电影中，因为从钟楼里飞出的蝙蝠而吓得跳起来的角色一般。他们检查了所有楼层，包括三楼的阁楼。

当他们搜完所有房间时，詹妮弗和迪拉德催促卡利赶紧离开。这幢带着山墙的古老房子，即使在阳光明媚的日子都显得很诡异，现在夜幕降临了，它更是充满了暮色带来的长长阴影。卡利犹豫地写下了一张便条："科特：我不敢相信你居然能在我没注意到的情况下待在房子里。你就是个混蛋，居然不打电话给科特妮报平安。她现在很痛苦，科特，今天早上她又出了一次'事故'，现在正在医院。她是你妻子。她爱你。你们俩还生了一个孩子。振作起来，至少告诉她你没事。否则她会死的。老兄，你这么做不公平。你赶紧做点什么！"他把留言放在了主楼梯上。

三人进了车子，开始驶过长长的私人车道时，他们都松了口气，卡利和詹妮弗坐在前面，迪拉德坐在后面。当他们开进华盛顿湖大道，准备驶向市区时，迪拉德胆怯地说："那个，虽然我很讨厌这么说，但我们开下私人车道时，我似乎在车库上看见了什么。"詹妮弗和卡利恐惧地对视了一下。"我也说不准，"迪拉德继续说，"我看到那里有人影。""那你当时怎么不说？"詹妮弗没好气地说。"那个，我也不知道。"迪拉德解释道，"我当时没当真。"詹妮弗知道迪拉德有多迷信，她继续把车往市区方向开。"我反正是受够了。"詹妮弗说道，"我不会回去的。"

---

[1] 文森特·普莱斯（Vincent Price），美国演员，出演过超过一百部电影，代表作多为恐怖片。

两天前，4月5日（周二）黎明前的几个小时，科特·柯本在他自己的床上醒来，枕头上依然有科特妮的香水味。他第一次闻到这种香味，是在她仅仅三年前送给他的丝绸蕾丝心形盒上。他当时闻了盒子好几个小时，一边想象着她用自己身体的隐秘部位蹭过这个盒子。那个周二，在房间里，她的芳香融合着烧熔过的海洛因的刺鼻气味，后者也是能让他兴奋的味道。

房子里很冷，所以他是穿着衣服入睡的，还套着他的棕色灯芯绒外套。比起他在室外的纸板盒里度过的那些夜晚，这根本不算糟。他穿着那件舒服的"半日本"T恤（那是巴尔的摩一支朋克乐队的宣传T恤），他最爱的李维斯牛仔裤，坐在床沿上时，他系起自己唯一一双鞋的鞋带——那是一双匡威运动鞋。

电视开着，定在了MTV台，但静音了。他走到音箱边，放上了R.E.M.乐队的《全民自动化》（*Automatic for the People*）专辑，把音量调低，所以斯代普的声音更像是背景中亲切的耳语——科特妮后来发现，音箱依然开着，CD还放在转盘里。他点燃了一支骆驼牌香烟，重新靠到床上，用胸口顶着一本法律纸便笺本，拿着一支红色细字笔。这张便笺本里的白纸让他发了会儿呆，这并不是因为他没有灵感：为了想这些词，他花了几周、几个月、几年，甚至几十年的时间。他的停顿，只是因为眼前的法律纸纸张似乎太小、太有限了。

在艾克索德斯医院时，他已经给妻女写了一封长长的信，他把这封信一路带回西雅图，塞到散发着香水味的枕头下面。"你知道的，我爱你，"他在那封信里写道，"我爱弗兰西丝。我很抱歉。请别跟随我。我很抱歉，对不起，对不起。"他不断写着"对不起"这个词，填满了整整一张纸。"我会在另一个世界，"他继续写道，"保护着你们。我也不知道我究竟要去哪儿。我只是没法待在这个世界了。"

这些留言已经足够难以下笔,但他知道绝命书的第二部分一样重要,他要好好地斟词酌句。他写道"致波达",那是他童年时想象出来的朋友。他用极小却明晰的字体写信,没有用尺子便把字写在了一条直线上。他写的词句有条不紊,每个词都很清晰易懂。他写信时,太阳还未完全升起,多数照明都来自电视上的MTV台节目。

以下的话出自一个饱经风霜的傻瓜之口。这个傻瓜宁可当一个被阉割了的、幼稚的抱怨者。这封信应该很好理解。所有的警告都来自这些年来的"朋克入门基础"。怎么说呢,自从我第一次接触到关于独立和社群拥护的原则,它们就被证明是很正确的。我已经有太多年无法从听歌、写歌、创作音乐、阅读和写作中获得激情了。对此,我内疚得无法用言语形容。比如,当我们身处后台,灯光熄灭,人群开始疯狂尖叫时,一切并不能像打动弗雷迪·莫库里[1]一样打动我,对于那些来自观众的崇拜和喜爱,他似乎喜欢并且能尽情享受。对此,我很钦佩,也很嫉妒。事实上,我没法骗你们,没法骗你们之中的任何一位。这么做对你对我都不公平。我能想到的最深的罪孽,就是装模作样,假装自己百分百享受这些时刻,好从人们身上牟利。有时我觉得,每当我走上舞台之前,我都得在打卡机上打卡。我竭尽全力,尝试了所有方法去感激这一切,我也的确是感激的,请相信我,千真万确,但还远远不够。我很庆幸,我和我的乐队给很多人带来了影响和娱乐。我肯定是那种失去了才知道珍惜的自恋狂。我太敏感了。我需要稍稍麻木一些,才能重新拾起童年时感受到的热情。在过去的三

---

[1] 弗雷迪·莫库里(Freddie Mercury),英国传奇摇滚歌手,皇后乐队主唱,台风极其绚丽张扬,以高质量的现场表演著称。

轮巡演中，我对身边所有人以及我们的歌迷都有了更深层次的感激，但我还是摆脱不掉挫败感、负罪感以及对每个人的同理心。每个人身上都有美好之处，我只是爱人们爱得太多，以至于让我感到如此悲伤。这个悲伤的、渺小的、敏感的、不知好歹的双鱼座，耶稣般的男人！你就不能享受当下吗？我不知道。我有一个女神般的妻子，她野心勃勃，充满同理心。我还有个女儿，她总能让我想起我曾经的样子。她满载着爱和欢乐，亲吻着每个她遇见的人，因为所有人在她看来都是好的，都不会伤害她。这让我惊恐万分，几乎动弹不得。一想到弗兰西丝可能会变成像我一样可悲、自毁、走向死亡的摇滚乐手，我就难以容忍。我的生活很好，非常好，对此我很感激，但从7岁以来，我就憎恶这世上所有人。这仅仅是因为人们似乎很轻松地就能友好相处，怀有同理心。同理心！或许我只是太爱人们，也对人们共情太深了。我从翻江倒海的胃里感谢你们过去几年来的来信和关心。我实在是个反复无常、喜怒无常的巨婴！我没有任何激情了，所以记住，与其苟延残喘，不如燃烧殆尽。

他把笔放下来时，已经写得纸上只剩两英寸的空隙。书写间，他抽完了三根烟。这些话不容易写出来，信中也有拼写错误和只写了一半的句子。他没有时间像之前在日记中写的很多信一样，把这封信重写二十遍。外面越来越亮，他得在其他人醒来之前有所行动。他落款道："和平、爱、同理心。科特·柯本。"他一笔一画地写下了自己的名字，而没有潦草签名。他在"同理心"这个词下面画了两道线；信中，他用了这个词五次。他又写了一行——"弗兰西丝和科特妮，我会在你们的圣坛等你们"——然后把纸笔放进了大衣左边的口袋里。音箱里，斯代普正唱着《月亮上的男人》。科特一直很喜欢安迪·考夫曼——在蒙特萨诺上初中时，他经常会模仿电视剧《出租车》中考夫曼饰演的拉特卡，引得朋友们阵阵发笑。

他从床上起身，进了衣柜，从墙上拿下一块板子。在秘密隔间里，放着一个米黄色的尼龙枪袋，一盒猎枪子弹，和一个汤姆·摩尔牌的雪茄盒。他把板子放好，把子弹装进口袋里，抓起雪茄盒，用左前臂抱住了沉重的猎枪。在走廊的衣橱里，他抓过两条毛巾，他自己不需要用这个，但有人需要。同理心。他悄悄走下宽敞的19级台阶。他所立之处离卡利的房间仅有几英尺，而他不想让任何人看见他。他仔细考虑过整件事，正如他为自己专辑封面和MV所苦心进行的策划一样。事后会有血，很多血，而且会一片狼藉，这是他不想在自己家发生的。更重要的是，他不想让自己家从此阴魂不散，给他的女儿留下自己曾经历过的噩梦。

他走进厨房时，经过了门柱，科特妮和他在那里记录着弗兰西丝的身高。那里只画了一道线，一道小小的铅笔笔记写着她的名字，离地面31英寸。科特再也看不到比那更高的印记了，但是他深信，他女儿的人生没有他会更好。

在厨房里，他打开了价值10000美元的图尔森牌不锈钢冰箱的门，抓过一罐巴尔奇牌沙士饮料，一边努力不让猎枪掉下来。抱着一大堆东西——沙士饮料、毛巾、一盒海洛因、一把猎枪，过后这些东西会组成奇怪的组合被人发现——他打开通往后院的门，走过小小的露台。黎明破晓，迷雾低低地挂在天际。阿伯丁的大多数早晨都是这样的感觉：潮湿、多雨、阴冷。他永远也不会再看见阿伯丁了。他从没爬到过"挂念我牌"的水塔塔顶；从来没有在格雷斯港买下他梦寐以求的农场；再也不会因为想找个暖和的地方过夜而从医院的等候室醒来，假装自己是刚失去亲人的访客；再也不会见到他的母亲，或妹妹，或父亲，或妻子，或女儿。他慢慢走了20步，进入温室，爬上木楼梯，打开后方的法式门。地板铺着油毡，过后应该很好清洁。同理心。

他坐在小小的单体房间里，望向前门。没人会看见他在这里，除非他们爬上房后的树，但那几乎不可能。他最不想要的就是搞砸这个计划，让自己变成植物人，或者带着更多痛苦苟延残喘。他的两个叔叔和曾祖父都以同样可怕的方式结果了自己，要是他们成功了，他肯定也能行。正如他在格雷斯港时和朋友们开玩笑说的那样，他有"自杀基因"。他再也不想在医院醒来，再也不想让穿着白大褂的医生戳他，再也不想让内窥镜穿进他痛苦的胃里。他要和这一切告别，和胃病告别。他不想再要这些了。就像一个伟大的电影导演，为了这个时刻，他把每个细节都计划到了，既当导演又当演员地把这个场景排练过很多次。这些年来，他排练过很多次，甚至一度几乎成功过，有时是事故，有时则是刻意的，比如在罗马那次。这个想法一直在他的脑海中，就像一种宝贵的药膏，能治愈他无法消失的痛苦的唯一解药。他不在乎免于匮乏：他只想逃离痛苦。

他坐在那里，把这些事想了许多分钟。他抽完了三支骆驼牌香烟，喝了几口沙士饮料。

他把绝命书从口袋里掏出来。上面依然有一小块空白。他把它展开在油毡地面上。他必须用大号字母写，虽然歪歪扭扭，因为他写字的地面不平整。他成功地多写了几个字："科特妮，为了弗兰西丝，请继续前进。她的生活没有我会更开心。我爱你。我爱你。"这是他写的最后一句话，字体比其他的都要大，填满了整张纸。他把绝命书放在一堆盆栽土的上面，把笔穿过纸张中心，以此能把纸固定在土壤上。

他从软尼龙包里掏出猎枪。他小心地把包折好，就像一个从教堂回来后，把自己做礼拜的衣服小心放好的小男孩一般。他脱下外套，把它放在枪包上，把两条毛巾放在这堆东西上。啊，同理心，多么贴心的禀赋。他走到洗手池边,取了一些水放进毒品烧熔器里,再次坐了下来。他打开内含二十五个猎枪子弹的盒子,拿出三发子弹,把它们放进了猎枪的弹匣里。他把雷明顿枪上的活动开关打开,一发子弹进入枪膛。他把枪的保险栓关掉。

他抽完了最后一支骆驼牌香烟,又喝了一口巴尔奇牌沙士饮料。室外,阴沉的一天开始了——当天就像他在27年1个月16天前来到这世界的那天一样。他曾一度试图在日记里写下他出生的那个瞬间:"我最初的记忆是铺着浅绿色瓷砖的地面,一双强壮的手抓着我的脚踝。这股力量让我知道,我不再身处羊水里,也回不去了。我扭动着身子,四处乱踢,想回到洞里,但他把我按在那里,不让我回到母亲的阴道。他就好像在戏弄我一样,我能感到我身上的羊水和血在蒸发,我的皮肤在收紧。事实上是,氧气消耗着我,消毒水的味道意味着我永远不能回到那个洞里,那是一种只会发生一次的恐惧。知道这个,我感到欣慰,所以我以我的方式,与这个世界第一次接触起来。我没有哭。"

他抓过雪茄盒,拿出一个小塑料袋,里面装着价值100美元的墨西哥黑色焦油海洛因——量非常大。他取出一半,大约铅笔上的橡皮那么大的量,把它放上了勺子。他熟练而有条不紊地把海洛因放入注射器里,打在自己胳膊肘上方离"K"文身不远的地方。他把东西放回盒子里,感觉自己的身体飘了起来,正在迅速飘离这个地方。耆那教认为,一共有三十重天堂与七重地狱,层层叠叠地交织在我们的生命中。幸运的话,这将是他的第七重也是最后一重地狱。他把东西放在一边,飘得越来越快,呼吸也缓慢了下来。他必须赶紧完事:一切都变得朦胧起来,所有物体都被罩上了水绿色。他抓过重重的猎枪,把枪口抵在了口腔上颚上。声音会很大,他很确定。然后他就走了。

尾声　莱昂纳德·科恩的来世

华盛顿州西雅图市

1994 年 4 月—1999 年 5 月

　　让我来世做莱昂纳德·科恩，好让我永远叹息。

　　　　　　　　　　　　　　　　——摘自《薄荷茶》

　　4 月 9 日是一个周五，清晨，电工加里·史密斯抵达华盛顿湖大道 171 号。从周四开始，史密斯连同其他几个工人开始给房子安装全新的安全系统。警察经过了两次，告诉工人们，如果看见科特，就立即通知他们。周五早上 8 点 40 分，史密斯在温室附近，冲里面瞄了一眼。"我看见了躺在地上的尸体。"他后来告诉一家报纸，"我当时以为那是人体模型。然后我注意到了右耳渗出的血。我还注意到了他胸前横着的猎枪，枪口指着他的下巴。"史密斯报了警，然后通知了他的公司。他公司一个调度员的朋友听到消息后，把风声透露给了 KXRX 电台。"嘿，为了这事，你们欠我几张平克·弗洛伊德演唱会好位置的门票。"他对 DJ 马蒂·雷莫尔说。警方证实，他们在柯本家发现了一名青年男子的尸体，KXRX 播出了这个消息。虽然警察没有确认死者身份，最初的新闻报道都推测死者是科特。20 分钟不到，KXRX 接到了金·柯本流着泪打来的电话，她说自己是科特的妹妹，并愤怒地质问他们为什么要散布这种可怕的谣言。

他们叫她自己打电话给警方。

金联系了警方,在听到消息后,她给母亲打了电话。《阿伯丁每日世界报》的一名记者很快出现在温迪门前。她的采访发言将登上美联社新闻,并被全世界媒体转载。"他走了,加入了那个愚蠢的俱乐部。我跟他说过,别加入那个愚蠢的俱乐部。"她指的是,吉米·亨德里克斯、詹尼斯·乔普林、吉姆·莫里森和科特都巧合地死在27岁。但他母亲说的另外几句话没有被任何其他报纸转载——尽管所有听到科特死讯的父母不用读新闻就知道她所体会到的痛苦。采访结束之际,温迪说起自己唯一的儿子:"我再也不能抱着他了。我不知道如何是好。不知道何去何从。"

唐从电台获知了儿子的死讯,他受的打击太大,没法接受任何采访。利兰德和艾瑞斯是从电视上获悉的。看到新闻之后,艾瑞斯不得不躺下休息——她不清楚她脆弱的心脏能否承受这个打击。

与此同时,身在洛杉矶的科特妮于周四晚上入住艾克索德斯医院,成为该院病人。当天白天,她在半岛酒店被捕。警察到场后,发现现场"溅满了呕吐物和血"。他们还在现场发现了一个注射器、一份空白的处方便签、一小袋疑似海洛因的东西(后来被证实是印度教的"好运灰")。交了10000美元的保释金后,她被放了出来,放弃了酒店清毒计划,开始入院治疗。

周五早上,罗斯玛丽·卡罗尔来到艾克索德斯医院。当科特妮看到罗斯玛丽脸上的表情时,她不用听就知道消息是什么。两个女人一言不发地对视了一会儿,直到科特妮终于吐出了一个单词的问题:"他是怎么去的?(How?)"

科特妮和弗兰西丝、罗斯玛丽、埃里克·厄兰森以及保姆杰姬·法利一起搭乘利尔喷气机离开洛杉矶。当他们抵达华盛顿湖的房子时,那里已经被电视媒体包围了。拉芙迅速雇了私人保安在温室附近安了防水布,让媒体没法窥视。在防水布安装之前,《西雅图时报》的摄影师汤姆·里斯透过围栏的一个洞拍摄了几张温室的照片。"我开始以为死者可能不是他，"里斯回忆道，"可能是其他人。但当我看到那双运动鞋时，我知道肯定是他了。"里斯的照片登上了《西雅图时报》周六的头版，上面显示了透过法式门看到的场景，其中包括科特身子的一半，他笔直的双腿，他的运动鞋，以及雪茄盒旁他攥紧了的拳头。

下午，金县医学检验中心办公室发布了一份声明，确认了每个人都已经知道的事实："尸检报告显示，柯本死于头部的猎枪枪伤，目前我们认为这是自杀。"尼古拉斯·哈茨霍恩医生进行了尸检——情感上，这个任务对他来说很不容易，因为哈茨霍恩在大学时曾推广过一场涅槃乐队的演出。"我们当时在报告里称，这'似乎'是由自杀造成的头部猎枪枪伤，因为我们还在检查是否有漏掉的细节。"哈茨霍恩回忆道，"但绝对没有任何迹象显示自杀以外的可能。"由于媒体的关注和科特的名人身份，西雅图警方花了40天才完成全面调查，并花了200小时调查科特的朋友和亲戚。

尽管有与之相反的传言，但尸体一眼就能看出是科特的。现场十分恐怖：猎枪发出的数百个弹丸爆了他的头，让他完全毁容。警方检查了尸体指纹，指纹和之前在家暴事件时记录在案的指纹一致。尽管后来有对猎枪的分析指出，"在提取的四张指纹卡中，没有任何清晰的指纹"。哈茨霍恩说，枪上的指纹不清晰是因为枪必须从科特死后僵硬了的手中撬下来。"我知道他的指纹肯定在那里，因为枪在他手上。"哈茨霍恩解释道。死亡的时间被定为4月5日，但确切时间可能是这前后的24小时之内。很可能的是，当几拨人来搜寻房子时，科特已经死在温室里了。

根据尸检报告，他们还在科特的血液中发现了苯二氮（镇静剂）和海洛因。海洛因的剂量太大，远超以海量而声名狼藉的科特的常规用量，以至于就算不开枪自杀，他也撑不了多久。他完成了一个壮举,这跟他叔公布勒(头部和腹部均中枪)和外曾祖父詹姆斯·欧文(腹部中刀,后来又把伤口揭开)的行径很类似。科特成功地给自己上了自杀双保险,用了两种同样致命的方法。

科特妮悲痛欲绝。她坚持要求警方把科特血迹斑斑的灯芯绒外套给她,因为她曾穿过。警方最终离开现场,只留下一名保安留下来做证时,她重温了科特最后的足迹。她走进温室——此时尚未清洁——并把她的双手浸在他的血里。她双膝跪地,祈祷、吼叫、哀号着,把她沾满鲜血的双手举向天空,尖叫道:"为什么?"她在现场发现了一小片科特的头骨,上面还带着头发。她用洗发水清洗了这个可怕的纪念品。然后,她开始用毒品来冲刷自己的痛苦。

当夜,她穿着好几件科特的衣服,因为它们依然带着他的气息。温迪也到了房子里,她和儿媳睡在一张床上,整夜紧紧相拥。

4月9日,周六,杰夫·梅森被派去带科特妮去殡仪馆,在科特的尸体被火化之前看他最后一眼——她已经要求用石膏做一双他手的模型。格罗尔也被邀请出席,却拒绝了,但克里斯特到场了,比科特妮到得还早。他单独和老友待了片刻,然后忍不住痛哭起来。在他离开后,科特妮和梅森被带进了瞻仰室。科特被放在桌子上,穿着他最好的衣服,但眼睛被缝了起来,闭得紧紧的。这是十天以来科特妮第一次和丈夫共处,也是他们的肉体最后一次相聚。她抚摸着他的脸颊,跟他说话,还剪下了他的一小片头发。然后她脱下他的裤子,剪下了一小片他的阴毛——他挚爱的阴毛,他少年时期等待了很久才长出的阴毛,得好好保存起来才是。最后,她爬上他的尸体,双腿跨坐在他身上,把她的头靠在他胸口,哭着说:"为什么?为什么?为什么?"

那天,朋友们开始前来安抚科特妮,很多人带来了毒品,她不加区分地全盘照收。在毒品和悲痛的双重作用下,她整个人一塌糊涂。记者每隔5分钟就打电话过来,尽管根本没有说话的状态,她还是偶尔接起电话,但她没有回答问题,而是问出了一连串问题:"为什么科特会这么做?他最后一周去了哪儿?"与很多失去爱人的人一样,她揪着小细节不放,以此逃避痛苦。她在电话上和《快讯报》的基尼·斯陶特说了两个小时,琢磨着这些细节,一边说道:"我很坚强,什么都受得住。但我受不了这个。"科特的死登上了《纽约时报》的头版,几十家电视台和报纸的记者陆续来到西雅图,想报道此事,但很少有人愿意接受媒体采访。大多数深度报道都是在探讨关于科特对一代人的意义。除此之外,还有什么可说的呢?

一场葬礼亟待安排。声音花园乐队的苏珊·西尔弗出力,在一间教堂安排了一场私人告别会,与此同时,在西雅图中心也安排了一场公众烛光告别会。那个周末,朋友们陆陆续续地来到了华盛顿湖的房子——每个人都显得很震惊,想弄清楚这个无法解释的悲剧真正缘由。在悲痛之余,他们的身体也不太舒服:当杰夫·梅森于周五抵达时,他发现壁炉的油箱完全是干的。为了在巨大的房子里取暖,他开始派豪华轿车去超市买柴火。"我把椅子拆开(当柴火),因为壁炉是唯一能给房子供暖的东西。"他回忆道。科特妮在楼上的主卧,裹在科特层层叠叠的衣服里,录制着将在公共告别会上播放的讯息。

周日下午,公众烛光告别会在西雅图中心的旗馆举行,约七千人到场。他们带着蜡烛、鲜花、自制的标牌,以及几件燃烧的法兰绒衬衫。一名自杀援助顾问现场发言,敦促苦苦挣扎的青少年主动寻求帮助,几名当地DJ则分享了他们和科特的回忆。现场播放了克里斯特的致词:

> 我们记得科特的为人:体贴、慷慨、贴心。让他的音乐与我们相随。我们将永远与之同行。对于他的歌迷,科特有种根植于朋克摇滚思维方式的理念:没有乐队应该搞

特殊，乐手也不是高高在上的。要是你有一把吉他，很多激情，那就认认真真地敲点什么出来，这样你就是超级明星。演奏出与全人类有共鸣的音调和节奏。音乐。见鬼，你可以拿吉他当鼓。抓住感觉了，就把它从心里展现出来。科特就是这样向我们倾注自己的：直击我们的心灵。在那里，音乐会永远相伴，永远。

接下来，现场播放了科特妮的录音带。前一晚，她在两人的床上录下了带子。她说：

> 我不知道该说些什么。我和大家的感觉一样。要是你得以坐在现场目睹他在你面前弹吉他唱歌，却不感到荣幸的话，你肯定是疯了。无论如何，他留下了绝命书。见鬼！真像一封留给编辑的信。我不知道究竟发生了什么。我的意思是，我知道他可能会自杀，但可能到他40岁时才会发生。他总是说，他会比大家活得都长，能活到120岁。我不会向大家读出绝命书的所有内容，因为有些东西与你们没有半毛钱关系。但其中有些话是说给你们听的。我觉得读出这些，不会有损他的尊严，因为很多内容是说给你们中的大多数人的。他就是这么混蛋。我想让大家大声地说"混蛋"。

人群大声喊道："混蛋。"接着，科特妮读了绝命书。在接下来的10分钟里，她一边读科特的遗言，一边混入自己的评论。当她读到科特提及弗雷迪·莫库里时，她大喊道："科特，所以又怎样！混蛋，那就别当摇滚明星啊。"当他写到自己"有太多爱"时，她问："所以，你他妈怎么就不能留下来呢？"当她读出他写的那句"敏感、不知好歹的双鱼座、耶稣般的男人"时,她哭着说:"闭嘴!杂种。你就不能享受你所拥有的吗?"虽然她在把绝命书向公众以及媒体宣读,她却好像在单独和科特说话。快到结尾时,在读出科特引用的尼尔·杨名言之前,她警告道:"别记下这句话,因为这简直就是胡说八道:'与其苟延残喘,不如燃烧殆尽。'天呐,你个大混蛋!"她读完了绝命书,然后加上了一段:

> 记住,这些都是胡扯!但我想让你们知道一件事:80年代大行其道的"严格的爱"就是胡说,根本不管用。那是不对的。不顶用的。当初就应该任他去,我们都该任由他去,让他拥有他的麻木。我们就应该任他去做让他感觉更好的事情,让他胃更舒服的东西,我们就应该放任他,而不是让他饱受折磨。你们回家都该告诉父母:"别在我身上用什么严格的爱,因为根本不管用!"我就是这么想的。我躺在我们的床上,感到很抱歉,我和你们的感受一样。大家,我真的很抱歉。我不知道自己在之前应该怎么做。我希望我当时在场。我希望我当初没有听从别人的建议。但我听了。每天夜里,我都和他母亲睡在一起,早上醒来时,我以为身边是他,因为他们的身体有些类似。我的话快完了。告诉他,他是个傻子,好吗?说:"见鬼,你就是个傻子。"然后说你爱他。

科特妮震撼人心的发言在西雅图中心播放时,西雅图的另一端,真理联合教堂正举办着一场70人出席的私人告别会。"根本没有时间来发出正式邀请。"主持活动的牧师斯蒂芬·托尔斯说。多数到场人士是在前一晚才接到电话邀请。科特的几个最亲密的朋友,包括杰西·里德,要么被无视了,要么没办法在如此紧急的通知下到场。

到场的包括"金山"公司的代表团,以及从奥林匹亚来的几车朋友。鲍勃·亨特,科特以前的艺术课老师,是到场的为数不多的阿伯丁人。就连科特的前女友玛丽·卢·罗德也来了,她坐在后排。科特妮和弗兰西丝坐在前排,两旁坐着温迪和金;柯本母女似乎是唯一能阻止科特妮崩溃的人。唐、珍妮和利兰德也到场了,艾瑞斯病得太重。崔西·马兰德也到了现场,她和科特的家人一样悲痛欲绝——她曾和科特如此亲密,无异于血亲。

教堂的长凳上放着科特6岁时的照片。托尔斯吟诵起《圣经·诗篇》的第23节,然后说道:"将相平民的功绩名声,都随时间而逝,犹如呼啸宇宙的狂风。而后,即便有人记起,我们的一切,也只是其刹那间的记忆。我们今天在这里缅怀科特·柯本,也向他告别,他短短的一生里,成就了很大的事业。"托尔斯复述了一个故事,故事中一个金佛藏身于黏土涂层中多年,才现出真身,其后,他又吟诵了一首叫《旅行者》的诗。然后,他问现场的人群一系列问题,让他们反思和逝者之间的记忆。他问道:"你们之间有未竟之事吗?"如果托尔斯当时呼吁答"是"的人举手,现场应该举满了手。

托尔斯紧接着敦促他人站出来,分享他们和科特的记忆。"地下流行"唱片的布鲁斯·帕维特首先发言:"我爱你。我敬重你。当然了,现在说这个有点儿晚了。"迪伦·卡尔森则阅读了一段佛经。克里斯特读了他事先准备好的发言稿,内容和他在公众告别会上播放的类似。

丹尼·戈德堡讲述了科特身上的矛盾,他说他痛恨名利,却又抱怨自己的MV被放得不够多。戈德堡说科特对科特妮的爱是在他不断抑郁之际,"让他撑下去的几件事之一"。戈德堡谈起了阿伯丁,尽管是从一个纽约人的视角评论的:"科特来自一个没人听说过的小城,但他却改变了整个世界。"

紧接着,科特妮站了起来,读起了手中的绝命书。她大叫、哀号、哭泣着,一边读着科特的绝命书,一边引用《圣经·约伯记》的选段。结束时,她谈到了波达,以及这个想象出来的朋友对科特有多重要。大厅里,几乎没有人知道她指的是谁,但提起科特童年时想象出来的朋友,足以让温迪、唐、金、珍妮和利兰德悄悄哭泣起来。牧师托尔斯读着《马太福音》第五节第四十三段,结束了整场仪式。

告别会结束之际,未解的旧恨又回来了。玛丽·卢·罗德害怕会有麻烦,赶紧离开了现场。唐和温迪几乎什么也没说。科特的一个奥林匹亚的朋友被丹尼·戈德堡的评论深深冒犯到,第二天,他散布了一份恶搞该言论的传真。但最能体现出众人的分歧的,莫过于告别会后定下的两场针锋相对的守丧仪式。一场是克里斯特和谢丽办的,另一场是科特妮办的,只有少部分送葬者同时出席了两场仪式。告别仪式后,科特妮先去烛光告别会,所以在她家办的守丧仪式上,她迟到了。在那里,她把科特的一些衣服交给了歌迷,歌迷们震惊地看着她紧紧抓着科特的绝命书。"简直难以置信,"保安詹姆斯·科克回忆道,"绝命书都没有装在塑料袋里。她就直接拿着给孩子们看,说着:'我很抱歉'。"在回家的路上,科特妮途经KNDD电台,要求上节目。"我想在电台上做出要求,要他们停止播放比利·科甘的歌,只放科特的歌。"她说道。电台礼貌地把她请走了。

一周后,科特妮收到了科特的骨灰瓮。她抓起一把骨灰,把它埋在了房前的一棵柳树下。5月,她把剩下的骨灰装在泰迪熊背包里,前往离纽约州伊萨卡市不远的朗吉佛教修道院,在那里,她想给骨灰开光,并为自己寻求宽恕。僧侣们保佑了骨灰,抓了其中一把,好制造一个"擦擦"[1]纪念小佛像。

---

1 "擦擦"(Tsa tsa),藏传佛教中的一种小型脱模泥塑,起源自印度。通过金属模具挤压成形,胶泥中掺有麦粒、珍宝粉末、香料、高僧骨灰舍利等。供奉于佛塔与寺院等场所。

科特的大部分骨灰一直在骨灰瓮里，被存放在华盛顿湖大道171号，直到科特妮在1997年把房子卖出。她带着科特的骨灰和弗兰西丝搬到了比弗利山庄。出售房子之前，她坚持要在契约上写明，她有权在日后返回，以挖掉房前的柳树。

科特自杀的五年后，1999年5月31日，正好是阵亡将士纪念日，温迪为儿子举办了最后一场告别仪式。他们计划让弗兰西丝把科特的骨灰撒到温迪屋后的一条小溪中，佛教僧侣则会为之祈祷。当周，科特妮和弗兰西丝正好在西北部度假。科特死后，科特妮和温迪走得很近，她还花了40万美元给温迪在奥林匹亚城外买了一座房子。最后的告别仪式就是在这座房子的后面举办的，少数亲友被邀请到场。虽然温迪没有亲自邀请唐，科特妮的经纪人们还是邀请了他，他也到场了。但有些家庭内斗仍在继续：利兰德家离举办地只有半小时车程，艾瑞斯死后，他整日独自一人待在拖车房里；但他没有被邀请。科特妮倒是邀请了崔西·马兰德，她到场了，想和科特做最后道别。崔西到场后，见到了弗兰西丝，她被这个女孩的美貌镇住了——弗兰西丝赤着脚，穿着一件紫色连衣裙，眼睛和崔西爱过的那个男孩极其相似——这个念头，同样在科特妮这一生中的每一天里都会从她的脑海里闪过。

科特去世后多年中，很多人都提议在阿伯丁为他修建一座纪念馆，并把他的骨灰撒在他出生的地方。把科特的灰烬撒在他为自己书写传奇故事的桥下，这貌似有种讽刺意味，但也算是某种程度上遂了他的愿，他终于能真正地"住在桥下"了。

但他们没有这样做。僧侣们念着经，6岁大的弗兰西丝·宾·柯本把父亲的骨灰撒在麦克莱恩溪中，骨灰随着流往下游的溪水消散了。说到底，这的确也是一个合适的安息之处。科特在奥林匹亚找到了真正的艺术灵感，在距离溪流不到5英里的地方，他曾整日待在一间破破烂烂的、闻起来像兔子尿似的小公寓里写歌。那些歌会比科特以及他最黑暗的心魔都活得更长。正如他曾经的养父戴夫·里德说的一句话，拿来作为科特一生的总结再合适不过："他做自己，并不是因为勇气，而是因为绝望。一旦你做了自己，你就不会出错，因为当人们是因为你做自己而爱你时，你就不可能出错。但对科特来说，他不在乎别人爱不爱他，他只是不够爱自己。"

让这片水土和空气与他的遗骸紧紧相连的，还有另一块命运的碎片和一小段往事。越过小山，不到十英里之外，是麦克莱恩溪以及这片区域所有溪流的源头，那里坐落着华盛顿山脉的一部分，被称作黑山。在那里，多年前，一个年轻的家庭在第一股寒流来袭之后会一起滑雪橇。他们开着卡玛洛车，沿着双车道公路，经过一个叫波特的伐木小城，一路上了一座叫毛顶山的小山丘。车上坐着妈妈、爸爸、尚在襁褓的女儿，和一个有着和弗兰西丝·柯本一样湛蓝色眼睛的6岁男孩。那个男孩最喜欢的就是和家人一起滑雪橇，在从阿伯丁开到这里的一路上，他一直恳求父亲开快点，因为他实在等不及了。卡玛洛车在毛顶山山顶附近停下时，小男孩会冲到车外，抓起他的"灵活飞鸟"雪橇，开始从山顶往下滑，一路俯冲，好像自己能让时间停止。在山脚下，他戴着露指手套，向家人挥挥手，脸上露着温暖的、大大的笑容，湛蓝的眼睛在冬日的阳光下闪闪发亮。

鸣谢

　　写下如此长的一本书，着实是一场孤身奋战。但如果没有采访对象、朋友和家人的帮助，我是无法完成这本书的。我最想感谢科特·柯本的亲友，他们在百忙中抽出时间接受了多次采访，有些采访甚至花了好几天的时间。没有他们对这个故事以及本书作者的信赖和承诺，是无法完成涵盖范围如此广的一本书的。此外，还有好几十个人给我提供了文件、录音、照片、准许、调查援助和建议，他们的名字没有在文中提及。感谢在成书过程中所有帮助过我的人，没有他们的帮助，这本书根本无法完成。